KB120373

이지뷰티

Easy Beauty

이지 뷰티 EASY BEAUTY

클로이 쿠퍼 존스 지음
안진이 옮김

한겨레출판

일러두기

1. 이 책의 본문 괄호 각주는 모두 옮긴이 주이다.
2. 인명, 지명 등 고유명사와 외래어는 국립국어원 외래어 표기법에 따라 표기했다.

"그러한 정신의 상태는 역사적으로 만들어진, 끊임없이 자기 자신을 향하는 개인이다… 대개 그런 개인이 누리는 선택의 자유는 별로 크지 않다. 그런 개인의 주된 소일거리 중 하나가 몽상이다. 그런 개인의 의식은 일반적으로 세상을 바라볼 때 사용하는 투명한 유리가 아니라 정신을 고통으로부터 보호하기 위해 만들어진 다소 환상적인 상념의 구름이다. 그런 개인은 항상 위안을 찾는다. 상상으로 자기 자신을 부풀리기도 하고 신학적 성격을 지닌 이야기를 지어내기도 한다. 사랑조차도 대개는 자기 자신을 확인하는 행위가 된다. 우리는 이 우울한 설명 속에서 우리 자신의 모습을 발견할 수 있을 것 같다…. 이제 나는 '어떻게 우리 자신을 더 나은 사람으로 만들 것인가?'라는 견지에서 이 자기방어적인 정신을 다시 들여다보고 싶다."

_아이리스 머독Iris Murdoch

°추천의 말

"원하는 것을 챙기면 미련 없이" 자리를 뜰 것. 삶에 깊숙이 관여하지 말 것. 거리를 두고 고통도 추함도 욕망도 아름다움도 그저 관조할 것. 타인에게 쉽게 배제되고, 함부로 정체성을 규정당해본 사람이라면 이 전략이 익숙할 것이다. 그러나 어디 그게 쉬울까. 특히 우리가 삶을 사랑한다면. 장애여성이자 철학자, 한 아이의 엄마인 클로이는 아름다움도 삶도 고통도 철학적으로 관조하던 인물이었지만, 이 책이 담고 있는 여행과 만남들을 통과하며 삶의 한 복판으로 걸어들어가고, 마침내 자기 자신에게 고정되었던 시선을 들어 올려 세상을 향하는 데 성공한다. 이 과정을 따라가는 일은 문학적 체험이면서 여행이었고, 매우 신체적이면서도 철학적인 경험이었다. 삶을 사랑함에도 자신을 지키기 위해 그 바깥에서 관찰자로만 남기를 시도하는 사람이라면, 이 책을 읽어보시기를 권하고 싶다.

__김원영, 작가·변호사

"클로이 쿠퍼 존스는 훌륭한 안내인이며, 굉장히 예리하고 인간적이다. 이 책은 아름다움의 세계에 푹 빠지고 싶은 사람, 자신이 가진 욕구의 뿌리를 발견하고 싶은 사람, 그리고 자신에게 해를 입히는 구조와 그런 사람들을 추앙하는 습관을 버리지 못하는 이들을 위한 책이다. 존스가 던지는 질문들은 오랫동안 당신의 머릿속에서 울려 퍼질 것이다."

__룰루 밀러, 《물고기는 존재하지 않는다》 저자

"《이지 뷰티》는 대담하고 진솔하며, 탁월하게 잘 쓴 책이다. 저자는 우리의 가장 약하고 어두운 곳을 서슴없이 탐색하며 품위와 유머, 그리고 보기 드문 인류애를 보여준다."

__안드레 애치먼, 《그해, 여름 손님》 저자

"아름다움을 갈망하는 모든 이에게, 아름다움이 무엇인지 정확히 모르고 아름다움을 접하지 못하는 모든 이에게 이 책을 추천하고 싶다. 적어도 나는 그런 사람 중 하나인데, 이 책의 장면 장면에서 나 자신의 일부를 만나고 공감할 수 있었다. 저자의 글은 본질을 꿰뚫고 한 줄기 빛을 비춘다."

__미츠키Mitski, 미국 싱어송라이터

"화려하고 생생하게 살아 있다. 저자는 다른 사람들에게 무시당하는 시선을 거부하며 탁월한 자아의 빛 속에 서 있다.

__《뉴욕타임스》

"저자는 살지도, 걷지도, 아이를 갖지도 못할 것이라는 의사들의 비참한 예측에도 그러한 일들과 그 이상을 해냈다. 이 책에서 그는 문화가 개인의 가치를 결정하는 방식을 탐구하고 아름다움에 대한 신화와 그 신화에 대한 여성의 의도하지 않은 공모를 이해하기 위한 여정을 떠난다."

__《워싱턴 포스트》

"저자는 면도날처럼 날카로운 재치와 지성으로 사회의 미의 규칙에 도전한다. 그리고 아름다움의 복잡한 요소를 탁월하게 보여준다."

__《퍼블리셔스 위클리》

"화려하고 간결하며 때로는 매우 재미있다. 육아, 장애, 그리고 그 뒤에 해야 할 일에 대한 흥미진진한 책이다.

__《더 코첼라 리뷰》

°프롤로그

중립의 방

브루클린의 어느 술집. 친구인 두 남자가 내 삶이 살 가치가 있는지 없는지를 두고 논쟁을 벌이고 있다. 내 왼쪽에 앉아 있는 사람은 제이, 오른쪽은 콜린이다. 나와 동일한 박사과정을 이수하고 윤리철학 교수가 된 콜린은 내 몸과 같은 몸이 존재하지 않을 더 나은 사회를 옹호한다. 두 사람은 나를 사이에 두고 이 견해에 관해 토론하고 있다. 이건 흔한 일이다. 주장의 내용도, 주장을 펼치는 과정에 내가 잊히는 것도 그렇다.

내 앞에 있는 창문이 거리의 풍경을 보여준다. 사람들 한 무리가 하나같이 활기찬 몸짓으로, 마치 강에서 노 젓는 사람들처럼 속도를 내며 금요일 밤 속으로 들어간다. 그중 한 사람이라도 발걸음을 멈추고 나와 눈을 마주치며 나에게 손을 흔들어주면 좋겠다. 자리에서 일어나 바깥으로 나오라고, 더 재미있는 미래를 향해 함께 나아가자고 초대해주면 좋겠는데 그런 일은 일어나지 않는다.

더 이상 이 남자들과 함께 여기에 있고 싶지 않다. 가짜 전화가 걸려오게 하고, 내 무표정한 얼굴을 가짜 걱정으로 채운 다음, 밖으로 나가 흘러가는 사람들의 무리 속에 슬쩍 끼어들어 사라지면 어떨까. 이곳은 집에서 그리 멀지 않다. 나는 벌써 집에 도착해 있는 상상을 한다. 잠들어 있는 아들의 땀투성이 이마에 입을 맞추고, 침대에 몸을 던지고, 남편의 어깨를 손으로 쓰다듬는 상상을 한다. 하지만 습관과 피로가 나를 가로막는다. 나는 또다시 모욕을 당하고 만다.

콜린의 말에 반박하려면 에너지가 필요한데, 나는 그럴 에너지가 없고 에너지를 쓰고 싶지도 않다. 지금은, 오늘 밤은 그러고 싶지 않다. 온종일 학교에서 수업을 하고 난 뒤 집에 가서 저녁을 차리고, 다섯 살짜리 아들에게 《자동차가 빵빵》이라는 책을 네 번이나 읽어주고, 이를 닦고, 머리를 손질하고, 내가 가장 좋아하는 옷을 입고 나왔기 때문이다.

지금은 5월 초순이다. 4월 한 달 내내 내린 비가 대기를 정화한 덕에 깨끗한 봄날의 냄새, 시큼하고 달콤한 산성의 냄새가 열린 창을 통해 나에게 다가온다. 이 따뜻한 저녁을 즐기고 싶다. 생각은 조금만 덜 하고 싶다. 지금 나는 소박한 기쁨을 느낄 처지가 못 되지만, 내가 계속 입을 다물고 두 남자가 실컷 떠들도록 놓아둔다면 소박한 기쁨과 비슷한 어떤 것을 누릴 수는 있을 것이다. 약간의 거리를 두고 두 사람의 토론이 끝날 때까지 앉아 있으면 된다. 이 토론이 영원히 계속되진 않을 테니까. 그래서 나는 입을 닫고 조각상이 되어 네온 조명등 옆의 벽에 기댄 채 표정 없는 얼굴을 유지하려고 애쓴다. 진짜인 나는 그 자리를 뜨고 내 껍데기만 남겨둔다. 두 남자는 나의 '불행한 출생'이라는 주제로 입씨름을 벌인다. 나는 내 안에서 분노를 찾아보지만 무감각한 느낌만 든다.

나 자신을 '중립의 방'에 놓는다. 중립의 방이란 내가 어렸을 적에 육체적 통증으로부터 분리되기 위해 만들어낸 마음 속 공간이다. 중립의 방에는 문도 창문도 없고 흰 벽만 있다. 그 벽에는 한 번에 하나씩 회색 숫자들이 나타난다.

1, 2, 3, 4, 5, 6, 7, 8. 1, 2, 3, 4, 5, 6, 7, 8.

수를 세다 보면 다른 것은 모두 희미해진다. 모든 것이 무가 되고, 무뎌져야 할 것이 무뎌지는 텅 빈 곳에서 나는 길을 잃는다. 그곳에서는 세상이 흐릿해지고, 술집은 더 어두워지고 더 시끄러워진다. 콜린의 얼굴과 목소리도 희미해지고, 그의 말들은 나에게 힘없이 와 닿았다가 흩어져서, 술집 안의 끽끽대고 삐걱대는 소리와 거리의 소음에 섞여버린다. 윙윙거리는 소리는 계속되고, 검은 소음은 긴 밤을 더 검게 만든다.

차례

1부

아름다움에 관하여

베르니니의 조각

3개월 뒤.

낯선 사람이 나를 빤히 쳐다보고 있었다. 나는 어깨에 힘을 빼고 그 사람을 힐끔 쳐다보았다. 키가 큰 남자였다. 그는 당당하고 자연스러운 몸짓으로 전시실을 성큼성큼 가로질러 나에게 다가왔다. 그의 눈길은 나에게 고정되어 있었다. 그가 가까워질수록 나는 그의 시선에 강하게 묶였다. 그의 두 눈은 내 몸 전체를 훑은 뒤, 다른 곳으로 옮겨갔다가 다시 나에게 왔다가, 또 다시 다른 곳으로 옮겨가며 조심스러운 기색도 없이 위아래로 내 키를 가늠했다. 인간은 새로운 것을 보면 흥분한다. 그리고 나는 항상 새로운 그 어떤 것이다. 내 모습에 어느 정도 익숙해진 그는 고개를 돌려 우리 앞에 놓인 베르니니Bernini의 조각상을 쳐다봤다. 고대 로마의 시인 오비디우스의 《변신 이야기》의 한 장면이다. 이제는 내가 그를 빤히 쳐다볼 차례였다.

그는 말 그대로 설계도와 자를 가지고 정확하게 만들어진 사람 같았다. 턱에서 목까지, 어깨에서 몸통까지, 엉덩이에서 무릎까지, 모든 선이 반듯해서 몸 전체가 의도적으로 설계된 것처럼 보였다. 나는 너무 더워서 얼굴이 발갛게 달아올라 있었다. 나에게는 고약한 냄새가 났고, 자책의 물줄기 같은 땀방울이 똑똑 떨어졌다. 이제 그는 나와 가까워졌는데, 땀 한 방울 흘리지 않고 미소를 띤 얼굴이었다. 그의 깔끔한 모습에 나는 기가 죽었다. 한낮에 호텔에서 나온 게 실수였다. 날이 더워서 길바닥이 반짝거렸다. 공기는 마치 사람의 입 속처럼 축축하고 끈적끈적했다. 옅은 안개 속에서 날아오른 먼지가 둥둥 떠다니는 바람에 나는 먼지를 뒤집어썼다.

우리의 뒤쪽에는 보르게세 미술관Galleria Borghese을 찾은 관광객이 가득했다. 관광객들이 밀려들어와 나와 그 낯선 사람의 주위를 울타리처럼 둘러쌌다. 멀리서 봤다면 우리 둘은 유명한 조각 작품을 감상하는 예의바른 사람들로 보였겠지만, 군중의 안쪽에 갇힌 나는 우리 둘의 느리고 음흉한 눈짓, 벌개진 얼굴, 튀어나온 혈관, 웃음과 맥박과 흥분을 고스란히 보고 있었다. 나는 관중들의 낮은 목소리에 붙들리고 그들의 붉은 에너지의 파도에 씻겨나갔다. 우리의 눈은 조각상의 이음새 중 플루토의 손이 페르세포네의 맨다리 사이로 깊숙이 들어간 곳에 한참 머물렀다.

조각상은 그리스 신화에 나오는 이야기를 묘사하고 있었다. 줄거리를 대략 소개하자면 다음과 같다. 지하 세계의 신 플루토가 사랑의 여신 비너스의 성미를 건드린다. 비너스는 복수를 위해 큐피드에게 플루토의 심장에 화살을 쏘아 폭풍 같은 사랑에 빠지게 하라고 지시한다. 마침 세레스 여신의 딸 페르세포네가 근처에서 꽃을 꺾고 있었다. 플루토는 페르세포네를 납치해 그가 다스리는 캄캄하고 외롭고 안전한 세상으로 데려간다.

베르니니는 플루토가 페르세포네를 보고 사랑에 빠진 순간, 그녀를 거칠게 꽉 붙들어 지하 세계로 데려가는 장면을 정지시켜 조각상으로 표현했다. 플루토는 페르세포네의 허벅지에 억센 손을 두르고 있었는데, 베르니니는 바로 그 접촉 부위의 변형된 돌을 불가능에 가까울 만큼 부드러워 보이게 조각했다. 대리석으로 조각된 손가락이 대리석 살갗 아래를 파고드는 모습과 공격적으로 묘사된 성적 표현이 불편하긴 했지만 나는 고개를 돌리지 않았고, 다른 사람들도 고개를 돌리지 않았다.

그가 조금 더 내게로 가까이 왔다. 그의 팔꿈치가 내 어깨에 닿은 채 움직이지 않았다. 우리의 몸이 서로 닿은 곳에 더위, 무게, 축축한 나뭇잎 같은 냄새로 하나의 온전한 감각 세계가 만들어졌다. 잠시 후 그의 팔이 내 팔과 아주 살짝 멀어지고, 그 세계는 우리를 분리하는 그 좁은 공간까지 확장되었다. 그 공간을 통해 모험의 가능성이 덜덜 떨며 앞으로 나아갔다.

고운 머릿결과 붉은 살갗이 부풀어올라 내 몸과 그의 몸 사이의 틈을 메웠다. 나의 생각이 나의 피부를 따라 번져갔다. 낯선 사람과 나는 서로의 몸짓을 기대하며 잠깐 참았던 숨을 동시에 들이마셨다. 마치 플루토가 페르세포네를 꽉 잡은 것처럼 그가 나를 꽉 잡는 상상을 했다. 그의 몸이 더 가까이 기울어지고, 내 안에서 싹튼 온기가 꽃을 피운다. 생각은 쾌락을 향했다. 그가 무릎을 꿇고 나의 맨다리에 달라붙은 로마의 먼지를 혀로 핥는 장면이 그려졌다. 바로 그때 그가 몸을 앞으로 확 기울이며 급하게 숨을 들이마셨다. 마치 그대로 있으면 그가 흡수할 수 있는 베르니니의 아주 작은 조각과, 그가 미술관을 떠나고도 한참 동안 그의 내부에 고이 간직하고 싶은 어떤 것이 떨어지기라도 할 것처럼. 그는 다시 발꿈치에 체중을 싣고 서서 조각상을 향해 고개를 끄덕였다. 아마도 존경을 표현하는 독특한 몸짓이리라. 그러고 나서 그는 나를 남겨두고, 보르게세 미술관의 관람객들 사이를 이리저리 헤치며 걸어갔다.

나는 얼마 동안 혼자 서서 페르세포네의 몸에 조각칼로 올록볼록하게 새겨진 소름을 응시했다.

그 신화를 묘사한 다른 작품들에서는 화가들이 여주인공을 더 연약하게 표현했다. 뒤러의 동판화에는 프로세피네(베르니니에게는 프로세르피나였고, 그리스인들에게는 페르세포네였다)를 어지럽게 돌아가는 손발 달린 풍차 바퀴처럼 묘사했다. 바퀴의 중심점에 해당하는 그녀의 양 가슴은 마치 튀어나온 두 눈처럼 우스꽝스럽게 부풀어올라 있었다. 알레산드로 알로리Alessandro Allori는 페르세포네를 마치 자기가 납치당하는 것을 따분하게 느끼는 사람처럼 유순하고 밋밋하게 그렸다. 루벤스의 작품 속에서는 빠르게 내달리는 플루토의 전차 바깥으로 페르세포네의 등이 뒤로 꺾여 있었다. 그 순간의 강렬함 속에 그녀의 의지는 간 곳 없었다. 렘브란트가 그린 페르세포네는 멍한 상태로 플루토의 얼굴을 힘없이 움켜잡고 있었다. 테오도르 반 툴덴Theodoor Van Thulden의 작품 속에서 페르세포네는 깜짝 놀라 고개를 기울이고 두 팔을 하늘로 치켜든 모습이었다. 마치 더 힘센 신에게 어서 그녀를 운명으로부터 구해달라고 호소하는 듯했다.

하지만 베르니니의 프로세피네는 살아 있었다. 그녀의 몸은 강인하고, 그녀는 신의 의지에 반해 몸을 힘껏 비틀며 빠져나오려고 애쓰고 있었다. 그녀는 손바닥의 가장 단단한 부분으로 플루토의 뺨을 가격했다. 플루토는 얼굴을 찡그렸다. 베르니니는 플루토를 멍하고 심란해하며 비틀거리는 모습으로 남겨놓아, 큐피드의 화살이 그의 주체성도 함께 앗아갔음을 상기시켰다. 오비디우스의 신화는 두 가지 강요된 변신에 관해 이야기하는데, 베르니니는 움직이고 있는 두 사람을 보여줬다. 그들은 자신들의 운명에 맞서려고 헛되이 노력하고 있었다. 그건 훌륭한 조각 작품이었고, 그 전시실 안에서 가장 훌륭했으며, 상처 입은 사람들의 에너지를 발산하고 있었다. 플루토는 비너스에게 상처를 주었고, 비너스는 플루토를 다치게 했고, 플루토는 페르세포네를 다치게 했다. 이렇게 순환하는 상처는 페르세포네의 허벅지에, 그녀의 대리석 살갗이 플루토의 손아귀에 잡힌 곳에 있었다. 그건 감각을 마비시키는 경험이었다. 나는 공포, 혐오, 욕망으로 정신이 혼미해져서 얼떨떨했다.

너무 오래 서 있었더니 오른쪽 엉덩이에 익숙한 통증이 찾아왔다. 잠시 누워서 몸을 쭉 펴고 휴식할 장소를 찾지 못한다면 몸이 굳어지기 시작할 터였다. 등에 멘 배낭의 끈이 한쪽으로 약간 쏠린 탓에, 이미 배낭의 압력이 내 휘어진 오른쪽 척추의 근육을 수축시키는 게 느껴졌다.

중립의 방을 찾아서 수를 셌다. 1, 2, 3, 4, 5, 6, 7, 8.

천천히, 그 조각상을 지나쳤다. 그곳에는 다른 작품들도 있었다. 나는 균형을 잡고 휴식을 취하기 위해 멈춰 섰다. 뻣뻣한 등이 더 뻣뻣해졌다. 통증 때문에 단단한 바닥의 기울기도 달라지는 것만 같았다. 통증은 바닥을 움직이고, 뒤틀었다가, 다시 놓아주었다. 바닥면의 폭과 높이가 달라졌다. 모든 예술 작품의 매력이 사라졌다. 이제 모든 게 그저 그랬다. 내 몸의 통증은 통증을 제외한 다른 모든 것의 결합을 깨뜨렸다.

나는 출구를 찾다가 다른 전시실로 들어가게 되었다.

그곳엔 아까 그 낯선 사람이 있었다. 그의 얼굴은 나를 향하지 않았지만 그의 어깨의 방향이 내가 나아갈 길을 정했다. 목표물이다. 그는 내가 가까이 있다는 걸 알아차렸다. 내가 너무 오랫동안 그를 응시했는지 그도 내 쪽으로 고개를 돌렸다. 나는 움찔하며 자세를 바로잡고 움직였다. 가장 가까이 있는 그림을 바라봤지만 그림에 집중하지는 않았다. 뭐든 간에 그가 아닌 걸 쳐다봐야 했다. 그는 전시실 맞은편에서 나를 지켜보고 있었다. 그러자 나의 감정이 요동쳤다. 다른 곳을 바라보고 있어도 기분만은 짜릿했다. 나는 군중 속을 헤쳐 가는 그의 우아한 몸놀림을 놓치지 않았다. 그는 그림 한 점을 오랫동안 감상한 뒤 도금 장식된 천장으로 시선을 옮겼다. 그 모든 게 나에게 유리했다. 나는 다른 현실을 상상하는 데 필요한 에너지를 찾으려고 애썼다. 그 다른 현실에서 나의 아름다운 몸은 욕망으로 붉게 달아오르고, 통증은 무뎌지고, 머릿속은 텅 비었다.

그러다 육욕에 이끌려 현재의 순간으로 왔다. 초롱초롱하면서도 혼란스러운 상태. 나는 그를 따라갔다. 그가 전시실을 가로지르자 나도 움직였다. 그가 코너를 돌자 나도 따라 돌았다. 그는 몇 걸음 앞에 있었고, 그의 냄새가 나에게 닿았고, 그의 목덜미에 내 이름이 새겨지는 듯했다. 나는 그에게가 아니라 화려하게 부풀어오른 공상에, 가능성에 사로잡혀 있었다. 커튼이 올라가고 새로운 서사가 나타났다. 한 여자가 낯선 남자를 만나고, 진짜 이야기는 이제부터 시작이라는.

여섯 살 때 나는 아빠의 손을 잡고 있었고, 아빠는 어느 빨간 머리 여자를 따라 백화점 안을 돌아다녔다. 그 여자는 낯선 사람이었지만 내가 이해하지 못했던 뭔가를 아는 것처럼 아빠를 대했다. 그녀는 아빠가 시선을 떨굴 때까지 아빠를 빤히 쳐다봤다. 백화점의 통로를 따라 천천히 이리저리 움직였다. 그녀는 아빠가 따라오리라는 것을 알고 있었다. 그리고 아빠는 정말로 그녀를 따라갔다. 나는 그 여자에게 내 모습을 보이기 싫어서 아빠 뒤에서 걸었지만, 그녀의 모습은 똑똑히 봤다. 그녀는 하얀 원피스를 입고 있었다. 지금도 마치 보르게세 미술관 내 바로 앞에 있는 것처럼 그녀가 입었던 옷의 정확한 이미지를 기억한다. 얇고, 헐렁하고, 반투명한 옷. 이따금 나는 내가 그런 옷을 입으면 어떻게 보일지 궁금해서 그것과 비슷한 옷을 사려는 충동과 싸웠다. 그날 아빠는 내 손을 꼭 잡고 이렇게 속삭였다. "어서 가자, 어서."

나는 미술관에서 내 앞에 있는 낯선 사람을 쳐다보며, 그를 따라 미술관 밖으로 나가 상상의 밤 안으로 들어가면 어떨까 생각해봤다. 보르게세 미술관의 대전시실에서 그가 내 앞에 있었다. "어서 가자, 어서." 하지만 나는 빨리 걸을 수가 없었다. 내 엉덩이 때문에 걸음을 멈춰야 했다. 벽에 기대 쉬었다. 추격은 끝났고, 나는 또다시 혼자였다. 더위에 찌들고, 더 걸을 수도 없고 더 걸을 의지도 없는 피곤한 엄마. 낯선 사람은 멀리 떨어진 출구에서 잠시 멈춰 섰다. 나를 기다리는 것인지도 모르지만, 너무 늦었다. 나의 상상력은 고갈됐고, 나는 지쳤다. 정말로 지쳤다. 미술관은 원래 피곤한 곳이고, 나의 하루는 그걸로 끝이었다. 예상치 못한 일이 벌어질 수도 있었던 기회의 문은 이제 닫혔고, 나는 집에 가고 싶었다. 아니면 적어도 에어컨이 있는 호텔로 가고 싶었다.

나는 미술관 출구 바로 앞에 있는 현관에 서 있었다. 나가기 전에 무료 와이파이를 사용해야 했다. 이메일과 소셜미디어 계정을 하나씩 확인했다. 문자메시지 하나가 떴다.

"아무한테도 말 안 하고 이탈리아까지 가는 건 좀 이상하지 않니?(우리 엄마가 보낸 문자였다.)"

내가 엄마에게 진실을 말하지 않은 이유는 나도 진실이

뭔지 몰랐기 때문이다. 진실이 뭐든 간에 창피할 것 같았다. 만약 내가 엄마에게 술집에서 콜린과 제이를 만났고, 그들이 했던 말과 내가 그들에게 했던 대답을 이야기하며 그 사건이 내 안의 어떤 것을 뒤흔들었고, 그래서 그 일을 계기로 내가 가족을 놓아두고 로마행 비행기에 올랐다고 말한다면…. 흠, 엄마가 눈을 치켜 뜨며 무거운 한숨을 쉬는 모습이 눈에 선했다.

"그게 왜 이상한데요?"

내가 답장을 보냈다. 엄마는 마음에 들지 않는 것을 질문으로 표현했다.

"너 박사과정은 어떻게 됐어?"

"박사과정에는 아무 일도 없어요."

꼭 무슨 일이 있었어야 하는 걸까? 내 직업과 관련된 일이어야 하는 걸까? 그런가 보다.

점들이 파도처럼 출렁이고, 거품처럼 보글거리다가, 분해되어 내 휴대전화 화면 아래로 깊이 들어가버렸다. 엄마의 질문 공세가 끝났다. 엄마가 휴대전화를 보며 눈썹을 치켜올리고 얼굴을 찌푸리는 광경이 떠올랐다. 엄마의 침묵은 나에 대한 진심 어린 걱정을 표현했다. 나의 아들, 나의 남편, 나의 새 직장.

공통분모: 내가 버리고 온 책임들.

휴대전화를 원피스 주머니에 넣었다. 이제 이곳에서 나갈 준비가 됐다. 얼굴을 찡그리고 음수대를 향해 몸을 구부리고 있는데, 뒤쪽에서 누가 다가오는 게 느껴졌다. 누군가의 목소리가 들렸다.

"아름답네요."

몸을 일으켜보니 그 낯선 사람이 나를 빤히 쳐다보고 있었다.

"벨리시모Bellisimo?('아름다워요'의 이탈리아어 표현-옮긴이) 벨라Bella?('좋네요'의 이탈리아어 표현-옮긴이) 혹시 영어 할 줄 아세요?" 그가 다시 말했다. 그는 미국인이었다. 나는 고개를 끄덕이고, 그의 손이 올라갔다가 우리 주위의 모든 것을 가리키는 동안 그 손의 움직임을 따라갔다.

"참 아름답지요?" 그가 물었다.

"미술관이요?"

"네. 무료로 입장하셨나요?"

나는 그 질문을 작업 거는 대사로 받아들이고 그냥 넘기려고 애썼다. 마지막 남은 희망. 그러나 쉽게 넘어가지지 않았다.

우리 아빠는 백화점에서 만난 하얀 원피스 차림의 빨간 머리 여자에게 아빠가 알던 여러 작업용 대사를 날렸다. 그 여자의 신체는 우리 엄마와 정반대였다. 엄마의 피부와 눈동자와 머리색이 모두 어둡기 때문이기도 했지만 그 여자의 몸놀림도 엄마와 달랐다. 그 여자는 마치 물속에 있는 것처럼 둥실둥실 떠다녔고, 별다른 목적 없이 물건들을 만졌다. 그녀는 매장에 전시된 매트리스가 마음에 들었는지 손으로 매트리스 모서리를 문질렀는데, 그건 공기 중에 어떤 신호와 분위기를 흘려보내는 짓궂은 애무였다. 우리 엄마였다면 재빨리 가격표를 뒤집어 보거나 보증서를 살폈겠지만 그런 엉큼한 상호작용은 하지 않았을 것이다. 빨간 머리 여자는 매트리스에 박음질된 광택 나는 실들을 손가락으로 쓸어보고, 우리 아빠의 조심스러운 눈길 속에서 손을 뒤집어 보드라운 손바닥을 노출했다. 그때 아빠가 그녀를 멈춰 세웠다. 아빠는 그 여자의 팔꿈치를 잡고, 손가락으로 그 부드럽고 하얀 피부를 눌렀다.

미술관의 낯선 남자가 나에게 말을 걸고 있었다.

"이 건물 자체가 그렇잖아요?"

"건물이 어떻다고요?"

내가 남자에게 되물었다. 뭔가를 놓친 모양이었다.

"가장 아름답다고요. 건물 안에 있는 어떤 것보다도 아름다워요."

"제 생각은 다른데요."

"예술 작품만이 아름다울 수 있다고 생각하세요?"

콧바람 소리가 들리더니 '쯧' 소리가 이어졌다. 그의 혀가 이에 부딪치는 소리. "이런, 이런, 이런." 그는 마치 개를 나무라듯 나를 책망했다.

"아뇨." 내가 대답했다.

"그러면 인간의 몸만 아름다울 수 있다고 생각하시나요?" 그는 잠시 불편한 눈길로 나를 바라봤다.

오, 무슨 상황인지 이제 알았다.

그의 머릿속에서 뭔가를 바로잡아야겠다는 욕구가 간질거리는 모양이었다. 삐뚤어져 있는 뭔가를 보면 그걸 꼭 바로잡아야 직성이 풀리는 것처럼. 나의 장애는 눈에 잘 띄지만 구체적인 사항들은 금방 알 수 없으므로, 사람들이 나를 바라보고 있으면 정보가 제공되는 동시에 차단되는 느낌을 받는다. 이런 정반대의 느낌들은 인지 부조화를 일으키고, 그러면 사람들은 불편해지는데, 그 불편은 단순한 편견으로 환원되지 않는다. 그런 인지 부조화에 대한 반응에는 몇 가지 패턴이 있다. 대부분의 사람은 자기도 모르게 나를 빤히 쳐다본다. 한번은 식당에서 어떤 여자가 내가 지나갈 때 손가락으로 자신의 테이블을 튕기면서 이렇게 말했다. "자기를 설명해보세요."

그 낯선 사람은 나에게 말을 걸고, 설명을 얻고, 꼬리표를 붙여야만 했다. 그는 불확실한 존재가 그의 이성이 제시하는 하나의 범주에 순응하기를 원했다.

"사람들이 알아차리지 못하는 게 뭘까요?" 그는 말을 계속했다. 나는 그의 말을 막지 않았지만, 이미 내 머릿속 중립의 방으로 피신해서 아무도 아닌 사람과 다른 대화를 나누고 있었다. 그는 사실 미의 기준은 마케팅 전문가들이 만들어낸 것이고 시대에 따라 변화한다는 등의 흔한 독백을 늘어놓고 있었다. 나는 예의바르게 고개를 끄덕이며 그 독백이 끝나기만을 기다렸다. 그런 일이 처음도 아니었고, 다음에 나올 말도 짐작할 수 있었다. 잠시 후에 그는 아름다움이란 보는 사람의 눈에 달린 거라고 말하겠지.

"하지만 이 건물은 객관적으로 아름답잖아요. 그렇게 생각하지 않아요?" 그가 물었다.

"아뇨. 객관적으로 아름다운 게 존재한다고 생각하지 않는데요." 내가 말했다.

"저는 이 건물이 눈부시게 아름답다고 생각해요. 당신이 보기에는 아닌가요?"

"네. 이 건물은 별로인데요."

"음, 어차피 주관적인 거라는 뜻이죠?"

"아뇨. 저는 그렇게 생각하지 않아요."

"아름다움은 보는 사람의 눈에 달렸다고 하잖아요?"

"그런 말을 하는 사람들도 그 뜻을 몰라요."

"그래요?"

"아니, 그 말을 진짜로 믿는 사람은 없는 것 같아요. 그건 입을 다물게 하는 말이잖아요. 인간의 가장 즐거운 경험들 중 하나인 미의 경험을 자세히 탐색하기보다는 축소하는 말이에요. 그건 바람직하지 않아요.”

물론 이 대화에서 내가 했던 말의 절반은 내 머릿속에만 존재한다. 나는 현재의 순간에 관여하지 않았다. 나는 그 남자와 이야기를 하고 싶지 않았다. 그를 향해 고개를 끄덕이고 ‘맞아요, 이 건물은 멋지죠. 정말 아름다워요’라고 말해준 다음 중립의 방에서 그 대화, 다른 수많은 대화의 반복인 그 대화가 끝나기를 기다렸다.

낯선 사람이 말했다. “제 입장권은 비싸더라고요. 당신은 운이 좋았어요.”

“뭐라고요?” 내가 되물었다.

“설마 돈을 내고 입장하신 건 아니겠죠? 매표소 창구에 붙어 있는 안내문을 보셨나요? 그쪽 같은 분들은 대부분 미술관에 무료로 입장하잖아요. 다음 번에는 저도 목발을 빌려와야겠어요.” 나는 미소를 지었고, 그도 미소로 답했다.

“아….” 그가 나를 유심히 보며 말했다. “나쁜 뜻은 없었어요. 저는 그쪽 같은 사람들과 함께 일해요. 그쪽 같은 사람들을 위해 일하죠.” 그는 자신의 이름이 조엘이며, 사우스플로리다 주에서 침술사로 일한다고 말했다.

“아까 안에서 당신을 봤어요.” 그가 또다시 나를 위아래로 훑어보며 내 키를 가늠했다. “실은 물어보고 싶은 게 있었는데….”

"오, 안 물어보셔도 괜찮…."

"분류기호가 어떻게 되세요?"

"저의 분류기호요?"

그가 약간 상처받은 표정인 걸 보니, 내가 모든 음절을 길게 끌면서 발음한 게 틀림없었다. 나는 거기서 나가고 싶었다. 그 순간을 잘라버리고 싶었다. 조엘의 목소리가 낮아져서 불길한 음음 소리로 바뀌었다. 마치 나에게 다가오는 자동차의 엔진 소리 같았다.

"어디 보자…. 3개의 F는 아닐 것 같네요."

나는 3개의 F개가 뭔지 알고 싶어서 가만히 기다렸다. 그에게 낚였다. 그도 그걸 알아차리고 잠시 침묵했다. 일종의 교착 상태. 그의 숱 많은 눈썹, 조금 전까지만 해도 뚜렷하다고 생각했던 눈썹이 이제 피부에 달라붙은 살찐 애벌레처럼 보였다. 그의 검은 머리카락은 아까는 고양이털처럼 부드러워 보였지만 이제는 뻣뻣하고 거칠어 보였다. 그가 두 손으로 머리카락을 빗어 내리자 작은 비듬이 그의 어깨로 우수수 떨어졌다. 그의 손톱은 기름기로 번들거렸다.

그가 말했다. "명성(fame), 재물(fortune), 특혜(favor)."

"아." 내가 짧게 대답했다.

"무슨 뜻인지 아시겠어요?"

"아뇨."

“당신에게 뭘 팔려는 게 아니에요. 절대 아닙니다. 중증 장애가 제 전문이라서, 저절로 알아차린 게 있는데….”

“고맙지만 사양할게요.” 나는 등을 돌려 한 번 더 급수대에서 물을 마셨다.

“미안하지만 그냥 직업적 호기심인데, 한 번만….”

“사양할게요.” 내가 거듭 말했다.

“이봐요.” 그는 내가 끼어들 틈도 없이 말을 계속했다. “그저 돕고 싶어서 그래요.” 그는 콧김을 내뿜었다. “도와드리겠다는 거잖아요. 정말로 도와드릴 마음이 있다고요. 그냥 그것만 알려주시면….”

사람들은 나에게 간섭하려는 게 아니라고 쉽게 말한다. 그들은 진짜로 나를 돕고 싶은 거라고 끝까지 주장한다. 낯선 사람들이 나에게 “무슨 무슨 오일을 써봐라” “무슨 무슨 연고를 발라봐라” “허브, 가루, 알약, 요가 동작, 명상법, 기도문, 요들, 챈트, 영양제, 헴프시드, CBD, 마약, 준보석, 크리스탈, 설교하는 사람, 에너지를 붙잡아주는 사람, 에너지를 변화시키는 사람, 나의 모든 에너지를 재배치해서 딱 맞게 정리해줄 사람이 있다”고 알려준다. 어떤 사람들은 “제가 당신 몸에 손을 올려볼게요. 저는 신내림을 받은 사람이고, 신의 사랑이 당신의 몸을 치유할 거예요”라고 말한다. 내가 가장 치유받고 싶은 부분은 몸이 아닌데도.

"저는 나쁜 사람이 아니에요." 조엘이 말했다. 내가 불편해하는 모습을 보고 그도 마음이 불편해진 듯했다. 그래서 그는 내가 그의 결백을 인정하고, 다른 사람들과 마찬가지로 의도가 좋으면 모든 게 용서된다는 믿음을 계속 간직할 수 있기를 바랐다.

"네, 이해해요." 내가 대답했다.

캄캄한 방에 들어가서 시원한 물 한 잔을 마시고 싶었다. 그 순간에는 통증 때문에 분노가 유예되지만, 이따 밤에 분노가 나를 찾아올 것이었다. 나는 조엘이 명함을 건네주는 걸 막지 않았다. 그는 몸을 기울여 내 손바닥을 꾹 누르며 명함을 쥐어줬다. 그는 바람에다 대고 속삭였다. "만약 플로리다에 오실 일이 생기면…." 우리는 헤어지고, 커튼이 내려왔다. 나중에 나는 이 대화를 재현하고 또 재현하면서 더 나은 대답을 생각해보고, 더 나은 나 자신을 더 빠르고, 더 영리하고, 더 확고한 나를 생각해볼 것이다. 하지만 로마에서의 그 순간, 불편한 일 앞에서 내가 처음으로, 그리고 유일하게 느낀 충동은 후퇴하고 싶다는 것이었다. 내 몸을 그 자리에 남겨놓고 고개를 끄덕이게 하고 나의 나머지 부분, 가장 진짜인 부분들은 중립의 방에서 기다리게 하고 싶었다. 다른 선택지는 떠오르지도 않았다. 그때는 내가 선택을 한다는 걸 몰랐기 때문이다.

나는 보르게세 미술관 화장실에 혼자 서 있었다. 그리고 찬물로 세수했다. 거울에 비친 내 얼굴은 붓고, 벌게져 땀을 흘리고 있었다. 오, 세상에나. 얼굴이 형편없었다. 상기되고, 지저분하고, 혼란스러워하는 얼굴. 이 얼굴로 둥둥 떠다니면서 이 방 저 방으로 낯선 사람의 뒤를 따라다녔다니. 불쌍한 사람. 불쌍한 조엘. 선홍색의 엽기적인 욕망을 질질 흘리는 트롤(스칸디나비아 신화에 나오는 일종의 장난꾸러기 요정. 거인도 있고 난쟁이도 있다–옮긴이)에게 추적당했구나. 내 몸이 부르르 떨렸다. 아니, 내가 아니라 내 휴대전화가 부르르 떨고 있었다. 엄마가 또 문자를 보내왔다. 나는 엄마의 문자메시지를 보기 위해 주머니에서 휴대전화를 꺼냈지만, 전화는 꺼지고 말았다. 나는 온갖 중요하지 않은 일들에 신경을 쓰고 있었다. 몇 주 전부터 마치 나중에 시험을 봐서 통과해야 하는 사람처럼 이탈리아 예술에 관한 글을 열심히 읽었다. 그러나 내가 로마에 머문다는 것, 저녁식사 계획, 물통, 유럽에 맞는 변압기와 같은 기본적이고 필수적인 것들은 상상하지 못했다.

현실적인 사항들에 관해 생각하지 않았던 이유는 현실적인 일들이 벌어지기를 원치 않았기 때문이다. 나는 어떤 신기하고 우연한 '사건'을 원했다. 공중전화 뒤쪽의 술집이라든가, 시골 축제의 강령회라든가, 손잡이를 당긴다거나, 비밀이 밝혀진다거나, 산악 안내인이 나를 도와준다거나, 골목길의 신비로운 일이라든가, 미해결 사건이라든가, 도주 중인 남자라든가, 뭐든지, 그 어떤 것이든지. 하지만 나는 그런 걸 발견하는 부류가 아니다. 나는 합리적이지도 않고 모험적이지도 않다. 나는 훌륭한 참고문헌 목록을 만들어놓고 그걸 지식이라고 부르는 사람이다. 나는 두꺼운 베르니니 전기를 읽고 과거에 관한 사실들을 수없이 쌓아 올리며 로마 여행을 준비했지만, 그 사실들 중 어떤 것도 현재의 경험으로 나를 이끌어주지 않았다.

오후의 태양이 미술관의 정면을 비췄다. 다른 관광객들과 함께 미술관 앞 잔디밭에 서서 사진을 찍었다. 초록색 모자를 쓰고 손에는 무거운 카메라를 든 여자가 가족에게서 떨어져 나와 나에게 손짓을 하더니, 미술관 건물 앞에서 내 사진을 찍어주겠다고 제안했다. 나는 거절의 뜻으로 고개를 저었다. 근처 정원에서 그늘진 자리를 찾아 똑바로 누워 스트레칭을 시작했다. 오른쪽 다리를 왼쪽 몸통 위로 교차시키자 따뜻한 통증이 내 엉덩이 전체로 퍼지면서 위안을 선사했다. 나는 하늘을 응시했다. 저 위에서 뭔가가 하늘을 가렸다. 아까 그 모자 쓴 여자가 나를 향해 몸을 구부리면서 괜찮은 거냐고 물어봤다. 나는 고개를 끄덕였다. "네, 괜찮아요."

일어나 앉으니, 조엘이 보르게세 미술관 건물 앞에 서서 그와 건물을 모두 탈색시키는 태양 아래 그 건물에 감탄하는 모습이 보였다. 조엘은 건물에 반사된 자기 모습을 보고 있을 것도 같았다. 두 개의 몸, 미술관 건물과 조엘, 상아색과 웅장함. 아름다움은 대칭, 정확한 치수, 비례, 질서에 있다는 고대 그리스인과 로마인의 오래된 생각을 입증하는 두 개의 증거물. 완벽한 원들, 곧은 직선들, 정사각형들. 조엘과 그 건물은 똑같은 생각의 원 안에, 아니, 똑같이 반복되는 생각의 '원들' 안에, 끝없이 바깥으로 뻗어 나가는 동심원들 안에 새겨져 있었다.

보르게세 미술관 건물의 기둥들은 팔라디오 양식의 엄격한 비례를 따랐다. 팔라디오 양식은 고대 그리스인들이 세운 신전들과, 유일하게 현존하는 고대 건축에 관한 규범서인 《건축십서De architectura》의 저자이자 건축가 비트루비우스Vitruvius에게서 유래했다. 비트루비우스에 따르면 인간과 건물은 수학적 원리에 따라 만들어질 때 가장 아름답다. 다 빈치의 〈비트루비안 맨Vitruvian Man〉이라는 작품은 원과 정사각형 안에 완벽하게 들어맞는 이상적인 인간의 비례를 보여준다. 비트루비안 맨은 도리포로스Doryphoros의 후손이다. 도리포로스는 5세기 아테네에서 사랑받았던 조각가 폴리클레이토스Polykleitos의 걸작이다. 폴리클레이토스는 창을 든 도리포로스를 묘사했다. 그는 몸통은 휘어져 한 발을 앞으로 내딛고 있으며 오른쪽 다리에 체중이 실린 대신 왼쪽 다리에는 힘이 빠져 있고 한쪽 손으로는 가상의 무기를 쥐고 있다.

이 작품과 짝을 이루는 〈규칙The Canon〉이라는 논문에서 폴리클레이토스는 창 든 사람의 신체 각 부분의 정확한 치수를 자세히 기록했고, 각 부분과 전체 형상의 관계에서 지켜야 하는 비례도 알려준다. 300년 후에 의사 갈렌Galen은 도리포로스 조각상에 관해 이렇게 썼다.

"그 완벽한 비례를 만들기 위해서는 신체의 모든 부분이 다른 부분들과 정확히 유기적으로 조화를 이뤄야 한다. 손가락과 손가락의 비율, 손과 손목의 비율, 손과 아래쪽 팔의 비율, 손과 위쪽 팔의 비율, 다리의 여러 부분들, 그리고 다른 모든 부분의 비율도 정확해야 한다."

폴리클레이토스의 논문과 조각 작품은 모두 소실되었다. 그러나 로마인들이 대리석으로 다시 제작한 복제품들은 비록 각기 다른 정도로 손상되어 불완전한 상태지만 아직 남아 있다. 가장 유명한 복제품은 폼페이 폐허 속에서 발굴된 것이다.

그리스인들에게 이 완벽한 비례들은 임의적인 것이 아니라 자연 세계의 정밀하고 신성한 디자인에서 따온 것이었다. 따라서 인간 신체의 정확한 비례는 그 사람이 선천적으로 지닌 신성한 조화의 증거였다. 어떤 사람이 아름답다는 것은 그 사람의 수많은 부분들이 전체에 대해 완전한 균형을 이루며 함께 기능을 수행한다는 뜻이었다. 마치 자연의 서로 다른 여러 부분들이 기적처럼 함께 작동하면서 완전한 균형을 이루는 것처럼. 신전, 토르소, 나무, 나뭇잎, 날개, 장미. 신의 눈에 잘 정돈된 걸로 보이는 것들. 신의 패턴은 곳곳에서 되풀이된다. 황금비율에 맞게 지어진 건물들, 내 머리 위에 있는 나무들의 프랙탈fractal(부분과 전체가 비슷한 형태로 끝없이 되풀이되는 구조-옮긴이) 형태로 뻗어나간 가지들, 그 나무에서 떨어진 열매의 껍질에서, 조엘의 피부에서, 그리고 저 위로 날아가는 잠자리의 날개에서 발견되는 보로노이 테셀레이션Voronoi tesellation.

아름다움은 설계, 치수, 양식과 같은 규율하는 힘들에 의해 포착되고 고정될 수 있었다. 그리고 몇 가지 법칙으로 축약될 수 있었다. 치수와 비례는 어디에서나 아름다움과 미덕으로 인식됐다. 플라톤은 "아름다움, 비례, 그리고 진실은… 하나로 간주된다"라고 썼다.

하지만 미술관 건물의 이쪽 끝과 저쪽 끝을 번갈아 쳐다보니 눈이 지루해졌다. 절반까지만 와도 볼 건 다 봤다는 느낌이 들었다. 대칭은 예측 가능하다. 대칭을 볼 때 내 마음은 편해지지만 놀라지는 않는다. '아름다움이란 단지 정확한 치수의 결과'라는 말은 미적 경험의 신비를 축소시킨다. 몸 전체로 뭔가를 인식하는 경험, 아름다움에 맞춰진 아주 오래된 감각, 미와 미의 불협화음을 물리적으로 포착하는 행위. 반가운 열기, 짜릿한 전율, 어딘가 불편한 즐거움, 부글거리는 배 속, 오싹한 느낌, 털이 곤두서는 느낌, 소름, 고도의 집중. 나는 예술 작품과 사람들, 아이디어, 소리, 폭풍, 문장, 일몰, 시내와 강과 바다, 색채, 노력, 실패, 이별, 고통 앞에서 그런 고도의 집중을 느낀 적이 있었다. 이것들 중 측량 가능한 게 얼마나 될까? 그런 미적 경험은 있기도 하고 없기도 했으며, 주관적이지도 않았고 객관적이지도 않았다. 나는 그 광활함이 좋았다. 그런 아름다움의 개념을 내 손 안의 돌멩이처럼 간직하면서 이리저리 돌려보고 싶었다.

그러나 아마도 내가 고대의 이상을 거부하는 이유는 그것이 내가 나 자신에게 들려주는 이야기와 일치하지 않기 때문일 것이다. 내 몸은 그 어떤 균형, 비례, 계획의 서사에도 들어맞지 않았다. 나의 미학적 계통은 무엇이고 어디에서 그걸 찬양했는가? 솔직히 말해서 내가 조엘과 비슷한 외모를 가지고 태어났거나, 적어도 그런 유형의 미인이 나를 만지고, 사랑하고, 나와 사랑을 나누고, 나를 선택했다면 나는 보르게세 미술관 건물이 아름답다고 생각했을 수도 있다. 만약 내가 그런 아름다움을 경험할 가치가 있는 존재로 인정받았다면 나도 그 건물의 엄격한 이상에 복종했을 것 같다.

거짓이 진실을 위협한 것처럼, 무질서는 아름다움을 위협했다. 플루타르크는 이렇게 경고했다. "어떤 요소 하나가 우연히 누락되거나 잘못된 자리에 배치되기만 해도 추함ugliness이 신속하게 존재를 드러낸다."

척추 주변의 근육들이 욱신거렸으므로 통증을 가라앉히기 위해 잔디밭에 조금 더 있었다. 가방에서 벽돌처럼 무거운 베르니니 책을 꺼냈다. 책을 읽을 수 있는 시간은 순전히 나의 몸 상태에 따라 정해질 터였다. 나는 통증이 조금 줄어드는 데 걸리는 시간만큼 똑바로 누워 있을 것이고, 그 시간이 아무리 오래 걸려도 수치심을 느끼거나 누군가의 일정이 지체되더라도 당혹감을 느끼지 않을 터였다. 나와 함께하다 일정이 지체될 사람은 없었으니까. 설령 내가 지나가는 사람들의 동정을 유발하고 있었더라도 나는 알아차리지 못했다. 사람들의 시선으로부터 자유로워져 다시 하늘을 올려다보고 있었기 때문이었다. 혼자라는 게 너무나 감사했다.

사람들은 대부분 나의 키에 먼저 주목한다. 나는 키가 작으니까. 그러고 나서 그들은 나의 걸음걸이를 주목하고, 나의 몸이 다리의 무릎 아래 부분과 두 발이 충분히 발달하지 않아 나머지 신체와 균형이 맞지 않는다는 점을 알아차린다. 나의 척추는 휘어 있어서 등이 앞으로 굽는다. 나에게는 '고관절 이형성hip dysplasia'이라는 병이 있다. 나의 고관절들이 서로 잘 맞지 않아 불안정하다는 뜻이다. 관절의 둥근 공 같은 부분이 나에게는 없는 움푹한 곳을 찾으려고 뼈의 평평한 부분을 갈아댄다. 그럴 때마다 나는 통증을 느끼고, 온종일 그 통증에서 벗어나지 못한다. 내가 깨어 있는 모든 순간에 통증이 연주하는 소리가 들린다. 나는 엉덩이를 흔드는 힘으로 걷기 때문에 걸음걸이가 좌우로 흔들린다. 만약 내가 머리를 길게 길러 하나로 묶는다면 나의 머리카락은 시계추처럼 세차게 왕복 운동을 할 것이다. 나는 천천히 움직인다. 계단에서는 느려지지만, 체중을 실을 난간이 있으면 계단을 올라갈 수는 있다. 나는 두 팔이 튼튼하고, 계단을 오를 수 있을 뿐 아니라 턱걸이도 할 수 있다. 의학 용어로 나의 장애는 '천골무형성증Sacral Agenesis'이라고 한다. 세상에 태어난 순간부터 나에게는 척추와 골반을 연결하는 뼈인 천골이 없었다. 'agenesis(무형성)'는 그리스어에서 유래한 단어로 어떤 것이 생성되지 않았거나 생성에 실패했다는 뜻이다. 나에게 없는 천골, 나의 누락된 요소.

보르게세 미술관 정원을 더 둘러보고 싶었지만 태양이 내 계획을 증발시켰고, 나는 항상 느끼는 아쉬움 속에서 멍한 상태가 됐다. 행복한 가족들이 차양 달린 네발자전거를 타고 나를 지나쳐갔다. 자전거 대여소에서 일하는 남자가 나를 향해 손짓하다가, 아니다 싶었는지 사과의 뜻으로 고개를 까딱거렸다. 나는 급수대 앞에 서서 물을 벌컥벌컥 마시고, 숨을 헐떡이며, 내가 로마에서 얼마나 많은 부분을 건너뛸 수 있을지 생각했다. 조엘과 나를 관찰하는 그의 두 눈이 나를 흥분시키지 않았다면 하루가 밋밋했을 것이다.

원래 예정대로라면 밀라노에 있어야 했는데, 표를 바꿔서 이곳으로 왔다. 멀리 이탈리아까지 왔는데 보르게세 미술관에서 베르니니의 조각 작품을 보지 않는다는 건 용서받지 못할 잘못이라고 나 자신을 설득했다. 나는 아름다운 것에 가까이 가기만 해도 변화가 일어날 거라고 믿었지만, 내가 무엇으로 변화할지에 관해서는 충분히 생각해보지 않았다. 그리고 베르니니의 작품을 보고 난 지금은, 만약 내가 변화했다면 그건 좋은 쪽으로 변화하는 게 아니라는 생각이 들었다. 조엘이 나에게 말을 걸기 전에 내가 그의 옆에 서 있었던 느낌과 페르세포네를 감상하는 그를 쳐다본 기억이 났다.

다른 장소에 다른 식으로 존재하고 싶은 갈망이 느껴졌다. 내가 태어난 직후에 아빠가 썼던 글에서 아빠는 자신이 '오토바이 같은 성격'을 가졌다고 설명했다. 한가로이 있을 때는 불안정하고, 이동하고 있을 때만 안정된다는 뜻이다. 아빠는 사물들이 생성되는 곳에 있고 싶어 했다. 그는 현재에 확고하게 자리 잡는 걸 좋아하지 않았다. 아빠는 정적인 걸 두려워했다. 나 역시 모든 게 새로워지는 곳으로 가고 싶다. 그러니까 나는 항상 내가 지금 있는 곳이 아닌 다른 어딘가에 있기를 원한다.

버스를 향해 걸어갔다. 인도에서 사람들이 나를 앞질러 갔다. 나는 너무 천천히 걷고 있었다. 나는 그곳에 어울리지 않았다. 앞쪽으로 이동하는 흐름 속에 어떻게 끼어들어야 할지 몰랐다. 배낭 속 베르니니 전기가 터무니없이 무겁게 느껴지자 나 자신과 나의 모든 충동이 거슬렸다. 굳이 그 책을 가져온 건 나였다. 더욱 상투적이게도 노트(그것도 몰스킨 가죽 노트!)까지 챙겨왔다. 보르게세 미술관 정원을 종일 거닐면서 읽고 쓸 생각이었지만, 지독하고 맹렬한 태양 아래서 처음 1분을 보내자마자 그럴 생각이 사라졌다.

술집에서 콜린과 제이를 만난 그날 밤 이후 몇 달 동안 나는 심하게 동요하고 있었지만, 이제 나에게 그날의 일은 새롭지도, 독창적이지도 않은 한 편의 연극처럼 느껴졌다. 마치 나는 감명 깊게 읽었지만 나와는 공통점이 하나도 없는 여행작가들의 글을 베껴 쓴 것 같았다. 여행기라는 장르에 등장하는 인물은 대부분 백인이고 비장애인이며 돈에 구애받지 않는 남성들이다. 그들 중 다수는 낯선 땅에서 만난 바쁜 사람들을 마약을 나누는 친구, 비밀을 공유하는 사람, 독특한 섹스의 상대로 변신시킬 줄 아는 연금술사 같은 사람들이다. 글을 출판하는 것이 허락된 소수의 여성 여행작가들은 보통 누군가의 죽음을 애도하고 있었다. 엄마, 오빠, 여동생, 온 가족, 반려견, 부부관계. 나에게는 남을 변신시키는 재주도 없고 아직은 애도할 일도 없다. 창피하게도 나는 다른 사람을, 세계를 돌아다니는 경험에 적합한 어떤 사람을 사칭하는 일밖에 못 한다. 나는 신체적 조건으로 보나 은행 계좌로 보나 내가 여행에서 배제된다는 무비판적인 확신이 있었다. 하지만 최근에 내 주변의 상황이 조금 달라졌다.

어떤 여행가들은 집에 돌아오자마자 여행 중의 불행한 일들을 생각하며 괴로워한다. 그들 중 상당수는 철학 대학원에 진학한다. 그렇지 않으면 뉴욕에서 작가로 활동한다. 그들은 낭독회나 학회 같은 행사가 끝난 다음 뒤풀이 자리에 슬쩍 나타난다. 그들은 얼굴을 찡그리며 최근에 여행을 다녀왔는데 아주 긴 장편소설(러시아 소설)이나 밀도 높은(마르크스주의) 신학 또는 역사학 책(유명하진 않지만 대단히 중요한 책)을 읽으려고 하다가(고뇌에 차서!) 제대로 즐기지도 못했고, 여행 기간 내내 잘못된 시각에 잘못된 기차를 탔다는 이야기를 늘어놓는다.

그들은 루카치 책을 들고 브루클린에서 파리로, 라트비아로, 발리로, 부다페스트로 다니면서 학술회의에 참석하거나 소설을 쓰거나 박사논문 자료 조사를 찔끔찔끔 수행한다. 오전에는 서가에서 빈둥거리고 밤에는 술집에서 술을 마신다. "아, 그땐 정말 끔찍했어." 그들은 윙크를 하며 나에게 이렇게 말하곤 했다. 스페인에서 사랑을 나누던 여자의 남자친구가 질투하는 바람에 쫓기듯 출국한 일이라든가 베를린에서 화장실 벽에 뚫린 구멍을 통해 누군가를 더듬었던 일이라든가 슬로바키아의 총각 파티에서 누군가에게 얻어맞은 일이 그들에게는 정말 끔찍한 일이었다. 그건 고통 그 자체였다. 하지만 그 모든 건 그들에게 꼭 필요한 일이기도 했다! 용감하게 사색하고, 글을 쓰고, 진지한 사람이 되려면, 그리고 무엇보다 그들의 아빠들과 똑같은 사람이 되지 않으려면 그런 경험이 반드시 필요했다.

때가 되면 그들은 뉴욕으로 돌아와 뉴욕 사람들과 술잔을 기울이고 강연을 하거나 새로운 청중 앞에서 낭독회를 열었다. 그들 중 나의 친구라고 할 수 있는 사람들은, 내가 보기에는 하나같이 알랑거리기만 하고 하나도 유쾌하지 않다는 공통점이 있었다. 그들의 경험담에서 특히 자극적인 조각들을 무미건조한 말투로 나에게 들려주면서, 내가 눈을 동그랗게 뜨며 나의 순진함과 부족한 인생 경험을 드러내기를 기대했다. 이곳 이탈리아에서 나는, 그들이 우리가 일생 동안 책에서 읽었던 남자들을 어설프게 따라한 것을 다시 어설프게 따라하고 있었다. 금욕주의자들, 은둔자들, 한량들, 철학자들, 시인들, 음유시인들, 깊은 사색을 하려면 움직이고 있어야만 한다고 믿었던 소요학파 사람들. 항상 걷기를 즐겼던 영국 시인 윌리엄 워즈워스, 철학자 소크라테스, 영국과 스페인을 오갔던 작가 로리 리 '아라비아의 로렌스'로 불렸던 T. E. 로렌스. 평범한 삶을 뒤로하고 산에 오르고, 언덕 위에 앉아 있고, 사막과 숲과 빙하와 바닷가를 거닐던 남자들. 혼자, 항상 혼자 항해하는 남자들. 몸과 마음, 영혼에서 벗어나고 속세의 진흙을 묻히지 않아서 비로소 명료한 사고를 할 수 있었던 남자들.

내가 배제되었다고 느낀 그 모든 것에 대한 반응으로, 나는 이따금 나의 계층적 지위를 방패처럼 들어올리곤 했다. 남편 앤드류와 나는 둘 다 중서부 시골에서 어린 시절을 보냈다. 앤드류의 부모님은 결혼한 적이 없다. 그는 엄마의 손에서 자랐는데, 그의 엄마는 순회 목사로서 해마다 이사를 다니며 앤드류를 이 학교에서 저 학교로, 이 집에서 저 집으로, 미주리주의 토네이도에 날아간 작은 마을에서 다른 마을로 데리고 다녔다. 앤드류와 나는 여행가방 네 개에 3000달러를 들고, 그리고 어린 아이 하나를 데리고 뉴욕으로 왔다. 가족에게서 받은 지원이라고는 엄마들이 우리를 사랑했으며, 우리의 선택을 받아들이기 위해 최선을 다했다는 것밖에 없었다. 나는 철학 박사과정에 등록했고 트리스테이트 에어리어(뉴욕주, 뉴저지주, 코네티컷주 이렇게 3개 주에 인접한 지역을 가리킨다-옮긴이)의 여러 대학에서 겸임교수로 일하며 쥐꼬리만 한 월급을 받았는데, 지하철과 통근 전철에서 강의 계획을 세우고 채점을 했다. 나의 동료들은 몇 명만 빼고 젊은 백인이고 비장애인 남성이고 집에서 물려받은 돈이 있는 사람들이었는데, 나는 내가 정말 열심히 일하는 데 가진 것이 너무 적다고 생각하면서 그들과 비슷한 자부심을 가지려고 했다. 나는 곤궁했고, 장애인이고, 엄마였으므로 비극적인 빛 속에 흠뻑 젖어들었고, 그 빛 속에 들어가 있을 때면 내가 그들보다 도덕적으로 우월하다고 느꼈다. 배제의 도끼를 막아내기 위해 나는 그걸 무기처럼 휘두를 수 있었고, 그러면 잠시 동안 기분이 좋아졌지만 궁극적으로는 나를 다른 사람들과 단절시키는 홈을 더 깊게 파고 있었다.

앤드류는 맨해튼의 어느 스포츠바 주방에서 자기 팀이 이기면 팁을 주는 술 취한 손님들을 위해 튀김 요리를 만들었다. 그는 새벽에 교대근무를 끝마쳤다. 그러다 브루클린으로 돌아오는 지하철에서 자다가 종종 내릴 곳을 놓쳤고, 열차가 종착역에 도착해 역무원이 발로 그를 뻥 차서야 깨어났다. 그가 집에 도착하는 시간이면 나는 울프강을 그에게 넘겨주고 작별 키스를 한 다음, 또다시 강의를 하기 위해 급히 현관을 나서야 했다.

무일푼이라는 것에는 리듬, 문화, 코드, 내가 유창하게 구사하는 언어, 나를 붙잡아두는 혈통이 있었다. 그런데 브루클린의 술집에서 제이와 콜린을 만나기 일주일 전에 나는 내가 일하던 학교 한 곳의 학장실로 불려갔고, 비공식적으로 연봉을 받는 전임 교수 자리를 제안받았다. 나는 철학과에서 두 번째 박사학위에 도전하기 전에 영문학 박사학위를 취득했으므로 다양한 인문학 과목을 강의할 자격이 있었고, 그 학교의 입장에서 값싸게 고용할 수 있는 인력이었다. 그곳은 규모가 작았던 만큼 강의를 한꺼번에 많이 맡을 수 있는 사람을 필요로 했다. 급여는 괜찮았고 비급여 혜택도 나쁘지 않았다. 무엇보다 학계의 구직시장에 나가서 나 자신을 판매하지 않아도 될 것 같았다. 나를 무겁게 짓누르던 문제가 불과 몇 분 사이에 사라졌다. 머릿속이 가벼워지고 안심이 됐고, 그러고 나서는 슬픔에 젖어 그 자리에서 꼼짝할 수가 없었다.

학장이 나의 새로운 역할에 관해 뭐라고 이야기하는지 들으려고 애썼지만, 그녀의 목소리는 들렸다 안 들렸다 했고 나의 시야는 위아래로 바삐 움직였다. 나는 안도감과 함께 상실감을 느꼈다. 바로 그 목표를 달성하기 위해 오랫동안 노력했고 이제 나의 노력이 결실을 맺었지만, 그게 자랑스럽다기보다는 내가 가짜가 된 것 같아서 역겨웠다. 학장실에 들어갈 때 나는 한 푼 한 푼을 걱정하던 사람이었는데 그곳에서 나올 때는 중산층이 되어 있었다. 나는 계약서에 서명하는 순간 내가 알던 삶을 버렸다. 이전 삶 속에서는 내가 지금 하고 있는 로마 여행은 상상할 수도 없었을 것이다. 새로운 직업은 나와 우리 가족이 간절히 필요로 했던 안정을 제공했지만, 우리의 달라진 계층은 마치 상처가 아물고 나서 새로 돋아난 피부처럼 거북하게 느껴졌다. 돈에서 기쁨을 얻고 그걸 즐긴다는 건 불가능하게 느껴졌고, 내가 새로 획득한 경제적 안정을 당연하게 받아들이는 건 도덕적으로 혐오스러웠다. 나는 그 두 가지 감정 사이의 어디에도 편안하게 자리 잡지 못하고 이랬다저랬다 했다.

나를 태운 버스가 보르게세 정원에서 멀어졌다. 나는 아무리 읽어도 끝나지 않는 베르니니 전기를 읽으려고 계속 노력했다. 솔직히 말해서 나는 그 난해한 문단들을 하나하나 꼼꼼하게 훑으며 보는 걸 좋아한다. 철학이라는 학문은 '나의 진짜 일은 새로운 깨달음의 길을 닦는 것'이라는 믿음을 가지고 천천히, 심각하게 글을 읽도록 나를 훈련시켰다. 그 믿음은 내 마음을 설레게 했다. 철학의 목표 자체가 아무 데도 도달하지 않는 것이었다. 어느 철학자가 우연히 어떤 문제의 해답을 발견했다고 치자. 이를테면 삼각형의 빗변의 길이를 알아내는 공식을 발견했다면, 그건 더 이상 철학이 아니게 된다. 사실들은 다른 분야로 추방당한다. 철학은 그 본성상 불확실성을 요구한다. 마리아 포포바Maria Popova는 철학이란 "계속 뭔가를 의심하는 기술"이라고 썼다.

진리를 찾기 위해서는 부조화를 참아내는 사람이 필요하고, 그런 불편함을 참아내는 능력이야말로 철학자의 신체 및 사고가 다른 사람들의 신체 및 사고와 차별되는 지점이다. 적어도 우리가 대학원에서 배운 바로는 그렇다. 나는 철학자와 그가 하는 일에 관한 이런 식의 이미지가 그럴 듯하다고 생각했고, 그런 태도가 나의 모든 생각에 스며들기를 바랐다. 다른 사람들이 참아내지 못하는 것을 내가 참아내기만 하면 내가 찾는 답이 발견될 것이고, 이 고통에는 목표가 있고, 내가 길을 잃은 게 아니라 더 어려운 길 위에 있는 거라는 사고방식이 마음에 들었다.

내가 묵고 있는 호텔 근처의 레스토랑에서 '카쵸 에 페페 cacio e pep(치즈와 후추로만 만든 소스를 뿌린 파스타 요리－옮긴이)'를 먹었다. 로마에 왔으니 카쵸 에 페페는 반드시 먹어줘야 했다. 나는 혼자 음식을 먹으며 생각했다. '나는 여기에 있다. 여기 내가 있다. 똑같은 나.' 베르니니 전기를 꺼내 읽으려고 하는데 책장 위의 단어들이 흐릿하게 보였다. 책을 내려놓는 순간 누군가가 와서 내 잔에 물을 채웠다. 웨이터가 뭘 읽고 있느냐고 묻기에 표지를 보여주니 그는 마음에 든다는 투로 대답했다.

"신이 가장 좋아하는 조각가군요. 로마와 가톨릭에게도 정말 중요하죠."

웨이터는 내가 카쵸 에 페페 사진을 찍지 않는 것에도 감탄했다. 미국인 관광객들이 레스토랑에 오면 카쵸 에 페페 사진을 너무 많이 찍느라 다 식어버린 음식을 먹고는 맛이 없다고 불평한다는 것이었다. 내가 말하지 않은 진실. '내 휴대전화 배터리가 나갔어요.' 나는 엄마에게 문자를 보내고 싶고, 카쵸 에 페페 사진도 찍고 싶었다. 그 대신 책을 읽었다. 웨이터는 그게 마음에 든다는 듯 고개를 끄덕였다. 책을 많이 읽지는 못했다. 버트런드 러셀의 "로마에는 새로운 사상이 없다"라는 말이 내 머릿속을 떠나지 않았다. 러셀의 말은 로마 시대의 철학이 자유로운 학문이 아니라 이데올로기, 즉 기독교 사상에 맞춰 만들어졌다는 뜻이다. 예술도 철학의 뒤를 따랐다. 여기 로마에서 볼 수 있는 유명한 예술 작품들은 대부분 교황이 의뢰했던 것이다. 보르게세 미술관만 해도 위대한 예술 후원자였던 스키피오네 보르게세 추기경의 소장품을 모아놓은 곳이다. 예술은 신을 위한 것이었고, 아름다움은 신이 주신 것이었고, 신은 로마를 온통 뒤덮고 있었다. 로마에는 새로운 사상이 없었고, 나에게도 그런 건 없었다. 그런데 그 순간 새로운 아이디어가 떠올랐다.

웨이터가 돌아오자 나는 혹시 이전에 여기에 온 미국인 관광객들이 물건을 놓고 가기도 했느냐고 물었다. 웨이터는 종이 상자를 들고 돌아왔다. 나는 상자를 뒤적이다가 나에게 필요한 물건을 발견했다.

"공짜로 드릴게요." 웨이터가 말했다. 변압기. 그걸 전원에 꽂았다. '나에게는 지략이 있어. 독서 목록을 먼저 만들지 않고 문제를 해결했잖아.' 휴대전화가 충전되고, 불이 들어오고, 살아났다. 엄마에게 문자를 보냈다. 다 먹어가는 파스타 사진도 재빨리 찍어서 전송했다.

레스토랑에서 나오니 해가 져 있었다. 로마는 캄캄했다. 피곤해서 호텔까지 최단거리로 가려고 어둑어둑한 골목길을 선택했다. 거친 바닥이 나왔다. 고개를 숙이고 두 눈을 가늘게 뜬 채 앞만 보고 가고 있었기 때문에, 처음에는 주변 남자들을 못 보고 소리만 들었다. 남자들이 낄낄대고 있었다. 내가 길 가장자리로 갔더니 그들도 똑같은 방향으로 이동했다. 내가 반대쪽 가장자리로 걸음을 옮기자 그들도 그쪽으로 옮겼다. 그들은 넷이었다. 한 명이 나에게 말을 걸지만, 뭐라고 하는지는 알 수 없었다.

그들이 나에게 보이는 관심과 그들의 말소리에 나는 돌처럼 굳어졌다. 입을 열었지만 단어는 나오지 않고 목구멍 속의 부자연스러운 음들만 나왔다.

한 남자가 걸음을 빨리하더니 내 뒤에 바짝 붙어 섰다. 다른 남자가 내 어깨에 손을 올리고 나를 뒷걸음질치게 해서 벽 쪽으로, 자기 친구 쪽으로 보냈다. 그 친구는 키가 컸다. 그들은 나를 그 친구 옆에 세워놓고 사진을 찍으려고 했다. 나는 작았고, 난쟁이였고, 그건 웃기고 기막힌 일이었다. 나는 진짜가 아니었다. 그냥 골목길의 이상한 물체였다. 그들의 카메라에서 플래시가 터졌다. 나는 그 자리에 얼어붙고 말았다. 그리고 다시 어둠 속으로 들어갔다.

10대 시절, 어떤 아저씨가 내가 계단을 올라가는 모습을 지켜보고는 "너에게는 우아함이라고는 없구나"라고 말한 적이 있었다. 그 아저씨는 나의 서툰 움직임이 신기해서 고개를 돌리지 못했던 것이다. 내가 걸을 때면 항상 힘들어하는 것처럼 보이는데, 그 아저씨에게는 그게 추해 보였던 모양이다.

그 아저씨는 자기가 나한테 했던 말을 기억할까? 그는 계단을 바라볼 때마다 그 기억을 떠올릴까? 내가 계단을 올라가는 걸 그 아저씨가 지켜본 이후 20년이 지난 지금도, 나는 사람들을 먼저 보내기 위해 늘 옆으로 비켜서서 신발 끈을 고쳐 묶는다. 전화 통화하는 척하며 사람들이 나를 앞질러가게 한다. 실제로는 오지 않을 누군가를 기다리는 척도 한다. 나의 미약한 자기 보호 수단에 의지하며 때를 기다린다. 아무도 나를 쳐다보지 않을 때까지. 관찰당하지 않고 계단을 올라갈 수 있는 여건이 되고 나서야 계단을 올라간다. 나는 누군가가 나의 걸음걸이를 보고 우아하지 못하다고 말하는 사태에 항상 대비하며 살았다.

단어들은 남고, 문장들도 남고, 기억들은 나의 현재를 침해하고, 낯선 사람은 나를 쳐다보고 말을 건다. 파편들이 모여 거울이 된다.

로마에서는 남자들 몇몇이 내 앞길을 막았다. 술에 취한 남자들. 키 큰 남자는 이제 사진을 다 찍었으니 자리를 뜨고 싶어 했다. 다른 남자가 자기 휴대전화를 떨어뜨렸다. 친구들이 그의 서투른 몸놀림을 비웃었다. 한 남자가 다른 남자의 가슴을 툭 쳤다. 그런 식으로 그들은 새로운 계획과 다른 관심사에 마음이 쏠렸고, 더 이상 소란을 피우지 않고 나를 떠나 그들의 밤을 계속 이어갔다. 그들이 그 순간을 다시 떠올리는 일은 없을 것이다.

로마는 한밤중이고, 브루클린은 저녁식사 시간이었다. 휴대전화 화면 안에 가족의 모습이 반쯤 먹은 스파게티 그릇과 함께 나타났다. 울프강의 입 가장자리가 빨갛고, 가슴에는 소스가 묻어 있었다. 녀석의 작은 얼굴이 흐려지고 뭔가에 가로막혀 화면이 정지되더니 다시 초점이 맞춰졌다. 남편은 자기의 하루와 이제부터 뭘 할지도 이야기하고, 울프강이 그날 뭘 했는지도 알려줬다. 남편과 아들의 목소리가 달콤하고 또렷해서 감사한 마음이 들면서 멍해졌다.

"밀라노는 어때?" 앤드류가 물었다.

"사실 여기 로마야."

"로마라고?"

"응. 베르니니 작품을 꼭 보고 싶어서."

"그렇구나." 남편이 대답했다. "말 되네."

남편에게는 길에서 만난 남자들 이야기를 하지 않았다. 나는 이런 경험을 타인과 공유하지 않는 것이 좋다는 걸 알게 됐다. 특히 내가 어떤 감정을 느껴야 하는지를 쉽게 이야기하는 비장애인들에게는. 그들은 내가 그런 일들을 '그냥 무시해야 한다'거나, '그 정도는 웃어넘길 줄 알아야 한다'거나, 내가 '너무 예민하다'거나, '큰일은 아니네'라거나, '그건 큰일이네, 정말 큰일이야'라면서 내가 지금보다 더 화를 내야 하는데 '왜 그렇게 담담해?'라고 묻는다. 보통은 좋은 의도로, 나를 더 용감하게 만들어주려고 하거나 내가 불편한 상황을 잘 이겨내도록 하려는 의도로 하는 말들이다. 하지만 그런 말들은 항상 정반대 효과를 발휘한다. 나는 야단 맞는 기분이 들거나 이해받지 못하는 기분이 든다. 절대로 경험하지 않을 사람에게 그런 상황을 어떻게 받아들여야 한다는 말을 들으면 존재를 교묘하게 부정당하는 느낌이 든다.

골목길에서 있었던 일을 앤드류에게 말하지 않은 이유가 바로 그것이다. 앤드류는 공감 능력이 뛰어나기 때문에 상대의 말을 주의 깊게 들어준다. 그는 자기가 알 수 없는 걸 아는 척하지도 않았고, 나에게 어떤 사람이 되라거나 어떤 감정을 느껴야 한다고 말한 적도 없다.

앤드류에게 그 이야기를 하지 않은 건, 내가 도움을 필요로 하는데 그가 나에게 도움을 줄 수 없다고 느끼기를 원치 않았기 때문이다. 나는 그가 걱정하거나 두려워하기를 원치 않았다. 하지만 그보다는 내 상처를 끄집어내서 그에게 쏟아버리고 그를 오염시키는 게 싫었다. 나의 그런 면으로부터 앤드류를 보호하고 싶었고, 울프강도 보호하고 싶었다. 그래서 그 이야기는 나 혼자만 간직하기로 했지만, 그러려면 거리를 유지해야 했고, 내 삶을 그들과 공유하지 못하게 됐다. 울프강이 뭐라고 말하기 시작하는데 휴대전화 화면에서 끽끽대는 소음이 들렸다. 나는 내 휴대전화 소리를 줄였다. 두 사람은 아주 멀리 떨어져 있었다.

온라인으로 오비디우스를 검색해서 페르세포네의 이야기를 다시 읽어봤다. 나는 물의 정령 키아네를 잊고 있었다. 강에서 나와서 플루토에게 페르세포네를 납치하지 말라고 사정했던 키아네. 플루토는 키아네의 말을 들어주지 않았고, 키아네는 너무나 슬펐던 나머지 그들이 지옥의 입구로 내려가는 광경을 보다가 몸이 산산이 부서지고 말았다.

> 침묵 속에서 위안이 불가능한 마음의 상처를 안고… 당신은 키아네의 팔다리가 흐물흐물해지고, 뼈가 휘어지기 시작하고, 그녀의 손톱이 물러지는 모습을 봤을지도 모른다. 어깨, 등, 가슴이 녹아내리고, 사라졌다. 그리고 살아 있는 따뜻한 피 대신 물이 흐른다.

나는 키아네의 운명 이야기에서 매력적이고 익숙한 해결

책을 발견했다. 욕조에서 목욕을 하면서, 나의 모든 슬픔도 육체에서 빠져나와 녹아버릴 거라고 믿는 것. 내 다리와 엉덩이가 욱신거렸다. 대리석처럼 뻣뻣한 몸을 뜨거운 물 속에 살짝 담갔다. 영혼이 육체와 섞이지 않고 분리되는 느낌이 반가웠다.

백화점에서 아빠는 그 빨간 머리 여자에게 다가가 그녀의 팔을 잡고, 손가락으로 그녀의 피부를 지그시 눌렀다. 우리는 그녀를 따라 이쪽저쪽을 다니며 쌓여 있는 구두 상자와 옷걸이를 지나쳤다. 아빠는 믹서기를 구경하는 시늉을 했다. 빨간 머리 여자는 무엇을 사는 데는 관심을 보이지 않았다. 그녀는 눈을 반짝이며 미소를 띠고 아빠를 쳐다봤다. 아빠는 그녀의 팔꿈치를 건드렸다.

아빠는 빨간 머리 여자에게 집적거렸던 그 순간을 기억하지 못할 것도 같다. 그녀는 아빠가 엄마를 버리고 선택한 여자도 아니었고, 아빠가 엄마를 두고 바람을 피운 여자들 중 하나도 아니었다. 그건 그냥 어느 화요일 또는 수요일, 캔자스주의 나른한 여름날 오후에 잠깐 스친 인연이었을 뿐이다. 우리가 그 백화점에 갔던 건 엄마의 심부름을 하기 위해서였다. 엄마가 무엇이 필요하다고 했는지는 기억이 안 난다. 정원용 호스였던가, 아니면 페인트 한 통이었던가. 항상 집을 깔끔하게 유지하려고 애썼던 엄마가 사용했던 어떤 평범한 물건이었다.

엄마는 언제나 이렇게 물었다. "여기다 뭘 해야 할까?"

아빠는 원대한 경험을 추구했다. 아빠는 흥분과 놀라움을 갈망했다. 고양된 기분을 더 강렬하게 만드는 아름다움을 원했다. 그런 것들은 백화점과 슈퍼마켓, 약국과 병원에서는 쉽게 얻을 수 없었다. 아빠는 매일의 생존에 요구되는 단조로운 책임에서 가치를 찾지 못했으며 그런 단조로운 일들이 그에게 부여된다는 사실 자체를 혐오했다.

아빠를 만난 지도 10년이 지났다. 로마에서 보낸 그날 밤으로부터 3개월 전, 나는 아빠에게서 편지 한 통을 받았다. 아빠는 술을 끊는 중이었고, 신학대학에 입학했기 때문에 혼자 가만히 앉아서 사색할 기회가 생겼다고 했다. 아빠는 주로 행복에 관해 생각한다고 했다. 아빠가 끝내 발견하지 못했던 행복. "한때 나는 행복했단다. 아니면 지금 행복한 것도 같구나. 잘은 모르겠다." 아빠는 편지에 이렇게 썼다. 그는 우리가 함께 했던 과거의 여러 장면들을 부쩍 많이 회상한다고 했다. 나와 함께 트럭을 타고, 캔자스주의 시골 도로의 먼지를 밟으며 우리 농장으로 가는 장면. 아빠는 운전대 앞에 있고, 아빠 옆 조수석에는 어린 시절의 내가 앉아 있다. 차를 몰고 집으로 돌아가는 일상적인 기억, 그 기억 속에서 아빠는 행복과 비슷한 기분을 찾아냈다.

"어떤 날은 우리 앵거스, 신기하게도 보는 각도에 따라 색

깔이 달라지던 그 검정색 랩 개가 우리와 같이 있단다. 우리가 건초를 운반하고 말을 끌기 위해 사용했던 오래되고 낡아빠진 포드 350의 바닥에 그 녀석이 앉아 있었잖니. 우리는 차창을 내리고 숨이 막힐 때까지 도로의 흙먼지를 마셔대는 거야."

나에게 가장 행복했던 기억은 울프강이 생후 4개월 때의 일이다. 울프강이 태어난 날, 나는 고통, 불안, 피로, 공포를 느꼈다. 행복은 없는 게 확실했다. 그 후 몇 주 동안 행복이 오기를 기다렸지만, 행복 대신 모든 걸 덮어버리는 우울이 찾아왔다. 나는 적어도 그 우울증이 내가 아기 침대에서 우리 아들이 내는 소리를 들으며 밤새 잠들지 못하게 하는 공포를 무디게 해주기를 기대했지만, 나의 공포는 더 선명해지기만 했다. 마치 새카만 하늘에 콕 박혀서 더욱 선명해 보이는 별들처럼.

몇 달이 지나고, 어느 날, 산후우울증의 어둠이 은빛 황혼에 자리를 내주었다. 그래서 조금 더 밝아진 어느 날 아침, 내가 울프강을 아기 침대에서 꺼내 품에 안고 우스꽝스러운 표정을 지었더니 울프강이 웃었다. 진짜로 웃었다. 울프강은 나를 똑바로 쳐다보면서 날카로운 고음의 음악 소리를 냈다. 아기가 순수하게 기뻐하는 소리. 나는 그 소리를 들었고 그걸 느끼기도 했다. 그 소리는 내 가슴 전체로 퍼져 나갔고, 전에는 알지 못했던, 무신론자인 나도 어떤 신성한 빛을 통해 온다고밖에 설명할 수 없는 너무나 깨끗하게 걸러진 기쁨을 선사했다. 이제는 알겠다. 아랫니 하나를 보이며 날카로운 소리를 내며 웃었던 울프강의 모습은 내가 평생 경험한 아름다움 중에 가장 아름다운 것이었다. 그때 나는 행복했다. 그런데 바로 다음 순간 울프강이 웃음을 멈추고 젖을 달라고 울었으므로 나는 수유를 하고 기저귀를 갈아주었다. 그리고 울프강의 더러워진 이불을 세탁하고 옷을 갈아입힌 다음 슈퍼마켓에 데려가고 약국에도 데려가고 놀이터에도 데려갔다. 그 뒤 점심식사와 저녁식사를 준비했다. 그 모든 일을 하는 동안 나는 아름다움의 경험이 얼마나 빠르게 소멸되어 따뜻하고 무감각한 권태와 지루한 책임으로 대체되는지를 예리하게 지각하고 있었다.

아빠가 나에게 보낸 편지는 수십 년 전 우리가 함께 살던 시절에 아빠가 행복을 느꼈음에도 그 행복을 계속 간직할 수 없었던 이유를 설명하려는 노력이었다. 아빠는 자신이 '저주를 받았'으며 나 역시 그 저주를 물려받았다고 했다. 아빠가 보기에 우리는 이중적인 성격을 지니고 있었다. 그 성격의 한쪽은 편견, 궁핍, 그리고 자기 자신에 대한 망상이고 다른 한쪽은 창작할 줄 알고, 기뻐하며, 노래하고, 숭고함을 아는 능력이다. 아빠에 따르면 우리 둘은 이런 이중성 때문에 늘 예민하고 고집불통이었다.

"나는 행복한 동시에 굉장히 불행했단다."

우리는 우리의 진정한 자아가 예술, 창조, 아름다움이라는 낭만화되고 추상적인 영역에만, 사적인 감정과 생각으로 이뤄진 내면의 공간에만 존재한다고 생각했다. 우리는 까다롭고 인내심이 없으며, 낭만적이지 않은 현실을 견뎌내야 한다는 요구를 받을 때는 지나치게 큰 고통을 느꼈다. 아빠의 편지에 따르면 우리는 세상을 다른 시각으로 보고, 삶의 무시무시한 평범함에 압박을 느끼고, 더 많은 것, 더 아름다운 어떤 것을 갈구하는 사람들이었다.

아빠는 서류 작업이 많고 예술과는 무관했던 정부 기관에서 일했다. 그 일을 하면서 아빠는 날마다 '무시무시한 평범함'과 마주쳤다. 우리에게는 돈이 필요했고, 아빠가 어쩔 수 없이 그 일을 해야 했던 사실은 아빠의 예민한 감수성을 공격했다. 아빠는 편지에서 이렇게 물었다.

"영혼을 짓누르는 현실에서 탈출구를 찾을 때 너는 어디로 가니?"

이제, 로마의 미술관에서 긴 하루를 보내고 욕조 안에서, 나는 아빠의 편지를 생각했다. 내가 조엘을 따라다녔던 것도 현실에서 벗어나는 하나의 방법이었다. 통증이 나를 짓눌렀고, 나를 현실과 동떨어진 곳에 붙잡아두며 나의 모든 경험을 통증의 렌즈를 통해 걸러 휴가 여행을 인고의 활동으로 바꿔놓았다. 그래서 내가 진정으로 원했던 것, 즉 아름다움과 가까운 곳에 온전히 존재하는 것은 불가능했다.

“현실에서 탈출구를 찾을 때 너는 어디로 가니? 나는 술에 기대거나, 아무하고나 바람을 피웠단다.”

아빠는 이렇게 말했다. 그 고백은 아빠의 그런 탈출이 아빠와 나와 엄마와 다른 사람들에게 가했던 고통을 별것 아닌 것처럼 취급했을 뿐 아니라, 아빠의 질문에 대한 더 진실한 대답을 희석시키고 있었다. 아빠가 가장 깊이 몰입했던 탈출구는 예술, 상상, 놀이였다. 아빠는 일상적인 볼일과 따분한 외출을 모두 모험으로 바꿨다. 아빠는 슈퍼마켓 통로에서 우리가 할 수 있는 게임을 만들었다. 아빠는 낯선 여자들에게 작업을 걸었고, 곁눈질 한두 번만 가지고도 거창하고 낭만적인 관계를 구축했다. 아빠의 눈을 통과하면 평범한 것도 신화적인 것이 됐다. 나는 그게 너무나 좋았다.

나는 아빠를 우상화했고, 아빠가 삶의 냉정한 사실들을 직면하지 않으려는 것을 일종의 기품으로 착각했다. 그런 걸 떠나서 집안일에 열중했던 엄마보다는 확실히 아빠가 더 재미있었다. 아빠와 볼일을 보러 나가면 재미가 있었다. 현실이 아빠가 원하는 환상을 너무 많이 제약하기 시작하면 아빠는 그 일을 완전히 외면했다. 나도 아빠와 똑같았다. 나와 아빠, 우리는 탈출구를 찾았다. 나와 물의 정령 키아네. 우리는 함께 물속에서 녹아내리며 복잡한 생각이나 행동에 대한 요구로부터 자유로워졌다. 현실을 대할 때 나는 현실을 초월하거나 현실의 표면 아래 있으려고 애썼다. 나는 해결책을 원했지만 일을 하고 싶진 않았다. 세상을 원했지만 세상의 사실들은 원하지 않았다. 나는 서로 충돌하는 욕구들을 화해시켜 내 마음속에 함께 간직하는 방법을 몰랐다. 그런 노력을 하면 나의 약한 면이 두드러지고, 인지부조화를 경험하는 정신의 거절에 나 자신이 굴복하는 것만 같았다.

아빠는 '우리 둘의 공통된 그 저주'를 다음과 같이 설명했다. 우리는 우리의 진짜 자아를 현실의 냉혹한 사실들과 우아하게 통합하지도, 그 갈등을 해소하지도 못하기 때문에 우리 자신도 괴롭고 다른 사람들까지 괴롭게 만든다.

"이 '환상의 세계'와 '현실 세계' 사이의 갈등이 우리의 인생 이야기라고 해도 과언이 아니란다."

편지지 한 장 분량의 차갑고 무심한 산문 속에서도 아빠의 진정성이 느껴졌다. 편지의 마지막 부분에서 아빠는 나에게 물었다.

"내가 현재 속에서 진실한 삶을 살려면 어떻게 해야 하는 거니?"

아빠는 현재 속에서 진실하게 살지 못했다. 아빠는 나 역시 그렇게 살지 못할까봐 걱정했다. 그리고 아빠가 옳았다. 우리는 똑같은 사람들이고, 우리 둘 다 저주를 받았다. 하지만 나에게는 아빠에게 없었던 도구가 하나 있었다. 아빠라는 본

보기. 나는 아빠의 선택을 알고, 그 선택으로 인해 아빠가 어떻게 됐는지 아빠의 운명을 알았다.

페르세포네는 부분적으로 구원을 받았다. 지하 세계에 있는 동안 페르세포네가 석류 씨를 먹자, 1년 중 절반은 플루토와 함께 있어야 했지만 절반은 지상 세계로 돌아가서 보낼 수 있게 됐다. 페르세포네의 신화는 계절에 대한 설명을 제공한다. 페르세포네가 지하 세계에 머무르는 시기가 겨울이고, 그럴 때 대지는 페르세포네의 부재를 슬퍼해서 차가워지고 딱딱해졌다가, 다시 페르세포네가 돌아오면 세상이 따뜻해진다. 페르세포네는 1년이 그렇게 나눠진다는 이야기를 듣고 기뻐했다.

> 그녀의 심장과 몸의 각 부분들은 곧바로 변했다./ 플루토조차도 불행해 보인다고 여겼던 그 얼굴은/ 기쁨으로 빛났다, 오랫동안 구름과 비 속에/ 숨어 있었던 태양이/ 구름 속에서 의기양양하게 다시 나왔다.

페르세포네는 절반은 어둠 속에서, 절반은 빛 속에서 살기를 원했다.

내가 그 신화의 결말을 이해하려면 오랜 세월이 지나야 할 것 같다. 그리고 내가 그 신화를 이해하게 되면 베르니니의 작품에서도 더 많은 게 보이리라. 베르니니의 조각이 아름다운 이유는 뛰어난 기술이나 작품의 비례 때문이 아니다. 베르니니의 조각이 아름다운 건 그가 갈등을 선명하게 드러냈기 때문이다. 베르니니는 그 풍경을 정돈되지 않은 상태로 남겨두었고, 서로 다투는 욕망들을 시각화했다.

이야기의 결말 부분에서 페르세포네는 변신한다. 그녀는 두 세계에 속해 있으면서 두 세계를 다스린다. 지하 세계의 여왕이기도 하고 지상 세계의 여왕이기도 하다. 페르세포네라는 이름은 '모습을 드러내다' '천천히 앞으로 나아가다'라는 뜻을 가진 'proserpere'라는 단어에서 유래했다. 베르니니의 손가락들은 페르세포네의 부드러운 피부를 꾹 눌러 대리석 표면 아래에 불안한 동요를 형성해서 관람객에게 볼거리를 남겼다. 둘로 나뉜 여성, 변화하는 여성, 불꽃 같은 사랑의 힘에 이끌리는 여성.

마당의 개

1983년 카트만두, 밤중의 울음소리.

엄마가 먼저 그 소리를 들었다. 엄마는 일어나 앉아, 눈을 감은 채 소리에 귀를 기울였다. 그러다 잠결의 혼란으로부터 빠져나와 지금 들리는 소리가 정확히 무엇인지 알아보기로 했다. 한 번의 울부짖음이 주변의 산에 부딪쳐 메아리치면서 여러 번으로 바뀌었다. 엄마는 아빠를 깨웠고, 두 사람은 어둠 속에서 그 소리를 같이 들었다. 아마 나도 두 사람 사이에 있었으니 그 소리를 들었을 것이다. 나는 엄마의 배 속에, 태어날 날을 한 달 앞두고 안전하게 있었다.

그 소리는 마당의 개가 죽기 몇 분 전, 아니면 몇 시간 전에 낸 소리였다. 개는 옆으로 누워 있었고 개의 두 눈동자는 두려움으로 흐려져 있었다. 개의 배 부분은 어떤 알 수 없는 존재의 발톱에 의해 갈기갈기 찢겨 있었다. 개는 고통에 못 이겨 아주 날카로운 소리로 비통한 노래를 부르고 있었다. 엄마와 아빠는 마당에 함께 서 있었다. 눈앞에 보이는 광경이 너무도 확실해서 침묵하고 있었다. 쉴 새 없이 이어지는 완전한 고통. 엄마와 아빠는 둘 다 그 개가 빨리 숨을 거두기를 바랐지만, 직접 개를 죽일 엄두가 안 났다.

그 순간을 상상할 때마다 나는 부모님이 잔디밭에 서서 죽어가는 개의 문제를 각자 고민하는 모습을 그린다. 아마도 내 상상은 절반만 맞을 것이다. 엄마와 아빠는 나란히 서 있었겠지만 정면을 쳐다봤을 뿐 서로를 쳐다보며 답을 구하지는 않았을 것이다. 우리 부모님은 진짜로 함께인 것처럼 보일 때가 없었다. 법적인 서류에는 두 사람의 혼인관계가 시작되는 날짜와 끝난 날짜가 적혀 있었고, 우리가 한 지붕 밑에서 살았던 세월이 있었고, 아빠가 한두 번 바람을 피웠을 때 우리와 떨어져 살았던 시기들도 있었다. 하지만 이런 구분은 내 기억 속에서 그렇게 크지 않다. 엄마와 아빠는 항상 각자의 궤도를 따라 움직이다가 때로는 가까워지고 때로는 멀어지는 두 개의 행성이었다. 그러나 내가 태어나기 전에, 또는 마당에서 죽어가는 개를 마주하기 전에는 달랐을지도 모른다.

우리 부모님은 한 가지 결정적인 측면에서는 비슷했다. 둘

다 '잘 산다는 것은 무엇인가?'라는 질문에 아주 큰 도덕적 의미를 부여했다. 엄마와 아빠의 대답은 완전히 반대되는 방향으로 발전했고, 그것이야말로 두 사람이 서로에게 끌렸던 이유였을 것 같다. 엄마와 아빠는 옳은 일을 하는 새로운 방법을 서로에게 알려줄 수 있었다. 항상 실용적이었던 우리 엄마는 '이 개의 운명을 앞당기는 데 어떤 도구가 도움이 될까(야구방망이, 프라이팬, 부엌칼)'를 생각하기 시작했고, 아빠는 하늘의 별을 올려다보며 철학적인 생각에 빠져들었다. '고통을 끝내기 위해 뭔가를 죽이는 게 정당한 일일까? 살해도 은혜로운 행위가 될 수 있을까?'

카트만두에는 떠돌아다니는 동물이 넘쳐났다. 그 동물들은 굶주려서 깡말라 있었고, 눈이나 귀가 하나 없다든가 하는 식으로 어딘가가 상해 있었다. 그 외로운 동물들이 오래 살수록 그들이 외로운 동물들을 더 많이 만들어낼 가능성이 높았다. 그래서 네팔 정부는 종종 수색대를 파견해 떠돌이 동물들을 수거해 안락사시켰고, 그러면 거리는 한동안 텅 비어 보였지만, 떠돌이 동물들은 언제나 돌아왔다.

"그건 우리가 그냥 받아들여야 하는 거란다." 엄마는 나에게 말했다. "사람들이 가난하면 동물들은 더 가난해져."

부모님은 우리 집 마당으로 흘러들어온 다치고 배고픈 동물들에게 먹이를 주고 보살펴주기도 했지만, 이 개는 구할 방도가 없었다. 엄마는 아빠에게 개의 머리를 쳐서 죽이자고 말했지만, 개를 칠 사람이 없었다. 엄마는 개가 계속 고통스러워하는 광경을 도저히 볼 수가 없었다. 엄마는 총이 있으면 좋겠다고 말했다. 아빠라면 번개가 치는 것을 선호했을 것이다. 마침내 아빠는 "내가 익사시킬게"라고 말했다.

아빠는 항상 노래를 불렀다. 내 머릿속에서 아빠는 노래하는 모습으로 그려진다. 아빠는 브루스 스프링스틴 노래를 불렀다. 엘비스 코스텔로, 데이비드 바이른, 오티스 레딩의 노래도 불렀다. 리처드 톰슨 노래는 너무나 열심히, 자주 불렀기 때문에 나에게는 영국의 인기 작곡가 리처드 톰슨이 아빠의 상상 속 친구처럼 느껴진다. 아빠는 미학적 가능성을 수용하는 능력이 탁월했다. 그는 공기 속에서 미학적 가능성을 흡수할 줄 알았다. 모든 표면은 드럼이었고, 모든 원통형 물체는 마이크였으며, 모든 장소는 춤을 추는 장소였다. 우리는 함께 TV를 보는 걸 좋아했지만, 광고가 나올 때마다 아빠는 소리를 끄고 나를 향해 돌아서서 시를 암송했다. 아빠는 이런저런 노래를 작곡하고, 이런저런 시를 쓰고, 단편 소설의 일부를 쓰고, 책을 몇 장 썼다. 아빠는 항상 뭔가를 꿈꾸는 초기 단계에 있었다. 창조적인 작업에 몰두하는 것, 항상 뭔가 아름다운 것을 만드는 것, 바로 그게 아빠에게는 삶을 잘 산다는 것이었다. 삶을 파괴하는 행위는 아름다움을 없애는 것이었고, 사물을 망가뜨리는 행위는 모든 좋은 것에 대한 위협이었다. 따라서 죽어가는 개를 익사시키는 일이 아빠에게는 공포로 겹겹이 둘러싸인 행위였을 것이 틀림없다.

내가 묵고 있는 호텔의 창문으로 티베르강이 보였다. 잔물결이 살포시 출렁거려 작은 가로등 불빛을 반사하더니 다시 암흑 속으로 녹아들었다. 나는 아빠가 카트만두에서 다친 개를 위해 욕조에 물을 받은 다음 그 개를 욕조로 데려가는 모습을 그려봤다. 아빠는 인정이 많았고 생명에 대한 감수성이 예민했다. 아름다움에 예민했던 아빠의 수용체들은 고통을 향해서도 똑같이 열려 있었다.

카트만두의 집 욕실에서 아빠는 엄마에게 욕조 옆에 같이 있어달라고 부탁했다. 삶의 냉혹한 사실들을 처리하는 사람은 엄마였으니까 그 일도 엄마가 처리해야 하지 않았겠는가. 그때 아빠는 엄마를 필요로 했다. 아빠는 감정의 절벽 끄트머리에서 있는 걸 좋아했고, 항상 저 아래에는 무엇이 있을지를 궁금해했지만, 절벽에서 추락하는 걸 원하지는 않았다. 아빠는 안전한 장소에 머물러 있어야 했고, 엄마는 아빠를 안전하게 묶는 밧줄이었다.

그러나 엄마는 개를 죽이는 동안 욕조 옆에서 도와줄 수 없다고 대답함으로써 아빠를 놀라게 했다. 엄마는 침실에 숨어서 눈과 귀를 가리고 있었다. 그래서 아빠가 손수 그 개의 머리를 물속으로 밀어 넣었고, 그러는 동안, 아빠를 엄마에게 매어 놓았던 자물쇠가 느슨해졌다. 엄마는 아빠와 역할을 바꿈으로써 아빠를 배신한 셈이었다. 아빠는 그 일로 아빠 혼자 그 짐을 짊어지게 한 엄마를 영원히 용서하지 못했다.

엄마 역시 고통에 민감한 사람이었지만 엄마는 자제력을 발휘해 자기 감각을 마비시킬 줄 알았다. "나는 내 감정을 억누르는 경향이 있단다." 엄마가 나에게 여러 번 했던 말이다. 이 말에는 항상 체념과 자부심이 똑같은 양만큼 담겨 있었다. 그러나 엄마는 카트만두에서 개를 죽이기에 충분할 만큼 자신을 승화시키지는 못했다. 그건 내 잘못이었을지도 모른다. 그때 엄마는 나에게 집중하며 아직 몰랐지만 확실히 정상은 아니었던 나의 상태에 신경을 쓰고 있었다. 카트만두의 임신한 다른 엄마들은 우리 엄마에게 자기 아기가 배 속에서 발길질을 하고 몸을 뒤집는 바람에 자신들이 밤잠을 못 이룬다는 이야기를 늘어놓았다. 그러나 나는 언제 세상에 나올지 모르는 아기였고, 우리 엄마는 내가 엄마의 자궁 안에서 움직이는 걸 그렇게 많이 느끼지는 못했다. 나는 불길한 수수께끼였고, 무겁고 활기 없는 존재였다. 고요를 가장 무서워했던 우리 아빠는 내가 움직이지 않는다는 걸 몰랐다. 엄마가 아빠에게 그 이야기를 하지 않았기 때문이다. 엄마는 아빠에게 아직 내가 현실이 아니라는 걸 알고 있었다. 그때 아빠에게 나는 엄마의 몸 안에서 부풀어오른 우아하고 이데올로기적인 개념일 따름이었다. 엄마는 모든 힘을 나에게 주기로 했으므로 그날 밤 아빠를 위해 남겨놓은 힘은 없었다. 내가 태어날 날이 몇 달 앞, 몇 주 앞, 며칠 앞으로 다가오자 엄마의 궤도는 나에게 가까워지고 아빠에게서는 멀어졌다. 엄마에게 나는 현실이었다. 엄마는 냉정한 사실들을 직면할 줄 아는 여성이었고, 엄마가 예상했던 것보다 더 많은 희생과 더 많은 집안일을 요구하는 아이가 태어날 가능성이 있었으므로 나는 엄마에게 더욱 현실적인 존재가 됐을 것이다.

호텔 창문을 열자 모기들과 끈적이는 바람과 티베르강의 짭짤한 향기가 들어왔다. 강 건너편에는 코스메딘의 산타마리아 예배당이 있었다. 예배당의 좌우로 양팔처럼 벌어진 종탑이 부드러운 밤하늘로 뻗어나갔다. 예배당 뒤편으로는 팔라티네 언덕이 보이고, 그 언덕 너머에는 7월 태양의 불타는 눈이 감긴 다음에 관광을 즐기는 영리한 관광객들을 위해 밤새 개방하는 콜로세움이 빛났다. 아빠는 죽어가는 개를 익사시키면서 무엇을 봤을까? 아버지에게 직접 물어본 적은 없다. 아빠는 욕조 옆에 깔린 타일들 사이의 회반죽을 빤히 쳐다보고 있었을까, 아니면 당신의 투명하고 조용한 도구였던 물을 들여다보고 있었을까? 욕조에 물을 받으며 아빠는 물이 뜨겁지도 차갑지도 않도록 온도를 맞췄을까? 그 개가 아빠의 손바닥에서 버둥거리기를 멈출 때까지 개를 붙들고 있는 동안 아빠는 무엇을 느꼈을까? 나는 아빠의 예민한 감수성에 감탄하고 그걸 부러워하기도 하지만, 나 역시 절벽의 가장자리까지만 걸어가고 싶었지 절벽 너머로 가고 싶지는 않았다. 절벽 아래로 떨어지는 절망을 원하지는 않았다. 나는 이처럼 모순적이고 불공정한 사람이었다. 나는 아빠를 숭배했지만, 아빠를 진정으로 알고 싶어 한다거나 아빠를 있는 그대로 받아들이지는 않았다. 나는 겁에 질린 아빠가 욕조 위로 외롭게 몸을 숙이고, 개의 상처가 씻겨나가는 동안 물속의 장미처럼 천천히 번져가는 피를 바라보는 장면을 상상했다. 삶의 의미를 미학적 경험에서 찾는 사람이었던 아빠는 거기서도 아름다움을 찾으려고 했을까?

카트만두에는 병원이 없었으므로 우리 부모님은 출산을 위해 방콕으로 갔다. 더운 6월이었다. 1970년대 미국 영화와 유럽 영화를 상영하는 영화관이 하나 있었다. 상영되는 영화들은 엄마와 아빠가 이미 봤던 것들이고 태국어 더빙판이었지만, 영화관에는 에어컨이 있었다. 〈대부 2〉를 관람하던 중에 엄마의 양수가 터졌다. 엄마가 아빠의 오토바이에 타서 다시 병원으로 이동하는 동안, 엄마의 불룩한 배는 오토바이를 휙휙 스쳐 지나가는 밤공기에 노출되었다. 병원 복도에는 개들과 고양이들이 어슬렁거리고 있었다. 나는 역위 자세로 있었고, 움직이지 않았고, 탯줄은….

"틀렸어." 엄마가 내 말을 잘랐다. "어디서 그런 이야기를 들었니?" 엄마는 전화기에 대고 코웃음을 쳤다. 스피커를 통해 전해진 엄마의 숨소리가 내 귀에 바짝 다가왔다. 나는 엄마가 너무나 그리워서 호텔 창밖을 내다봤다.

그때 캔자스주는 저녁이었고, 로마는 이른 아침이었다. 금속성의 가락이 들렸다. 싱크대에 걸쳐 놓은 걸레에서 물을 짜내는 소리. 엄마가 저녁 설거지를 하고 있구나. 눈을 감으니 엄마의 모습이 선명해졌다. 엄마는 부엌에 홀로 서 있고, 달빛이 식기건조대 위에 놓인 물기 있는 접시의 가장자리를 밝게 비춘다. 엄마를 둘러싼 농가에 불빛이라고는 거실에 놓인 램프 하나밖에 없다. 엄마가 사는 농가는 잔디밭 한가운데에 있고, 잔디밭 너머로는, 아무렇게나 쌓인 나뭇가지들이 빽빽한 원 모양으로 집을 둘러싸고 있다. 그리고 내 창문 밖으로는 티베르강이, 엄마를 비추는 것과 똑같이 어슴푸레한 빛을 내는 달 밑으로 기름이 쏟아진 자국이, 검정 캔버스가 되고, 그 위에 엄마 집 부엌에 있는 흰색 도자기 싱크대의 이미지를 그리고, 눈에 익은 이 빠진 부분도 그려 넣었다. 머그컵과 유리잔, 엄마의 손도.

"어느 부분이 틀렸는데요?" 내가 물었다.

"오토바이는 없었어. 네팔에서는, 그래, 네 아빠가 오토바이를 가지고 있었지. 근데 그걸 방콕까지 가져가진 않았단다. 아빠가 그러든?"

"아빠가 엄마를 오토바이 뒤쪽에 태웠다던데?"

"멋지고 낭만적인 이미지지만, 그건 사실이 아냐."

그건 참으로 멋진 장면이었고, 내가 애착을 느끼는 장면이기도 했다. 배가 부른 엄마, 아름답고 자유분방한 엄마가 오토바이 뒷좌석에 앉아 점점 길어지는 도로를 바라보는….

"택시 기사 이야기는 안 하든?"

"무슨 택시 기사요?"

"이 이야기를 아예 모르는구나?"

"엄마, 엄마가 기억하는 건 나는 모르는 이야기예요."

"흠."

"엄마?"

"뭐?"

"택시 이야기를 해봐요."

"우리가 묵던 호텔 샤워실에서 내 양수가 터졌어. 네 아빠가 택시를 불러서 기사에게 방콕 요양원으로 데려가달라고 했는데, 택시 기사가 엄마를 보자마자 요금을 세 배로 달라고 하지 뭐니."

"그래서 세 배를 냈어요?"

"아니, 내가 "꺼져요"라고 말했지. 택시 기사는 흥정을 하고 싶어 했지만, 엄마는 내 딸이 태어나는 날에 그러고 싶지 않았단다."

"그래서 어떻게 했는데요?"

"걸어갔어."

"어떻게…?"

"천천히."

"아니, 얼마나 걸었는데요, 엄마?"

"거리가 좀 됐어. 울타리를 꽉 붙잡고 걸었던 기억이 나는구나. 오토바이는 없었어. 그냥 걸어갔지! 이걸 몰랐단 말이야? 엄마가 병원까지 뒤뚱뒤뚱 걸어갔다는 걸?"

아빠는 사람을 잘 읽었고, 사람들의 기대치를 알고 있었다. 사람들이 자신이 가져야 한다고 여기는 것과 진짜로 원하는 게 무엇인지를 알았다. 아빠는 사람들에게 둘 중 하나를 번갈아주었지만 절대로 둘 다 주지는 않았다. 그래서 아빠는 사람들의 넋을 빼놓는 이야기꾼이 됐고 디너파티 손님으로 인기 최고였다. 아빠 옆자리는 상석이었다. 아빠는 사람들을 웃길 줄 알았고, 어디서나 사람들이 그가 최고로 똑똑한 사람이고 그에게 가까이 가면 진짜 중심부에 다가가는 거라고 믿도록 만들었다. 나 역시 그런 느낌을 받았다. 어릴 때 나는 아빠 곁을 떠나고 싶지 않았다. 나는 아빠의 가장 열렬한 청중 노릇을 하면서 그 대가로 아빠의 이야기를 하나도 빼놓지 않고 들었다. 아빠는 아시아의 미로 같은 시장 골목에서 길을 잃은 이야기, 오토바이 갱단에 들어갔던 이야기, 밴드에서 연주했던 이야기를 나에게 들려주었다. 에베레스트 산에서 아빠에게 길을 안내했던 셰르파들 이야기며 아빠 폐 속에 공기가 너무나 적은 느낌이 들어서 오직 그 산에서 살아남는 것에만 집중했다는 이야기를 들려주었다.

아빠는 집안에서 가장 영리한 사람이었고, 아빠가 아는 사람들 중에서도 가장 영리한 사람이었다. 그리고 대학과 대학원에서도 영리한 사람으로 통했다. 이처럼 지적 능력에 관한 확신이 있었던 아빠는 이미 인생의 빚은 다 갚았고 이제 찬란한 미래 속으로 유유히 걸어 들어가는 것만 남았다고 생각했다.

엄마가 아빠의 이야기 속에 들어온 계기는 엄마의 아름다운 외모에 있었다. 아빠가 나에게 여러 번 이야기한 바에 따르면 엄마는 세상에서 가장 아름다운 여자였다. 아빠가 엄마를 처음 봤을 때 엄마는 대형회의실 맞은편에 앉아 있었다. 그때 엄마는 젊었고, 짙은 색 긴머리에 짙은 색 눈동자를 가지고 있었다. 엄마는 미국 각지의 교사를 필요로 하는 곳에서 구직 중이었고, 아빠는 채용담당자였다. 아빠는 회의실을 가로질러 엄마에게 가서는 자기소개도 없이 그날 저녁에 만나자고 말했다. 엄마가 동의하자 아빠는 자리를 떴다.

그날 채용설명회가 끝나자 엄마는 아빠가 기다려달라고 한 로비로 갔지만, 아빠는 그곳에 없었다. 엄마는 1분을 더 기다렸고, 다시 1분을 더 기다렸는데도 아빠는 나타나지 않았다. 엄마는 조명이 꺼질 때까지 로비에 머무르다 호텔로 돌아갔다.

"왜 그렇게 오래 기다렸어요?"

엄마는 휴대전화에 대고 한숨을 쉬면서 내 질문이 그리 유쾌하지 않다는 의사를 표현했다. 질문의 내용 때문은 아니었고, 이미 지나간 순간에 관한 물음이기 때문이었다. 엄마는 안절부절못하기 시작했다. 엄마가 수화기를 어깨와 얼굴 사이에 끼우는 동안 엄마의 목소리가 들렸다 안 들렸다 했다. 엄마는 전화를 끊고 싶었겠지만, 나는 엄마가 집안일을 하는 순서를 훤히 알고 있었기에 엄마에게는 전화를 끊을 핑계가 부족했다. 나는 엄마가 이미 검은색 작업용 장화를 신고 잔디밭을 터벅터벅 가로질러 마구간을 청소하고 여물통에 건초를 채웠다는 사실을 알고 있었다. 그 시간이면 엄마가 키우는 말인 에코와 지미의 털 빗질을 끝내고, 얼굴 덮개 아래를 긁어준 다음 날 아침까지 재워놓았을 것이다. 엄마가 부엌을 돌아다니며 더 할 일을 찾는 소리가 들렸다. 엄마의 집안일은 저녁식사 후 설거지를 하는 것이 마지막 순서인데, 이제 설거지까지 끝났다. 하지만 다른 일거리는 언제든지 찾을 수 있고, 엄마는 또 다른 집안일을 모조리 찾아냈다.

"엄마, 왜 아빠를 기다렸느냐고요."

"나도 몰라. 기다리면 안 되니? 그게 뭐 어때서?"

엄마가 호텔 침대에 앉아 아빠를 기다리고 있는데 문을 두드리는 소리가 들렸다. 아직은 낯선 남자였던 아빠가 엄마의 방문에 기대 서 있었다. 치켜뜬 눈썹, 자부심으로 굳어진 얼굴. 그는 미소를 지으며 로비에서 만나지 못해서 미안하다고 말했다. 다른 구직자들과의 만남이 길어져서 움직이지 못했고, 만남이 진탕 노는 자리로 바뀌었다고, 가끔 그런 일이 있다고 해명했다.

"그때 엄마는 화가 났어요?"

"그때는 네 아빠 이름도 몰랐는데 뭘."

아빠는 엄마의 호텔 방 입구에 서서 건조한 말투로 '진탕 노는 자리'에 관해 이야기하면서, 엄마가 눈을 동그랗게 뜨고 놀란 표정을 짓기를 기다렸다. 엄마를 그런 이야기에 감명받을 사람으로 착각했던 것이다. 엄마는 아빠를 냉랭하게 대했다. 엄마는 그때나 지금이나 완벽하게 혼자이며, 고독하게 갇혀 지내는 사람이었고, 마땅히 차지해야 할 만큼의 공간만 차지하고 지표면을 데굴데굴 굴러가는 흠집 하나 없는 구였다. 엄마는 아빠를 불안하고 멋쩍게 만들었다. 엄마의 미모는 아빠에게 큰 의미가 있을 것 같았다. 아름다운 엄마와 함께 있으면 아빠는 눈에 띄게 가치 있는 사람, 가까이 가면 빛이 나는 사람으로 변화할 것 같았다. '이 여자가 나를 용서해줄까? 안 될 게 뭐야, 당연히 용서할 수 있지.' 엄마는 아빠를 용서할 수 있었을까? 용서하면 안 되나? 그게 뭐 어때서? 엄마는 그를 용서했다.

"지금 이런 이야기를 왜 하는 거지?" 엄마가 묻는다.

"참, 지금 통화를 녹음하고 있어요." 내가 말한다.

"녹음 안 하면 좋겠는데."

"그냥 알려줘요. 그런 일이 있고 나서도 아빠와 데이트를 허락한 이유가 뭔데?"

"음." 엄마는 언짢은 듯 이런 소리를 내더니 다시 한번 "음" 소리를 냈다. 그런데 이번에는 그 소리가 '나도 모르겠다'는 뜻으로 들렸다. 우리는 잠시 침묵했다.

마침내 엄마가 입을 열었다.

"누구랑 이야기할 때 녹음을 하려면 그 사람한테 미리 이야기해야 하는 거야."

"알아."

엄마는 나를 경계하고 있었다. 엄마에게는 이 대화가 지루했을 것이다. 그에게 과거를 회상하는 일은 아무런 의미가 없다. 엄마는 집안일을 더 좋아한다. 집안일은 모두 현재에 있다. 엄마에게 이야기를 하게 하려면 사진 액자를 톡 건드려서 기울어지게 만드는 것과 비슷한 동기를 줘야 했다. 엄마는 액자를 똑바로 세워놓지 않고는 못 배기니까.

"나는 아빠가 들려준 대로만 알고 있잖아요."

열린 창으로 시원한 공기가 들어왔다. 이제 먼지가 소용돌이치지 않았다. 매미의 규칙적인 울음은 더 커지고 있었다. 엄마가 싱크대에서 뭔가를 헹구는 소리가 들렸다. 잠시 동안 나는 로마가 아니라 엄마와 함께 캔자스주에 있었다. 엄마가 보는 걸 나도 보고, 엄마의 얼굴이 찡그려진 모습을 보고, 엄마가 수돗물을 틀어 걸레를 빨고 물기를 다시 털어내는 소리가 들렸다. 나는 그게 무슨 걸레인지도 정확히 알았다. 엄마는 부엌 조리대를 닦고 있었고, 나는 엄마가 어디부터 닦기 시작해서 어디서 끝낼지 알고 있었다. 나는 엄마와 함께 있었다. 엄마가 이야기를 시작했다.

"그래, 알았다. 계속해봐. 엄마가 확인을 해주는 게 낫겠지."

처음에 아빠는 아시아에 가는 걸 두려워했다. 나의 외가 식구들은 필리핀 사람들이었지만 엄마가 태어나기 전에 미국으로 이주했고, 엄마는 캔자스주에서 자랐다. 엄마와 엄마의 동생 조지안네는 여행을 하고 싶어서 둘 다 카트만두의 국제학교에서 교사 일자리를 구했다. 엄마가 네팔로 간다는 소식을 알렸을 때 아빠는 제정신이냐고 물었고, 엄마는 "당신이 함께 가도 되고 안 가도 되지만 어느 쪽이든 나는 갈 거고 금방 돌아오진 않을 거예요"라고 말했다. 결혼을 하면 여행 절차가 단순해지기 때문에, 엄마는 동생에게 드레스를 빌려 부랴부랴 몇 안 되는 하객들 앞에서 아빠와 결혼식을 올렸다.

네팔은 마약에 관한 법이 느슨했기 때문에 도피를 원하는 사람들에게 인기 있는 나라였다. 아빠에게는 항상 늦은 밤을 함께할 수 있는 사람들이 있었다. 아빠는 마약을 좋아했고 여자들도 좋아했지만 가장 좋아한 것은 술이었다. 그때 아빠는 서른을 갓 넘긴 아주 젊은 청년이었으므로, 이 나라 저 나라로 옮겨 다니며 절대로 한곳에 오래 머물지 않고 정착하지 않으면서 영원히 외국에서 사는 삶을 쉽게 상상할 수 있었다. 아빠가 가장 좋아하는 영화는 〈아라비아의 로렌스〉였다. 아빠의 마음속에서 아빠는 T. E. 로렌스였다. 낯선 땅에 간 용감한 이방인, 복잡한 지도자, 여러 가지에 충성하는 남자. 아빠는 가장 높은 수위의 모험을 추구했고 마침내 찾아냈지만, 그 모험은 아빠가 상상했던 것과는 달랐다. 아빠는 외국에서 최고의 히피 유토피아를 놓쳤다. 그는 거대한 서사의 한가운데에 있기를 좋아했지만 어쩐 일인지 항상 그 서사의 한 발짝 바깥에 있었다. 아빠가 타국에서 느낀 불행은 엄마 탓으로 돌려졌다. 일이 잘못되면 엄마 말고 누구의 탓이겠는가? 아빠를 그 드넓은 대륙의 부패한 가장자리로 끌고 온 사람은 다른 누구도 아닌 엄마였다.

나는 아빠가 아시아에 같이 가겠다고 한 건 엄마를 사랑했기 때문이기도 하지만 엄마가 아빠 자신보다 충만한 삶을 살기를 원하지 않았기 때문이라고 생각한다. 아빠는 자기도 젊을 때 충만한 삶을 살고 싶었을 것이다. 그는 펜실베이니아주 시골에서 가난하게 자랐고, 어릴 때 인기가 많지도 않았다. 그는 어린 시절에 자신을 괴롭혔던 아이들이 그들의 아빠들과 함께 마을 탄광에 나가서 일하면서 아빠들과 똑같아지는 모습을 봤다. 아빠는 네팔에서 그들을 동정했다. 펜실베이니아에 남은 아빠의 가족들 대부분이 마약과 알코올 중독으로 죽긴 했지만, 아빠는 자신의 알코올 중독은 고상한 성격을 띤다고 확신했다. 아빠는 히말라야를 배경으로 방탕한 생활을 하는 모험가가 되면 근사하고 문학적으로 보이는데다, 무엇보다 자신이 태어나기 한 달 전에 심장마비로 사망한 아빠처럼 되지는 않을 거라고 생각했다.

아빠가 돌아가신 부친에 관해 알았던 사실이라고는 그분이 '성자' 같은 사람이었고 살아 계셨더라면 아빠가 다른 삶을 살았으리라는 것밖에 없었다. 나의 친할머니는 세상을 떠난 남편에 관해 절대 이야기하는 법이 없었다. 그런 이야기를 하는 게 너무 괴로웠거나 별 도움이 안 된다고 생각하셨거나, 아니면 둘 다였을 것 같다. 할머니는 영영 재혼하지 않았고, 데이트조차 안 했다. 그녀는 할아버지의 유령에게 매달렸지만 그분에 관한 기억을 되살리지는 않았다. 그녀는 아들인 우리 아빠에게 그분이 어떤 사람이었는지, 무엇을 좋아했고 어떤 믿음을 가지고 있었는지, 그녀를 어떻게 대했는지, 가족을 얼마나 사랑했는지를 들려주지 않았다. 우리 아빠는 가장 중요한 역할모델을 빼앗긴 느낌을 받았다고 한다.

아빠에게는 새러라는 누나가 있었다. 새러 고모는 아빠보다 스무 살 위였다. 아빠와 고모는 한 지붕 아래 살았던 적이 없었고 가까운 사이도 아니었다. 새러 고모는 어린 시절 내내 나의 할아버지와 함께했고, 우리 아빠는 단 하루도 그분과 보내지 못했다. 아빠는 여자들을 질투하며 자랐다. 자신과 가장 가까운 두 여자는 평생 동안 내 할아버지, 그러니까 세상을 떠난 성자의 인도를 받았기 때문이다. 그 상실감은 깊은 상처였고, 아빠는 영원히 그 상처를 치유하지 못했다.

우리가 네팔에서 캔자스주로 이사한 후에 새러 고모가 우리를 찾아온 적이 있었다. 그게 뭔지는 잘 모르겠지만 고모가 어린 시절에 겪은 어떤 일로 인해 그녀는 성인이 되고 나서 폭력적이고 혐오스러운 남자들만 만났다. 첫 번째 남편은 그녀를 살해하려고 했다. 두 번째 남편은 부유한 홀아비였는데, 그녀를 무시했고 공개된 장소에서 그녀와 격한 싸움을 벌였다. 그건 우리 아빠의 어린 시절에 가장 깊이 각인된 기억 중 하나였다. 고모의 두 번째 남편이 레스토랑과 슈퍼마켓 같은 곳에서 그녀에게 소리를 질러대는 장면을 본 것이다. 그 이후로 아빠는 남들이 보고 있을 때는 아주 작은 대립의 기운만 있어도 몸을 사렸다.

언젠가 새러 고모가 우리 집에 와서 같이 지낸 적이 있었는데, 그녀는 사방에 위험이 있다고 생각하면서 우리와 같이 지냈던 기간의 대부분을 고도의 경계 태세로 지냈다. 고모는 내가 샤워실에서 미끄러질 가능성을 너무나 걱정한 나머지 욕실의 매끄러운 타일 바닥에 우리 집에 있는 수건이란 수건은 다 깔아놓았다. 공공장소에 있을 때면 고모는 항상 내 손을 잡고 있겠다고 고집하고는, 내 손이 멍이 들도록 꽉 잡았다. 한번은 어떤 흑인 청년이 우리 집 잔디밭을 가로질러 우리 집 뒷마당의 헛간으로 들어가는 모습을 봤을 때 고모는 경찰에 신고했다. 나중에 경찰이 도착했을 때 우리 아빠는 경찰들과 우리가 돈을 주면서 집 잔디를 좀 깎아 달라고 부탁했던 젊은 청년과 경찰관들 사이에 서서 씩씩거리며 고모에게 욕을 퍼부었다. 아빠는 우리 집 잔디밭에서 그런 소동이 벌어진 것에 모욕감을 느껴 고모에게 고함을 치며 상처를 돌려준 것이다. 고모는 그 자리에서 왜 자기가 나쁜 사람 취급을 받는지를 이해하지 못하고 흐느껴 울었다.

아빠는 그가 존경했던 그리스 철학자들과 마찬가지로 무지를 동굴에 비유할 수 있다고 믿었다. 누군가가 우리의 쇠사슬을 끊고 어둠 속에서 빛으로 우리를 인도하기만 하면 우리가 그 동굴에서 해방될 수 있다고 생각했다. 하지만 아빠는 자신에게 그런 안내자가 없다고 생각했다. 아빠에게는 신도, 아빠도, 스승도 주어지지 않았다. 그저 말수 적은 엄마와 누나밖에 없었는데, 아빠가 보기에 그들은 둘 다 결혼생활로 망가지고 펜실베이니아주 웨스트 피츠턴에 머물러서 망가진 사람들이었다. 아빠는 웨스트 피츠턴을 '젊음의 불모지'라고 불렀고, 열일곱 살 때 그곳에서 물리적으로 도망쳤다. 하지만 정신적으로는 완전히 도망치지 못했다.

아빠는 자신의 가족을 갖고 싶어 했고, 엄마와 나를 원했지만, 아빠 자신의 어린 시절을 넘어서지 못했다. 아빠의 어린 시절은 현재 속에 살면서 아빠의 미래를 방해했다. 아빠에게는 가족의 유대감을 보여주는 모델이 없었고 가족의 해체에 관한 모델만 있었다. 아빠는 자신에게 익숙한 것을 재현할 수밖에 없었는데, 그에게 익숙했던 건 부재였다. 아빠는 변화하려고 노력했다. 나는 아빠가 정말로 노력했다고 생각한다. 그는 삶에서 자신이 얻지 못한 지침을 책에서 찾으려고 독서에 집착했다. 이 점에서 우리는 똑같았다. 아빠와 나는 우리에게 나침반이 없다고 생각해서 책, 예술 작품, 아이디어, 용감하고 똑똑한 남자들의 이야기 속에서 우리가 수집할 수 있는 온갖 지침에 매달렸다. 아빠는 책 속에서 자신의 잃어버린 아빠를 찾으려 했고 나 역시 책 속에서 내 아빠를 찾으려 했다. 그리고 우리는 둘 다 항상 혼자서 유령을 찾아 헤맸다.

나는 뒤틀린 근육과 접힌 뼈를 가지고 태어났다. 나의 뭉툭하고 힘없는 두 발은 내 귀에 붙어 있었다. 나는 반으로 접혀서 태어났다. 내 두 다리는 짧고 쪼글쪼글했다. 내 엉덩이뼈의 둥근 부분은 원래 들어 있어야 할 구멍에서 분리되어 튀어나와 있었다. 엄마는 응급 제왕절개 수술을 위해 마취주사를 맞아서 의식이 없었으므로, 아빠는 혼자 남아 있다가 내 모습을 보게 됐다.

아빠는 세계 모든 나라를 여행하고 모든 언어를 구사하고 싶어 했던 사람이다. 자신이 뛰어난 예술적 재능을 지니고 있으며 소설을 열 편쯤 쓸 거라고 확신했다. 그는 지식인이고 시인이고 모험가였다. 아빠는 자신의 인생 서사에 아이를 위한 자리를 만들어놓았는데, 그 아이는 자신과 함께 여행하면서 모험을 목격하고, 기록하고, 위대하고 복잡한 존재인 아빠가 떠나고 한참이 지나서도 자신의 모험담을 세상에 들려줄 아이였다. 아빠가 상상했던 삶의 궤적에 내 몸 같은 몸이 들어갈 자리는 없었다. 그래서… '이 아이는 누구의 아이일까?'라고 생각했을 것이다.

엄마는 마취에서 깨어나자마자 나를 찾았지만, 나는 거기에 없었다. 엄마는 아빠에게 물었다. "내 아기는 어디에 있죠?" 아빠는 아무 말도 하지 않았다. 나는 우리 부모님이 경험한 그 순간을 상상해보곤 했다. 아빠는 엄마를 내려다보며, 내가 어떤 식으로 존재하는지는 몰라 순수한 경계의 장소에 머물렀던 마지막 몇 초의 시간을 시샘하고 있었다. 그 안전한 장소는 망가지고, 붉고, 갓 태어나 보살펴달라고 울부짖던 나를, 간호사들이 엄마에게 넘겨주었을 때 허물어졌으리라.

방콕의 의사들은 당황했다. 천골무형성은 희귀한 장애였고, 그들도 이런 장애를 처음 봤기 때문에 우리 부모님에게 어떻게 설명해야 할지도 잘 몰랐다. 그들은 내가 어떤 아기인지 규정하지는 못했지만 내가 영영 못 할 것으로 짐작되는 일들의 목록을 나열했다. 그들은 내가 평생 걷지 못할 것이고, 보조기구 없이는 똑바로 서지 못할 것이며, 만약 내가 살아남더라도 통증 없는 삶을 살지는 못할 것이라고 말했다. 그들은 내가 혼자서는 용변을 보지 못할 거라고 말했다. 그건 의사들이 우리 부모님에게 썼던 표현이다. 아빠는 평생 내 배설물을 비우는 삶을 상상했다. 그 의사들은 내 엉덩이뼈에서 양 다리가 외과적으로 빠지는 관절이단disarticulation의 가능성도 있다고 말했다. 세월이 흐르는 동안 내가 겪을 증상들에 관해 의사들이 예측하는 목록도 변했다. 목록은 줄어들기도 하고 늘어나기도 했다. 어떤 항목들은 틀린 것으로 판명되어 목록에서 빠졌다. 그 대신 다른 항목이 들어갔다. 그 의사들은 우리 엄마에게 내가 평생 임신할 수 없을 거라고 말했다. 천골무형성의 실제 사례는 아주 드물었고, 모델이 너무 적어서 연구를 진행할 수도 없었다. 부모님은 의사들의 설명을 듣고 그들의 예측을 믿었고, 나중에는 나도 의사들의 이야기를 그냥 믿었다.

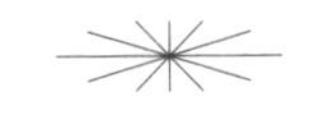

날아라 상념이여,
황금 날개를 달고

내가 탄 버스가 덜컹거리며 비아 마룰라나Via Marulana라는 길을 따라갔다. 길은 초록빛으로 빛나고, 좌우 양편으로 대지에서 싹이 트고 있었다. 사람들이 노점에서 과일을 사거나, 카페에 앉아 있거나, 세탁전문점에서 기다리거나, 주차를 하는 모습이 보였다. 나뭇가지들이 휘어져 있어서 나뭇잎으로 만들어진 지붕이 거리를 덮어주고, 나뭇잎 사이로 스며드는 빛이 검은 아스팔트에 흰색 패턴을 그려냈다. 손에 있던 휴대전화가 울렸다. 제이에게서 온 문자메시지였다. "콜린이 미안해하는 것 같아. 창피해하는 것도 같고." 버스 안에서 나와 가까운 자리에 한 남자가 앉아 있었다. 햇빛이 번쩍이자 남자는 눈살을 찌푸렸다가 아예 눈을 감아버렸다. 버스가 이글거리는 태양 아래를 지나는 동안 남자의 회색 머리카락이 은색이 되었다가 흰색이 되고, 다시 회색으로 바뀌었다. 남자는 정장을 입고 있었다. 나는 오페라 표를 손바닥에 탁탁 쳐서 그에게 우리가 같은 곳으로 가고 있을지도 모른다는 신호를 보내볼까 생각했다.

길이 굽어지더니 버스가 그늘로 들어갔다. 한동안 그늘에 있자 남자의 눈이 다시 떠졌고, 나에게는 익숙한, 우리 아빠의 눈동자 색과 똑같은, 빛나는 짙은 푸른색이 나타났다. 문득 나는 지금까지 해낸 일들을 열거하고 싶은 충동을 느꼈다. 그에게 내가 로마에서 해야 할 일들을 모두 나열한 뒤 그날 아침에 로마를 떠나온 것이라고 해명하고 싶었다. '네, 저는 스페인계단이랑 트레비분수를 봤어요. 네, 파스타도 먹었죠, 그리고 지금은 이탈리아 오페라를 보러 가는 길이고요. 네, 물론 베르니니 작품은 봤지요, 이만하면 괜찮은 여정이죠? 제가 잘한 거죠?' 다음 정류장에서 남자가 일어섰다. 그가 자리에서 몸을 일으키는 동안 나는 그의 호흡에 귀를 기울였다. 발자국 소리가 희미해지더니 그는 없어지고 나만 남았다. '나는 항상 아빠를 원하는구나.'

버스에서 내려 흘러가는 사람들을 따라 이 거리 저 거리를 걷다 보니 오페라 〈나부코Nabucco〉를 보러 가는 길을 안내하는 표시들이 보였다. 경비원에게 내 표를 보여주고 출입문을 통과해서 카라칼라Caracalla 유적지를 둘러싼 정원으로 안내받았다. 머리 위에서는 조명등이 지중해 소나무의 아래쪽 불룩한 부분을 비췄다. 그래서 소나무 가지들이 반짝이는 은빛 막을 만들었는데, 하늘에 새겨진 번개처럼 보이기도 했다. 내 앞에는 제국의 웅장한 대형 목욕탕의 골격이 서 있었다. 로마의 7대 불가사의 중 하나인 공중 목욕탕이었다. 옛날에는 사람들이 이곳에서 함께 목욕을 하고, 대화를 나누고, 놀이를 하고, 책도 읽었다. 여기에도 비트루비우스가 관여했다. 비트루비우스의 자와 그의 계산은 어디에서나 나를 따라다닌다. 그는《건축십서》의 한 장에서 목욕탕을 잘 설계하는 법칙을 설명했고, 카라칼라 대욕탕은 그 법칙에 맞춰 건축됐다. 카라칼라 대욕탕은 여러 번의 생을 살았다. 서기 200년대에 최초로 건설되고, 300년 후인 고트 전쟁 시기에는 버려졌다. 사용되지 않는 목욕탕은 무덤이 됐다가, 채석장이 됐다가, 포도밭이 됐고, 이제는 여름철마다 그곳에서 콘서트와 오페라 공연이 열린다. 그날 나는 그곳에서 〈나부코〉를 볼 예정이었다. 목욕탕의 흔적, 깎여 나간 대리석과 벽돌, 석회석과 응회암으로 둘러싸인 소박한 무대에서 진행되는 야외 공연이었다.

나에게 배정된 좌석은 발이 바닥에 닿을 정도로 낮았다. 그건 드문 일이었다. 게다가 자리가 깊지 않아서 내가 등받이에 편안하게 기댈 수도 있었다. 그건 더욱 드문 일이었다. 앞으로 나에게 필요하게 될 뭔가를 잊어버린 것만 같은 불안감에 무작정 저 앞을 응시하다가, 그저 내가 편안하다는 데 대한 놀라움으로 일어난 느낌이라는 사실을 깨달았다. 오페라 극장의 좌석은 내 몸의 어느 부분에도 통증을 일으키지 않았다. 보통 때는 좌석이 너무 부드러워서 내 엉덩이의 배열이 흐트러져 통증이 나타난다. 아니면 좌석이 너무 딱딱해서 내 척추에 압력이 가해져서 통증이 일어난다. 척추를 지탱하기 위해 의자에 등을 대고 앉으면, 나의 다리가 너무 짧아서 바닥에 닿지도 않고 공중에서 대롱거려 몇 분 내로 마비되고 욱신욱신 아파온다. 나는 통증을 덜기 위해 두 발을 바닥에 대고 앞으로 당겨 앉게 되고, 그러면 허리가 아파서 다시 자세를 바꿔야만 한다. 표면, 거리, 부재가 내 온몸을 불편하게 끌어당긴다. 나의 키, 나의 굽은 등뼈, 서로 어긋나는 엉덩이뼈는 내가 자주 느끼는 통증을 더 악화시킨다. 몸이 불편하면 나의 신체 언어가 왜곡되기 때문에 사람들은 나를 오해한다. 나는 계속 꼼지락거린다. 나는 골격을 지탱하기 위해 가슴 앞에서 두 팔을 엇갈리게 하는 자세를 자주 취하는데, 이 동작은 거부의 신호로 잘못 읽힐 가능성이 있다. 한번은 디너파티 자리에서 내가 통증에서 벗어나기 위해 몸을 비틀면서 꿈틀대는 모습을 보고 한 친구가 말했다. “여기 있는 게 그렇게 싫으면 그냥 가도 괜찮아.”

제이와 내가 사흘 전 브루클린의 술집에서 만났을 때, 우리는 어디에 어떻게 앉을 것인지에 관해 몇 차례 협상을 했다.

제이와 내가 주고받았던 이메일을 읽는 동안 나는 기대감이 더 커졌고, 어쩌다 보니 한 시간 일찍 술집에 도착했다. 처음에는 술집의 바에 서서 메뉴를 자세히 보며 암기하고, 메뉴판에 내 얼굴이 새겨질 때까지 뚫어져라 읽었다. 제이가 나의 그런 모습을 발견했으면 했다. 문 쪽으로 등을 돌린 채, 메뉴판을 한 줄씩 손가락으로 살살 따라 짚어가며 생각하는 모습. 그가 문을 열고 들어와서 술집 안을 둘러보다가 나를 발견하는 장면을 상상했다. 그가 입구에서 나를 바라보고 있다고 생각하니 내 가슴이 조여들었다. 나는 제이와의 우정을 소중하게 생각했는데, 그 우정은 초기의 불안정한 단계를 거치는 중이었다. 그 단계는 새로운 친구들이 진짜 친구가 되느냐 아니면 점잖게 지인으로 남느냐를 선택하면서 끝난다(때로는 갑자기 끝나버린다). 나는 전자이길 바랐다.

편안하게 몸을 살짝 기울인 자세를 취해봤다. 잘 해내진 못했다. 나는 칵테일을 주문하고 잔을 손에 쥐고 있기로 했지만, 바텐더가 칵테일을 나에게 가져오는 순간 내 실수를 깨달았다. 칵테일은 시계였다. 녹고 있는 얼음은 내가 얼마나 그를 오래 기다리고 있었는지 제이에게 정확히 알려줄 것이다. 나는 꿀꺽꿀꺽 칵테일을 다 마셔버렸다.

제이는 철학 박사과정 1년 선배였다. 사실 우리는 서로 잘 아는 사이가 아니었다. 복도에서 몇 번 인사를 나눈 것과, 격식

없는 환영회 자리에서 플라스틱 컵에 와인을 채우려고 차례를 기다리는 동안 예의 바르게 고개 숙여 인사한 게 전부였다. 처음에 나는 그를 인식하지도 못했지만, 그의 존재는 내 마음속에서 마치 빛의 방향이 바뀔 때마다 커지는 그림자처럼 커져 갔다. 시간이 흐를수록 그와 주변의 대비가 뚜렷해져서, 내 눈은 사람들로 가득 찬 방 안에서도 그를 먼저 발견하곤 했다. 작은 사건들, 작은 행동이 누적되어 저절로 그런 변화가 생겨났다. 나는 그가 강의를 들을 때 고양이처럼 고개를 갸우뚱하는 모습이 마음에 들었다. 강의실에서 누군가가 어리석은 소리를 했을 때 그가 찡그린 얼굴을 남들에게 보이지 않으려고 잽싸게 시선을 내려 휴대전화를 보는 게 마음에 들었다. 가장 특별했던 건 그가 질문을 할 때 사용하는 말투였다.

그는 비판적인 의견이 있을 때조차도 탐구를 향한 에너지와 진정한 흥미를 담아서 말을 했고, 그래서 우아한 태도로 더 폭넓은 대화의 장을 열었다. 그의 질문을 받은 사람은 그의 대화의 장으로 끌려 들어갔고, 그렇게 해서 토론은 진정한 협업으로 남을 수 있었다. 우리 대학원 과정에서 이런 일은 드물었다. 대학원 과정에 있는 사람들은 학생들이고 교수고 모두 토론을 '내가 똑똑하다는 걸 증명하기 게임'처럼 대했다. 나는 제이의 웃음과 그가 입는 옷과 그가 여성들에게 사용하는 말투가 좋았다. 그건 그가 남성들에게 이야기할 때와 똑같은 말투였다. 이렇게 수집한 신호들을 통해 나는 우리가 친구가 될 거라고 확신했다. 그리고 제이도 나에 대해 똑같은 감정이라는 걸 알았다. 내가 그 사실을 알게 된 계기는 다음과 같다. 어느 날 우리가 대형 강의실의 반대편에 앉아 있었는데, 학생 두 명이 서로를 무자비하게 공격하면서 교수의 수업을 계속 방해했다. 제이는 얼마 동안 흥미를 가지고 이 언쟁을 지켜보다가 흥미를 잃었다. 처음에는 예의 바른 태도를 유지했지만 나중에는 예의를 차리지 않았다. 그는 강의실 쪽에 등을 돌리고 창밖을 내다보기 시작했다. 창밖의 5번가에서 누군가가 말없이 우체국의 우편물 투입함을 두드리고 있었다. 내가 예상했던 대로 제이는 고개를 돌려 눈으로 학생들을 훑다가 나를 발견했고, 나 역시 똑같은 창문을 통해 그가 바라보고 있었던 것과 똑같은 것을 바라보고 있었다는 사실을 알아차린 다음 고개를 돌렸다.

제이는 곧 졸업하고 구직을 시작할 예정이었다. 우리가 진짜 친구가 되기에는 너무 늦었다. 나는 충분히 노력하지 않았고, 그도 노력하지 않았다. 사람 사이의 일은 때로는 그렇다. 그런데 어느 날 저녁, 학교 밖에서 나는 제이를 우연히 마주쳤다. 그는 발걸음을 멈추고 인사를 했다. 마침 비가 왔으므로 나는 손을 레인코트 주머니에 깊숙이 찔러 넣고 있었다.

"오, 그건 어디서 났어?" 제이가 말했다.

내가 내민 손에는 귤이 하나 있었다. 나도 그걸 발견하고 깜짝 놀랐다. 나는 레인코트의 반대쪽 주머니에서 두 번째 귤을 꺼냈다.

"아, 난 괜찮아." 제이가 거절했다.

"전일제 일자리를 구했다면서."

"맞아." 내가 대답했다.

"빠른 편이네. 나는 네가 취직을 생각하는 줄도 몰랐어."

"취직을 생각하고 있진 않았어."

"오, 세상에. 또?" 제이는 작고 향긋한 세 번째 귤을 쥐고 있는 내 손을 피하며 말했다. 나는 배낭을 열었다. 그 안에는 귤이 여섯 개나 더 있었다.

"그것 참 이상한 마술이구나."

"하나 줄까? 나한테는 너무 많은 것 같은데."

"귤을 왜 그렇게 많이 가지고 다녀?"

"너한테 하나 줘도 될까?"

"난 됐어."

"나한테 귤이 이것밖에 없다고 생각해? 더 있어."

"이건, 엄마들의 습관 같은 거야? 간식거리를 잔뜩 가지고 다니는 거?"

나는 '엄마들의 습관'이라는 표현에 분리의 아픔을 느꼈다. 그의 눈에는 내가 엄마인 것만 보였을까?

내가 어깨를 으쓱해 보이자 제이는 달아났다. 그는 뒷모습을 보이며 작별 인사를 하고 가버렸다. 나의 실망감은 이루 말할 수 없었다. 나는 철학과 사람들 모두와 리듬이 잘 맞지 않았다. 철학과의 사람들, 생각과 목표, 특이한 용어, 그들의 대단한 분석주의 철학, 그들의 그라이스(영국의 언어철학자 폴 그라이스 Paul Grice를 가리키는 듯함-옮긴이), 콰인(분석주의 철학자 윌러드 밴 오먼 콰인W. V. O, Quine을 가리키는 듯함-옮긴이), 프랭크퍼트(미국의 윤리철학자 핸리 고든 프랭크퍼트Harry Gordon Frankfort를 가리키는 듯함), 풋(영국의 윤리철학자 필리파 풋Philippa Foot을 가리키는 듯함), 그리고 파인(영국의 철학자 키트 파인Kit Fine을 가리키는 듯함-옮긴이)과 잘 맞지 않았다. 나는 고대 로마의 신플라톤주의 철학자 플로티노스Plutinus를 연구하고 싶었는데, 플로티노스를 연구한다는 것은 창피할 정도로 무의미한 일이라서 아무에게도 말한 적이 없었다. 플로티노스를 연구하고 싶은 명확한 이유들이 있는 것도 아니었고, 플로티노스를 잘 안다고 자랑할 거리도 없었다. 게다가 플로티노스의 글을 읽으면 철학에 관한 나의 오락적이고 낭만적인 이상이 자극을 받았다. 나는 철학이 인간 본성과 인간의 정신과 우주의 커다란 수수께끼들에 관해 뭔가를 느끼게 해줘서 좋았다. 이게 얼마나 멍청한 소린지 모르겠다면, 분석철학자를 아무나 한 사람 찾아서, 그에게 당신은 철학이 우주의 신비에 관해 뭔가를 느끼게 해주기를 바란다고 말해보라.

정확히 말하자면 아무도 내 말을 진지하게 들어주지 않았다. 내가 다가가면 사람들은 대화 주제를 바꿨다. 어느 대학원 친구가 내 동기생들의 대부분이 내가 소수자 비율 의무규정 덕분에 대학원에 합격했다고 생각한다고 이야기해준 적도 있다. 나는 입학지원서에 나의 정체성을 나타내는 내용은 하나도 넣지 않았지만, 그런 주장을 했던 동기생의 말에 반박하지 않았다. 나 자신도 내가 어떤 요행으로 입학했을 거라고 생각했다.

하지만 제이는 달랐다. 제이가 나를 그런 식으로 바라본 적은 없는 것 같았다. 그는 나를 존중했고, 나를 조금은 좋아했던 것 같다. 처음부터 그와 친구가 됐다면 나의 대학원 생활 전체가 달라졌을지도 모른다. 하지만 나는 그 기회를 통째로 날려버렸고, 이제는 너무 많은 귤을 내밀어버린 이 괴상한 만남이 우리의 마지막 만남이 될 가능성이 높아졌다. 이런, 이제 나는 그의 기억 속에서 무색무취하게 사라질 기회조차 놓치고 말았다. 제이가 졸업을 하고 미주리주에서 직장을 구하면 그걸로 끝날 것이다. 나는 내 미래를 상상했다. 그런데 한 시간 후에 그 미래가 바뀌었다. 내 메일함에 제이가 보낸 이메일 한 통이 도착해 있었다. 내용은 다음과 같았다.

"안녕, 클로이! 아까 마주쳐서 반가웠어. 너만 괜찮으면 조만간 술이나 한 잔 하자."

해가 저물고 사람들이 카라칼라에 자리를 잡았다. 친구들 한 무리가 같이 와서 내 바로 앞줄에 앉았다. 그들은 재빨리 자리를 잡고, 자기 좌석은 물론 그 앞좌석까지 팔다리를 뻗었다. 그들은 통로를 지나 내 뒤쪽 좌석으로 걸어가는 사람들에게 손을 흔들고 말을 걸었다. 그들은 하늘하늘한 천으로 만든 값비싼 옷을 입고 있었는데, 우아하면서도 편안해 보였다. 마치 화려한 소풍이라도 온 것 같았다. 아니, 화려한 소풍이 맞았다. 내가 지나치게 답답하고 경직된 옷차림을 한 것 같았다.

내 앞에 자리 잡은 친구들은 행복해 보였다. 그들 앞에 플라스틱 컵과 와인 병들이 있었다. 그중 한 명이 팔꿈치를 비틀고 혀를 내밀어 웃기고 괴상한 동작을 하면서 와인 병을 땄다. 남자는 내가 지켜보는 걸 알아차리고 미소를 짓더니, 이탈리아어로 나에게 뭐라고 말했다. 나는 겸연쩍게 웃어 보였다. 남자는 와인 병을 들고 이 친구 저 친구에게 가서 플라스틱 컵을 채워줬다. 그 짙은 색의 액체가 컵 맨 윗부분에서 찰랑거리자, 컵을 든 친구가 깔깔거리며 남자에게 핀잔을 주고 재빨리 허리를 숙여 한 모금을 마셨다. 과할 정도로 꽉 찬 컵들을 보는 동안 슬픔이 물결처럼 나를 스쳐갔다. 하지만 그 이유는 알 수 없었다. 내 얼굴이 찌푸려졌다. 그 남자가 나를 보고 또다시 뭐라고 말했고, 다른 두 명도 고개를 돌려 나를 쳐다봤다. 남자는 새 컵에 와인을 따랐는데, 이번에는 넘치게 따르지 않았고,

그 잔을 나에게 내밀었다. 그가 나에게 하는 말을 알아들을 수는 없었지만, 그는 여전히 미소를 띠고 눈썹을 치켜뜨며 두 눈을 위로 향하고 있었다. 아마도 하늘을 가리키면서 '지금 어디 있는지를 생각해보라, 완벽한 밤의 지붕 아래 있지 않느냐'고 말하는 것 같았다. 그래서 나는 잔을 받아들고, 숨을 깊이 들이마시면서 이제 막 떠오르는 별들을 올려다봤다. 와인 향기만으로도 내 안의 매듭이 풀렸다. 한 모금 마셨더니 전율이 내 몸을 훑고 지나갔다. 안도감이었다.

해가 지면서 기온도 함께 내려가서인지, 시원한 바람이 소나무 향기를 싣고 불어왔다. 이곳에는 도시의 소음이 없고 사람들의 웃음소리와 사람들이 의자에 앉을 때 삐걱대는 소리만 났다. 아래쪽 무대는 텅 비어 있었고, 쓰러져가는 기둥 두 개 사이에 검정색 연단이 하나 있었다. 와인을 마셨더니 내 안에 있는 묵직한 뭔가가 달라졌다. 잠시 동안 행복해졌다. 석양의 마지막 부분이 유적지의 아치형 구조물들 사이로 번쩍였다. 광선들이 무대를 층층이 비췄다. 이 유적지가 한때 도서관이었다가 나중에는 무덤으로 쓰였다는 사실이 문득 떠올랐다. 이곳의 시간은 일직선이 아니라 층으로 이뤄져 있었다.

무슨 소리가 나서 내 몸에 힘이 들어갔다. 나는 그런 걸 금방 알아차린다. 누군가가 나를 보며 웃고 있었다. 다시 내 앞의 친구들 무리로 시선을 옮겼다. 그들 모두가 나를 빤히 쳐다보고 있었다. 와인병을 손에 든 남자가 내 앞에 서 있는데 그의 표정이 이상했다. 남자가 이번에는 영어로 말을 걸었다.

"와인이 마음에 드세요?"

"네, 감사합니다." 내가 대답했다. 아까 감사 인사를 안 했던가? 내 얼굴이 붉어지면서 식은땀이 나기 시작했다. 내 컵은 비어 있었고, 남자는 병을 내 쪽으로 가져왔다.

"더 드릴까요?" 남자가 물었다. 나는 미소를 지으며 그를 향해 컵을 내밀었다. 그의 친구들이 폭소를 터뜨렸다. 서로의 어깨에 얼굴을 묻고 웃어댔다.

"그런데요. 제가 아까 부탁드린 일을 먼저 해주시면 안 될까요?"

그 순간 나는 위아래 쪽에서 나를 쳐다보는 눈들을 느꼈다. 그 남자의 친구들 모두가 나를 쳐다보고 있었다. 그들만이 아니었다. 뒤를 돌아보니 한 쌍의 연인이 있었다. 그들도 나를 유심히 보고 있었다. 그 남자와 나를.

"아." 내가 입을 열었다. 머릿속에 그림이 그려지고, 내 실수가 눈에 들어왔다. "미안해요. 정말 미안합니다."

"괜찮아요. 하지만 이번에는 컵을 가져가지 마시고 와인을 제 친구들에게 전달해주셔야죠?" 남자가 싱글거리며 말했다.

나는 브루클린의 술집 칸막이 좌석에 앉아 제이를 기다리고 있었다. 칸막이 좌석은 바닥에 너무 딱 붙어 있어서 테이블이 지나치게 높아 보였다. 의자는 너무 푹신해서 내가 앉자 탁자 위로 내 턱이 겨우 보였다. 제이가 도착할 때쯤 나는 얼굴을 찡그리고 있었다. 팔꿈치로 내 몸을 받쳐서 그냥 평범한 사람이 앉아 있는 것처럼 보이려고 애썼지만 잘 되지 않았다.

제이는 정확히 우리가 만나기로 약속한 시각에 술집에 도착했다. 그가 나를 보기 전 나는 잠시 그를 관찰했다. 그는 곱슬거리는 머리카락을 손으로 쓸고 재킷 매무새를 정돈했다. 약속시간을 정확하게 맞춘 걸 보니 그 역시 긴장하여 나처럼 일찍 도착해 약속 시간이 될 때까지 구석의 와인 진열대 앞에서 서성거렸을 수도 있겠다 싶었다. 그는 칸막이 좌석에 앉아 있는 나를 향해 눈짓하며 딱딱한 나무 스툴과 낮은 테이블이 있는 곳을 가리켰다. 그 테이블은 혼잡한 구석으로 밀려나 있었다. 바 쪽이 공간은 조금 더 넉넉했지만, 제이는 고개를 흔들며 다시 낮은 테이블을 가리켰다.

"어때? 너한테 저 자리가 나은가?"

제이는 자신 없는 표정으로 나를 쳐다봤다.

우리는 새로운 자리로 옮겼다. 그 자리는 칸막이 좌석과는 정반대로 테이블은 너무 낮았고 등받이 없는 의자는 너무 높았다. 그 의자에 앉으니 내 다리가 테이블 상판 밑에 딱 붙었다. 고통스러운 나머지 반사적으로 셔츠를 얼굴 가까이 끌어올렸다. 눈에 잘 띄는 동작이었지만, 나의 찡그린 얼굴을 가리기 위해 몸에 밴 습관이었다.

그날 밤, 내 몸은 제이와 나 사이의 무거운 짐이었고, 그 짐은 제이가 조심스럽고 걱정스러운 태도로 '어디에 앉을 것인가'라는 문제를 해결하려 하는 모습으로 나에게 돌아왔다. 제이는 염려가 담긴 눈으로 나를 자꾸 힐끔거리지 않으려고 애쓰고 있었다. 그는 술집 저편을 쳐다보고, 좌석들을 훑어보다가, 다시 나를 쳐다봤다. 나는 그의 걱정이 친절을 베풀려는 좋은 의도에서 나왔으며 내가 미소를 띠고 그 친절을 받아들여야 한다는 것을 알고 있었다. 나는 미소를 지었고, 그걸로 그의 입을 막았다. 나는 그저 내 몸에 관심이 덜 집중되기를 바랐다. 새로 사귄 친구와 술을 한 잔 하는 평범한 사람이고 싶었다.

제이는 주머니에서 작은 약병을 꺼내더니 병을 흔들어 알약 하나를 떨어뜨리고, 맥주 한 모금과 함께 그걸 삼켰다. 그의 뒤쪽으로는 술집의 창문 너머로 희미해지고 있는 빛이 보였다. 술집 안은 어둑어둑해졌지만 제이의 얼굴은 우리 사이에 놓인 작은 촛불의 빛을 받아 밝고 선명하고 따뜻하게 보였다. 키가 크고 어깨가 넓은 제이가 작은 탁자 위로 구부정하게 앉아 있었다. 그의 움직임은 느리고 신중했고, 그의 웃음은 뱃고동 소리 같았다. 그의 강한 존재감 때문에 나는 그의 날카로운 눈길을 잠시 잊었다. 그는 술집 안의 모든 사람을 응시했고, 특히 나를 집중적으로 응시했다. 그는 말로 표현되지 않은 나의 좌절, 자리를 정하는 과정에서 내가 느낀 창피함을 읽어냈다. 나는 그가 갑자기 야단스럽게 꺼낸 약병이 나와 공감대를 만들어보려는 시도라는 것을 이해했다. 제이가 약병을 흔들어대며 말했다.

"뇌에 폭탄이 있거든."

"폭탄?"

"맞아. 종양이야. 종양이 계속 커지면 나는 죽게 되고, 커지지 않으면 살 수 있대. 하지만 이 약을 먹었더니 오랫동안 종양이 커지지 않았어."

"하지만 그게 더 커지면 네가 죽게 된다고?"

"응."

"아무렇지도 않게 그런 이야기를 하는구나."

"너라면 어떻게 할래? 죽음을 계속 걱정하면서 살 거야?"

"나는 늘 그렇게 사는데."

"네 생명이 당장 위태롭다고?"

"거의 항상."

"왜 그렇지?"

"어렸을 때는 내가 성장하는 과정에서 내 몸이 장기들의 무게를 받쳐주지 못할 줄 알았어."

"너는 왜소증인 거야?"

"그럴 거야."

"너는 확실히 왜소해."

"난 키가 작아. 그건 사실이지."

"어디 한번 찾아보자."

제이는 휴대전화로 '왜소증'의 정의를 검색했다. 그때 나는 새로운 사람이 우리를 바라보고 있는 걸 알아차렸다. 그는 문간에 서서 머뭇거리고 있었다. 제이는 그 이상한 인물에게 손짓을 해서 우리 자리로 부르더니 나에게 말했다.

"합석해도 괜찮겠지?"

나는 처음에 그를 알아보지 못했다. 그는 자신을 콜린이라고 소개하며 자기도 철학 박사과정 학생이고 나보다 1년 선배라고 말했다. 콜린은 우리에게 술을 한 잔씩 사주고 우리 테이블에 자리를 잡았다. 그는 근처의 뉴욕 시립대학에서 야간 윤리학 수업을 마치고 왔다며 어떤 학생에 관한 불평을 늘어놓았다. 그의 목소리가 커지자 제이는 너무 흥분하지 말라고 충고했다.

"알았어." 콜린은 이렇게 대답하고 맥주를 길게 한 모금 들이켰다. 맥주잔을 내려다보다 구슬프게 말했다.

"왜 하필 이 술집에 왔어?"

"무슨 문제라도 있어?" 내가 물었다.

"맞아, 문제가 있었어. 전에 이 술집에서 소동이 벌어졌거든." 제이가 설명을 하려고 하자 콜린이 제이의 말을 끊었다.

"우선 네가 알아둬야 할 게 있는데. 나는 항상 화가 나 있다는 거야."

제이에 따르면 몇 달 전 어느 날, 콜린이 이 술집에 와서 신용카드를 미리 맡기고 술을 몇 잔 샀다. 제이가 그에게 술을 몇 잔을 더 사고 나서 콜린은 취했다. 첫 번째 신용카드를 잊어버린 콜린은 바 쪽으로 가서 두 번째 신용카드를 맡기고 술을 주문하기 시작했다. 밤이 끝나갈 무렵 자신의 실수를 깨달은 콜린은 술값을 모두 지불하고 신용카드 두 개를 돌려받으려 했지만, 술집 안은 컴컴하고 시끄러웠다. 그리고 종업원은 콜린이 무엇을 요구하는지를 잘 알아듣지 못했다. 콜린은 고주망태가 되어 있었고 말을 조리 있게 못하면서도 계속 자기 말을 이해시키려고 했는데, 종업원이 계속 말을 알아듣지 못하자, 순간적으로 꼭지가 돌아서 고함을 쳤다.

"이 나쁜 ○아!"

"잠깐. 왜 그렇게…." 그 이야기에서 중요한 부분들을 놓친 듯한 느낌에 내가 물었다.

"그 아시아 여자. 아주 어린 여자애였는데, 오늘은 걔가 없네." 콜린이 말했다. 그는 맥주잔을 기울여 첫 번째 잔에 남은 맥주를 입으로 전부 털어 넣었다.

나는 콜린을 한번 쳐다본 뒤 제이를 쳐다봤다. 콜린을 처음 본 자리에서 소개하는 이야기로는 별로 좋지 못했다.

"어느 종업원이었느냐고 물어본 게 아니잖아. 네가 대체 왜 그랬냐는 거지." 제이가 말했다.

"음, 나도 모르겠어. 나중에 생각하니 잘못했다 싶더라고."

그는 그날 아주 어려 보이고 아시아인인 듯한 종업원에게 '이 나쁜 ○아'라고 계속 외쳐댔다. 결국에는 경비원이 와서 그를 말렸다고 한다.

"콜린이 새로운 약을 먹기 시작한 때였거든. 그 약만 먹으면 화를 내고 피해망상을 나타내더라고." 제이가 말했다.

"그리고 내가 아까 말했듯이, 나는 원래 늘 화가 나 있어." 콜린이 말했다.

잠시 동안 아무도 말이 없었다. 그러다 콜린이 소리쳤다.

"뭐 어때? 난 우울하다고! 제이도 그렇고. 모든 사람은 우울해."

제이는 어깨를 으쓱 하며 고개를 끄덕였다. 그러고 나서 두 사람은 콜린이 예전에 복용했던 우울증 약에 관해 논의하고 그가 지금 먹는 약이 훨씬 낫다는 데 동의했다. 제이도 똑같은 약을 먹어보고 각종 치료를 받아봤다고 했다. 두 사람은 자기들이 약을 복용한 경험을 공유하며 주거니 받거니 이야기를 나눴다. 그들은 술을 더 시켰고 내가 텔레비전 광고에나 봤던 약들의 이름을 줄줄 읊었다.

콜린과 제이가 이야기를 많이 할수록 그들이 서로에 관해 속속들이 알고 있다는 게 느껴졌다. 나는 그 점이 놀라웠다. 두 사람이 그 정도로 친한 친구가 될 수 있을 것 같지 않았기 때문이다. 두 사람은 말투와 기질이 정반대였다. 콜린은 그때그때 내키는 대로 행동했고 마치 시간에 쫓기는 사람처럼 술을 마셔댔다. 그는 자기 기분에 사로잡혔고, 아무렇게나 말을 쏟아냈다. 어떤 학생에 관해 불평할 때는 화가 나서 얼굴을 붉혔고 자기 개가 아프다는 이야기를 할 때는 절망에 빠졌다. 그에게는 논리적인 면도 있었는데, 그의 논리는 그가 하는 말과 항상 전쟁을 벌였다. 그는 무슨 말을 하고 나서 두 손을 들어 올리곤 했는데, 마치 자신을 가리키며 '우우, 이 사람은 최악이야' 라고 말하는 것처럼 보였다.

제이는 조금 더 계산적이고 자기 자신에게 집중하는 사람이었다. 그는 자신이 주변에 행사하는 힘을 잘 알고 있었다. 그와 콜린은 둘 다 너저분한 대학원생 같은 옷차림을 했지만 약간 차이가 있었다. 콜린이 '너저분한 대학원생 스타일'로 입었다면 제이는 너저분하지만 개성 있는 대학원생처럼 입었다. 콜린이 검정색 컨버스 운동화를 신었고 제이는 화려한 연두색 운동화를 신었다는 게 두 사람의 차이였다. 나는 제이를 좋아했지만, 만약 그의 이미지에 진실이 도움이 되지 않는다면 그가 나에게 진실을 말할 가능성이 낮다는 것쯤은 알고 있었다.

나는 콜린을 좋아하지는 않았지만, 그에게는 교활한 면이 없으므로 그 나름의 방식으로는 그가 더 정직하다는 것을 알아차렸다.

두 사람이 어떻게 다르든 간에 그들은 서로의 우울증을 이해한다는 점에서 의기투합하고 있었다. 그들의 말에 따르면 우울증은 항상 세심하게 신경 쓰고 경계해야 하는 질병이었다.

콜린이 내게 말했다. "최대로 채워진 잔을 상상해봐."

제이가 고개를 끄덕이는 걸 보니, 그들은 전에도 다른 사람에게 그들 자신을 이해시키기 위해 그 비유를 사용한 적이 있는 듯했다.

"잔의 맨 위까지 차오른 물을 상상해봐. 표면의 불룩한 곡선을. 물이 잔 밖으로 흘러넘치지 않으려면 표면장력이 딱 맞아야 하잖아. 때때로 나는 그런 아슬아슬한 긴장을 느껴. 슬픔이나 화가 가득 채워진 거야. 유리잔 가장자리까지 차올라서 위태롭지."

제이가 말을 받아서 설명을 계속했다. "어떤 날에는 말이야. 아침에 일어났는데 잔이 꽉 차 있는 거야. 내가 침대 밖으로 나오거나 학교에 가거나 누군가와 이야기를 나눌 때 그 잔도 나를 따라다녀. 나는 늘 그런 걸 느껴. 지금 우리 사이에도 그런 잔이 있어."

콜린이 말했다. "물이 한 방울만 떨어져도 표면의 균형이 깨져서 물이 넘치지. 이제 이해가 되니? 술집 종업원하고도 그런 일이 있었던 거야. 날마다 그런 건 아니고 가끔이지만. 넌 이해가 되니? 이해할 수 있어?"

나는 이해가 되기도 했고 안 되기도 했다. 우리는 똑같지 않았고, 똑같은 경험을 하지도 않았다. 하지만 나 역시 다른 의미에서 가득 채워진 잔과 항상 협상하며 살고 있었다. 때때로 나는 아침에 일어났더니 갑자기 통증이 너무 심해져서 내가 침대를 벗어나지 못할 수도 있겠다는 의심을 한다. 내가 하는 모든 동작, 나에게 실리는 모든 무게, 내가 걷는 모든 걸음과 내가 올라가는 모든 계단, 내가 걷는 모든 거리가 합쳐져서 계속 한계에 가까워진다. 나는 항상 내 몸을 반듯하게 펴고 움직여야 하는 과제들을 제대로 해내려고 애를 써댄다. 내 머릿속 한 부분은 끝없는 통증을 계산하는 데 붙잡혀 있으므로 영구적으로 손상된 것과 같다.

콜린과 제이가 이야기를 나누는 동안 나는 전율을 느꼈다. 누군가에게 이해받을 기회가 있었다. 새로운 종류의 가까운 관계를 맺을 가능성이 보였다.

콜린이 말했다. "나는 화가 나 있어. 그리고 신통찮은 약을 먹으면 더 화가 나."

제이가 말했다. "그렇지만 약을 아예 안 먹으면?"

"우리는 죽어."

"오, 우린 죽었다."

두 사람은 공통의 지식을 솔직하게 털어놓으며 자기 자신을 설명했다. 그들의 삶은 워낙 많이 겹쳐져서 서로의 현실을 확인하는 증거가 될 정도였다. 그들은 서로에게서 익숙한 부분을 발견하고 그걸 토대로 유대를 형성했다.

플로티노스는 우리의 영혼에 아름다움을 인식하는 특별한 기능이 있고, 아름다움이 있는 곳에서 느끼는 뚜렷한 흥분은 우리의 영혼이 어떤 대상 안에서 자기 자신을 발견하는 것이라고 주장했다. 그것을 '동질감'이라고 부른다.

> 동질감은 기미만 있어도 즉각적인 기쁨에 몸을 떨고, 그 대상의 것을 자신의 것으로 받아들이고, 그리하여 그 본성과 그 모든 친밀함에 관한 감각을 새롭게 불러일으킨다.

나는 두 사람이 대화를 나누는 동안 그들 사이에서 그 아름다운 동질감이 활활 타오르는 모습을 봤다. 나는 그 동질감 바깥에 있지만 아주 멀리 있지도 않을 것 같았다. 그때까지 나는 다른 사람들에게 내 장애에 관해 이야기한 적이 없었다. 그 이야기를 꺼내는 즉시 나와 그 사람은 대등하지 않은 위치에 놓이기 때문이다. 내가 침묵하고 있으면 나는 그 사람과 분리된다. 나는 누구와도 내 삶을 공유하지 않았다. 새로운 사람들을 만나면 그들이 내 몸을 보지도 않고 응시하는 것도 잊어버리기만을 기다렸다. 시간이 흐르면 그렇게도 됐다. 내가 타인에게 충분히 노출되면 나의 장애도 무뎌졌다. 내가 만난 사람들은 내 장애를 잊어버리기까지 각기 다른 양의 시간을 필요로 했다. 그래서 나는 인내심 있게 기다렸다.

두 사람이 우울증 이야기를 하는 동안, 나는 내가 이 두 사람과 '자기 발견에서 비롯되는 동질감'을 느낄 수 있을지 궁금해졌다. 그들은 내가 공감할 수 있는 이야기를 했다. 나와 마찬가지로 항상 긴장을 늦추지 못하고 살았다. 그들의 고통은 낯선 사람들, 술집 종업원, 학생들, 아니면 그들이 사랑하는 사람 등에게 떠넘겨지기 쉬웠다. 나는 이 두 사람이 나에게 새로운 종류의 친구가 될 수 있다고, 어쩌면 우리가 서로에게 조금 더 공감할 수도 있겠다는 상상을 해봤다. 그런 종류의 관계를 간절히 바라는 마음 때문에 콜린이 몇 번 더 부적절한 발언을 했을 때도 그냥 흘려들었다. 두 사람의 유대가 확장되어 나에게 다가오는 느낌이었고, 그 안에서 내 자리를 발견해 나는 기뻤다. 하지만 제이와 콜린은 대화를 계속 이어갔다.

서기 3세기에 살았던 철학자 플로티노스는 자기 자신의 육체를 원하지 않았다. 그와 가장 가까웠던 친구와 제자들도 그의 가족, 나이, 고향에 관해서는 아무것도 몰랐다고 한다. 그런 사실들은 실체적 현실에 관한 정보였고, 플로티노스는 실체적 현실을 인간에게 해로운 잡념으로 취급했다.

플로티노스 이론의 대부분은 플라톤의 이데아론과 완벽한 이상의 세계라는 개념을 발전시킨 것이다. 하지만 플로티노스가 생각한 이상의 세계에는 단지 사랑, 아름다움, 정의, 침대, 의자, 소파 따위의 원형적 형태만이 아니라 당신이라는 한 개인의 원형적 형태도 포함된다. 우리가 정신을 통해 이상의 세계로 올라가면 우리의 완전한 자아를 일별할 수 있는데, 그 완전한 자아는 육체와 분리된 정신이다.

플로티노스는 그의 전통을 따른 후대의 철학자들과 마찬가지로 무한하고 불가능한 과업을 숭상했다. 선과 진리와 아름다움을 추구하는 과업을 수행하기 위해서는 먼저 우리가 육체 안에서 보내는 시간 동안 누적된 오염에서 벗어나야 한다. 기꺼이 육체로부터 정신을 분리하려는 사람들에게는 최고의 영원한 아름다움이 기다린다.

> 플로티노스: 당신의 육체가 문제이니, 육체를 제거하라. 육체에서 분리되라. 정신으로 존재하라. 오직 정신만으로. 몸을 정화하고, 옷은 치워놓고, 벌거벗은 상태로 신비로운 신의 축복 속으로 들어가라. 고독 속에 머물러라. 홀로, 사람들과 떨어져서, 사람들과 섞이지 않고, 순수하게 존재하라.

두 사람은 맥주를 더 시켰다. 대화는 콜린이 학생들에게 짜증이 난다는 내용으로 돌아와 있었다. 사실은 부교수 업무에 대한 불만과 학계에서 일자리를 구하기 어렵다는 데서 비롯된 것이었다. 나는 위안을 주기 위해 스티븐이라는 학생의 이야기를 들려주었다.

나는 생명의료윤리라는 과목을 가르치고 있었다. 생명의료윤리는 육체와 관련된 딜레마에 윤리적 원칙들을 적용하는 학문이다. 나는 특정한 윤리적 원칙들을 설명하기 위해 이따금 실제 사례를 인용했다. 그리고 그날은 정말로 가르치기 싫었지만 한 번도 건너뛰지 않았던 사례를 다뤘다.

그 예는 다음과 같다. 임신이 불가능한 부부가 체외 수정을 통해 임신하려고 한다. 부부는 네 개의 배아를 수정시키는 데 성공한다. 이들은 둘 다 청각장애인인데, 배아 네 개 중 두 개는 그들과 똑같이 청각장애가 있고 나머지 두 개는 정상이다. 부부는 청각장애 아이를 키우면서 그들의 문화, 그들의 언어, 그들의 삶을 아이와 공유하기를 원한다. 그들이 배아 네 개 중에 청각장애아의 배아만을 선택해서 자궁에 이식하는 것은 윤리 원칙에 위배될까?

나는 매 학기 그 사례를 가르쳤다. 그건 나에게 굉장히 고통스러운 일이었지만, 왜 내가 그런 고문을 당해도 된다고 느껴지는지에 관해서는 생각해본 적이 별로 없었다. 내가 해당

사례를 읽어주면 몇몇 학생의 얼굴에는 불편에서 장애 혐오에 이르는 다양한 반응이 스쳐갔다. 나는 교실 맨 앞에 홀로 서서 학생들의 반응을 읽어내고 어떤 편견들이 나타나는지 관찰하는 그 순간이 오는 게 두려웠다. 하지만 한편으로는 그 순간을 갈망하고, 기대하고, 소중히 여기기도 했다. 마치 안개가 걷히는 순간과도 같았다. 선의의 가면들이 녹아내리는 것을 보면 속이 후련했다. 내가 가르치는 학생들은 지나치게 자주 나를 자신들이 보살펴야 하는 대상인 것처럼 대했다. "천천히 가세요." 매일 아침 내가 절뚝거리며 교단을 향해 걸어갈 때면 한 학생이 나에게 다정하게 속삭였다. "조심하세요. 서두르지 않아도 돼요."

학생들에게 그 사례를 분석해보라고 했지만 누구도 먼저 입을 열려고 하지 않았다. 나의 관찰하는 시선이 마음에 들지 않았던 모양이다. 그들은 나를 응시하는 것에 익숙했으므로 정반대 상황에서는 그만큼 편안해하지 못했다. 나는 그들의 불편을 온몸으로 느꼈다. 그들이 저항하자 나는 활기가 솟았다. 그 사례가 청각장애와 관련이 있고, 나는 청각장애인이 아니라는 사실은 그들에게 중요하지 않았다. 대부분의 학생들에게 그 청각장애인과 나는 똑같이 '하자 있는 사람들'이라는 가상의 원안에 새겨져 있었다. 나는 또렷하고 차분한 목소리로 그 사례를 소리 내서 읽었다. 그리고 기다리면서 관찰했다. 학생들에게 자기 본모습을 드러낼 기회를 주고 있었다.

생명의료윤리라는 학문은 네 가지 원칙을 근간으로 한다. 개인의 자율성에 대한 존중, 공평하고 정의로운 자원 배분, 고통 완화를 위해 노력한다는 뜻의 '선의', 그리고 누구에게도 해를 입히지 않는다는 약속인 '무해성'의 원칙. 여건이 좋을 경우 의료인은 어떤 선택을 하든 그 네 가지 원칙을 모두 지킬 수 있다. 하지만 두 가지 또는 세 가지 원칙이 서로 충돌하는 경우가 종종 있는데, 바로 그럴 때 생명의료윤리학에서 가장 흥미롭고 복잡한 사례들이 만들어진다.

어떤 학생들은 내가 제시한 청각장애인의 사례가 자율성과 관련 있다는 사실을 금방 알아차렸다. 그리고 부모들에게 어떤 유전적 요인을 고려해서 배아를 검사하고 선택할 권리를 부여해야 하는지 아닌지에 관해 일관성 있고 원칙에 근거한 주장들을 줄줄 쏟아냈다. 그들은 청각장애가 있는지 여부를 검사하는 것과 다른 어떤 유전적 특성을 검사하는 것이 원칙적으로 다르지 않다는 사실을 간파했다. 그러나 이 수업을 듣는 대다수 학생들은 청각장애 아이를 세상에 태어나게 한다는 선택에 대한 그들 자신의 본능적이고 직관적이고 부정적인 반응에 이끌려 주장을 펼친다. 어떤 학생은 "자율성도 좋지만 이건 너무 나간 것 같아요"라고 말했다.

내가 물었다. "어떤 점에서 너무 나갔다는 거죠?"

"정상에서 너무 많이 벗어났다고요." 학생이 대답했다.

다른 학생이 손을 들고 말했다. "부모가 아이에게 청각장애를 강요한다는 건 잔인하잖아요. 아이에게 잔인한 행동을 하는 건 무해성의 원칙에 위배되지 않나요?"

"그래서 나는 가만히 기다렸어."

내가 콜린과 제이에게 설명했다. "그 학생의 말을 다같이 생각해볼 시간을 줬더니, 결국에는 다른 학생이 그 주장을 깨뜨리더라."

"어떻게 깨뜨렸는데?" 콜린이 물었다. 나는 그의 말투에서 첫 번째 단서를 포착했어야 했지만, 놓치고 말았다.

"배아를 자궁에 이식하기 전에 하는 유전자 검사는 배아의 현재 상태를 알아내는 거라는 사실을 학생들 전체에게 상기시켰지. 마치 XX 염색체를 강제로 XY로 변화시킬 수 없는 것처럼, 우리가 선택을 한다고 해서 배아가 바뀌거나 '청각장애를 강요하는' 게 아니라는 거야."

"아까 그 학생은 그 말에 설득이 됐니?" 제이가 물었다.

"아니, 그 학생은 청각장애는 잔인한 일이라는 자기 확신에서 벗어나지 못했어." 나는 눈을 치켜뜨며 말을 이었다.

"믿기 어렵겠지만, 그 학생은 이런 식으로 대답했어. 아이가 청각장애라는 걸 알면서도 아이를 낳는 건 비윤리적인 일이라나. 청각장애 아이들의 삶은 정상적인 아이들의 삶보다 나쁠 거라는 식으로 이야기했지 뭐니! 정상적인. '정상적인'이라고 하더라."

"아아." 제이가 말했다. 콜린은 침묵을 지켰다.

수업에서 두 학생의 토론은 다음과 같이 계속됐다.

한 학생이 말했다. "그럼 너는 부모들에게 '자, 남자아이의 배아를 선택하셔야 합니다. 여자아이는 가부장적 사회에서 더 힘든 삶을 살 것이기 때문에 여자아이의 배아를 선택하는 건 비윤리적인 일입니다'라고 말할 수 있어?"

"아니지. 그건 꼭 옳다고 할 수는 없는 말이잖아." 다른 학생이 대답했다.

첫 번째 학생이 말했다. "그러면 청각장애가 있는 사람은 항상 청각이 온전한 사람보다 힘들게 살 거라는 말은 옳다는 거야?"

"글쎄, 나라면 청각장애인이 되기를 원하진 않을 것 같은데." 다른 학생이 토론을 끝내려는 의도에서 말했다.

"그럴 수도 있지." 첫 번째 학생이 밀리지 않고 계속 이야기했다. "하지만 부모들에게 유전자 검사를 자율적으로 하도록 허용한 다음에 그들에게 청각장애를 가진 배아를 버리고 청각이 온전한 배아를 선택하라고 강요하는 건, 청각이 온전한 사람들이 청각장애를 가진 사람들보다 삶을 살 자격이 더 크다고 말하는 것과 같아. 이제 문제가 뭔지 알겠어?"

그때 다른 학생이 손을 들었다. 스티븐. 내가 가장 아끼는 학생인 스티븐은 글을 쓸 때는 웃기면서도 사려 깊었고, 수업 시간에는 조용한 편이었다. 그는 수업 시간 내내 스케치북에 뭔가를 그렸다. 나는 스티븐에게 의견을 말해보라고 했다.

스티븐이 말했다. "그건 비윤리적이에요. 왜냐하면 청각장애든 뭐든 장애가 있다는 건 위험한 일이니까요. 그 부모는 자기 아이를 위험에 처하게 만드는 거예요."

내가 물었다. "청각장애가 있으면 어떤 점에서 위험하다고 생각해요?"

"생각해보세요. 청각장애인이 차 소리를 못 듣는다면 혼자서 안전하게 길을 건널 수도 없잖아요."

강의실이 조용해졌다. 조금 전까지 논쟁을 벌였던 두 학생은 잠시 주의가 다른 데로 쏠려서 반가워하는 듯했다. 학생들은 내가 뭐라고 말하기를 기다렸다. 나는 여기서 이야기를 멈추고 제이와 콜린을 쳐다보며 그들의 반응을 읽어보려고 했다. 두 사람은 무표정한 얼굴로 내 이야기를 듣고 있었다.

"학생은 아침마다 어떻게 학교에 오나요?" 내가 스티븐에게 물었다.

"저는 지하철을 타요."

"지하철에서 내린 다음에는 학교까지 걸어오나요?"

"네."

"그러면 횡단보도를 여러 번 건너겠네요. 그중에 어떤 횡단보도는 사람이 많고 복잡할 거고."

"네."

"브루클린의 플랫부시 같은 곳들이 그렇죠."

"네."

"베드퍼드도."

"네."

"길이 혼잡하고, 사람이 많고, 차와 버스도 많죠."

"네, 네."

"그러면 학생은 헤드폰을 끼고 다닐 때가 있나요?"

스티븐은 잠시 나를 쳐다보다가 활짝 웃었다.

"날마다 끼고 다녀요. 하루도 빠짐없이요." 스티븐은 이렇게 대답하고 자리에서 일어나더니 강의실 맨 앞으로 나와서 나와 하이파이브를 하려고 했다. 나는 당혹스러웠지만 하이파이브를 받아줬다.

"선생님 말씀이 맞아요. 제가 헤드폰을 끼고 있을 때는 소리를 못 듣는데도 안전에는 아무런 문제가 없군요."

스티븐은 자기 자신이 어리석었다고 웃어댔다. 다른 학생들도 웃었다.

"그런 생각은 못 했네요."

"그래요."

"와. 이제 알았어요. 제가 틀렸어요. 저는 왜 그렇게 생각했을까요?"

"아까는 생각하지 않았던 거예요."

나는 이렇게만 대답하고 말았지만, 실제로 내 머릿속에 떠올랐던 대답은 '아까는 청각장애인을 온전한 사람으로 생각하지 않았던 거예요'였다.

이야기를 끝낸 뒤 나는 콜린과 제이를 바라보며 미소를 지었다. 나는 여전히 내가 친구들과 함께 있다고 믿고 있었다.

드디어 콜린이 입을 열었다. "맞아. 근데 그건 뻥이잖아."

맥주잔을 내려다보던 제이가 고개를 들었다.

"만약 그 부모가 일부러 귀 먹은 아이를 출산했다면 감옥에 보내야 해. 법을 만들어서 임신한 여자들은 모두 의무적으로 장애 검사를 받게 하고, 만약 장애가 발견되면 강제로 낙태를 시켜야 해. 그걸 거부하는 사람들은 감옥에 보내거나 벌금을 물리고."

"진심으로 하는 말은 아니겠지?" 제이가 말했다. 그는 콜린이 제시한 방안의 기술적인 문제점을 차분하게 지적하고, 콜린에게 그 맥락에서 '장애'의 필요조건과 충분조건이 뭔지 밝히라고 요구했다.

"네가 주장하는 건 우생학으로 회귀하는 거잖아. 그게 네가 원하는 거니?”

“응!” 콜린이 손뼉을 쳤다. “우생학은 좋은 발상이었어. 윤리적으로 진짜 괜찮은 학문인데, 다만 그걸 인정하는 사람들이 많지 않은 거지.”

두 사람은 나를 빼고 논쟁을 계속했다. 나는 내 안의 터널을 파고들어가 나에게 익숙한 장소, 내 마음 속의 중립의 방에 도달했다.

중립의 방을 알려준 사람은 나의 정형외과 의사였던 애셔 박사님이다. 그분은 오랫동안 나의 척추 이상을 치료했으므로 엄마와 나는 박사님을 자주 만났고, 나는 그분을 잘 알고 있었다. 나의 장애에 관해 박사님과 처음으로 대화를 나눴을 때 나는 아직 어린아이였다. 그분이 나에게 일상생활에서 얼마나 큰 불편을 느끼는지에 관한 질문을 던졌던 기억이 난다. 당시 나는 목발을 짚고 걸어 다녔고 다리에 보조기를 착용했다. 엄마는 진료실 바깥에서 나를 기다리고 있어서 박사님과 나만 있었으므로, 나는 박사님에게 솔직하게 이야기할 수 있었다.

당시에 내가 느끼던 불편은 단순히 육체적인 고통만이 아니었다. 나 때문에 엄마의 속도가 느려지고 우리가 일상적으로 하는 일들이 따분해질 것이 걱정이었다. 엄마와 장을 보러 갈 때마다 많이 걸어야 했으므로 따라가기가 무서웠다. 가까운 주차 공간을 찾지 못했을 때는 겁이 덜컥 났다. 엄마가 주차할 자리를 찾는 동안 내 머릿속에서는 '잠시 후면 넓은 주차장을 가로질러 걸어가서, 냉기가 도는 슈퍼마켓의 긴 통로들을 지나야 하고, 그다음에는 길게 줄을 서야 해'라는 불안이 증폭됐다. 엄마는 절대 불평하지 않았고 언제나 나를 데리고 다니는 걸 좋아했던 것 같다. 하지만 나는 엄마가 정말로 열심히 일하는데 거의 아무런 도움을 받지 못한다는 것을 알고 있었고, 엄마를 너무 많이 사랑했다. 나는 엄마에게 짐이 되고 싶지 않았다. 그건 내 어린 시절에서 가장 아픈 부분이다. 엄마가 중서부의 드넓은 주차장들을 빙빙 도는 동안 차 안에 있었던 기억, 내가 느꼈던 그 불안.

애셔 박사님은 내 이야기를 주의 깊게 들었다. 그리고 미래의 어떤 일로 생길 통증을 미리 상상하면 현재의 몸에 통증이 유발될 가능성이 있다고 설명했다. 박사님은 나의 정신과 기억에는 강력한 힘이 있으니, 통증을 증폭시키는 데 기억을 사용하지 말고 가라앉히는 데 사용해보자고 말했다.

"슈퍼마켓의 통로와 계산대 줄은 그만 생각하렴. 주차장에서 몇 미터 앞에 있는 차 한 대만 생각하는 거야. 너는 그 차까지만 걸어가면 된단다. 심호흡을 하고, 네 마음속의 차분하고 조용한 장소로 들어가렴. 거기에는 주차장은 없고 그 차만 있단다. 여덟 걸음 정도 가면 있어. 네가 그 차를 지나치고 나면 다시 여덟 걸음 앞에 있는 목표물을 찾으렴. 그 차를 지나치고 나면 여덟 걸음 앞에 있는 다음 목표물을 찾아. 너는 딱 여덟 걸음만 걷는 거야. 수를 세면서 걸으렴."

중립의 방을 알고 나니 통증을 관리하기가 쉬워졌다. 그 효과는 한 번에 딱 8초 동안 지속됐다. 그러자 다른 일들도 수월해지기 시작했다. 힘든 일은 조용히 달성 가능한 작은 과제들로 쪼갤 수 있었다. 학교가 더 이상 부담으로 느껴지지 않았고, 나는 우수한 성적을 거뒀다. 심호흡을 하고 내 마음속의 고요한 외딴 방으로 들어가서 내가 읽어야 할 다음 단락, 시험지의 다음 문제에만 집중했다. 중립의 방에는 마음을 가라앉히는 확실성이 있었다. 그곳에서 나는 무감각한 상태로 인내심 있게 숨어 있었다. "영혼을 짓누르는 현실에서 탈출구를 찾을 때 너는 어디로 가니?" 나는 중립의 방으로 달아났다. 그곳에서는 1부터 8까지 세는 동안만 시간이 흘러갔고, 현재의 고통과 미래의 위안 사이의 거리가 객관적으로 보이고 측정 가능해졌다.

하지만 간혹 내가 느끼는 고통이 아주 심할 때는, 내가 중립의 방에 너무 깊숙이 들어가버리는 바람에 현실과 분리되기도 했다. 창밖을 내다보고 있었는데 갑자기 캄캄해지고, 몇 시간이 흘렀는데도 전혀 몰랐던 적도 있었다. 나는 강의실에 앉아 있거나 파티에서 사람들이 하는 이야기를 들으면서도 단 한마디도 기억하지 않을 수 있었다. 나는 항상 물건을 잃어버렸다. 언젠가 앤드류는 나를 "아이폰 잃어버리기 계의 마이클 조던"이라고 불렀다. 나는 어디에 뭐가 있는지를 하나도 몰랐다. 나와 데이트를 처음 시작했을 때 앤드류는 이렇게 말했다. "당신에게는 촉감의 세계가 다른 사람들이 느끼는 것만큼 생생하지 않군요." 연애 초기, 앤드류가 나를 정말로 잘 알게 되기 전에는 중립의 방이 싸움의 원인이 되곤 했다. 앤드류가 바로 앞에 서서 나에게 말을 걸고 질문을 하는데도 나는 그가 거기에 있는 것조차 몰랐기 때문이다.

콜린과 제이의 대화는 끝없이 이어졌고, 처음에 나는 일부러 그들의 이야기를 듣지 않았지만, 서서히 새로운 뭔가를 느끼기 시작했다. 감염, 열기. 그건 분노였다. 분노는 나의 밀폐된 방으로 억지로 밀고 들어와서 그 방을 변형시키고 어지럽혔다.

내가 가르치는 학생인 스티븐은 소리 내어 웃으며 명랑하게, 믿기지 않는다는 듯이 물었다. "제가 왜 그런 생각을 했을까요?" 그때는 나도 같이 웃었다. 나는 스티븐을 봐줬다. 얼마나 많은 사람이 내 삶이 그들 자신의 삶보다 원천적으로 가치가 낮다고 생각했을까? 내가 만난 사람들 중 얼마나 많은 사람이 콜린이 나를 향해 느꼈던 것과 똑같은 감정을 느꼈을까? 하지만 단지 술에 취한 상태가 아니었기 때문에 말로 꺼내지 않고 참았던 걸까?

그런 감정의 얼마나 많은 부분이 내 책임일까?

콜린의 목소리와 함께, 내가 들어갔던 안전한 마음속 공간에서 다시 현실로 끌려나왔다. 콜린의 말들이 내 머리 위를 맴돌았고, 나는 그의 말을 듣기 시작했다. 내가 받는 자극이 두 배로 커졌고, 나는 깨어 있었다. 나는 소매를 걷어 올려 손톱 끝부분으로 살갗을 문지르며 미소를 지었다.

"내가 장애인인 건 알지?"

"응, 알아." 콜린이 대답했다.

"너는 내가 태어나지 않았어야 한다고 생각해?"

"너는 이미 태어났잖아."

"하지만 이상적인 세상에서는 내가 미리 발견되고 낙태되었을 거란 얘기지?"

"응. 네 몸은 네 삶을 더 힘들고 불편하게 만들잖아. 그냥 객관적인 사실을 말하는 거야."

"내 삶의 전부가, 내 삶의 모든 측면이 더 나빠졌다고 생각하니?"

"그걸 부정할 수 있어? 여기서 그게 논쟁거리는 아닌 것 같은데."

"아니, 나는 논쟁의 여지가 있다고 생각해." 제이가 끼어들며 말했다.

"사실은 내가 남들과 달라서 내 삶에 긍정적인 것도 많다고 말한다면? 너에게는 그게 놀라운 말이겠네?" 내가 말했다.

"네가 그런 말을 하는 건 놀랍지 않아." 콜린이 대답했다. "그건 청각장애인들이 청각장애인들의 문화를 자랑스러워하는 거랑 똑같은 거야. 하지만 그건 문화가 아니라 장애에 대한 대응이지."

"그런 주장은 지지를 받을 수 없어." 제이가 말했다.

콜린이 상처 입은 표정으로 나에게 말했다. "이봐. 내가 네 기분을 상하게 했다면 미안해."

제이가 끼어들었다. "클로이는 너 때문에 기분이 상했다고 말하는 게 아냐. 네 주장이 틀렸다고 하는 거야."

"일부러 기분 상하게 하려던 건 아니었어." 콜린이 말했다.

"너 때문에 기분이 상했다는 말이 아니라니까!" 제이가 언성을 높였다. "클로이는 네 주장의 사실관계가 맞지 않는다고 말하는 거라고. 뭐가 다른지 알겠니, 콜린? 그건 중요한 차이라고."

"하지만 진짜 솔직하게 말하자면 그렇잖아." 콜린이 계속 말을 이었다. "네가 장애에도 긍정적인 측면이 있다고 말할 때 너는 그냥, 아, 난 네가 왜 그런 말을 하는지도 이해해. 너는 그냥 네 삶이 다른 사람들의 삶보다 나쁘지 않다는 서사를 발명하고 있는 거야. 그런데 있잖아, 우리 모두 우리 자신에게 서사를 들려주면서 살아가거든. 그 서사 안에서 우리는, 그러니까, 와우, 고난과 역경을 감사한 일로 받아들이지. 저항이 힘이라거나 뭐 그런 생각을 하는 건 좋은 일이지만, 그건 다 지어낸 이야기고 순전한 합리화잖아. 너는 네가 손에 쥐고 있는 형편없는 패를 합리화하고 있는 거잖아."

콜린은 제이에게 고개를 돌려 이렇게 물었다. "만약 네가 손가락만 한 번 튕기면 다시는 우울해지지 않을 수 있다고 해봐. 너는 그렇게 할 거니?" 그러자 제이는 그렇게 하겠다고 대답했다. "자, 들어봐." 콜린이 내게 말했다. "나는 우울증 때문에 삶의 모든 부분이 힘들어. 그리고 그건 진실이야. 그걸 다르게 표현할 수는 없어. 나는 죽고 싶다고." 콜린이 제이를 가리켰다. "얘도 가끔 죽고 싶어 한다. 지금 우리는 구직 중인데, 만약 우리가 종신교수 임용 가능성이 있는 자리를 구하지 못하면 어떻게 될까? 박사학위를 따려고 노력한 그 세월은 뭐가 되지? 그게 결국에는 아무것도 아니게 된다면? 아마 나는 그냥 자살하고 말 것 같아."

제이를 쳐다봤더니 그도 고개를 끄덕이고 있었다.

콜린이 말했다. "하지만 그래도 나는 장애인은 아니잖아."

그랬다. 콜린은 내 몸과 같은 몸을 보고 이렇게 생각했던 것이다. '내가 그래도 최악은 면했구나.'

얼마 후, 나는 제이와 함께 거리에 서 있었다. 그 다음 주에 나는 콜린이 철학과의 다른 사람들에게 그날 밤의 일을 이야기하면서 마치 그들이 나의 대리인이라도 되는 것처럼 그들에게 사과했다는 소식을 들었다. 몇몇 사람은 나에게 콜린이 자신이 한 말을 부끄러워하고 있고, 술기운에 객기를 부린 탓에 그가 진짜로 하려던 이야기가 전달되지 못했다는 말을 전해줬다.

"집에 데려다줘도 될까?" 제이가 물었다.

술집마다 손님들을 내보내고 있어서 프랭클린 거리는 사람들로 가득했다. 나는 빗방울이 하나둘 떨어지는 걸 느끼고 하늘을 올려다보며 눈을 깜박였지만, 알고 보니 그건 비가 아니라 에어컨에서 떨어진 물방울이었다. 금속이 달그랑거리는 소리가 들렸는데, 처음에는 그게 우리 엄마의 집 현관 기둥에 매달린 풍경 소리와 비슷하다고 생각했다. 내가 어디에 있는 건지 잠시 헷갈렸다. 나는 브루클린의 거리에 있는데 어떻게 캔자스주에 있는 엄마의 농가 앞에 서 있을 수 있지? 다음 순간, 방금 들은 소리는 내 쪽으로 다가오는 어떤 남자에게서 나오는 소리라는 것을 깨달았다. 그 남자는 공중으로 팔을 뻗어 휘저으며 뭔가를 따라 움직이고 있었는데, 그가 가로등 밑으로 걸어간 다음에야 나는 그게 뭔지 알아차렸다. 그가 들어 올린 손 주변에서 은색 빛이 번쩍였다. 그는 탬버린을 흔들고 있었다. 그는 노래를 부르며 우리 쪽으로 걸어왔다. 그의 티셔츠에는 커다랗고 굵은 글씨체로 '나는 아무것도 끝내지 않는ㄷ…'라는 문구가 박혀 있었다.

"기분이 어때?" 제이가 물었다.

"공범이 된 기분이야."

"왜?"

나는 그 순간에 말을 잇지 못했는데, 그게 나 자신을 설명하느라 지쳐서였는지 아니면 설명할 수 없어서였는지는 모르겠다.

우리는 내가 사는 아파트 앞까지 왔다. 제이는 입구에서 걸음을 멈췄다.

"아까 그 대화를 하는 내내 내가 무슨 생각을 했는지 알아? 나는 여기 있다, 우울하고, 초조하고, 내 머릿속에는 종양이 있다, 그것 말고도 문제가 많지만, 누구도 나를 장애인으로 보지는 않는다는 생각을 계속하고 있었어. 하지만 너는… 너는 그렇게 보이지 않을 도리가 없을 테니까… 네가 보기에는 우리가 어떤 점에서 다른 것 같아?"

제이는 저녁 내내 낮은 테이블에 앉아 있느라 불편했던 것처럼 보였다. 그는 긴 다리를 테이블 상판 밑으로 접어 넣으려는 시도조차 하지 않고, 어색하게 벌어진 두 다리로 테이블 가장자리를 감싸듯이 앉아 있었다. 그보다 60센티미터쯤 작은 나도 그 테이블에서는 불편했다. 우리는 저녁 내내 자리에 적응하려고 최선을 다했다. 나는 나의 잘 맞지 않는 몸으로 최선을 다했고, 그는 그의 잘 맞지 않는 몸으로 최선을 다했다. 테이블과 의자 들은 우리 둘 중 누구의 몸에도 맞지 않았고, 우리는 그 사실을 알고 있었지만 최선을 다했고, 그래도 같이 앉아서 술을 마시고, 이야기를 나누고, 서로를 향해 어정쩡하게, 고통스럽게, 몸을 기울였다.

"너는 장애에 관한 논문을 쓸 거니?" 제이가 물었다.

"아니." 내가 대답했다. 나는 우리 집 현관문을 향해 몸을 돌렸다. 그날 밤이 그만 끝났으면 했다. 제이에게서 벗어나고 싶어서가 아니라 그 대화의 나머지 부분을 듣고 싶지 않았고, 내가 하게 될 말을 듣고 싶지 않았기 때문이다.

"장애에 관한 글을 쓴 적이 있어?"

"아니."

"왜 안 썼는데?"

"나 피곤해."

"장애에 관한 글을 쓰고 싶었던 적은?"

"없어."

"왜 없어?"

"난 그냥…." 나는 어떻게 말을 끝맺어야 할지 몰랐다.

내가 제이를 처음 본 장소는 박사과정의 첫 주에 나와 같은 학년의 학생들을 위해 열린 환영파티 자리였다. 그 자리에 내가 아는 사람은 없었다. 나는 초조한 심정이었고, 내 몸을 숨기고 싶은 욕구가 평소보다 더 강했다. 나는 6개월 전에 울프강을 출산했다. 가슴에 모유가 가득 차 있었으므로 모유가 새지 않도록 하려고 화장실 휴지를 뭉쳐 브라 안에 넣어두었다.

나는 집에 가고 싶었지만, 다른 철학 전공자들과 함께 그 자리에 있어야 할 이유도 있었다. 그들 중 하나가 나에게 내가 옳은 선택을 했고 이곳, 이 새로운 학과, 새로운 생활, 우리가 캔자스주를 떠나 새로 자리 잡은 이 거대한 도시에는 나를 위한 것도 있다는 신호를 보내주길 바랐다. 나와 가까운 곳에 학생들 한 무리가 서 있었다. 그 무리에는 나처럼 신입생인 사람도 있었고 그렇지 않은 사람도 있었다. 그들은 서로의 관심사를 비교하며 지각철학 공부 모임을 짜고 있었다. 어떤 책을 읽을 것이며 언제, 얼마나 자주 모일 것인지를 의논했다. 나는 용기를 내서 그 무리를 향해 한 걸음 내딛고 입을 열었다가, 다시 한 걸음 물러섰다. 한 순간에는 겁이 났고, 그다음 순간에는 겁을 내는 나 자신에게 화가 치밀었다.

울프강이 떠올랐다. 울프강을 안고 있으면 끈적끈적한 밀가루 봉지를 안고 있는 것 같았다. 가슴에 모유가 차올랐다. 잠시 뒤면 모유가 내 셔츠를 뚫고 나올 것만 같았다. 집에 가야 했지만 갈 수가 없었다. 지각철학 공부 모임에 가입하기 위해,

술집에서 철학자들을 만나 이야기를 나누기 위해 국토 반대편에서 이곳으로 이사했는데 지금 집에 갈 수는 없었다. 어리석게도 나는 그 일을 하기 위해 정말 많은 걸 희생해놓고도 그 일을 하기가 너무나 두려웠다.

마침내 가장 가까이 있는 여학생에게 말을 걸었다.

"너희 공부 모임을 만드는 거니?"

"응. 관심 있니?" 그 학생이 상냥한 목소리로 대답했다.

"응." 내가 안도감에 얼굴을 붉히며 답했다.

"난이도가 상당히 높을 거야. 이 분야에서 박사논문을 쓰려는 사람들이 참여하는 거라서. 사회정체성 같은 건 다루지 않아."

"그게 무슨 뜻이야?" 내가 물었다.

"너의 관심사는, 음, 신체와 정체성 이론 같은 것들이지?"

"아니."

"아, 아니구나. 예전에 네가 그런 주제를 공부하고 있다고 말하지 않았던가?"

나는 그 애와 처음 대화를 나누고 있었다.

"아닌데." 내가 말했다.

"아니, 맹세코 네가 그렇게 말했어."

제이는 그 무리에 끼어 있었지만 나를 주목하지 않았다. 그의 시선은 나를 건너뛰었다.

나는 침실 창문으로 제이의 모습을 봤다. 제이는 그 자리에서 담배에 불을 붙이고, 거리를 응시하다가 택시에 올라타고 떠났다.

앤드류는 우리 침대의 가장자리에서 등을 구부린 자세로 누워 잠들어 있었다. 울프강은 침대의 나머지 부분에 가로로 누워 팔다리를 쫙 뻗고 있었고, 이불은 울프강의 발길에 차여 바닥에 떨어져 있었다. 불프강은 이불을 계속 덮고 자는 법이 없었다. 아무리 추운 날 밤에도 이불을 몸에서 떨쳐냈다. 나는 울프강의 땀으로 축축해진 얼굴에 입을 맞추고, 아이의 숨소리 리듬에 귀를 기울이고, 이불을 다시 가져와 울프강에게 덮어줬다. 울프강은 몸을 뒤척이며 이불을 다시 차버렸다.

내가 학교에서 제이를 만났을 때 그에게 주려고 했던 귤은 '엄마들의 습관'이 아니었다. 아니, 엄마라서 그런 건 맞지만 제이가 생각했던 것과는 달랐다. 내 주머니와 가방에 귤을 넣은 건 울프강이었다. 내가 긴 포옹을 해줄 때 울프강은 나에게 달라붙어 있다가 내 배 속에서 나는 소리를 듣고 왜 그런 소리가 나느냐고 물었다. 내가 깜박 잊고 점심을 안 먹었다고 대답하면 울프강은 냉장고를 열어 자기가 나에게 챙겨줄 수 있는 최고의 점심을 챙겨줬다.

울프강은 항상 나를 관찰했고, 항상 나를 걱정했다. 내가 보기에 울프강은 유난히 민감한 아이였다. 내가 요리를 하는 동안 아이는 부엌에 앉아 있었지만, 내가 마늘을 다지거나 사과를 썰 때는 그게 폭력적인 행동이라며 울음을 터뜨렸다. 울프강은 잔디밭 위에서 걸어 다니면 잔디가 싫어한다고 생각했다. 한번은 우리 엄마가 풍선에 얼굴을 그려줬는데, 아이는 어디를 가든 들고 다니며 풍선에 '포테이토'라는 이름을 지어주고 풍선이 터졌을 때는 훌쩍훌쩍 울었다.

울프강은 동물 장난감들과도 한참 동안 다정한 대화를 나누었다. 녀석은 항상 자신이 다른 사람들에게 피해를 입히거나 다른 사람들이 피해를 입을까봐 걱정했다. 그리고 항상 나와 가까운 곳에 있고 싶어 했다. 아이는 내가 불편해하는지 알아보려고 내 얼굴을 샅샅이 살피고, 주름지거나 찡그려진 곳을 발견하면 울음을 터뜨렸다. 내가 숨만 거칠게 들이마셔도 걱정에 사로잡혀 뭐가 문제인지 알고 싶어 했다. 울프강은 안심시킬 수가 없는 아이였다. 아이는 내가 하는 말을 듣지 않고 내가 하는 행동만을 흡수했다. 나는 울프강에게 아무것도 감출 수 없었다. 그 아이는 나의 기분, 내 머릿속에서 웅웅거리는 생각들, 나의 빈 배 속, 나의 모든 잡생각과 실망과 두려움을 감지했다. 그 아이는 그걸 모두 느끼고 자기에게로 가져갔다.

그날 저녁, 술집에서 제이와 콜린을 만나러 나가기 전에, 나는 울프강의 방문 앞에 서 있었다. 울프강과 앤드류는 방바닥에서 블록으로 뭔가를 만들며 놀고 있었다. 아이는 내 쪽으로 블록 하나를 흔들어 보이며 같이 바닥에 앉아서 놀자는 신호를 보냈지만, 나는 움직일 수가 없었다. 나는 문간에 꼼짝 않고 선 채로, 마치 우리가 유리벽으로 나뉘어 있는 것처럼 둘을 관찰하고 있었다. 나는 둘에게 합류할 수가 없었고, 울프강의 방 문지방을 넘어갈 수가 없었다. 나는 그곳에 어울리지 않았다. 나는 다른 어딘가에, 따로, 외딴 곳에 고정되어 있었다. 바깥의 가로등이 울프강의 얼굴을 노란 빛깔로 물들였다. 만약 내가 앤드류와 울프강의 장면 속으로 들어간다면 나 때문에 그 장면이 달라지고, 그 장면이 다른 어떤 것으로 바뀔 것만 같았다. 내가 바뀌어야 할까, 그 장면이 바뀌어야 할까? 나는 알 수 없었다.

나는 다시 그 자리에 있었다. 술집에서 나와서, 울프강의 방문 앞에 서서, 아이와 남편이 자는 모습을 바라봤다. 그들의 숨결을 따라 8까지 수를 셌다. 여덟 번째 깊은 숨소리를 듣고 나서야 그들이 진짜고, 살아 있고, 괜찮고, 내가 없어도 괜찮으리라는 확신이 들었다. 거실로 가서 소파에 드러누웠다. 금이 간 천장을 뚫어지게 바라봤다. 밋밋한 흰색 바탕에 마치 작은 등뼈들처럼 금이 퍼져가고 있었다.

나는 거리를 두고 존재하는 것, 나의 중심에 홀로 존재하는 것이 나의 본성이라고 믿고 있었다. 플로티노스와 나. 사람들과 떨어져서, 사람들과 섞이지 않고, 홀로 존재해야 했다. 내 주위에 껍질이 조금씩 조금씩 자라나 나 자신과 다른 모든 것 사이에 경계를 형성했다. 그 껍질은 나를 빤히 쳐다보는 모든 사람에게서 자라났다. 내가 공공장소에서 움직이는데 사람들이 속삭이는 소리로 나를 맞이할 때, 그 껍질이 자라났다. "저 여자는 왜 저래?" "당신은 왜 그래요?" 내가 체육시간이나 쉬는 시간에 다른 아이들과 떨어져 있을 때도 그 껍질은 자라났다. 내가 학교 현장학습에서 면제될 때마다 껍질은 두터워졌다. 학교 현장학습에 빠지고 싶지 않아서 그냥 참가했더니 교사들의 걱정으로 가득 찬 눈길이 나를 따라다녔을 때도 껍질은 두터워졌다. 사람들은 나의 존재가 자신의 무신경함이나 의도하지 않은 배제, 내가 함께할 수 있는 수업을 준비하지 못했다는 사실을 상기시킬 때 걱정은 분노로 바뀌었다. 메시지는 명확했고, 어디에서나 그 메시지가 나왔다. 나는 참가하지 않는 거라는 메시지. 나는 참가자가 아니라는 메시지.

어른이 된 뒤에는 추상적인 장소들 중에도 내가 속하지 않는 곳들이 있다는 사실을 알게 됐다. 섹스, 연애, 동반자 관계… 이것들은 모두 장애가 있는 여성이 입장하도록 만들어지지 않은 구역이었다. 사람들은 내가 누군가에게 첫눈에 반했다고 말하거나, 내 친구들이 어떤 연예인에 대한 욕망을 드러낼 때 내가 끼어들면 움찔했다. 아무도 내가 데이트를 하거나 결혼을 하리라고 생각지 않았다. 의사들은 나에게 평생 동안 임신을 못 할 거라고 말했다. 모성은 내가 배제되는 또 하나의 영역이라는 명제는 확실한 사실로 나에게 제시됐다. 나는 내가 생각했던 것을 고정된 사실로 받아들였다. 그 결과 내 상상력의 어떤 부분, 나 자신의 아이를 사랑하는 게 어떤 걸까를 궁금해하는 부분은 전혀 발달하지 않았다.

사람들은 나를 불편해했고, 때로는 잔인하게 굴었지만, 대개의 경우 그저 나를 끼워주기가 어려우니 나를 가장자리 남겨두는 게 편하다고 느꼈다. 내 몸은 항상 눈에 보였지만, 내가 나의 '자아'라고 불렀던 것은 눈에 보이지 않았다. 나는 그 불가피한 일을 방지하기 위해 미리 나 자신을 배제했다. 더 현실적인 삶, 사방에서 반짝이는 삶, 밝고 충만하고 접근 불가능한 삶의 흐름에서 밀려나기 전에 나만의 고독한 장소로 대피했다.

아빠는 여행, 모험, 이론, 철학, 예술을 재료로 훌륭한 비계를 만들어 자아에 관한 이론을 감쌌다. 아빠는 그걸로 자아를 보호하고, 분리하고, 고양시켰다. 나 역시 그렇게 했고, 사람들과 분리되는 게 나에게 더 좋은 거라고 나 자신을 설득했다. 그 말의 어느 부분은 진실이었지만, 나는 진실인 부분과 진실이 아닌 부분을 구별할 수 없었다. 나는 신성한 고독에 관한 거창한 이론을 만드는 방법을 가르쳐준 철학자들과 사랑에 빠졌다. 나는 플로티노스의 제자였다. 나는 홀로 존재하고, 남들과 섞이지 않고, 남들과 떨어져 있으며 나의 완전한 존재를 발견하기로 결심한 사람이었다. 나는 아름다움을 통해 오염된 곳에서 벗어났다. 아름다움을 통해 현실로부터 자유로워지고 혼자가 됐다. 고대 그리스인들은 소프로시네Sophrosyne를 동경하라고 가르쳤다. 소프로시네란 이성과 지혜와 조화를 달성한 상태를 가리킨다. 플로티노스는 소프로시네를 획득하려면 육체의 자극, 고통과 쾌락을 모두 차단해야 한다고 주장했다. 육체는 청결하지 않고 무가치하며, 우리가 육체에서 벗어날 때 아름다움이 발견된다. "그렇게 정화된 영혼은 육체로부터 완전히 자유로워진 지적인 이데아와 이성이다. 오직 이 신성한 질서에서만 아름다움의 원천과 온갖 종류의 아름다움이 생겨난다."

침실에서 비명이 들렸다. 나는 달려갔다. 울프강이 악몽을 꾸다가 일어나 앉아 있었다. 울프강은 땀에 흠뻑 젖어 있었고, 눈을 뜨고 있었지만 뭔가를 보는 건 아니었고, 고개를 이쪽저쪽으로 홱홱 돌리고 있었다. 울프강은 뭐라고 이상한 말을 중얼거렸다. 나는 울프강을 팔로 살짝 안았다. 울프강은 눈을 감고 잠들었다.

카라칼라의 조명이 꺼졌다. 얼굴 바로 앞에서 손을 휘저어도 보이지 않았다. 다른 사람을 쳐다볼 수도 없었다. 어둠은 우리의 마음을 차분하게 가라앉혔다. 관람객들은 마지막 헛기침을 한 번씩 하고, 쨍그랑거리는 소리를 내고, 끽끽거리는 노래를 불러대고, 의자를 삐걱거리고, 속삭이고, 웅얼거렸다. 이 마지막 콧노래와 웅웅대는 소리가 저 위로 올라가서 증발했다. 그러고 나니 조용해졌다. 우리는 다음 순간이 찾아오기를 기다렸지만, 다음 순간은 유예된 상태로 있었고, 시간은 흘러가지 않고 확장되었다. 나는 처음에는 긴장하며 주의를 집중했지만, 잠시 뒤에는 나 역시 확장되는 느낌을 받았다. 마음이 미끄러지듯 움직이고, 몸에서는 힘이 빠지고, 시원한 밤공기와 내가 훔쳐 마신 와인의 효과가 제대로 발휘되면서 긴장이 풀렸다. 어둠 속에서는 시끄러운 세상이 내 뒤에서 너울거리며 멀어져 갔다. 눈에 보이는 빛이라고는 하늘의 별들이 뚫어놓은 구멍들을 통해 줄줄 흘러들어오는 빛밖에 없었다.

무대의 조명이 은은하게 밝혀졌다. 배우들이 나타났다. 단순한 청회색 옷을 입은 배우들이 서 있었다. 그들의 몸은 벽을 이뤘다. 무대 가장자리의 희미한 빛과 어둠이 눈을 속여서 그들의 몸이 끝없이 이어지는 것 같은 착각을 일으켰다. 초록색 조명등이 조금씩 위로 올라가 카라칼라의 폐허를 어렴풋이 드러냈다. 한 시간 전부터 카라칼라를 쳐다보고 있었지만, 이 조명과 이 새로운 맥락 속에서 보니 느낌이 또 달랐다. 무너져 가는 기둥들은 이제 세월의 권위를 강조하고 있었다. 그 예스러운 성격과 현재의 순간이 동시에 존재하면서 내 앞의 무대 위에서 붕괴하고 세워졌다. 아무도 움직이지 않았다.

바로 그때! 무대 위에서 수백 개의 몸이 경련을 일으키며 같이 노래했다. 그들의 노랫소리는 내 주위의 모든 것을 변화시켰다. 그들은 모두 똑같은 음으로 노래하고 모두 똑같은 가사를 노래하며 〈나부코〉의 줄거리대로, 성난 신에게 기도하면서 자신들의 운명에 관해 호소하는 이스라엘 민족이었다. 바빌로니아 군대가 예루살렘으로 진격했다. 그들의 목소리는 열린 공간을 가로질러 퍼졌다. 배우 수백 명 중 단 한 사람이, 노래를 부르며 고개를 들어 하늘을 올려다봤다. 신의 개입을 요청하는 몸짓이었다.

하나가 된 목소리들이 무대 너머로 작살을 던졌다. 그 작살이 나를 꿰뚫었고, 그들이 만들어내는 소리가 그날 하루의 단조로움을 나에게서 베어갔다. 하나의 소리, 하나의 음. 순수하고, 따로 떨어진 소리. 그 깨끗한 소리, 그 목소리들이 모두 함께 노래하고 있었다. 그 소리를 들으며 나는 진흙탕 같은 일상과 나의 물질성과 혼란스러운 지각과, 나를 괴롭히는 요구들을 초월했다. 그 소리는 나에게, 사람들에게서 분리된 상태의 굉장한 기쁨을 상기시켰다. 잠시 동안 나는 세상에서 유일하게 살아 있는 존재가 됐다. 무대 위의 배우들이 사라지고, 관람객들도 사라지고, 로마도 사라졌다. 자동차와 카페와 세탁소도 사라졌다. 뉴욕도 사라졌다. 나의 새로운 직장도, 집에서 나를 기다리는 사람들도 사라졌다. 나의 두려움이 사라졌다. 원래는 무거운 것이 나를 짓누르고 있었다. 엄마 역할이, 결혼이, 일이, 내 몸이, 통증이 나를 조금씩 깎아내서 나중에는 내가 아무것도 아니게 될 거라고 확신했다. 그런데 이제 그 무게가 느껴지지 않았다. 나에게는 사람들과 함께 있는 공간이 없었다. 예술은 나를 진흙탕에서 건져내지만 '사람들'은 서로를 위해 그런 일을 해줄 수 없었다. 내가 사람들 속에 들어가려고 할 때마다 나는 모욕을 당했다. 사람들의 시선과 생각들이 너무 부담스러웠다.

그 순간 나는 플로티노스를 생각했지만, 한편으로는 내가 아주 좋아하는 철학자 아이리스 머독의 에세이를 생각했다. 에세이에서 머독은 아름다움이 변화시키는 힘을 지닌다고 주장했다. 아름다움에 관한 경험은 "무미건조한 의식"을 변화시키고, 사람을 자기 자신에게서 벗어나게 하고, 아예 세상에서 벗어나게 만들 수도 있다고 했다. 머독은 자신이 머리 위를 맴도는 황조롱이를 보고 "모든 것이 변화하는 순간"을 맞이했다며 이런저런 이야기를 했지만, 나는 그 순간 로마에 있었고, 상처입고 우울하고 고독한 자아였으므로, 머독이 황조롱이를 발견한 이야기의 요점을 정확히 기억해내지 못했다. 1년쯤 지나 머독의 에세이를 다시 읽어보며 오페라를 보았던 이 순간을 떠올리고 내가 어떤 부분을 잘못 이해했는지 알아볼 생각이었다. 하지만 그때는 내 마음대로 머독의 황조롱이를 해석했고,

내가 믿고 싶은 것, 즉 나는 어떤 사람 또는 어떤 대상에도 매여 있지 않고 무시무시한 일상으로부터 자유로워져 혼자 있는 게 더 낫다는 생각의 근거로 사용했다. 나는 그 신성한 분리의 느낌 속에 앉아 있었다. 고독한 미래가 저절로 쓰였다.

하지만 한 시간이 지나자 이야기가 달라졌다.

오페라는 하나의 음을 넘어 계속되며 이야기를 전개해나갔다. 무대의 막이 올랐다. 특별히 눈을 사로잡는 건 없었고 색채도 거의 없었으며, 밝은 조명도 없었다. 그저 목소리와 음악, 어렴풋하게 보이는 기둥들, 주위를 둘러싸고 늘어선 잣소나무의 행렬만 보였다. 첫 음의 여운이 약해지자 내 주위에 있는 사람들의 숨소리가 들렸다. 사람들이 다시 즐기기 시작하는 소리, 컵과 와인 병들을 주고받는 소리가 들렸다. 다시 야유회, 여름철의 풍경이었다.

〈나부코〉의 3막에서, 관중석에 있던 이탈리아 사람들이 모두 일어섰다. 그들은 내가 모르는 뭔가를 알고 있었다. 우리 앞에서는, 오페라가 시작될 때와 마찬가지로 모든 배우들이 다시 무대 위에 일렬로 늘어섰다. 그러나 이제 그들은 금속 문에 의해 우리와 분리되어 있었다. 그들은 그 문 뒤편에서 노래했다. 우리는 그들의 일부분만을 보고 있었다. 정사각형 모양으로 보이는 피부라든가 천 조각 하나를 보고 있었다. 배우들은 관객들을 향해 손을 내밀었고, 일어서 있던 이탈리아인들도 그들에게 손을 내밀었다. 내 주위의 모든 사람, 배우들과 관객들이 다 같이 노래하기 시작했다. "날아라, 상념이여, 황금 날개를 달고Va, pensiero, sull'ali dorate." 내 자리에서 어떤 팔들이 나를 들어 올리는 게 느껴졌다. 내가 아까 잘못 알고 마신 와인의 주인이었던 그 남자였다. 그는 몸을 돌려 내 쪽을 향했다. 그는 한쪽 팔을 나에게 두르고 노래했다. 내 뒤에서, 내 옆에서, 손들이 다가와 나를 붙잡았다. 소리의 파장들이 고대 유적지의 벽에 부딪쳐 왔다갔다 했다. 잠시 동안 압축된 시간 안에서 모든 게 충돌했다. 그 순간에는 역사도 얽혀 있었다. 베르디가 오페라 대본을 바닥에 던진 적이 있었는데, 그 대본의 펼쳐진 부분에는 대사가 딱 한 줄 있었다고 한다. "날아라, 상념이여, 황금 날개를 달고."

1842년 오페라 〈나부코〉가 처음 상연됐을 때 관객들은 배우들에게 '날아라, 상념이여'를 다시 불러달라고 요청했다. 앙코르를 금지했던 오스트리아 제국에 항의하기 위해 그 노래를 이용한 것이다. 이 일화는 대부분 꾸며낸 이야기라고 하지만, 무엇이 진실인지보다는 어떤 이야기가 만들어지는가가 중요하다. '날아라, 상념이여'는 애국적인 노래가 되고 19세기 이탈리아 통일 운동의 주제가가 됐다. 2011년에는 어느 지휘자가 공연을 중단하고 예술의 가치에 관해 열정적인 연설을 했고, 그러고 나서는 다 같이 자리에서 일어나 '날아라, 상념이여'를 합창하자고 제안했고, 관객들은 실제로 합창을 했다고 한다. 관객들은 공연 프로그램이 인쇄된 종이를 공중으로 던졌고, 서까래에서 내려 보낸 종이들은 빙글빙글 돌면서 떠다녔다.

주위의 이탈리아인들이 모두 일어서서 그 노래를 불렀고, 나는 뜻도 모르면서 그들과 함께 노래하고 있었다. 나는 계속 발을 헛디뎠고, 낯선 팔들이 나를 둘러싸고 있었고, 낯선 손들이 나를 꽉 잡고 있었다. 우리 모두가 감상적이고 불완전한 역사의 한가운데서, 목소리를 한데 모아 노래하고 있었다. 나는 감정의 가장자리에 있었고, 소름이 돋았다. 나는 누군가에게 만져지고, 붙잡히고, 일부가 되고, 사람들 사이에 있다는 감각을 순순히 받아들였다. 그 메아리들의 충돌, 쓰러지는 그림자들, 합쳐지는 목소리들, 사람들의 살갗과 땀 속에, 새로운 아름다움이 존재했다. 나를 다른 사람들로부터 분리해준 첫 음의 순수함은 이제 없었다. 나는 떠들썩한 군중에 흡수됐다. 우리는 수많은 몸들이 모인 하나의 몸이었다. 우리는 손을 흔들고, 손을 뻗고, 노래했다. 어떤 지붕도 우리의 목소리가 신에게 전달되는 것을 막지 못했다. 나는 내 옆에 있는 남자의 축축함을 느끼고, 나를 밀치는 여성의 엉덩이를 느꼈다. 나는 그곳에, 그들과 함께 있었다. 하지만 결국에는 '날아라, 상념이여'도 끝이 났다. 배우들이 정중하게 인사하고 나니 무대는 어두워졌다.

텅 빈 버스를 타고 혼자 돌아갔다. 마치 상처처럼 맨살이

드러난 거리들을 걸어 호텔 방에 다시 들어오니, 나는 다시 분리된 자아가 되었다. 딱딱하고, 고독한 자아로.

달에서 사람들 주위를 돌다

앤드류를 만난 지 4개월쯤 됐을 때, 나는 그의 차 안에서 토했다. 토한 게 걱정되진 않았다. 원래 나는 만성적 통증 때문에 너무 피곤해져서 속이 울렁거릴 때가 많았다. 규칙적으로 생리를 한 적도 없었으므로 몇 달을 건너뛰는 것도 정상적인 일이었다. 그 후 3개월 동안 매일같이 토했지만, 그러면서도 체중은 늘었다. 나는 앤드류를 탓했다. 앤드류는 내가 가장 좋아하는 나폴리탄 아이스크림을 매번 사와 우리 집 냉장고에 넣어두고 갔기 때문이다. 나는 계속 몸이 아팠고 항상 피곤했다. 그건 정상적인 일이었다.

때때로 사람들은 나에게 묻는다. "어떻게 그걸 모를 수가 있었죠?" 하지만 내가 어떻게 알 수가 있었을까? 나는 평생 동안 내가 임신이 불가능하다는 말을 듣고 살았다. 뇌는 입력된 사실들을 받아들이고 그 사실들을 토대로 현실을 형성한다. 나는 그렇게 만들어진 현실이 진실이라고 믿었고, 그게 아니라는 것이 밝혀질 때까지 나에게 절대적인 진실이었다. 열일곱 살 때 나에게 첫 남자친구가 생기자, 엄마는 나의 임신 가능성을 확실히 알아보기 위해 어떤 검사를 시켰다. 의사는 나의 장애로 인해 내 몸이 생명을 잉태할 수 없다고 설명했다. 엄마가 "잉태할 수 없다"는 그의 표현에 이의를 제기했더니 의사는 이렇게 답했다. "알겠습니다. 그럼 '생명을 키우기에 부적합하다'라고 하면 어떨까요?"

내가 임신 테스트기에 소변을 묻히고 앤드류는 타이머를 맞췄다. 우리는 타이머가 돌아가게 두고 부엌에서 춤을 췄다. 우리는 우스꽝스러운 목소리로 노래했다. "우리의 인생은 끝났어, 우리 인생은 끝났어. 이제 1분의 자유도, 30초의 행복도 없어, 십, 구, 팔." 우리는 남은 시간을 세면서도 테스트 결과가 양성일 거라고는 단 한 순간도 생각하지 않았다. 시간이 다 됐다.

나는 부엌으로 갔다. 아이스크림 포장지를 뜯었다. 앤드류는 나를 따라오거나 나에게 말을 걸지 않았다. 그는 손에 임신 테스트기를 든 채로 옆방에 혼자 남아 있었다. 나는 아이스크림을 먹기 시작했다. 머릿속에 떠오른 생각은 하나밖에 없었다. '하지만 나는 생명을 키우기에 부적합한걸.' 나는 계속 아이스크림을 먹었다. 우리에겐 돈이 없었다. 앤드류는 대학을 중퇴하고 시내버스 운전을 하고 있었고, 나는 대학원생이었다. 우리의 은행 계좌에는 총 257달러가 들어 있었다. 우리 집 고양이가 부엌으로 슬그머니 들어왔다. 나는 고양이를 바라보며, '만약 우리의 운명이 뒤바뀐다면 저 고양이는 이렇게 법석을 떨지 않고 그냥 뜰 한구석에 숨어 아기를 밀어낼 거야'라고 생각했다. 그때 내가 '세상 사람들은 아기를 원해도 가지지 못하거나, 아기를 가졌다가도 잃는다'는 고상한 생각을 했다고 말하고 싶지만, 사실 나는 고양이를 빤히 쳐다보면서 녀석의 자립능력에 감탄하고 있었다. 나는 아이스크림을 입에 문 채 고양이에게 말했다. "난 너보다 똑똑해. 네가 할 수 있다면 나도 할 수 있겠지." 고양이는 동의하지 못하겠다는 듯이 하품을 하고 혀로 입가를 핥았다. 나는 겁이 덜컥 났다.

내가 앤드류를 만나기 2년 전, 우리 아빠는 '나의 유서'라는 제목이 달린 이메일을 보내왔다. 이메일의 수신자는 나와 엄마, 아빠가 엄마를 버리고 선택했던 여자, 아빠가 그 여자를 버리고 선택했던 여자, 그리고 다른 여자 두 명이었다. 아빠는 우리 모두가 제각각, 그리고 다 같이 그의 "아름다운 심장을 가져간 뒤 그걸 망가뜨렸다"고 말했다.

나는 절친한 친구 케이트의 집에 머물고 있었다. 그때가 새벽 3시. 우리는 파티에 갔다가 집에 돌아온 직후였다. 내가 케이트에게 그 메일을 보여주자 케이트는 한참 동안 나를 안아준 다음 부엌으로 가서 커피를 끓였다. 나는 케이트의 침대에 앉았다. 아빠의 옛날 전화번호가 있어서 그 번호로 전화를 걸었다. 케이트는 방문 밖에 앉아 있었다. "난 여기 있을게. 필요하면 언제든지 불러."

아빠가 전화를 받았다. 술에 취해 있었다. 아빠가 울면서 말하기를, 죽고 싶지만 스스로 목숨을 끊지는 않겠다고 말했다. 아빠는 또 바람을 피워서 네 번째 결혼이 끝장났고 일자리도 잃었다고 했다. 버몬트주의 어느 대학에서 강의를 하던 아빠는 한 학생과 바람을 피웠고, 그 학생이 학교 당국에 불만을 제기했다. 두 사람이 헤어진 뒤에도 아빠가 그녀를 놓아주려 하지 않았기 때문이다.

아빠는 내게 나와 엄마를 두고 떠났던 것이 가장 후회된다는 것을 알아달라고 했다. 아빠에게 엄마는 평생의 연인이고, 나는 가장 친한 친구라고 했다. 나는 그 말을 믿었다.

원래 우리 부모님은 외국 생활을 계속하면서 네팔이나 태국 또는 일본이나 오스트레일리아에서 나를 키우기를 바랐다. 그들이 여행하면서 사귄 친구들 중 다수가 같은 계획을 가지고 있었다. 아이는 파티를 중단할 이유가 못 됐다. 하지만 우리 부모님은 나의 장애 때문에 다른 선택을 해야만 했다. 아빠가 엄마와 함께 시작했던 위대한 모험은 정장 차림으로 캔자스주의 사무실 칸막이 속에 들어가는 걸로 마무리됐다. 보살핌을 많이 필요로 하는 딸의 아빠가 됐지만 그는 나를 어떻게 보살펴야 하는지 몰랐다.

내가 태어난 다음 날, 물리치료사가 방콕의 병원으로 와서 우리 부모님에게 나의 접힌 몸을 살살 펴서 마사지하는 방법을 알려주었다. 치료사의 억센 손길에 내가 울음을 터뜨리자 아빠는 그 치료사가 미워졌다. 엄마는 치료사가 가르쳐준 대로 내 몸의 구부러진 곳을 펴주려고 했다. 그러자 나는 울고 또 울었다. 아빠는 엄마에게 화가 나면서도 엄마를 정말 많이 필요로 했다. 치료사는 아이가 지금은 아파하지만 나중에 덜 아플 거라고 설명했음에도, 그 순간 아빠는 치료사의 이야기를 받아들일 수 없었다. 아빠는 그저 내가 울음을 그치기를 바랐지만 나는 울음을 그치지 않았다. 나는 고통에 울부짖는 미지의 생명체였다.

아빠는 공포와 도망치고 싶은 본능 아래서 엄마에 대한 사랑이 솟구쳐 아픔마저 느꼈다고 한다. 아빠는 새로 얻은 심오한 지식, 즉 사랑과 공포는 한데 엉켜 있다는 것에 혼란을 느꼈다. 울프강이 태어나면서 우렁찬 소리를 내질렀을 때, 울프강이 축축하고 묵직한 몸으로 내 팔에 안겼을 때, 내 몸의 한가운데가 절개된 상태로 수술대에 누워 있었을 때, 내 아들, 그

파괴자의 소리를 생전 처음 들었을 때, 그리고 그 목소리가 나의 세계를 없애버렸을 때, 나는 아빠를 떠올렸다.

아빠는 우리를 떠나지 않으려고 노력했다. 아빠는 책으로 도피했다. 하루에 한 권씩 책을 읽었다. 그러자 냉혹한 진실들이 있는 현실 세계는 멀어졌지만 충분히 멀어지지는 않았다. 술을 마시면 도움이 됐다. 다른 여자들도 도움이 됐다. 내가 태어난 지 몇 주가 지나자 아빠는 엄마를 떠나 일본에 사는 어느 젊은 여자와 함께 새로운 삶을, 더 가벼운 모험을 시작하기로 했다.

엄마는 계속 카트만두에 살았다. 엄마는 집 근처 분수대의 평평한 콘크리트 받침대에 내 작은 몸을 올려놓고 햇빛 아래 오일을 발라가며 종일 마사지를 해줬다. 몇 시간이고 나의 쪼글쪼글한 팔다리를 주무르고 나의 딱딱한 근육을 햇빛으로 녹였다.

일본에서 식당에 앉아 있던 아빠는 한 남자가 살아 있는 장어를 끓는 물이 담긴 그릇에 집어넣는 것을 봤다. 그릇의 한가운데에는 두부 한 모가 있었다. 장어는 물의 열기를 피하기 위해 두부 속으로 들어갔다. 남자는 살아 있는 장어가 들어 있는 두부를 꺼내 토막쳐서 아빠에게 내놓았다.

엄마는 혼자서 나를 데리고 미국으로 돌아왔다. 미국의

캔자스시티 의료센터에는 척추 이상을 전문적으로 진료하는 마크 애셔라는 정형외과 의사가 있었다. 나는 다리와 뭉툭한 발을 수술받아야 했다. 화가 프리다 칼로는 자신을 치료한 의사인 엘로에세르 박사에게 감사를 표하기 위해 그의 초상화를 그렸다. 반 고흐는 감사의 표시로 〈가셰 박사의 초상〉을 그렸다. 우리 엄마는 얇은 금속 띠를 구해서 내 발 모양으로 구부린 다음 그걸로 발 모양 설탕 쿠키를 구웠다. 엄마는 발톱 하나하나를 얇은 프로스팅으로 장식했다. 엄마는 나의 작은 초상화였던 그 쿠키를 간호사들과 의사들에게 선물했다.

"그리고 그들에게 학도 줬단다."

엄마가 전화로 내게 말했다. 내가 로마에서 저녁에 다시 엄마에게 전화를 걸었던 것이다. 나는 저녁마다 엄마에게 전화를 한다.

"무슨 학?"

"네가 수술을 받기 전에 우리가 종이학 1000마리를 접었거든."

"엄마와 아빠가요?"

"아니, 나랑 네 이모 조지안느가 접었지. 종이학 1000마리 이야기는 너도 알지? 일본에 그런 전설이 있어. 종이학 1000마리를 접은 사람은 신에게 한 가지 소원을 들어달라고 할 수 있대. 네가 어릴 적에 엄마가 《사다코와 1000마리 종이학》이라는 책을 읽어줬잖아. 히로시마 원자폭탄과 방사능 때문에 백혈병에 걸린 여자아이가 나왔는데 기억 나니? 사다코라는 그 여자아이는 계속 살고 싶었거든. 그래서 소원을 빌기 위해 종이학 1000마리를 접기 시작했지."

"그래서 그 여자아이가 살았다는 이야기인가요?"

"종이학을 절반쯤 접다가 싫증이 나서 포기했는데, 그러고 나서 죽어. 네가 박사학위를 포기하고 싶어지거든 그 이야기를 '시작한 일은 끝내야 한다'는 교훈으로 삼으렴."

"박사학위를 포기할 생각은 없는데."

"조지안느 이모와 나는 1000마리를 다 접고도 싫증을 내지 않았어. 정말 많더라. 1000마리는 정말 많아. 하지만 우리는 포기하지 않고 1000마리를 다 만들었고, 네 수술이 잘 되고 네가 무사하길 빌었지. 그래서 네가 괜찮은 거 아니겠니."

"엄마는 내가 괜찮은 것 같아요?"

"응, 넌 잘 지내잖아."

"나는 잘 지내는 것 같지 않은데."

"너 로마에 있는 거 아니니? 시간 날 때 뭘 하는데? 로마에 미술관이 많잖니? 근사한 미술 작품들도 있고. 그런 것에 관심 가지 않아?"

나는 엄마에게 베르니니 조각 이야기를 했다. 아빠와 흰옷을 입은 빨간머리 여자에 관한 기억도 이야기했다.

"저런." 엄마의 반응은 덤덤했다.

"엄마는 그 일을 기억해?"

"그게 네 수영 선생이었던가?"

"아니. 빨간머리 여자는 그냥 백화점에서 마주친 낯선 사람이야. 수영 선생은 또 누구였어?"

"아, 이젠 그 여자 이름도 기억이 안 난다."

"수영 선생 이야기는 왜 한 거야?"

"로빈. 론다. 로다였나? 모르겠다."

"누구 말하는 거야?"

"네 아빠가 너를 수영 강습에 꼭 데려다주고 싶어서 안달을 내기 시작했을 때부터 뭔가 있다는 걸 알았어야 했는데. 네 아빠는 처음에는 너를 데려다주는 일을 아주 귀찮아하더니, 어느 순간부터 수영 교육에 최고로 열성적인 사람으로 변했지 뭐니."

"무슨 일이 있었는데?"

"네 아빠는 한동안 집을 나가서 네 수영 선생이랑 살았어. 그러다 결국에는 집에 돌아왔어."

"그 여자한테 차여서?"

"응. 그 여자도 안됐지. 장애를 가진 딸에게 헌신하는 친절한 아빠라는 환상에 넘어갔던 거야. 네 아빠는 그 여자가 그걸 계속 믿게 하려고 최대한 노력했지만, 결국 그녀도 그게 연기라는 걸 간파했지. 어떤 역할을 연기하다 보면 어느 순간 그 사람의 진짜 모습은 찾을 수가 없잖아. 그는 그게 싫었던 거야."

나는 엄마에게 오페라 이야기를 하고 미술관에서 조엘이라는 사람을 만났는데 통로에서 서로를 따라다녔다는 이야기도 했다.

"그 남자가 너한테 작업을 걸길 바랐단 말이야?"

"아마도."

"앤드류는 어쩌고?"

"난 아무것도 안 했어요. 그냥 그걸 상상했을 뿐이에요."

"너 박사학위는 끝까지 할 거니, 아니면 그만둘 거니?"

"노력하는 중이에요."

"노력하는 걸로 안 보이는데?"

나는 술집에서 콜린과 제이를 만난 날에 관해서도 이야기하고, 그날 밤의 사건이 내가 이곳 로마까지 온 계기가 됐다고도 이야기할까 생각해봤다. 하지만 내가 여기서 뭘 하고 있는지 나도 아직 잘 몰랐다. 나에게 그런 것들이 희미하게 보인다면 엄마에게는 더욱 불투명해보일 것이다.

"아빠가 그랬는데, 내가 태어난 순간 아빠가 엄마를 쳐다봤는데 그 순간에 느꼈던 사랑은 평생 어디에서도 못 느낄 거래요."

"그건 진심일 거야." 엄마는 이렇게 대꾸하고 나서 깔깔 웃었다. "하지만 그다음 날 네 아빠가 다시 병원에 왔을 때 보니 목에 립스틱 자국이 있더라."

엄마의 웃음은 이제 깔깔에서 낄낄로 바뀌어 있다.

"립스틱?"

"아빠가 그 얘기는 빼먹었나 보지? 목에 립스틱을 묻히고 병원으로 돌아왔다니까. 하루 전에 네가 태어났는데 말이야." 엄마가 너무 많이 웃어대서 무슨 말인지 알아들을 수가 없었다. "그래서 내가 네 아빠한테 말했지. 다 좋은데 당신 목에 립스틱 묻었다고."

"그랬더니 아빠가 뭐라고 했어요?"

"식사를 하러 갔던 거고, 샌드위치를 먹고 있었는데, 그 식당이 갑자기 스트립 클럽으로 바뀌었다나."

이제 나도 깔깔거리고 있었다.

"엄마는 그때 화가 났어요?"

"네 아빠는 천성이 악하지 않고, 괴물도 아니고, 그냥 한계가 있는 인간이었어. 네 아빠는 자기만의 렌즈를 통해 세상을 바라봤지. 그이는 나를 사랑했고, 너를 사랑했고, 지금도 당연히 너를 사랑할 거야. 하지만 네 아빠가 누군가를 사랑하는 마음이 자기 자신에 대한 관심보다 컸던 적은 없단다. 네 아빠는 순수한 의도를 가진 사람이 아니었지만, 그건 너도 마찬가지잖아. 순수한 의도를 가진 사람이 어디 있겠니. 네 아빠가 너한테 많은 걸 가르쳐줘서 나는 고맙게 생각한단다. 네 아빠는 박사과정을 끝냈어. 자기 가족을 두고 떠나긴 했지만 박사과정은 끝냈더라. 네 계획은 뭐냐?"

"엄마."

"네 아빠 입장도 생각해주자. 이야기를 지어내진 말고 진실만 말하자. 네 아빠에게 모든 사람은 자기 예술 작품의 일부였단다. 네 아빠가 만들어낸 자기 자신에 관한 공상 속에서 우리 모두 어떤 역할을 맡아 연기했던 거야. 아빠가 너한테만 그랬던 건 아냐. 하지만 아빠는 네가 어떤 특별한 역할을 해주길 바라긴 했지. 너는 그이가 좋은 남자라는 살아 있는 증거였으니까. 왜냐하면 네 아빠한테는…."

"아빠한테 몸이 성치 못한 딸이 있었으니까…."

"그리고 그 딸을 사랑했으니까."

내가 여러 번 수술을 받고 나서도 우리는 캔자스주에 머물렀다. 캔자스주는 엄마의 가족들과 가깝고 나의 장애를 잘 아는 정형외과 의사와도 가까운 곳이었다. 엄마는 캔자스시티에서 멀지 않은 작은 시골 마을 통가노시에서 3학년 아이들을 가르치는 일자리를 구했다.

"나중에는 너희 아빠도 우리와 함께 살고 싶다면서 아시아에서 돌아왔단다. 그 후로 10년 동안 왕래하다가 우리를 영영 떠나버렸지."

나는 엄마에게 왜 아빠를 다시 받아줬느냐고 몇 번이나 물었는데, 엄마의 대답은 늘 같았다.

"너에게 아빠가 필요하다고 생각했단다."

엄마는 교사 일로 큰돈을 벌지는 못했지만, 엄마의 눈썰미와 노력 덕분에 우리는 두 배로 풍족하게 살았다. 엄마는 내 옷에 꽃을 수놓고, 내 서랍장에 일몰 풍경을 그려주고, 내 침대 헤드보드에는 동물을 조각했다. 엄마는 조리법을 힐끔 보고 나서 자기만의 요리를 뚝딱 만들어내는 인내심 없고 창의적인 요리사였다. 저녁식사로 똑같은 음식을 두 번 만드는 법이 없었다. 누군가에게 선물을 할 때마다 정성을 담아 포장했다. 엄마는 능숙한 손길로 가위에 리본을 감아서 돌돌 말았다. 엄마는 캔자스 농가에서 살았던 우리의 생활을 빛과 색으로 물들였고 나에게 최초의 현실적인 예술이론을 가르쳐준 사람이었다. 예술은 개인적인 것이고, 쓰레기에서도 피어날 수 있고, 지루한 일상의 구석에서도 발견될 수 있다. 예나 지금이나 엄마는 그림 솜씨가 좋다. 엄마의 유일한 그림 소재는 말이었다. 울프강이 태어나기 전까지 엄마는 항상 말만 그렸다. 이제 엄마는 때때로 울프강을 그리지만 여전히 말을 가장 많이 그린다. 잘 된 그림들은 액자에 넣지만 집안의 잘 보이는 장소에 걸어둔 적은 없었다. 그림 한 점은 욕실 벽에 걸렸고 또 한 점은 지하실 창턱에 올려져 있었다. 엄마의 작품은 눈에 보이긴 했지만 잘 보이지는 않았다.

아빠는 우리 집에 자기 방을 하나 정해놓고 방문을 닫았을 때는 아무도 방해하지 못하게 했다. 아빠는 기타를 치며 작곡을 하고, 집에 하나밖에 없는 컴퓨터로 글을 쓰고, 책을 읽었다. 아빠의 방은 바닥부터 천장까지 책으로 꾸며져 있었다. 아침이면 아빠는 차를 끓여서 그 방에서 혼자 마셨다. 오후에도 일을 마치고 집에 돌아와 곧바로 그 방으로 들어가버렸다. 그 방은 흰색 벽지에, 회색 책꽂이가 있었다.

아빠 역시 어린 시절의 나에게 예술이론을 알려줬다. 예술이란 자기 안의 독특한 재능을 끄집어내 다른 사람들이 알아볼 수 있는 형태로 바꾸는 행위에서 나온다는 것. 하지만 아빠는 자기 안에서 나오는 것들에 만족하는 법이 없었다. 아빠 안에서 나온 작품들은 아머지의 마음속에 있는 이상적인 형태와 일치하지 않았다. 아빠는 똑같은 노래를 작곡하고 계속 고쳤다. 아빠는 집필하려는 수많은 책들에 관한 계획을 나에게 말했다. 그중 일부는 집필에 착수했지만 끝까지 써낸 책은 하나도 없었다. 아빠는 뭔가를 시작하는 걸 가장 좋아했다. 시작은 뜨거운 열정이었다. 아빠는 가능성을 좋아했다. 나도 가능성을 좋아한다.

"그 개 이야기는 어떻게 된 거야?"

"아." 엄마가 말한다.

"엄마는 어떻게 기억하는데?"

"네 아빠는 자기 입장에서 얘기했겠지."

"아빠가 그 개를 익사시키는 동안 엄마가 같이 있어주지 못했다던데."

"맞아. 그건 사실이야. 난 그걸 못 보겠더라고."

"아빠는 그때 자기가 혼자라고 느꼈고, 그런 일을 할 수밖에 없어서 기분이 안 좋았대."

"그건 내가 네 아빠한테 고마워할 일이야. 나는 그 개의 고통을 끝내주는 게 옳다고 생각했어. 그런데 나는 못 하겠더라. 네 아빠는 할 수 있었고. 그건 맞아. 솔직히 말하자면 엄마가 약한 모습을 보인 거란다. 엄마도 한계가 있는 사람이고, 만약 아빠가 버림받은 느낌을 받았다면, 흠, 미안한 일이네."

우리는 잠시 동안 침묵했다.

"우습지 않니? 네 아빠는 그 개 옆에 끝까지 있어줬고, 나는 네 옆에 있어줬다는 거."

"왜 아빠는 둘 중 하나만 할 수 있었을까?"

"그걸 누가 알겠니?"

"엄마는 알 거 아냐?"

"내 생각에 네 아빠는 항상 거창한 느낌을 찾아 다녔는데 막상 그런 느낌이 왔을 때는 못 알아본 것 같아."

"그럼 엄마는 알아봤고?"

"네 아빠를 너무 비난하진 말자. 그 사람은 자기가 아빠 노릇을 하려고 했을 때는 너한테 좋은 아빠였단다. 그리고 머리를 쓰면서 사는 삶이 어떤 건지 너한테 보여줬잖니. 너의 그 부분은 아빠한테서 물려받은 거야."

아빠는 우리 집 부엌을 교실로 만들었다. 나는 아빠의 학생이었고, 유일한 청중이었고, 갈증을 느끼는 포로였다. 나는 식탁 앞에 넋 놓고 앉아 위대한 철학자들에 관한 아빠의 강의를 흡수했다. 아빠는 철학자들의 생애와 주장을 변형해서 모험담으로 풀어냈다. 아빠의 이야기에 등장하는 철학자들은 결점을 지닌 비극적인 영웅들로, 다른 사람들을 무지에서 구하기 위해 끝없는 탐구에 나섰으나 사람들은 철학자들을 조롱하고 감옥에 가두고 죽였다. 그 위대한 사람들이 당대에는 이해받지 못하고 대부분 좋지 않은 결말을 맞이했다는 사실은 아빠를 매료시켰다. 평범한 사람들은 태양을 피해 눈을 가렸다. 그들은 위대함 앞에서 오래 버티지 못해 잔인함과 무지에 기댔다. 그들은 아름다운 지성들을 빼앗아서 망가뜨렸다. 아빠는 그런 운명을 생각하며 와인잔을 채웠다. 아버지는 형광등 불빛 속으로 잔을 들어올렸다.

"소크라테스는 스스로 미나리 독을 마셨단다."

아빠는 이렇게 말하고 나서는 와인잔을 다시 기울여 남김

없이 마셨다.

"그는 그런 방법으로 불멸을 추구했단다. 사람들에게 그들이 좋은 사람을 죽였다는 걸 알려준 거지. 그들이 잃어버린 것을 똑똑히 보고 그걸 생각하면서 살게 만든 거야."

우리 아빠는 철학의 역사를 갈망의 이야기로 바꿔놓았다. 그건 어려운 일은 아니었다. 철학은 가장 진실한 것들이 다른 어딘가에 있다고 주장하니까. 플라톤의 이데아론은 채울 수 없는 순수한 욕구를 말로 풀어쓴 것이라고도 볼 수 있다. 플라톤은 오직 이성으로만 도달할 수 있는 이데아의 세계가 있다고 가르친다. 그 세계에는 플라톤이 가장 원했던 것들이 있다. 완전함, 이상, 아름다움, 영원한 진리. 그러나 플라톤은 현재에 갇혀 있고 물질적 세계에 붙잡혀 있다. 물질적 세계에는 '이상'의 불완전한 반영, 그러니까 짝퉁의 짝퉁인 것들밖에 없다. 그는 진리에 닿을 수 없고 진리가 존재한다는 것을 알지만 그걸 획득할 수가 없다. 그가 이상에 도달하지 못하는 것은 그가 인간이기 때문이다. 육체 안에서 살고, 완전함과 분리되어 있고, 실제성 안에서 고통받는 인간. 이런 식의 설명에서 플라톤은 짝사랑에 빠진 사람, 끝없는 길의 끝에 도달하려는 욕구에 사로잡힌 사람처럼 활기를 띠기 시작한다.

아빠는 플라톤의 《향연》을 가장 좋아했다. 《향연》에는 소크라테스가 벗들과 함께한 술자리 이야기가 나온다. 그 자리에

온 사람들은 하나씩 일어나서 갈망의 신 에로스를 찬양하는 연설을 하라고 요청받는다. 에로스가 지배하는 갈망, 육욕, 사랑은 아름다움에 의해 일깨워진다. 처음에는 누구도 에로스가 무엇인지 설명하지 못하고 그저 각자가 원하는 에로스의 상에 대해서만 이야기한다. 누군가는 욕망이란 사람들이 고귀한 행동을 하도록 이끌어주는 것이라고 말하고, 다른 누군가는 사람이 사랑을 하면 신성해진다고 말하고, 또 다른 누군가는 에로스가 "한창때를 지나 시들어가는 것에 만족하지 않고" 젊은이들의 육체에 관심을 가지는 것은 비난받을 일이라고 주장한다.

아리스토파네스는 인류가 질투심 많은 제우스에게 태초의 본성을 도둑맞았다는 이야기를 들려준다. 그의 말에 따르면 과거에 우리는 네 팔과 네 다리, 그리고 머리의 양쪽 면에 두 얼굴을 가지고 있었던 둥근 사람들이었다. 이 고대 인류의 남성은 태양의 후예였고, 여성은 대지에서 태어났다. 그리고 남성이기도 하고 여성이기도 한 세 번째 부류가 있었는데, 그들은 달에게서 태어났다. 태고적의 인류는 아주 강력했기 때문에 제우스가 벼락을 내려 그들을 반으로 쪼개놓았다. 이것이 반쪽을 그리워하는 감정의 기원이라고 아리스토파네스는 말한다. 울프강이 내 몸에서 떨어져 나왔을 때 나도 그런 생각을 했다.

아리스토파네스는 이렇게 설명한다. "사랑은 온전함에 대한 갈망과 추구의 다른 이름이다."

소크라테스의 차례가 되자 그는 완벽한 아름다움을 찾으려는 노력에 관해 이야기한다. 그 노력은 어릴 때부터 시작된다. 우리는 아름다움을 찾으려 하지만 아름다움의 본질에 관해 온전히 이해하지는 못한다. 우선 우리는 알아보기 쉬운 인간의 형상 속에서 아름다움을 찾는다. 나이가 들고 더 많은 것을 배우고 나면 우리는 아름다움의 진실에 더 가까워진다. 육체보다 정신에서 더 강렬한 아름다움을 느끼기 시작한다. 우리는 아름다움을 향한 탐색을 계속하고, 이해도 점점 깊어진다. 그러는 동안 아름다움을 인식하는 능력도 향상된다. 우리는 더 많은 아름다움을 받아들일 수 있게 된다. 우리의 눈은 완벽한 아름다움의 밝은 빛에 적응하다가, 마침내 그 빛을 볼 수 있게 된다. 완벽한 아름다움이란 "순수하고, 깨끗하고, 아무것도 섞이지 않고, 인간의 육체와 색채와 유한성으로 오염되지 않은" 것이다. 그런 아름다움을 목격하고 나면 우리는 더 크고 광활하고 영원한 것의 일부가 된다.

아빠는 이런 메시지를 온몸으로 받아들였다. 철학은 불완전한 탐구라는 개념을 이상화했으므로, 아빠는 자신의 방랑벽을 고양시킬 토대를 얻은 셈이었다. 정신적인 삶을 살기 위해서는 항상 그가 지금 있는 곳을 벗어나야 했다.

위대한 예술 작품은 이따금 의도적으로 허공으로 둘러싸인다. 미술관의 반질반질한 바닥, 숨겨진 스위치, 정확한 각도로 맞춰진 조명, 매끄러운 흰색 벽의 깨끗한 광채와 같은 관대하고 겸손한 장치들은 더 큰 아름다움이 빛날 길을 닦아준다. 때때로 이것은 남성들에게 여성들이 가치 있는 이유가 된다. 어떤 사람들에게는 두 점의 화려한 걸작이 나란히 전시되기란 불가능하다. 아빠는 아름다움에 가까이 있을 때 자신이 느끼는 감정에 흥미가 있었고, 우리 엄마의 미모는 그에 딱 맞았다. 아빠에게 관심을 집중시키고 아빠의 가치에 빛을 비췄다. 서사는 항상 똑같다. 위대한 남자가 아름다운 여자와 결혼한다. 엄마는 그 그림에 들어맞았다.

이것은 아빠가 엄마를 좋아했던 이유의 전부는 아니었지만 그런 이유도 분명히 있었다. 아빠는 가정에서도 그런 점을 드러냈다. 양말 두 짝을 손에 들고 연설을 하고는, 양말을 개서 서랍에 넣는 일은 잊어버렸다. 빨래는 그냥 존재하지 않는 것이 됐고, 빨래의 물질성은 아빠의 시야를 가득 채운 새로운 아이디어의 불길 속에서 소각됐다. 아빠는 장보기 목록을 손에 움켜쥔 채 삶의 통로에서 철학을 했다. 이 파스타 소스 또는 저 파스타 소스가 어디에 있는지 찾으려고 하다가도 머릿속에서 저절로 작곡되는 노래에 정신이 팔리곤 했다. 집으로 차를 몰고 돌아오는 일은 모험이었다. 깜박 잊고 방향을 바꾸지 못하면 아빠는 일종의 기쁨에 젖었다. 아빠는 차창을 내리고 차를 몰았고, 우리는 엉뚱한 식재료를 잔뜩 사들고 느지막이 집에 도착했다. 장보기 목록은 잃어버린 지 오래였다.

빨래는 아빠가 보는 화면 밖에서 개지고 치워졌다. 나에게 시리얼을 부어준 다음 그릇을 씻던 손들은 흐릿해져 잘 보이지 않았다. 장보기 목록은… 누가 장보기 목록을 만들었을까? 화면 안에 잘 들어오지 않은 여성. 항상 눈에 들어오는 건 아빠의 자유롭고 강력한 정신이었고, 영원한 빛으로 반짝이는 그의 푸른 눈이었으며, 인용문을 읊고 농담을 하다가 노래를 불러대는 그의 목소리였다. 생각들은 아빠의 의식의 가장자리에 위태롭게 놓여 있어서 구조해야 했는데, 그러려면 아빠의 개인 서재 어딘가에 숨겨진 책의 한 구절을 즉시 읽어야만 했다. 나는 허락이 떨어진 날에는 아빠를 따라 들어가 아빠가 책을 소리 내어 읽는 동안 바닥에 앉아 있었다. 그건 현실적이고 심각한 일임이 분명했다.

"아빠가 진짜로 원했던 게 뭐였다고 생각해요?"

"존재 가치를 인정받는 거." 엄마가 대답하고는 하품을 했다.

"엄마가 진짜로 원했던 건 뭔데요?"

"나는 네가 좋은 어린 시절을 보내길 바랐고, 그리고 적당한 때가 되면 어린 시절을 뒤로 하고 잘 살길 바랐단다."

"엄마 자신을 위해서는 뭘 원해요?"

"이제 자야겠다. 잘 자. 사랑한다."

나는 우리 집 부엌에 앉아 있었다. 손에는 양성 임신 테스트기를 들고. 내가 앤드류의 차 안에서 토했던 날로부터 며칠, 몇 주, 몇 달이 됐는지를 세어보고는 너무 늦었다는 걸 알았다. 내가 합법적으로 낙태를 할 수 없는 시점이고, 나에게는 선택의 여지가 없고, 나의 선택권을 빼앗겼다는 것을 금방 알게 됐다. 그때 창백한 얼굴의 앤드류가 들어와서 말없이 내 곁에 섰다. 나는 어지러울 때까지 울다가 눈을 뜨고 방 안을 보려고 했지만 내 두 손 너머로는 아무것도 볼 수가 없었다. 내 두 손 너머에는 아무것도 없었고, 원래 내 미래가 있었던 자리는 텅 비어 있었고, 오직 시간이 흐르고 매 초가 허공으로 사라져 가는 감각만 남아 있었다.

다음 순간 부엌도 사라졌다. 앤드류도 사라졌다. 밖에서 들리던 새의 노랫소리도 멈췄다. 거리의 소음이 멈췄다. 시간이 느려지고, 어떤 목소리가 들렸다. 내가 아는 사람의 목소리인데 그게 누군지 도무지 알 수가 없었다. 그 목소리는 이렇게 말했다. '그래, 이제 어떻게 할래?'

그 목소리와 함께 내가 침착해졌다. 때가 됐다. 어린 시절을 뒤로하고 앞으로 나아가는 것밖에 선택의 여지가 없다.

고개를 들어보니 앤드류가 나를 내려다보고 있었다.

“우리가 할 수 있을 것 같아.” 내가 이렇게 말하자 앤드류의 얼굴에 다시 핏기가 돌았다. 그도 그게 가능하다고, 우리 둘이, 아직 서로를 잘 모르고, 돈도 없는 두 사람이 아이를 낳아서 키울 수 있을 거라고 믿었던 것 같았다. 앤드류는 고개를 끄덕였고, 우리는 긴 포옹을 했다. 임신 5개월 때였다.

엄마는 아름다운 사람이어서 사람들의 주의를 끌었고, 욕망을 투사당했고, 질투의 대상이 됐다. 아시아인의 외모 때문에 성도착적인 욕망의 시선을 받기도 했다. 때때로 엄마는 온화하고 유순하고 연약한 물건과 같은 취급을 받았다. 엄마가 천성적으로 조용한 성격인 것도 불리하게 작용했다. 엄마는 그냥 수다 떠는 걸 좋아하지 않았고, 말만 앞세우고 행동하지 않는 사람들을 잘 알아봤다. 나는 엄마가 자신을 지키는 모습을 보면서 다른 사람들의 눈길로부터 나 자신을 지키는 방법을 배웠다. 엄마는 자신의 아름다움을 일부러 감췄다. 화장은 절대 안 하고, 풍성한 머리는 짧게 자르고, 말 냄새를 풍기는 헐렁한 농부 옷을 입었다. 엄마는 뭘 하든 집중해서 효율적으로 해냈고, 일을 할 때는 힘차고 빨랐으며, 엄마에게 필요하지 않은 사람들은 마치 쌓여 있는 쓰레기처럼 휙휙 지나쳐갔다. 엄마는 어차피 물건 취급을 받는다면 불도저가 되는 게 낫다고 생각했다. 튼튼하고, 찔러도 소용없고, 강력한 힘으로 움직이는 불도저. 엄마의 진정한 자아는 갖가지 일로 이뤄진 현실적인 세계에 살았다. 엄마의 '중립의 방' 벽에는 집안일 목록을 적은 종이들이 여기저기 붙어 있었다.

엄마는 뭔가를 과시하거나 자랑한 적이 없었다. 딱 한 번만 빼고.

앤드류와 울프강과 내가 휴일을 맞아 뉴욕에서 캔자스로 갔을 때의 일이다. 우리는 엄마와 함께 목장으로 나가서 엄마가 말 에코를 몰고 클로버밭을 달리는 모습을 지켜봤다. 엄마가 에코의 목에 시선을 집중하자 에코는 고개를 빳빳이 쳐들고 달렸다. 그러다 엄마가 에코의 맨 살이 드러난 옆구리로 시선을 돌리자, 에코는 몸을 슬금슬금 움직여 방향을 바꿨다. 에코는 엄마를 쳐다봤다. 엄마는 눈빛만으로 에코를 완전히 통제할 수 있었다. 우리는 크게 감탄했다.

"잠깐만. 이것 좀 보렴."

엄마가 다시 한 번 에코의 목을 쳐다봤다. 그러자 에코가 고개를 돌렸다. 엄마가 공중에서 두 손가락을 흔들며 말했다. "옆으로, 옆으로." 그러자 에코는 발굽을 교차시키고 옆으로 걸어서 엄마로부터 멀어졌다. "돌아와." 엄마가 이렇게 말하자 에코는 다시 비스듬히 움직여 엄마에게 왔다. "인사해." 엄마가 말하자 에코는 한쪽 앞다리를 예의바르게 뻗고 고개를 푹 숙였다. 엄마는 말 최면술사였다! 마법이 따로 없었다. 우리가 박수를 치고 탄성을 내지르자 엄마의 얼굴에 희미한 감정이 스쳐갔다. 엄마는 살짝 미소를 짓는 듯하다가 멈췄다. 엄마의 얼굴은 상기되어 있었고, 우리에게 등을 돌렸지만, 너무 늦었다. 우리는 이미 엄마의 얼굴을 봤으니까.

야자수의 재발견

이탈리아로 떠나기 전날 밤, 나는 몇 년 동안 탐탁지 않게 생각했던 어떤 남자와 브루클린에서 저녁식사를 했다. 우리에게는 공통된 친구들이 있었으므로 나는 파티나 저녁 모임에서 그와 자주 마주쳤다. 그럴 때마다 나는 그에게 별로 호감을 느끼지 못했다. 그는 나에게 무관심했는데, 그건 그다지 특이한 일도 아니었으므로 기분이 상할 게 없었다. 그는 나에게 관심을 보일 의무가 없었고, 나 역시 우리가 똑같은 사람들을 안다고 해서 서로 가까워지기를 기대하지 않았다.

나는 그 남자의 무관심한 성격에 흥미를 느꼈다. 대화를 나눌 때면 그는 내 질문에 짤막한 대답을 하고는, 예의상 나에게도 질문을 던지는 시늉도 안 하고 자리를 떴다. 언젠가 친구가 윌리엄스버그의 별장으로 저녁식사 초대를 했을 때, 나는 게임을 하나 생각해냈다. 내가 그 무관심한 남자에게 질문을 몇 개나 해야 그가 나에게 질문 하나를 할지 시험해보는 게임이었다. 그건 나의 즐거움을 위해 일방적으로 하는 게임이었으므로 정당하진 않았다. 하지만 나는 상대방을 고려해줄 기분이 아니었다. 나는 그에게 '고향이 어디냐' '형제자매가 있느냐' '여행은 어디로 다녀왔느냐' '브루클린에 사는 데 만족하느냐'고 물었다. 나는 질문을 36개 던졌고, 그는 줄곧 휴대전화를 들여다보면서 대답했다. 내가 37번째 질문을 하려는 순간 그는 다른 파티가 있다는 문자를 받고 자리를 떴다.

저녁식사 모임을 주최한 친구가 나중에 나에게 말해준 바에 따르면, 그 무심한 남자는 오래전부터 아이를 낳는 것은 도덕적으로 비난받을 일이라고 생각해서 영원히 생식이 불가능하도록 19세 때 정관절제수술을 받았다. 친구가 나에게 그 이야기를 한 건, 그가 나에게 무관심한 게 아니라 아들을 키우는 내 옆에 앉는 게 싫었을 수도 있다고 알려주기 위해서였다.

나는 그의 거절에서 신선함을 느꼈다. 그는 나로서는 도저히 가질 수 없을 것 같은 최고의 사교적 자유를 보여주고 있었다. 그는 자신의 행동을 부드럽게 다듬지 않았고, 자신의 원칙들을 무기처럼 휘둘러대면서도 거침이 없었다. 비록 내가 그의 무기에 다치긴 했지만, 나는 그걸 배움의 기회로 생각하고 환영하기로 했다. 내가 더 많은 자유를 획득한다면, 그리고 '나의 사회적 가치를 유지하려면 내가 공손하고 타협적이고 소극적이어야 한다'는 교훈을 온몸으로 받아들이지 않는다면, 내 삶이 더 나아질 것만 같았다.

그 남자의 냉정한 태도는 내게 이상한 위안으로 다가왔다. 그의 태도는 내가 나 자신에게 들려줬던 내 이야기와 일치했고, '나는 투명인간이다'라는 내 마음속 깊은 곳의 의혹을 뒷받침했다. 그 무관심한 남자는 나에게 내가 옳았다는 만족감을 선사했다.

나는 그에게 저녁식사를 같이 하자고 제안했다. 나는 그가 거절할 거라고 확신했고, 그가 어떤 말투로 거절할지도 예상했다. "싫어요!" 하지만 놀랍게도 그는 내 초대를 받아들였다. 우리는 중식당에서 만났다. 식사가 끝날 무렵, 우리가 둘 다 아는 친구와 그의 새 여자친구에 관해 이야기했다. 내가 다른 사람들에게 들은 바에 따르면 친구의 새 여자친구는 브루클린 최고의 미인이었다. 무관심한 남자에게 그 이야기를 했더니 그는 어깨를 으쓱 하고는 나에게 자기 휴대전화에 저장된 그 여자의 사진을 보여줬다. 소문대로 그녀는 굉장한 미인이었다. 나는 내가 그 어떤 구체적인 사전 정보도 없이 그녀의 모습을 아주 정확하게 상상하고 있었다는 데 놀랐다. 그녀의 몸매는 익숙한 범위 내에 있었다. 키가 큰 편이지만 남자들의 기를 죽일 만큼 크지는 않았고, 마른 체격이지만 살집이 있어야 할 곳에는 적당히 살이 붙어 있었다. 무심코 나는 그녀의 머리카락을 만져 보고 싶다고 생각했다. 그녀의 머리카락은 적갈색의 긴 머리였고 약간 헝클어져 있었다. 제멋대로 뻗은 머리카락은 그녀에게 구체성을 부여했다. 그래서 그녀는 일반적인 '미인'의 관념을 떠올리게 하는 데 그치지 않고 독보적인 미인으로 보였다. 그녀는 젊은 백인이고 비장애인이고 좌우가 대칭이었다. 나는 이런 몸매에 조금 다른 얼굴을 수백만 번은 봤고, 이런 얼굴과 몸매가 아름답다는 소리를 수백만 번 들었고, 대개는 그 말에 동의했다.

무관심한 남자의 휴대전화에서 그 사진을 보고 있노라니, 만약 내가 이 여자의 머리카락과 얼굴과 몸매를 가지고 태어났다면 내 삶은 어땠을지 궁금해졌다. 그런 의문을 품은 건 처음이 아니었다. 만약 그랬다면 내가 원하는 걸 모두 가질 수 있었을 거라는 생각이 계속 들었다. 그건 유혹적이고, 별로 건전하지 못한 생각이었다.

나는 그에게 왜 그 사진을 가지고 있느냐고 물었더니 그는 그 여자가 친구와 사귀기 몇 달 전에 자기와도 데이트를 했었다고 대답했다.

"얼마나 오래 만났는데요?"

남자는 어깨를 으쓱하며 대답했다.

"그러다 어떻게 됐나요?"

"저는 그녀에게 매력을 못 느꼈습니다."

"하지만 이 여자는 정말 아름답잖아요?"

남자는 다시 어깨를 으쓱해 보이고는, 자기가 다른 남자 친구들과 함께 술집에서 놀다가 친구들이 매력적으로 보이는 여자들을 다섯 명인가, 일곱 명인가, 열 명인가 골랐는데 자기는 그 여자들 중 누구에게도 한번 만나보고 싶은 마음조차 생기지 않았다는 이야기를 들려줬다.

"다른 남자들의 눈에 '10점'인 여자가 저에게는 '6점'쯤 됩니다. 우리의 친구들이 데이트하는 여자들은 모두 '3점' 정도고요." 그의 말에서 은근한 자부심이 느껴졌다. 그는 자기에게는 정말로 초자연적으로 아름다운 여자가 필요하다고 말했다. 그는 나에게 비밀을 털어놓기 위해 내 쪽으로 몸을 기울였다.

"이런 것까지 알고 싶진 않으시겠지만, 아름다움의 표본인 듯한 여자가 아니면 저는 발기가 유지되지도 않거든요."

내 안에서 몇 가지 감정이 서로 부딪쳤다. 그가 하는 말들이 역겨웠지만 이야기를 계속했으면 하는 마음도 있었다. 내가 공부한 철학에 따르면 이런 고백에 귀를 기울여야 했다. 그의 이야기는 아름다움을 정의하는 것과 몸 안에서 아름다움의 역할을 정의하는 것의 차이를 건드리고 있었기 때문이다. 후자는 아름다움에 근접한 육체를 연구하는 학문인 미학의 영역에 속한다. 경이, 각성, 흥분, 발기, 발기 실패. 미학을 가리키는 영어 단어 'aesthetics'는 감각, 지각, 지각력을 뜻하는 그리스어 단어 'aisthetikos'에서 유래했다.

무관심한 남자가 나에게 그런 '성적-미학적 경험'에 관해 시시콜콜 털어놓은 이유는 내가 3점짜리나 6점짜리나 10점짜리 여자들과 같은 선상에 놓여 있지 않았기 때문이다. 나의 육체 때문에 나는 고려의 대상이 되지도 못했고, 가능성 있는 여자들의 영역에 아예 없었다. 그걸 깨닫고 나니 안도감을 느꼈다. 내가 왜곡된 거울을 들여다보고 있었는데 누군가가 그걸 정상적인 거울로 바꿔준 것과 비슷하달까. 무관심한 남자가 비춰준 모습은 친절하지는 않았지만 뚜렷했다. 그 남자는 변명이나 사과를 하지 않았다.

"그건 저주입니다. 저도 더 많은 여자들과 데이트를 할 수 있으면 좋겠어요. 하지만 그런 건 제가 통제할 수 없죠."

"그런가요?"

"당연하죠."

나는 자리에서 일어날까도 생각했지만 그냥 이렇게만 대꾸했다.

"당신은 표면적인 것만 가지고 이야기하고 있어요."

"네, 맞습니다. 왜 그런지도 알아요. 제가 대중매체와 광고에 조종당하고 있어서 그렇죠. 뭐 그런 식의 이야기들 있잖아요." 그는 어이없다는 표정으로 이렇게 말하더니 쿡쿡 웃었다. "하지만 그런 영향을 받는다는 걸 제 잘못이라고 하면 안 되죠."

"그래도 외부의 부정적인 힘들이 당신의 행동에 영향을 끼친다는 사실을 인식한다면, 그 힘들에 관해 생각해보고 행동을 변화시킬 수도 있잖아요."

"어떻게요?"

무관심한 남자는 진심으로 묻고 있었다. 밖에서는 형광등이 깜박였다. 그는 나에게 묻고 있었다. '정말로 우리가 문화적으로 습득한 것들을 지성의 힘으로 되돌릴 수 있다고 생각하나요? 우리가 봐야 한다고 배운 것들을 보지 않을 수 있을까요?' 나는 자신이 없어졌다. 그 남자의 시선에는 설득력이 있었다. 나는 그가 왜 나와 저녁식사를 하기로 했는지 알고 싶어졌다. 그가 성과 이름을 모두 아는 여자들 중에서 나는 육체적 매력이 가장 적은 여자일 텐데. 그는 나에게 그걸 다시 한번 알려주려고 이 자리에 온 걸까?

"아름다움의 즉각적인 효과가 나중에 경험을 통해 바뀌기도 하잖아요?" 내가 물었다.

"아뇨." 그가 대답했다.

"당신이 누군가를 만났는데, 처음에는 정말 아름다워 보였다고 칩시다. 그런데 그 사람이, 예를 들어 따분하게 하거나, 친절하지 않거나 해서 흥미를 잃었던 적은 없었나요? 처음에는 자세히 보지도 않았던 여자에게 관심이 생겼던 적은 없나요?" 내 목소리가 높아지고 있었다.

남자는 고개를 저었다. 그는 이 대화가 지루해진 듯했다.

"우리가 태어날 때부터 배운 걸 지워버릴 수는 없잖아요. 우리가 아름답다고 배운 게 아름다운 거고, 우리가 들은 이야기가 진실이 되는 거죠."

코모 호수로 가는 기차 안에서 그를 생각한다. 밀라노로 가려고 로마를 떠났지만, 내가 이곳에 온 목적인 '유일무이한 경험' 전에 며칠 여유가 있었으므로 중간에 코모 호수에 들르기로 했다. 그건 본능에 이끌린 결정이었지만, 소셜미디어를 훑어보다가 발견한 광고의 영향도 있었다. 광고에서는 코모 호수가 지구상에서 가장 아름다운 장소라고 했다. 나는 앱 하나를 닫고 다른 앱을 열어 호텔과 기차표를 예약했고, 지금 기차의 창을 통해 마치 진한 얼룩이 천천히 지워지는 것처럼 밀라노가 시야에서 사라지는 모습을 보고 있었다.

풍경이 갈라지는 모습이 보였다. 바위가 많은 지형으로 서서히 바뀌었다. 산들이 들판을 벗어나 희미해져가는 도시의 지붕들 위로 솟아오르려면 자신을 추스를 시간과 공간이 필요한 듯했다.

나와 통로를 사이에 두고 한 소년이 앉아 있었다. 소년은 차창 쪽으로 등을 돌리고, 자기 뒤에서 펼쳐지는 모든 광경을 외면하며 잠을 자려고 했다. 몇 번인가는 눈을 깜박이며 깨어나서 기차 안쪽, 통로를 바라봤다. 소년은 내가 알지 못하는 것을 알고 있었다. 잠시 후 기차가 바렌나 에시노Varenna Esino에 도착해서 잠시 정차할 예정이라고 했다. 소년은 앞쪽의 열린 통로로 나갈 채비를 했다. 몸을 일으키고, 좌석을 벗어나 통로를 따라 기차에서 내리는 장면을 미리 그려봤다. 나와 가까운 자리에 앉은 한 여자는 굽 높은 구두를 운동화로 갈아 신고 책을 꺼내 읽었다.

이제 산들이 높아지고 더 가까워졌다. 산마루에서 안개가 피어오르고 수증기는 지나가는 구름 아랫부분의 분홍색 배꼽 같은 부분에 합류했다. 햇빛이 낭떠러지를 살금살금 기어 내려가 나무들 사이로 번쩍이는 은빛 불꽃을 보냈다. 낙엽은 바들바들 떨면서 거품을 일으켰다. 나뭇잎들은 바람에게 수작을 걸고, 눈을 찡긋거리고, 하늘하늘 춤추고, 숨을 들이마셨다. 그때 아무런 경고도 없이 눈앞에 호수가 나타났다. 처음에는 빛의 변화로 그걸 느꼈다. 낮게 드리워진 태양은 더 이상 산들에 가리지 않고 물 위에서 자유롭게 부서지면서, 찰랑거리는 물결을 따라 예리한 윤곽선을 그렸다. 기차 안의 낯선 사람들의 얼굴이 새롭게 보였다. 이제 남자아이의 관자놀이에 있는 희미한 상처가 보였고, 책을 읽던 여자는 내가 좀 전에 생각했던 것보다 젊다는 것도 알게 됐다. 그녀의 입술은 절반은 그늘이 지고 절반은 빛을 받아서 마치 이등분된 것처럼 보였다. 그녀가 바른 립스틱은 그늘에서는 빨강이었는데 방금 밝아진 열차 안에서 보니 자홍색이었다.

배 속이 울렁거렸다. 차창 밖을 바라보니 눈에 보이는 풍경이 믿기지 않았다. 아름다움의 힘에 휩쓸려 넋이 나갔다는 것에 화가 날 지경이었다. 언젠가 어떤 사람이 나에게 모든 그림은 빛을 가장 잘 조각하는 방법을 제시하는 거라고 했는데, 기차 안에서 맞이한 그 순간에 비로소 그게 무슨 말인지 이해되기 시작했다. 기차 안에서 맞이한 그 순간에 비로소 그게 무슨 말인지 이해되기 시작했다. 그 아름다움은 위대한 의미가 마치 덩굴에서 따먹을 수 있는 포도처럼 가까이 있는 실체라는 환상을 불러일으켰다.

내가 사물을 보는 방식이 달라지고, 나의 지각이 섬세해졌다. 이제부터 그림을 볼 때마다 이 기차 안에서 내 앞에 펼쳐진 호수를 바라보던 기억과 방금 목격한 변화무쌍한 빛의 기억이 희미하게나마 떠오를 것 같았다. 나는 먼지 입자들이 춤추는 모습을 봤다. 정지된 기운이 그 장면을 덮었다. 승객들은 마치 내면에서 빛을 발하는 것처럼 빛났다. 그들의 육체가 선명하게 보였다. 옷선을 따라 흐르는 곡선들, 피부의 매끄러운 부분들, 그들이 흘리는 땀, 눈의 흰자위까지 다 보였다. 화려한 립스틱을 바른 여성이 책에서 눈을 들고 창문 쪽으로 턱을 쳐들었다. 상처 난 소년은 더 이상 지루해하는 것 같지 않았다. 소년은 뭔가를 갈망하는 눈으로 호수를 쳐다봤다. 옷을 벗고 뛰어들고 싶은 모양이었다. 태양이 열차를 뚫고 들어왔다. 나는 내 몸이 따뜻해지는 열기를 통해 알 수 있었다. 그리고 승객들에게도 이제 내가 더 잘 보일 것을 알았다. 나무들 사이를 스치는 바람 소리가 파도 소리와 닮은 건지, 아니면 파도 소리가 나무들 사이를 스치는 바람 소리와 닮은 건지 알 수 없었다. 기차가 어느 숲의 뒤쪽으로 빙 돌아가는 동안, 나뭇잎 그림자로 만들어진 무늬가 우리의 무릎 위를 지나갔다. 나는 숨을 죽였다. 그렇게 아름답게 조각된 빛은 처음이었다.

기차에서 내려 낮은 언덕을 내려가니 호숫가에 도착했다. 여행가방을 발치에 두고 한참 동안 그곳에 서 있었다. 나무들과 나무들 너머로 반짝이는 호수를 보고, 호수 너머 고리를 이룬 산들을 바라봤다.

내가 묵을 호텔은 기차역에서 걸어서 20분 거리였다. 광장을 가로지르면서 보니 사람들이 야외에 나와서 먹고 마시며 중세 교회 건물의 계단에서 펼쳐지는 음악가들의 연주를 감상하고 있었다. 할아버지들이 카페 테라스에 앉아 담배를 피우며 박자에 맞춰 손뼉을 치고 있었다. 분홍색 빛이 와인잔을 통과하면서 굴절되어 그들의 흰색 셔츠에 물감 칠을 했다. 그들은 서로를 향해 몸을 구부리고, 두 손을 모아 입을 가리고 엉큼하게 웃어댔다. 공기는 호수를 둘러싼 키 큰 덤불에서 자라는 야생 로즈메리 향기로 물들어 기름지게 느껴졌다. 누군가가 나에게 손짓만 한다면, 나에게 잔을 건네면서 의자를 가리켜 보인다면, 나도 걷기를 포기하고, 여행가방을 내려놓고, 그들에게 합류하고 싶었다.

오른쪽 엉덩이가 아파왔다. 몇 년 전부터 통증이 더 잦아지고 심해졌다. 광장을 가로지르고 언덕길을 올라 호텔로 향하는 동안 통증은 내 엉덩이 관절에 집중되어 얇은 칼날처럼 파고든다. 허리와 척추의 근육들에 수천 개의 작은 상처가 나 있는 것만 같았다.

호텔까지 올라가는 길은 가팔랐다. 나는 옆으로 비스듬히 서서 한쪽 발을 다른 쪽 발 옆으로 질질 끌어 옮기며 조금씩 올라갔다. 절반쯤 올라갔을 때 여행가방을 쥔 손이 느슨해져서, 바퀴 달린 가방이 1미터쯤 굴러가다 넘어지고, 미끄러지다가 멈췄다. 주변에 아무도 없어서 나를 보지 못한 게 다행이었다. 사람들의 시선은 그들이 생각하는 나의 무력함을 나에게 전달한다. 하지만 나는 무력한 게 아니라 힘들어하고 있을 뿐이다. 사람들이 그 차이를 항상 알아주는 건 아니다.

내가 묵을 호텔은 원래 수도원으로 쓰이던 건물로서 산의 가파른 면에 지어졌다. 내 방에 도착하려면 곧 부서질 것만 같은 케이블카를 두 번이나 타야 했다. 이제 어두워졌다. 호수는 사라졌지만 저 밑으로 바렌나의 깜박이는 불빛들이 보였다. 창문을 열었더니 사람들의 목소리가 흘러들어왔다. 나도 사람들과 함께 있고 싶었지만, 통증이 그 순간을 지배했다. 골짜기에서 메아리치는 웃음. 나는 그 웃음과 분리되어 높은 곳에 서 있었다. 아주 오랫동안, 나는 나 자신에게 여행은 하지 말라고 말했다. 과감하게 밖으로 나가서 뭔가를 찾았는데 거기서 배제되느니 집에 머무르는 게 낫다고.

무관심한 남자가 나에게 했던 말들이 떠올랐다. 레스토랑에서 나와 마주보고 앉아 있을 때 그는 마치 타이머가 울리기를 기다리는 사람 같았다. 아마도 나와 함께 식당에 앉아 있는 모습을 사람들에게 보여주는 게 달갑지 않았을 것이다. 누군가는 우리가 데이트를 하는 걸로 잘못 알 수도 있으니까. 아니, 어쩌면 그가 나의 저녁식사 요청을 받아들인 이유가 그것이었을지도 모른다. 남자친구들은 내가 훌륭한 소품이 된다고 했다. 애처로워 보이는 불구의 여자인 나와 가까운 사이라고 하면 자기들이 세심하고 선량한 남자가 된다는 것이었다. 한번은 내 남자 지인의 전 여자친구가 파티에서 나를 한쪽으로 데려가서는, 자기 남자친구가 나와 친구라는 것이 처음에 그에게 호감을 가지게 된 계기라고 말했다. 그녀는 이렇게 말했다.

"그이가 모든 부류의 여성을 소중히 여길 줄 안다는 게 좋았어요."

무관심한 남자는 아름다움과 추함에 관해 객관적인 용어로 이야기했다. 아름다움의 부재는 객관적이고 측정 가능한 결과로 이어져 그에게서 발기를 앗아간다. 반면 아름다움의 존재는 그의 내면에서 사랑과 헌신이 꽃 피우게 한다. 그는 아주 차분하게, 주관을 배제하고 이 모든 이야기를 들려줬다. 그리고 자신의 솔직함이 나에게 도움이 될 수도 있다는 뜻을 전하기 위해 미소를 지었다. 내가 가짜 희망을 가지고 애를 쓰는 건 안타까운 일이니까.

그렇게 온정주의적인 태도로 나에게 접근한 남자는 그가 처음도 마지막도 아니었다. 남자들은 내가 잘못된 생각을 가지는 걸 바라지 않았다. 고등학교 때 짐이라는 남자아이는 일부러 시간을 들여서 나에게 나의 가치를 알려주었다. 그와 나는 아주 친밀했던 고등학교 친구들의 무리에 속해 있었다. 우리는 머리카락을 분홍색이나 보라색이나 주황색으로 염색하고, 얼굴에 피어싱을 하고, 손으로 타투를 새겼다. 나에게는 항상 이 시기를 떠올리게 하는 것이 있다. 할 애슈비Hal Ashby의 영화 〈해롤드와 모드Harold and Maude〉의 주인공 해롤드를 삐뚤삐뚤 그린 그림이다. 내 친구 J.B.가 맥주를 몇 잔 마시고 나서, 면도칼을 인도 잉크에 담갔다가 내 팔에 해롤드를 쓱쓱 그렸다.

영화 속에서 젊고 냉소적이고 사람들에게 이해받지 못하던 해롤드는 80세의 모드와 사랑에 빠진다. 그들의 사랑은 특이하고, 구체적이고, 유쾌하고, 사회적으로 인정받지 못하는 사랑이다. 나는 해롤드와 모드 두 사람 모두에게 동질감을 느꼈다. 나는 해롤드와 마찬가지로 냉소적이었고 사람들에게 이해받지 못했다. 또 나는 내가 J.B.의 팔에 타투로 새겨준 모드와 마찬가지로, 사회에서 낭만적인 욕구의 대상으로는 부적절하다고 간주되는 존재였다.

사랑은 나에게 어울리지 않는 개념이었다. 나는 10대 여학생이었고, 사랑을 원했고 섹스를 원했지만, 대개 나는 사랑과 섹스에 부적합한 사람으로 취급됐다. 내 또래의 다른 아이들은 이성의 매력에 점수를 매기면서 이야기하곤 했다. 누군가가 섹시하다거나, 섹시하지 않다거나, 조금 섹시하다거나, 전에는 섹시하지 않았는데 갑자기 섹시하게 느껴진다거나 하는 이야기들. 나는 장애가 있었으므로 다른 사람들의 눈에는 마치 동물이나 어린아이처럼 아예 그 점수표에 없는 존재였다.

하지만 짐은 나를 잘 알았고 나를 소중하게 여기는 것 같았다. 우리 친구들 중 가장 작은 남자아이였던 짐은 내 옆에 서면 자기가 커보였으므로 내 옆에 있기를 좋아했다. 춤을 무척 잘 췄던 짐은 나에게도 춤을 가르쳐줬다. 나는 짐이 가장 쉽게 높이 들어올릴 수 있고, 자신의 두 다리 사이로 통과시키거나 팔로 빙글빙글 돌릴 수 있는 아이였다. 그런 동작이 끝나면 그는 항상 나를 꼭 끌어안고 내 볼에 입을 맞췄다.

우리 학교는 홈커밍 댄스파티를 열었고, 가까운 친구들은 모두 짝을 짓기 시작했다. 나에게는 짝이 없었고 짐에게도 짝이 없었다. 단합을 위해서는 당연히 짐과 내가 댄스파티에 같이 가야 할 것 같았다. 더구나 내가 짐을 짝사랑한다는 것도 다들 알고 있었다. 그 이야기가 나오면 짐은 기대가 담긴 표정으로 나를 쳐다보곤 했다. 여자애들은 하루가 끝날 때마다 나에게 물었다. "짐이 파티에 같이 가자고 했니?" "짐에게 신청받았니?" 그리고 나는 날마다 이렇게 대답했다. "아니, 아직."

밤마다 나는 짐이 나를 공중으로 들어 올려 한 바퀴 돌린 뒤 내 뺨에 키스하며 댄스파티에 같이 가자고 말하는 순간을 상상했다. 사춘기 소녀로서 내가 가졌던 모든 불안이 낭만적인 환상 속에 녹아들었다. 다른 모든 아이들과 마찬가지로 나도 선택을 받고 싶었다. 댄스파티가 가까워지자 나는 초조해졌다. 친구들은 댄스파티 계획을 짜기 시작했는데 나는 그 계획에 없었다. 마침내 여자아이들은 나에게 그만 기다리고 짐에게 먼저 파트너 제안을 하라고 했다.

나는 학교 도서관에서 짐에게 다가갔다. 그는 기하 시험을 앞두고 공부하다가 나를 보고는 노트를 덮으며 미소를 지었다.

"보아하니, 나한테 뭐 할 말이 있는 것 같은데?" 그가 놀리듯이 말했다.

나는 그렇다고 대답하고는, 홈커밍 댄스파티에 같이 가고 싶은데 생각이 있느냐고 물었다.

"물론이야." 짐이 말했다. 안도감이 내 몸 안을 너무 빠른 속도로 훑고 지나가는 바람에 배 속이 울렁거렸다. "그런데 있잖아." 짐이 말을 이었다. "그전에 너한테 아주 중요한 이야기를 해야 할 것 같아."

짐은 우리의 여자 친구들이 내가 소외감을 느끼지 않기를 바라는 마음에 몇 주 전부터 그에게 나와 함께 댄스파티에 가라고 압력을 넣었다고 말했다.

"그 애들은 너를 사랑해. 하지만 그 애들은 너를 동정하는 거고, 그런 동정은 네가 세상을 살아가는 데 도움이 되지 않을 거야."

나는 오늘날까지도 그의 단조로운 목소리와 미소를 기억한다. 그는 책상 위로 손을 뻗어 내 손을 잡았다.

"친구로서 너에게 말해주는데, 난 널 보호해주고 싶은 거야. 네가 나 같은 남자애한테 데이트 신청을 하면 우리 사이는 어색해져."

짐은 여전히 미소를 띠고 있었다. 나는 순진한 환상에 빠져 있었고, 그에게서 불편하지만 애정 어린 충고를 들을 필요가 있었다.

"진실을 알려주는 거야. 어떤 남자도, 아주 절박하거나 아주 못생긴 남자가 아닌 다음에야 너와 데이트하길 원하지는 않을 거야."

성인이 된 뒤 내가 만났던 남자들은, 나에게 성적 매력이 있다고 느꼈을 때 종종 그걸 충격이라거나 예상하지 못했던 일로 묘사했다. 마치 오래된 외투 주머니에 들어 있던 20달러 지폐를 발견했을 때처럼. 나에게 말할 때 자주 사용되는 단어는 '실제로'와 '정말'이었다. "너는 실제로 매력적이야." 어떤 낯선 남자가 길거리에서 나를 멈춰 세우고 했던 말이다. "나는 당신이… 여기 어떤 문제가 있는 건지는 모르겠어요. 하지만 당신이 실제로 예뻐 보여요." 그는 내 키를 재며 말했다. 그러고는 나에게 전화번호를 달라고 했고, 나는 거절했다. "아니, 아니." 뭐가 문제인지 생각하면서 그가 말했다. "정말로 당신이랑 데이트를 하고 싶다고요. 나는 정말 진지하다니까요." 어떤 남자는 나와 섹스를 한번 하고 나서 "와, 당신이 정말 여자인 것처럼 느껴지네요"라고 말했다.

실제의 영역 밖에 있다는 것에는 일정한 자유가 뒤따랐다. 나는 내 처녀성을 잃는 행동에 대해 멋진 서사를 구축해야 한다고 압박받지 않았다. 반드시 사랑에 빠지지 않아도 되고, 그 순간이 특별할 필요도 없었다. 그 순간을 정확히 내가 원했던 것으로 만들 수도 있었다. 내가 원했던 것이란 생물학 실험과 학문적 탐구였다.

캔자스주를 떠나 대학에 가기 직전 여름에 패트릭을 만났다. 패트릭은 인근 주립대학의 신입생이었다. 나는 그의 기숙사에서 열린 작은 파티에 초대받았다. 그는 나를 보자 가까이 와서 말했다. "너에게 딱 맞는 휘펫whippet이 나한테 있어." 나는 잠시 자리를 빠져나와 가장 친한 친구 케이트에게 문자를 보내서 휘펫이 뭐냐고 물었다. 패트릭은 나를 자기 방으로 데려가서 문을 닫고 나에게 풍선처럼 생긴 걸 주었고, 나는 그 풍선의 입구를 내 입에 대고 바람을 넣은 다음 가만히 기다렸지만 아무런 변화도 느껴지지 않았다. 나는 놀림을 당하고 있는 거라고 확신했다.

패트릭이 말했다. "그게 별로면 이것도 있어." 그는 나에게 싸구려 위스키 병을 건넸다. 우리는 그걸 병째로 마셨고, 그는 나를 벽에 몰아붙이고 키스했고, 나는 속으로 생각했다. '이게 전형적인 대학생활의 경험이구나.'

패트릭이 내 안으로 들어왔을 때 나는 그 감각이 낯설다는 생각밖에 없었다. 고통스럽지도 않고 즐겁지도 않았다. 어쩌면 둘 다였을 수도 있었다. 그 감각들은 더 중요한, 새롭다는 감각에 잡아먹혔다. 내 몸, 내가 속속들이 알던 그 몸이 완전히 새로운 느낌을 만들어낼 수 있다는 것이 충격이었다.

섹스를 하는 동안 나는 그게 진짜라고 여기지 않았고, 패트릭을 진짜 사람으로 생각하지도 않았다. 나는 우리의 몸뚱이보다 훨씬 높은 곳에서 그 과정을 관찰하고 머릿속에 기록하고 있었다. 그래서 섹스가 끝나고 패트릭이 나에게 오르가즘을 느꼈느냐고 물었을 때 나는 패트릭의 질문이 우습고 약간 엉뚱하게 느껴졌다. 그는 똑같은 질문을 다시 했고, 나는 거기에 대답해야 한다고 압박받는 것이 정말 싫었다. 그가 고집스럽게 나를 쳐다봤고, 나는 어정쩡하게 고개를 끄덕였다.

"못 느꼈구나." 패트릭이 말했고, 나는 속으로 '그게 너랑 무슨 상관인데?'라고 생각했다. 나는 이미 중립의 방으로 물러나서 나 자신의 보고를 듣고 있었다. 그의 질문들은 그 실험의 결과에 관한 나 혼자만의 평가에 방해가 됐다. 패트릭은 내 두 무릎을 벌리고 내 몸에 혀를 집어넣더니, 몇 초 후에 일어나서 말했다. "여기 피가 조금 난다."

"그래?" 나는 진짜로 놀라서 이렇게 말했다. 처녀막이 찢어지면 피가 나올 거라는 사실을 몰랐기 때문이 아니라, 나만은 예외고 나는 피를 흘리지 않는 단 한 명의 처녀일 거라고 가정하고 있었기 때문이다. 내 육체가 내 정신을 배신하고 사적인 정보를 유출할 거라고는 생각지도 못했다.

패트릭은 이불에 묻은 피를 만져보고는 나에게 섹스를 해본 적이 있느냐고 물었다. 나는 어깨만 으쓱 했다. 내가 그런 정보를 주었다 해도 그가 다른 선택을 했을 것 같지는 않았다.

사실 나도 그에 관해서는 전혀 생각하지 않았다. 그건 우리가 함께한 경험이 아니었다. 우리는 서로 다른 종이었으니까.

다음 날 아침, 동틀 무렵 잠에서 깨어나 호숫가를 걸었다. 코모 호수의 광활한 아름다움이 모든 걸 빨아들이면서 나에게 말을 걸었다. 모퉁이를 돌고 나서 몸이 움츠러들었다. 욕이 나오려고 했다. 호수의 아름다움은 절대적이고 완전했다. 새들은 노래하고, 물결은 찰랑거리고, 공기는 전나무와 재스민 냄새를 풍겼다. 태양이 빛나지만 너무 뜨겁진 않았다. 바람이 불지만 너무 차갑지는 않았다. 원기를 회복시키고 통증을 잠시 완화하는 뭔가가 공기 중에 있었다. 나는 더 걸을 수 있었다. 오래전부터 느꼈던 엉덩이의 짜릿한 통증이 사라졌다. 나는 더 자고, 덜 먹고, 덜 마시고, 더 잘 들을 수 있었다. 안경을 벗어도 제법 멀리까지 볼 수 있었다.

나는 뱃멀미를 잘 하는 편이지만 호수 주변에 흩어져 있는 다른 마을들도 보고 싶었다. 두려움에 떨면서 표를 사고 몇 시간 동안 배를 타면서, 호숫가를 따라 늘어선 저택들, 오래된 교회들, 파릇파릇한 산들로 이뤄진 장관을 감상했다. 역한 기운은 조금도 느껴지지 않았다. 보트를 타고 벨라지오로 갔다. 벨라지오는 빅토리아 시대에 영국인들이 결핵 치료를 위해 모여들었던 곳이다. 문득 이곳에서 호수를 바라보는 것이야말로 모든 질병에 대한 가장 논리적인 처방이라는 느낌이 들었다.

호숫가에 앉아 피자를 먹은 다음 젤라또를 먹었다. 해가 저물고 있었다. 나는 호숫가의 야자수를 쳐다봤다. 야자수의 아름다움에 관한 영문학자 일레인 스캐리Elaine Scarry의 글이 떠올랐다. 스캐리는 《아름다움과 정의로움에 대하여》라는 책에서 아름다움에 관한 우리의 인식에는 흔히 두 가지 오류가 있다고 주장했다. 첫째는 과대평가의 오류로, 우리가 전에 아름답다고 생각했던 것이 더 이상 아름답지 않다는 것을 깨닫는 것이다. 두 번째 오류는 항상 아름다움을 인정받을 자격이 당연히 있었던 물체에 대해 우리가 아름다움을 인정하지 않고 있었다는 사실을 깨닫는 것이다.

"이를테면 나는 야자수가 아름답지 않다고 생각했는데 어느 날 그게 실수였다는 것을 알았다." 이 후자의 실수, 과소평가의 오류가 더 심각하다. 그건 우리가 "관대하지 못했다"는 증거이기 때문이다.

스캐리는 발코니에서 야자수 잎사귀들의 움직임을 보던 순간을 회상한다. 잎사귀들은 "바람과 빛과 사랑에 빠져 반짝거리고 있었다". 그녀의 인식은 변화하고, 실수는 고쳐졌다.

"야자수의 생기를 통해 나는 실수를 예리하게 감지한다. '얼마나'라는 말이 은근한 공포를 전달한다. 내 마음속의 바닥에 깨진 접시나 꺾인 꽃처럼 놓여 있는 다른 실수가 얼마나 많을까?”

밤이 되고 나서도 스캐리는 여전히 발코니에서 야자수를 바라보며 예전에 놓친 아름다움을 감상하고 있었다.

“달빛 아래 나의 야자수가 물결치며 검은색, 은색, 흰색 바늘을 뿌려댄다. 수백 개의 선들이 일렁이며 원을 그리고, 놀고, 완벽한 평행을 이룬다.”

나는 고대 그리스 초기의 객관적이고 측정 가능한 아름다움이라는 이론을 좋아했던 적이 없고, 그런 아름다움이 진리나 정의와 동등한 가치를 지니는 미덕이라고 주장한 적도 없다. 나는 항상 ‘아름다움은 외적 속성들의 집합이 아니라 깊이 사색하는 마음속에 존재한다’는 흄의 이론을 선호했다.

흄은 이렇게 주장한다. “모든 사람의 정신은 각기 다른 아름다움을 인식한다. 어떤 사람이 기형으로 인식하는 것에서 다른 사람은 아름다움을 발견할 수도 있다.”

이것은 절대로 대칭을 이루거나 비례가 잘 맞는다고 오해받을 수 없는 몸을 가진 여성인 나에게 더 좋은 이론이다.

현대의 미학에서는 고대 그리스식으로 아름다움을 평가하는 것은 대개 틀린 것, 시대에 뒤떨어진 것, 아니면 쿨하지 않은 것으로 간주된다. 하지만 바렌나에 누워서 호수의 잔잔한 물결이 뭍으로 다가오는 소리에 귀를 기울이고 있노라니, 혹시 내가 신성하고 객관적인 아름다움의 가능성을 거부했던 게 순전히 내가 그런 아름다움에서 배제됐기 때문은 아닌지 궁금해졌다. 내가 어떤 이론에서 배제된다고 해서 그 이론이 옳지 않은 건 아니다.

일레인 스캐리는 자신이 어떻게 야자수의 아름다움을 놓쳤는지 생각했고, 그녀가 보던 TV 속 장면들, 형편없는 그림들, 파티용품 상점에서 파는 통통한 플라스틱 야자수 모형 등 지금까지 합성된 야자수 이미지가 아름답지 않았기 때문이었다는 결론에 도달한다. 야자수가 아름다워지려면 각각의 구체적인 요소들이 적절하게 배열되고 딱 맞아야 한다. 그녀의 실수를 바로잡은 건 야자수들이 아니라 '이' 야자수 한 그루였다. 야자수 한 그루의 유일무이한 순간이었다. 스캐리가 야자수들로 이뤄진 작은 지붕 아래서 고개를 들어보니 올빼미 한 마리가 잠을 자고 있었다. 올빼미는 자기 깃털과 야자수 잎사귀를 직물처럼 엮어서 마치 날고 있는 것처럼 공중에 몸을 고정할 수 있다. '아름답다.' 그녀는 생각했다. 그렇다면 이제 그녀를 설득하는 건 이 야자수 한 그루만이 아니라 특정한 요소들의 집합이 된다. 야자수, 그 순간, 그녀가 서 있었던 곳의 시원함, 고개를 드는 동작, 올빼미를 발견한 것.

다음 날 나는 빌라 모나스테로Villa Monastero에 가서 근사한 정원들을 거닐었다. 여행 안내서에 따르면 바렌나에 있는 식물원들의 가파른 경사면에서 몇 종의 희귀식물들이 자라는데 그 중에는 다양한 야자수도 있었다. 아프리카 야자, 아메리카 야자, 칠레 공작야자, 유럽산 부채야자, 멕시코산 청록색 야자. 일레인 스캐리를 생각하면서 야자수들을 보니, 나 자신이 나무들의 아름다움에 아주 민감해지는 느낌이었다. 특히 멕시코산 야자가 아름다웠다. 긴 청회색 잎들이 일렁이고, 잎에서 가느다란 술 장식 같은 가장자리는 영화 조명 속에서 손을 흔들었다. 그 풍경 전체가 워낙 아름다워서 마치 누가 일부러 만들어 놓은 것처럼 보였다. 저 멀리 호수 건너편의 색칠된 산들을 쳐다보면 그 풍경이 곧 사라지고 초록색 화면이 나타날 것만 같았다. 안내서에 따르면 멕시코 야자는 희귀한 품종인데, 코모 호수 주변의 기후가 1년 내내 온화해서 딱 맞기 때문에 멕시코 야자가 호숫가에 많이 서식할 수 있었다.

산을 올랐다. 내가 선택한 길은 아주 가팔라서, 때로는 산양처럼 두 손과 두 발을 모두 바닥에 대고 바위를 지지대 삼아 내 몸을 질질 끌며 기어 올라갔다. 정상에 오르자 수도원이 하나 더 있었다. 그 수도원에 딸린 작은 탑 위로 올라갔더니 아래에 천국 같은 경치가 펼쳐졌다. 파도 같은 산등성이마다 태양이 반짝이 장식을 달아놓았다. 시인 롱펠로는 바로 이런 풍경을 보면서 다음과 같은 시를 썼을 것이다.

나 자신에게 묻는다. 이건 꿈인가?/ 공중으로 사라져버리진 않을까?/ 이렇게 황홀한 곳이/ 그리고 완벽한 아름다움이 어디에 또 있단 말인가?

수도원 너머에서는 나무들이 나를 둘러쌌다. 저 앞에서 손에 장바구니를 든 두 할머니가 덤불에 대고 이탈리아어로 욕을 하고 있었다. 바스락 소리가 들렸다. 제3의 목소리, 훨씬 굵은 목소리가 나타났다. 그 목소리의 주인공은 웃고 있었고, 바스락거리는 소리는 더 빨라졌다. 두 할머니는 더 큰 소리로 욕을 하고, 낮은 목소리는 더 크게 웃었다. 나는 그쪽으로 다가갔다. 덤불 안에서 한 남자가 자위를 하고 있었다. 바지는 발목까지 내려와 있고 가느다란 성기는 손바닥 위에 점잖게 올라앉아 있다. 그의 성기는 회색이고 마치 며칠 동안 호수에 잠겨 있었던 것처럼 물기를 잔뜩 머금고 있었다. 그는 할머니들을 향해 쪽쪽 입 맞추는 소리를 냈지만, 내가 시야에 들어오자 그 자리에 얼어붙었다. 그는 잠시 동안 나를 쳐다보다가 바지를 올렸다. 그는 내 치맛단 아래로 드러난 쪼글쪼글한 다리를 내려다봤다.

그가 말했다. "미 디스피아세(미안해요)." "디오 티 베네디카, 시뇨라(신의 가호가 있기를 바랍니다)."

코모 호수에서 롱펠로는 노래했다.

> 하지만 너는 내게/ 네 아름다움을 남겼지/ 모양과 색의 고요한 조화를, 수동적이지만 그 유순함 안에는/ 미덕이나 선처럼 달콤하고도/ 우아한 힘이 있다고, 나는 감히 말한다네.

홈커밍 댄스파티가 열리고 몇 달이 지나 짐은 나에게 이렇게 말하며 키스하려고 했다.

"뭔가가 달라졌어. 나는 너를 좋아해."

예전에 짐은 마치 아름다움이 변화시킬 수 없는 사실인 것처럼 말했는데, 갑자기 나의 아름다움이 그에게 적절한 조명만 비추면 알아볼 수 있고 눈에 보이는 것으로 바뀌었다.

"뭐가 어떻게 바뀌었는데?"

"네가 점점 좋아졌어. 너는 항상 나를 웃겨주니까 나도 네 곁에 있고 싶어졌어. 너는 내 전 여자친구보다 똑똑해."

짐이 그 말을 했을 때 내가 순간적으로 느꼈던 자부심이 지금도 기억난다. 그 말을 듣고 나는 마치 주인을 기쁘게 해주려고 하는 개처럼 짐에게 나의 가치를 증명하고 또 증명하려는 의욕이 들었다.

나에게 해로운 사고방식을 심어준 건 짐이 도서관에서 했던 말이 아니라 그의 인식이 변화했다는 사실이었다. 나중에 스캐리의 글을 읽었을 때 나는 그 사고방식을 금방 알아봤다. 아름다움은 구체적인 요소들의 적절한 배열이라는 사고방식.

나의 육체는 나를 괄호로 묶인, 과소평가되는 아름다움의 감각 안에 집어넣었다. 그러나 내가 그 구체적인 요소들을 적절히 배열할 수만 있다면 사람들은 나를 다시 봐줄 것이고 야자수가 발견된 것처럼 나를 발견해줄 것이다. 인간의 욕구를 모두 누릴 자격이 있는 존재가 되기 위해 나는 다른 모든 측면에서 탁월해져야 했다.

이러한 새로운 사고방식에 따라 나는 내가 하는 일, 나의 지성, 나의 기술, 나의 유머, 나의 선행을 그 자체로 가치 있는 것으로 보지 않고 나의 추함의 효과를 완화하는 방편으로 보기 시작했다. 좋은 자질들을 충분히 많이 쌓을 수만 있다면 그 자질들이 인정받지 못하는 육체를 가려줄 거라고 생각했다.

스캐리는 이렇게 주장했다. "오류의 교정, 인식의 변화는 너무나 뚜렷하기 때문에 마치 그 인식 자체(그 인식의 대상이 아니라)가 뇌에서 썩는 것만 같다… 그 인식은 급격한 변화를 겪었고… 무너지거나 분해된다…."

철학적으로 흄과 스캐리가 제시하는 아름다움에 관한 견해는 그리스의 수학적 완벽함이라는 개념보다 풍부하다. 하지만 아름다움이 변화할 수 있는 것이라는 주장을 받아들이기 위해 내가 치러야 하는 비용도 있었다. 플라톤의 견해는 나를 확실하게 거부했지만, 흄과 스캐리는 기회의 문을 약간 열어놓았기 때문에 나는 지금까지 줄곧 내 몸을 이리저리 비틀어 그

문을 통과해보려고 노력했다.

내가 섹스를 좋아했던 건 지식을 획득하는 게 좋았기 때문이다. 나는 보스턴에서 대학을 다녔는데, 대학에서 만난 남자들은 나에게 기꺼이 귀중한 데이터세트를 주었다. 대학을 졸업한 뒤에는 캔자스로 돌아가서 슈퍼마켓 진열대를 채우는 일자리를 구하고 케이트와 함께 살았다. 우리는 모든 시간을 함께했다. 저녁에 외출도 하고 요리도 했지만 대개는 수다를 떨었다. 주말 아침에 내가 케이트보다 먼저 일어나면 나는 케이트의 침대로 기어 들어가 그녀가 깨기를 기다렸다. 그래야 하루를 대화로 시작할 수 있었으니까. 그 당시 데이트, 작업 걸기, 섹스에 대한 나의 관심은 모두 내 삶에서 가장 현실적인 일들을 위한 것이었다. 케이트와 수다를 떨고, 뒷담화를 하고, 웃기 위해서.

슈퍼마켓 일은 새벽 5시에 시작되었다. 나는 새벽부터 오전 내내 수프 캔을 뒤집어서 라벨이 바깥쪽으로 나오게 했다. 일이 끝나면 도서관에 가서 DVD를 빌려왔다. 〈카사블랑카〉 〈사브리나〉 〈아프리카의 여왕〉을 보고 또 봤다. 늦은 오후 시간에는 우리 아파트의 바닥에 누워서, 화면 속에서 험프리 보가트가 누군가를 유혹하는 동안 잠들었다 깼다를 반복했다. 케이트가 집에 돌아오면 그녀도 나와 함께 바닥에 누웠고, 우리는 함께 음악을 들으며 우리의 하루를 회상하고 다가올 밤을 예상했다. 우리의 모든 밤과 마찬가지로 그날 밤도 우리가 좋아하는 시내의 술집 두 군데 중 한 군데에서 보냈을 것이다. 우리는 날마다 그 두 술집에 가서 싸구려 맥주를 마시고 담배를 얻어 피우고 친구들이 속한 동네 밴드의 연주를 들었다. 사람을 취하게 만들 정도로 똑같은 생활이었다. 보스턴에서는 빠른 속도로 시간이 흘렀지만, 중서부 고향 마을에 돌아와서 보낸 이 나른한 한해 동안에는 반복되는 생활이 자장가 같은 마법을 걸어 시간이 앞으로 나아가질 않았다. 매일 낮과 밤은 다음 날 낮과 밤을 위한 예행연습에 지나지 않았다. 나는 항상 피곤했고 항상 조금 멍했다. 졸린 상태에서 취한 상태로, 취한 상태에서 숙취 상태로 바뀌었다가 다시 졸린 상태로 갔다. 더없이 행복하고 나른했다. 나에게는 아무런 책임도 없었고, 선반에 캔을 진열하는 일로 생활비를 벌었다. 돈은 집세를 내고 맥주를 사기에 충분할 만큼만 벌었다. 나의 선택과 실수에는 아무런 가치도 없고 아무런 결과도 없었다. 나는 감정을 아주 적게 느꼈고 생각은 더 적게 했다. 새로운 생각도 떠오르지 않았다. 나의 열정은 가장 가까웠던 머릿결 좋은 남자에게만 닿았고 그 이상은 나아가지 못했다.

어느 날 밤, '탭룸'이라는 지하 술집에서 케이트가 처음 보는 남자를 나에게 소개했다. 그것 자체가 하나의 사건이었다.

평소에 우리는 탭룸에 있는 사람을 모두 알고 있었다. 하지만 그 남자는 내가 한 번도 본 적이 없는 사람이었는데, 그건 작은 도시에서는 아주 드문 일이어서 그가 마치 마법사처럼 보였다. 그는 곧바로 친구들에게 등을 돌리고 나에게 관심을 보이며 말을 걸었다. 나는 조만간 그가 '사라지기 마법'을 쓸 거라고 예상했다. 그는 아주 잘생겨서 아찔했고, 나는 그가 사준 술을 아껴 마셨다. 우리는 구석 자리에 꼭 붙어 앉았는데, 잠시 후 밝은 빛이 갑자기 쏟아졌다. 그 빛은 밤이 끝났고 우리가 일어나야 한다는 신호였다. 내가 의식하지 못하는 사이에 몇 시간이 지나갔다는 사실을 그때서야 깨달았다.

남자는 자신이 이웃 카페의 바리스타인데 화요일에는 정오에 근무가 끝난다면서 나에게 자기를 보러 한번 오라고 말했다. 그 주 화요일, 그는 나를 점심식사에 초대했다. 식사가 끝난 뒤에는 나에게 다음 주 화요일에도 오라고 말했고, 나는 그 다음 주에도 그를 찾아갔다. 우리는 근처 서점에 갔고, 나는 그에게 레이먼드 챈들러의 소설을 선물했다. 헤어질 때 그는 두 팔로 나를 껴안고 내 볼에 입을 맞추고 난 뒤 내 귀에 속삭였다. "화요일?" 그래서 나는 그다음 주에 또 그를 보러 갔다. 나는 그가 일을 마무리하는 모습을 지켜보기 위해 항상 약속 시간보다 1, 2분 일찍 도착했다. 나는 그가 카운터를 닦는 모습이 좋았다. 장난기와 즐거움이 반씩 섞인 그의 미소도 좋았다.

우리는 카페에서 음식을 먹거나 보드게임을 하거나 그의 차를 타고 여기저기 돌아다녔다. 그는 나에게 시를 읽어주고 그림을 보여줬다. 그는 자신이 소장한 음반들을 한 장씩 넘기며 나에게 들려줄 완벽한 노래를 골랐다. 나는 내가 단지 남자의 열정에 끌려 다니는 게 아니라 남자의 열정 안에 있어야 한다는 것을 그때 처음 알았다.

세상이 존재하는 방식이 둘로 나뉘었다. 화요일과 화요일이 아닌 날. 슈퍼마켓에서 일하는 날들은 점점 흐릿해져서 꿈처럼 느껴졌다. 아침마다 그에 관한 생각이 안개처럼 자욱했다. 슈퍼마켓 통로들은 조용한 욕망의 대성당이 됐다. 나는 그 통로를 홀로 걸으며 자유롭게 그를 찬양했다. 나의 감각은 그를 연상시키는 모든 것을 찾아 헤맸다. 텅 비고 어두운 가게는 성적인 색채를 띠었다. 나는 상자 테이프 뜯는 칼날을 칼집에서 꺼내 팽팽한 테이프를 잘랐다. 상자의 날개 부분이 벌어지면서 색깔들이 나타났다. 초록, 노랑, 빨강. 깨끗한 가공식품 캔들이었다. 나는 얌yam(야생 참마-옮긴이) 캔 하나를 손에 쥐고 금속으로 된 가장자리를 손가락으로 쓰다듬었다. 어떤 캔들은 움푹 패여 있었고, 밀봉 부위가 망가져 있었고, 내용물의 냄새가 밖으로 새어나와 나를 어지럽게 만들었다. 시간이 가고, 희미한 빛이 밝은 빛으로 바뀌고, 사람들이 슈퍼마켓에 들어왔지만, 그중 어떤 것도 나의 집중을 흐트러뜨리지 못했고 그 무엇도 내가 그를 생각하는 것을 방해하지 못했다. 나는 결핍에 의해 주조되고 잘 훈련된 도구였다.

우리가 함께 있을 때면 그는 나에게 바짝 붙어 섰다. 우리가 작별 인사를 나눌 때면 그는 나를 붙잡아 껴안고 내 볼에 담담하게 입을 맞췄다. 때때로 그는 내 옷을 꿰뚫어볼 수 있는 것처럼, 마치 눈으로 나의 가장 부드러운 부분에 닿을 수 있는 것처럼 나를 쳐다봤다. 1년 동안 화요일을 그렇게 보내고 나서, 내가 탭룸 지하로 통하는 계단을 내려갔더니 그가 거기에 있었다. 그는 방 맞은편에서 나를 바라보고 있었다. 그가 고개를 끄덕였고, 나도 고개를 끄덕였다. 그 순간은 항상 다가오고 있었고, 이제 우리는 때가 왔다는 것을 인정했다. 우리는 아무 말도 하지 않았다. 술집에서 함께 걸어 나갔다. 눈이 우리를 기다리고 있었다. 겨울이었다. 이제 막 내리기 시작한 눈의 상큼한 향기가 우리를 둘러쌌다.

내 아파트는 어두웠다. 집안으로 들어온 그가 말했다. "시작됐어." 그는 창가에서 조금 전에 내리기 시작한 눈을 바라보고 있었다. 바깥에서는 가로등이 눈송이를 환히 비춰주고 어두운 곳에는 타원들이 그려지고 있었다. 우리는 천천히 옷을 한 겹씩 벗었다. 그는 모자를 벗고, 장갑을 벗고, 또 하나를 벗었다. 그는 머뭇거리며 부츠로 옮겨갔고, 부츠 끈이 풀리는 동안 끈을 높이 들고 있었다. 질문이 허공을 맴돌았다. '부츠 끈을 다시 묶을까, 풀어지게 놓아둘까?' 그는 이제부터 어떤 일이 벌어지기를 원하는지에 관해 결정을 하는 중이었다. 다시 몸을 일으킨 그의 얼굴은 붉어져 있었다. 그건 섬세한 순간이었다. 그 순간 우리는 크리스탈처럼 투명한 친밀감 안에 붙잡혔다. 우리는, 양말만 신은 채, 단 둘이 있었다.

우리는 천천히 서로에게 다가갔다. 바깥의 불빛은 내가 못 알아보지 않을 정도로 밝아졌다. 머릿속에서 날카로운 통증이 느껴졌다. 그 순간 그가 나에게 다가온 걸로 보아 내가 얼굴을 찡그렸던 게 틀림없다. 그는 내 머리카락을 만지고 내 얼굴을 손으로 잡았다. 처음에는 살짝, 두 번째는 꽉 잡았다. 그는 손가락으로 내 관자놀이를 깊숙이 눌렀다. 그의 손길에 내 머릿속의 날카로운 통증은 사라졌다. 하지만 그가 나를 놓자마자 통증은 다시 찾아왔다. 안도감이 달아나고 있다는 충격적인 신호였다. 그의 손은 일 때문에 거칠어져 있었다. 그의 손톱 밑에는 페인트가 껴 있었다. 그에게서는 커피, 삼나무, 노간주나무, 진 냄새가 났다. 미소를 지을 때면 그의 입술 가장자리가 뒤집어져서 그가 정말 행복한 건지 의심스러워 보였다. 나는 그가 나를 만져주길 바랐고, 그 순간 그는 내 마음을 읽었는지 정말로 나를 어루만졌다. 엄지손가락으로 내 입술을 만지면서 내 이름을 불렀다. 내 관자놀이에서 떨어진 땀방울이 어둠 속으로 사라졌다. 집안이 어두워서 다행이었다. 내 얼굴, 나의 두려움을 감출 수 있어서가 아니라 그의 모습도 희미하게 보여서 내가 정신을 차릴 수 있었기 때문이다. 그는 너무나 아름다웠다. 밝은 빛 속에서 그를 마주했다면 나는 엉망으로 흐트러졌을 것이다. 이제 나는 점점 차오르는 감정과 욕구를 느꼈고, 다음 순간, 욕망의 꼭대기에서, 그가 나에게 키스하려고 몸을 숙였다. 그의 입술은 내 입술에 거의 닿았다가 비켜갔다. 내가 몸을 뺐기 때문이다.

그가 놀라서 눈을 깜박였다. 그의 얼굴은 빨갛게 달아올라 있었다.

"오. 미안해."

"아냐."

내가 부인했지만 이미 늦었다. 그는 자리에서 일어났다. 그 순간이 바닥에 살짝 내려앉았다.

"내가 잘못 알았나 봐…."

"아니…."

나는 부인했지만 더 이상 아무 말도 할 수가 없었다.

"내가 오해했어. 미안, 정말 미안. 난 우리가 그런 건 줄 알았어."

"그런 거 맞아. 정말인데…."

"이제 집에 가야겠어. 늦었어."

그는 내 얼굴을 쳐다보지도 않고 최대한 빨리 문 쪽으로 걸어갔다. 내가 일어서서 그에게 다가가자 그는 본능적으로 문틀에 몸을 딱 붙였다. 마치 문을 열려면 너무 오래 걸리기 때문에 그 문을 스르르 통과해서 사라져야 하는 상황인 것처럼.

나는 창문을 쓱싹쓱싹 문질러서 그가 거리를 내달리는 모습을 봤다. 이 남자, 영화배우처럼 잘생긴 남자가, 달빛 아래 나에게 키스를 한다고? 아닐 것이다. 나는 스타 영화배우 메리 애스터가 아니고 로렌 버콜도 아니다. 영화에는 나 같은 사람은 나오지 않는다. 교과서의 예시로도 나 같은 사람은 나오지 않는다. 위대한 로맨스에는 내 몸과 같은 몸이 포함된 서사는 없다. 나는 정서적 갈등이 많은 남자들, 못생겨서 이것저것 안 가리는 남자들에게나 어울린다는 걸 내가 몰랐던가? 알고 있었다. 그동안 교훈은 충분히 얻었다. 그리고 나는 교훈들에 감사하고 있었다. 나는 희망이라는 구멍이 뚫리지 않은 조개껍데기 안에 있을 때 더 안전했다. 그가 돌아가는 모습을 보며 나도 아쉬웠지만, 어차피 그런 결말을 피해갈 수는 없었다. 나에게는 유지되어야 하는 세계관이 있었다.

앤드류를 만난 건 6년 뒤였다. 그는 내가 가는 곳마다 나타났고, 나를 응시했고, 대화는 하지 않으려 했다. 억지로 말을 시키면 그는 단답형으로 대답하곤 했다. 어느 날 밤 우리는 술에 취해서 같이 잤다. 하늘하늘 내리는 눈송이는 없었다. 우리의 관계가 발전한 것도 아니었다. 그를 만나본 케이트는 이렇게 말했다.

"그래, 매력남이네. 그런데 솔직히 너는 그 사람이랑 어디까지 갈 것 같니?"

그래서 나는 케이트에게 솔직하게 대답했다. 나는 그와 진지한 사이가 아니고, 아무것도 없고, 이미 그에게 앞으로 몇 번 더 같이 자고 나면 다시는 당신을 생각하고 싶지 않을 것 같다고 말했다고.

앤드류는 차분하게 나를 받아들였다. 그는 자기 주변에 침묵의 웅덩이를 만들고 그 안에 녹아들어가는 능력이 있었다. 그는 머릿속의 빛을 꺼버리고 그냥 사라지곤 했다. 그가 그런 식으로 자신을 차단하고 있을 때면 그를 한 번만 쳐다봐도 그와 관계를 발전시킬 가능성은 없다는 생각이 들었다. 잠들어 있는 사람들도 자기 자신에게 지퍼를 채운 상태의 앤드류보다는 많은 이야기를 들려줄 것이다. 그의 그런 성격 때문에 나는 우리 사이에 아무런 변화도 없고 나를 속박하는 것도 없다고 잘못 생각했다.

앤드류는 빠른 속도로 나와 사랑에 빠졌고, 나는 그걸 그가 나약한 사람이라는 신호로 받아들였다. 그런데 그러고 나서 나도 빠른 속도로 그와 사랑에 빠졌다. 그건 배신처럼 느껴졌다. 나는 그 속임수를 알고 있었다. 나중에 내가 괴로워진다는 걸. 몇 주 동안 나는 그가 나를 비웃기 시작할 때를 기다렸다. 그가 "농담이야, 넌 그게 진짜인 줄 알았니? 내가 급해서 아무나 덥석 무는 못생긴 루저인 줄 알아?"라고 말하기를 기다렸다. 하지만 기다리던 몇 주가 그냥 지나갔고, 더 많은 시간이 흐를수록 나는 그를 자극해서 "그래, 그래. 다 농담이었어"라고 털어놓게 만들고 싶어졌다. 우리의 섹스는 특별해서 나는 그 바깥으로 나갈 수도 없고 그 위로 올라갈 수도 없었다. 그가 나를 만지면 나는 오직 그와 함께 있었고 다른 어디에도 갈 수가 없었다. 그는 내 마음을 끌어당겨 내 몸속에 자신을 집어넣고 내가 그 안에서 살게 했다. 나는 그게 못마땅했다. 그와 함께 있지 않을 때 나는 그가 그리웠고, 그래서 화가 났다. 나는 기다리고 또 기다렸고, 기다리는 동안 그가 잔인하다는 증거를 억지로 만들어냈다. 한번은 그가 백화점에서 내 손을 잡고 있다가 진열대에 있는 뭔가를 만져보려고 내 손을 놓은 다음 다시 잡아주지 않았는데, 나는 그가 공공장소에서 나와 함께 있는 모습을 보이는 게 창피해서 그랬다고 확신했다. 그래서 그날 밤 그에게 분노를 쏟아내고, 내가 생각해낼 수 있는 온갖 욕을 다 하고, 그에게 나를 별로 사랑하지 않는다는 걸 제발 인정하라고 사정했다.

앤드류는 내 말을 들은 뒤 겉으로 드러나지 않는 나의 두려움을 간파했다. 그는 내 말에 움찔하거나 성내지 않았다. 내가 말을 마친 다음, 그는 판단을 개입시키지 않고, 물러서지도 않고, 확고하게 말했다.

"네가 그러면 내 마음이 아파. 그만하면 좋겠어."

분노가 내 가슴속에서 타올랐다. 그는 나의 분노를 봤고 진짜 나를 봤다. 그러고도 달아나지 않았다. 그는 내 앞에 서 있었다. 그도 기다리고 있었다는 걸 나는 깨달았다.

나는 다른 사람들이 우선 내 몸을 보지 않게 되어야 한다고 생각했다. 그러고 나서야 잠긴 문이 열리고 진짜 내 모습을 보여줄 수 있다고 생각했다. 하지만 사랑, 욕망, 섹스라는 영역에서는 상대가 내 몸을 보지 않는 게 아니라 다시 봐주고 내 몸에 대한 갈망을 발견해야 했다. 앤드류는 그걸 너무 쉽게 해냈다. 그는 복잡할 것도 없이 나의 전부를 원했다. 나는 그걸 믿지 않았을 뿐 아니라, 그것 때문에 나 자신이 노출된다고 생각했다. 어둠 속에 갇혀 지내면 안전하다. 사람들이 나를 거부하고, 내 곁에 있을 때 불편해하고, 나를 걸어 다니는 비극 외에 다른 어떤 것으로도 보지 않으려 한다는 것. 이 모든 것이 나의 어떤 책임을 면제했다. 어떤 의미에서 나는 자유로웠고 사람들의 영역 바깥에서 살아갈 수 있었다. 그리고 나를 배제하려는 사람들에게 마음껏 우월감을 느꼈다. 어둠을 벗어나 밝은 빛 아래로 나가서 나를 드러낸다는 건 힘든 일이었다.

앤드류를 바라보자, 내가 사랑하면서도 함부로 대하던 남자의 모습이 보였다. 나에게 아무런 책임도 없는 시기는 끝났구다. 내가 오랫동안 간직했던 애처로운 상처들이, 나의 멜로드라마와 자기연민이 누군가를 아프게 하고 있었다니! 앤드류는 친절하게도 나에게 그런 부분을 직설적으로 이야기했고 변화할 기회를 주었다. 그와 함께하는 날들은 영화 같지 않았다. 현실적으로 펼쳐졌다.

교회에서 울리는 종소리가 호수를 가로질러 희한하게 메아리쳐, 주변의 산들에 부딪치며 뒤틀린 멜로디를 연주했다. 종소리는 무질서하고, 거칠고, 날카로웠다.

바렌나에서 마지막 식사를 마치고 산악지대로 들어갔다. 전날 등산을 해서 몸이 뻣뻣했는데, 잠시 뒤에는 단순히 몸이 뻣뻣한 것을 넘어 극심한 고통에 휩싸였다. 나는 걷고 또 걸었다. 높이, 더 높이 올라갔다. 내가 원하는 건 고통이었고, 내 육체와 정신의 추함을 느끼는 것이었다. 고통은 나의 가려운 곳을 긁어주고, 내가 확인해달라고 소리치는 것을 확인해줄 테니까.

해가 사라지는 광경을 봤다. 나는 해가 천천히 저물기를 바랐다. 그 깨달음의 순간에 오래 머물며 그 시간을 꿀꺽 삼키고 이 호수, 산, 꽃과 야자수의 풍경을 내 안에 영원히 간직하기 위해서였다. 다음 날 아침은 그곳에서의 마지막 아침이었는데 늦잠을 자는 바람에 해돋이를 놓쳤다.

기차가 덜컹거리며 코모 호수에서 멀어지는 동안, 눈을 감자 남편도, 짐도, 눈 내리는 밤의 그 남자도 아니고, 그 무관심한 남자가 보였다. 내가 그 무관심한 남자의 침대 가장자리에 알몸으로 있는 모습이 보였다. 그가 나에게 자기 눈에 뭐가 보이는지 이야기하는 소리도 들렸다. 그는 나에게 내가 너무 추해서 섹스를 못 하겠다고 말했다. 그건 내 잘못도 아니고, 그의 잘못도 아니고, 그저 사실이라고, 돌이킬 수 없는 사실이라고. 그건 안타까운 사실이고, 확고하게 닫힌 문이라고. 나는 그 타당한 잔인함, 나에게 익숙한 친구를 상상했다. 나는 진심으로 그걸 원했다. 그의 섹스가 아니라, 동정에 가려지지 않은 그의 판결을 아주 가까이에서 느끼고 싶었다. 그의 맨얼굴을 보고 싶었다. 누군가가 숨은 메시지 없이 명료하게 말하는 걸 들으면 아름다울 거라고 상상했다.

유고슬라비아 출신의 행위예술가 마리나 아브라모비치Marina Abramovic의 〈리듬 0〉의 사진을 본 적이 있다. 그녀는 아무 말도 하지 않고 여섯 시간 동안 가만히 서 있었고, 그 옆 탁자에는 72개의 물체가 놓여 있었다. 깃털, 꽃, 와인, 칼, 면도기, 장전된 총…. 관람객들은 그들이 원하는 방식대로 그 물체들을 그녀에게 사용해도 된다는 지시문이 있었다. "나는 오브제다. 약속된 시간 동안은 내가 모든 책임을 진다."

행위예술은 점잖게 시작됐다. 사람들은 아브라모비치를

간지럽히거나 그녀에게 입을 맞췄다. 그녀는 누구도 바라보지 않았고 어떤 것에도 반응하지 않았다. 몇 시간이 지나자 사람들은 면도날로 그녀가 입은 옷을 잘라냈다. 어떤 사람은 그녀의 목을 칼로 긁고 그녀의 피를 마셨다. 사람들은 그녀를 더듬고 때렸다. 장전된 총을 그녀의 손에 쥐어주고 나서 그녀의 머리를 겨누기도 했다. 다른 누군가가 그 총을 치웠다. 그 총으로 어디를 겨냥할지를 두고 관람객들 사이에서 다툼이 벌어졌다. 나중에 아브라모비치는 그녀가 느꼈던 두려움과 폭력에 관해 설명했다. 하지만 나는 사람들이 자신의 본성을 드러내는 추함의 파편들 속에서 그녀가 깨어 있고 살아 있다는 고양된 느낌도 함께 느꼈을 거라고 생각했다. 어떤 사람은 칼끝으로 그녀를 그었다. 그건 정말 무시무시한 일이었지만, 그 감각은 정말로 생생하고 선명했을 것이다. 사람들에게서 최악의 모습을 끄집어내는 오브제가 된다는 데는 어떤 힘이 있다. 불확실한 희망에서 벗어나 절대적인 무관심을 향해 나아가는 행위에는 기쁨이 있다.

여섯 시간이 지나 행위예술이 끝났을 때 아브라모비치는 더 이상 물체가 아니었고, 그녀 자신으로 돌아와 걸어 다니기 시작했다. 그러자 관람객들은 모조리 달아났다. 그녀가 사람으로 보이기 시작하자 그 자리에 남아서 그녀를 계속 마주볼 수가 없었던 것이다.

코모 호수가 마지막으로 보인 뒤 사라졌다. 어렴풋이 밀라노가 보였다. 일주일 뒤면 나는 다시 브루클린에 있을 것이다. 내가 돌아가면 그 무관심한 남자는 나를 저녁식사에 초대할 것이고, 우리는 그 중식당에서 다시 만나고, 그 자리에서 그는 자기가 파티에서 어떤 여자를 만나 사랑에 빠졌다고 나에게 말할 것이다. 나는 그 여자를 만나게 될 것이다. 그녀는 아름답고 똑똑하고 친절한 사람이다. 나중에 그는 자신의 원칙을 버리고 정관절제술을 되돌리고, 그녀는 그의 아이를 낳을 것이다. 딸이 태어날 것이다. 남자는 이제 달라졌다. 그 무관심한 남자, 나를 무시하고 나의 모성을 함부로 판단하던 그 남자가, 이제 아빠가 돼 있다. 무엇이, 어떻게 달라졌을까? 중요하지 않다. 시간이 그의 신념을 약화시키고 새로운 믿음을 만들었다. 변화는 파도처럼 찾아와서 그의 오래된 자아를 바다로 흘려보낸다. 나는 코웃음을 치고 싶지만, 교훈적인 두려움을 느낄 따름이다. 운명의 경로가 바뀌는 걸로 말하자면 나 자신도 예외가 아니다. 나 역시 어느 변화무쌍한 해변에 서서, 파도가 밀려와 나를 어디론가 데려가기를 기다리고 있다.

구경꾼의 나약함

코모 호수에서 밀라노로 돌아오는 기차 안에서 잠이 들었다. 꿈에 울프강이 나왔다. 늘 반복되는 꿈이었다. 항상 똑같다. 처음에는 아무것도 없다. 소리가 하나도 없어서 조용한 게 아니라 오히려 뒤집힌 소리가 있다. 텅 빈 울림이 나에게 뭔가 잘못됐다는 신호를 보낸다. 나는 아이의 소리를 찾는다. 아이의 울음이나 거친 숨소리를 들어보려고 한다. 아이에게 무슨 일이 있는지 걱정되지만 그게 사실로 확인될까봐 겁이 난다. 울프강의 방문을 향해 나아가려고 하지만, 나는 절대 복도 끝까지 가지 못한다. 꿈은 이렇게 무자비하게 나를 곤경에 빠뜨리고 회색 빛 안에 붙잡아둔다. 나는 움직이긴 하지만 앞으로 나아가지는 못한다.

여행가방들로 인해 쿵쿵거리고 바스락거리는 소리에 잠에서 깼다. 기차가 밀라노 중앙역에 도착했다. 나를 호텔로 데려다줄 버스로 환승했다. 내 눈에 보이는 밀라노는 맨해튼 중심부와 비슷했다. 목표지향적인 회색 도시. 출근하는 사람들로 가득 찬 도시. 한 여자가 거리에서 파워워킹을 하는 모습을 봤다. 그녀의 뛰어난 방향감각을 관찰하는 동안 나의 자신감도 높아졌다. 그녀는 우리 엄마와 비슷했다. 얼굴 생김새가 아니라 동작이 똑같았다.

호텔에 체크인한 뒤 나는 거칠거칠하고 실용적으로 보이는 카페트 위에 누웠다. 몸은 뻣뻣해져 있고, 앞으로 벌어질 일이 걱정된다. 통증을 계산해봤다. 뭘 좀 먹어야 하는데 룸서비스는 없었다. 가장 가까운 식당은 두 블록 떨어져 있는데, 거기까지 걸어가는 데 에너지를 써버리면 안 될 것 같았다. 한 시간 후에 산시로San Siro를 향해 출발해야 했다. 이번 경험을 위해 얼마나 걷고, 얼마나 서 있고, 얼마나 참아야 할지 걱정이고, 그런 생각을 하니 점점 더 불길한 느낌이 들었다. 계속 다가오기만 하는 저녁 속에 숨어 있는 고통밖에 생각나지 않았다. TV를 켜보니 한 채널에서 제임스본드 연속 상영을 시작하고 있었다. 영화는 이탈리아어로 더빙되어 있었고 상영 10분마다 광고가 나와서 액션이 중단됐다. 호텔 바닥은 시원하고 편안했다. 화면 속에서는 본드가 나 대신 유럽 곳곳을 뛰어다니며 악

당들을 추격하고 있었다. 등을 대고 누워 무미건조한 시간들이 깜박거리며 지나가도록 놓아두고 싶은 마음이 간절했다.

심호흡을 하고 중립의 방에 자리를 잡았다. 그곳에서는 그날 저녁에 생길 일에 관한 나의 믿음을 내려놓고 다음 할 일에만 집중할 수 있었다. 다음 할 일이란 척추를 곧게 펴는 것이었다. 정해진 순서대로 동작을 수행하고, 수를 셌다. 혼자 있어서 다행이었다. 사람들 앞에서 스트레칭을 할 때는 시선을 의식하게 된다. 그건 내가 우스꽝스러워 보이기 때문만은 아니고, 다른 사람들이 내가 고통스러워하는 모습을 보면 스트레스를 받기 때문이다. 사람들은 나를 도와주고 싶어 하지만 어떻게 도와줄지를 몰라서 법석을 떨고, 그러면 나는 모든 것이 더 부담스러워진다. 내가 느끼는 것들을 숨기는 편이 더 쉽다. 그리고 울프강이 만 여섯 살에 가까워진 지금은 다른 의미에서 그 숨기기 기술이 중요해졌다.

나는 울프강이 내 걱정을 하거나 나의 불안을 떠안기를 바라지 않기 때문에 아이를 보호하기 위해 조용히 있었다. 하지만 내가 어떻게 하든 녀석은 모든 걸 흡수하고 반사했다. 울프강은 나를 아주 가까이서 관찰했다. 내가 어디를 가든 졸졸 따라다니고, 내 얼굴을 끈기 있게 살피고, 내 옆구리에 딱 붙어서 절대로 헤어지려 하지 않았다. 울프강은 자기가 나의 '작은 그림자'라고도 말했다. 시계를 보고 울프강이 집에 있는 모습

을 떠올렸다. '잘 시간이로구나, 나의 작은 그림자야.'

로토 역까지 지하철을 타고 가서 전차로 환승해, 이탈리아에서 가장 큰 경기장인 산시로로 갔다. 경기장 주변의 대지는 작은 상업 지구로 변모했다. 키오스크에서 행상인들이 행인들에게 소리치며 기념 티셔츠, 광택 나는 포스터, 장식품, 열쇠고리, 생수, 튀김 같은 상품들을 판매하고 있었다.

한 남자가 실을 꼬아 만든 팔찌를 팔기 위해 호객하는 모습이 보였다. 그는 경기장 출입문들을 빠르게 통과하는 사람들에게 접근했다. 그가 젊은 아가씨에게 다가갔지만, 그녀는 그를 무시하고 걸어갔다. 그러자 남자는 여자의 소매에 팔찌를 채웠고, 실로 만든 팔찌가 소매에 딱 붙었다. 남자가 소리치기 전까지 그녀는 알아차리지 못했다. 남자는 사람들의 이목을 끌려고 했다. 남자의 사기 행위가 통하려면 사람들의 시선이 필요했다. 그는 그 여자가 팔찌를 훔쳐갔다고 계속해서 소리쳤다. 그녀는 자기 팔에 팔찌가 걸려 있는 걸 보고 비명을 질렀다. 그녀가 팔을 흔들어보았지만 가느다란 실은 소매에서 떨어지지 않았다. 남자는 그녀에게 돈을 요구하며 말다툼을 벌였다. 여자는 창피함에 얼굴을 붉혔다. 사람들이 그들을 쳐다봤다. 여자는 남자 쪽은 쳐다보지도 않고 그 구경꾼들을 쳐다봤다. 남자는 그걸 보고 있었다. 그는 자기가 유리해졌다는 것을 알았다. 그녀의 불편한 마음이야말로 그에게는 최고의 수단이니까. 그는 계속해서 그 여자에게 고함을 치고, 이제는 군중을 상대로만 연기를 하면서 그들의 관심을 더 끌고 여자의 굴욕감이 견딜 수 없는 지경에 이르게 만들었다. 구경꾼은 점점 늘어났지만 아무도 입을 열지 않았다. 군중은 그저 쳐다보기만 했고, 나도 그랬다. 마침내 여자가 분노로 떨리는 숨소리를 내뱉으며 1유로를 건넸다. 남자는 그 돈을 받아 가지고 사라졌다. 여자는 열네 살 이상으로는 보이지 않았는데, 자기 손에 들린 팔찌를 쓰레기통에 획 던져버렸다.

바닥에서 김이 올라왔다. 인도에서 올라오는 풀처럼 끈적하고 뜨거운 하얀 증기가 내 폐를 가득 채워서 아플 지경이었다. 나는 땀에 젖은 치맛자락을 몸에서 떼어냈다. 철근과 콘크리트로 만든 거대한 성곽 같은 산시로 경기장을 향해 걸어갔다. 이 커다란 경기장에서 내가 또 어떤 고역을 치르게 될지 두려운 마음이었다. 지정된 좌석에 바로 앉아 쉴 수 있을 줄 알았는데, 아직 아무도 안으로 들어가지 못했다. 그냥 갈까도 생각했지만, 그 상황이 나에게 접근 불가능하다는 사실을 솔직하게 직접 대면할 때 내가 느끼게 될 수치심과 상처가 싫었다. 나는 소외되고 싶지 않았다. 다른 사람들은 걱정하지 않는 것 같았다. 웃음소리와 유쾌하게 재잘거리는 소리가 들렸다. 잠시 동안 주변에 있는 사람들의 눈을 통해 산시로를 바라봤다. 기뻠과 즐거움과 오락을 위해 세워진 구조물. 우리는 좋은 시간을 보내기 위해 그곳에 모여 있었다.

산시로는 8만 명을 수용할 수 있는 경기장이었는데, 그 많은 사람 중 한 명이 줄을 빨리 서기 위해 내 옆으로 달려가다가 나를 넘어뜨렸다. 나는 콘크리트 바닥에 넘어졌고, 두 손과 무릎에 찰과상을 입었다. 두 여자가 내 옆으로 와서 이탈리아어로 나에게 뭐라고 말하고 내 팔꿈치를 붙잡더니 내 팔을 내 옆구리에 딱 붙였다. 나는 장애 때문에 이동할 때 다른 사람들이 직관적으로 이해하는 것과 다른 방식으로 팔을 사용해야 한다. 두 다리의 운동 제어 능력이 떨어지기 때문에 내가 일어서거나 계단을 오를 때는 두 팔을 사용해 균형을 잡으며 움직여야 한다. 두 여자는 서투른 동작으로 나를 잡아당기며 두 발을 디디고 일어서라고 재촉했지만, 그들이 내 팔을 붙잡고 있었으므로 나로서는 일어나기가 더 어려웠다.

"저는 괜찮아요. 투토 베네, 투토 베네Tutto bene, tutto bene(이탈리아어로 '괜찮아요, 괜찮아요'라는 뜻-옮긴이)."

내가 두 여자에게서 벗어나려고 꿈틀거리자 두 여자는 웃음을 터뜨렸다.

"투토 베네." 내가 다시 말했다. 이번에는 나의 좌절을 감추지 않았는데 두 여자는 더 크게 웃었다. 내가 화를 내는 걸 보니 웃긴 모양이었다. 두 여자는 나를 달래듯 뭐라고 속삭이고 미소를 지으며 나를 더 꽉 잡았다. 내가 표현하는 감정들이 유치하고 비위협적인 걸로 받아들여지는 건 흔한 일이다. 나의 수줍음, 나의 작은 키, 그리고 약해 보이는 신체가 다른 사람들의 눈에는 나를 어린애 취급하고 내 주체성을 부정할 이유로 보이는 모양이다.

두 여자는 나를 긴 줄의 맨 뒤로 데려갔다. 경기장에 들어가려면 모두가 기다려야 했다. 패배의 물결이 나를 덮치는 바람에 잠시 구역질이 났다. 무릎에서는 피가 나고 있었다. 내 앞에는 옷을 잘 입은 남자들이 서 있었다. 그들은 담배를 피우고 있었고 그들의 물병에서는 보드카 냄새가 났다. 그들은 즉흥적으로 춤을 추면서 서로를 껴안았다. 그들은 내가 이해하지 못하는 언어로 서로에게 속삭였다. 내가 그걸 이해하지 못한 이유는 그게 이탈리아어라서가 아니라 가까운 친구들 사이의 비밀스러운 언어였기 때문이다. 한 남자가 내가 자기 뒤에 서 있는 것을 알아차렸다. 그의 입술 가장자리가 살짝 올라가서 미소 짓는 표정과 비슷해졌다. 축축한 입고, 땀에 절었고, 얼굴은 벌겋고, 피를 흘리고 있는 여자. 필시 나는 불길한 징조로 보였을 것이다. 남자는 몸을 흠칫 떨며 담배에 불을 붙였다.

주위를 둘러보니 다른 줄들은 움직이고 있었다. 내가 가진 표를 보고 경기장 출입구를 제대로 찾아왔는지 다시 확인했다. 담배를 태우던 이탈리아 남자는 내가 걱정스러운 얼굴로 두리번거리는 모습을 보고 동정심 어린 미소를 지었다.

"영어 하세요?" 내가 묻는다. 남자의 미소가 더 커졌다.

남자에게 내 표를 보여주면서 내가 잘 찾아온 것인지 물어봤다. 그는 고개를 끄덕이고 나서 내 표에 적힌 자리를 알려줬다. 내 표에 표시된 자리는 '중앙 GA'라고 했다. 나에게는 지정된 좌석이 없었다. 그는 나에게 일반석 입장료를 냈으므로 경기장의 넓은 개방 공간 한가운데 있는 입석 전용 공간에 들어갈 수 있다고 했다. 나는 앉을 수가 없을 것 같았다. 사방에 나보다 키 큰 사람들이 있어서 나는 그 사이에 끼어 아무것도 못 볼 것 같았다.

버스 한 대가 내 뒤쪽의 공터에 세워져 있었다. 그쪽으로 걸어가서 버스를 타고 호텔로 돌아가는 건 정말 쉬운 일이었다. 굴욕감 아래서 안도감이 느껴졌다. 따뜻한 차, 전기담요, 진통제. 줄도 안 서고, 더 이상 서 있지 않아도 되고, 낯선 사람들도 없는 곳. 나에게는 핑곗거리가 필요했는데 이제 그게 생겼다. 그때 실을 꼬아 만든 팔찌를 파는 사기꾼이 주차장 근처를 어슬렁거리며 다음 목표물을 찾는 모습이 얼핏 보였다. 그 순간 다른 아이디어가 떠올랐다.

나는 버스에서 몸을 돌려, 경기장의 아랫배처럼 불룩하고 시원한 곳을 향해 걸어갔다. 줄 앞쪽에 있는 보안요원들에게 다가가 속도를 늦추고 나의 절뚝거리는 걸음을 강조했다. 줄을 따라 앞으로 가면서 내가 지나치는 사람들을 뚫어져라 쳐다봤다. 그들의 시선이 나를 따라오기를 바랐다. 담배를 태우던 이탈리아 남자와 그의 친구들은 호기심이 동했는지 내가 걸어가는 모습을 바라보고 있었다. 나는 보안요원들에게 다가가면서 고개를 숙여 정중하게 인사했다. 한 명이 뭐라고 말하려고 입을 열었지만, 내가 절뚝거리며 다가간 뒤 그를 그냥 지나치는 모습을 보고는 더는 말하지 않았다. 나는 출입문 쪽의 엉성한 사슬 밑으로 몸을 숙여 경계를 넘고 경기장 안으로 들어갔다. 긴 줄을 서서 기다려야만 하는 사람들과는 멀어졌다. 아무도 나에게 뭐라고 하지 않았다. 나는 계속 걸어갔다.

밀라노에 도착하기 두 달 전, 나는 야간 강의에서 기말고사를 앞둔 학생들을 대상으로 복습을 진행하고 있었다. 그때는 5월 말이었고, 술집에서 제이크와 콜린을 만난 지 몇 주 뒤였다. 그날 이후로 두 사람을 보지 못했지만 머릿속으로 우리가 나눈 대화의 기억을 여러 번 곱씹었다.

나는 칠판 앞에 서서 학생들에게 데카르트의《성찰》에서 무엇이 기억나느냐고 물었다. 우리의 수업 주제는 칸트로 넘어갔고, 다음은 흄이었다. 수업이 끝나갈 무렵이 되자 학생들은 내가 칠판에 쓰는 글씨 대신 내 머리 위의 벽시계를 쳐다봤다. 몇몇 학생은 가방을 챙기기 시작했다.

그 순간 샤론이 욕을 지껄이면서 문을 확 열고 들어왔다. 그녀는 맨 앞줄에 자리를 잡았다. 나는 칠판에 뭘 쓰다가 멈췄다. 샤론은 새로운 일을 시작하기 위해 대학에 다시 입학했기 때문에 다른 학생들보다 나이가 많았다. 그녀는 얼굴 전체에 짙은 화장을 하고 다림질된 바지 정장을 입고 있었다. 그녀가 돌려가며 입는 정장 세 벌 중 하나였다. 그녀는 수업에 늦게 들어와서 강의실 뒤쪽에 앉아 잠들어버리곤 했다.

학기 초반, 플라톤의 〈동굴의 우화〉를 공부한 후에 나는 학생들에게 플라톤이 말한 '앎의 부담burdens of knowledge'이 무엇인지 분석해 에세이를 써오라고 했다. 그러자 샤론은 남편과 함께 살기 위해 나이지리아에서 뉴욕으로 이주한 일에 관한 글을 써냈다. 그들 사이에는 아이가 셋이었지만 15년 동안 떨어져 살았다고 했다. 남편은 나이지리아를 떠나 미국에서 운전사로 일했다. 샤론이 미국에 도착한 지 6개월 뒤, 남편은 자기 자신에 관한 어떤 진실을 밝히고 그녀와 아이들을 떠났다.

에세이의 마지막 부분에서 샤론은 짧은 이론 하나를 제시했다. 간단히 말하자면 모든 사람은 항상 혼자 힘으로 자기만의 동굴에서 나오려고 애쓰는 멍청이라는 내용이었다. 나는 그게 흥미 있는 이론이라고 생각해서 에세이의 여백에다 '와우!'라고 썼지만, 그녀가 그 이론을 플라톤의 비유와 제대로 연계시키지 않았으므로 감점을 했다.

샤론은 자리에 가만히 앉아 있지 않았다. 나는 다른 학생들과 복습을 계속했다. 그러다 샤론의 휴대전화가 울렸고, 그녀는 전화를 받으러 강의실 밖으로 나갔다. 그녀가 뭐라고 고함 치는 소리가 들렸다. 나는 문을 열고 복도를 내다봤다. 그녀가 전화를 끊고 굉장한 속도로 달려가 사물함을 쾅쾅 쳤다. 금속이 '쨍그랑'거리는 소리가 복도에 메아리쳤다. 나는 강의실로 돌아가서 문을 닫았다.

샤론은 수업이 끝날 때까지 돌아오지 않았다. 그녀의 자리에는 가방이 버려진 채로 있었고 책상 위에는 자동차 열쇠가 있었다. 나는 교실 문을 잠가야 했지만, 샤론의 물건을 복도에 두고 가고 싶지는 않았으므로 교실에 남아 채점을 하면서 그녀를 기다렸다. 얼마간 시간이 흘러갔다. 나는 샤론의 빈자리를 응시했다. 기다리다 못해 벌떡 일어나 복도를 확인했지만 그녀는 어디에도 없었다. 바로 그때 샤론이 교실을 향해 폭풍처럼 달려왔다. 그녀는 나를 밀치고 교실 안으로 들어가 자기 물건을 챙겼다.

"샤론, 무슨 일 있니?" 내가 물었다. 샤론은 대답하지 않았다. "샤론?" 내가 다시 물었다.

가방 앞쪽의 지퍼가 열려 있어서 가방의 내용물들이 바닥에 쏟아졌다. 펜, 껌, 화장품. 나는 그쪽으로 걸어가서 그녀를 도와주려고 웅크려 앉았지만, 그녀는 마치 내가 자기 물건을 가져가기라도 할 것처럼 내 손을 밀어냈다.

“미안. 도와주려던 거야.”

“네, 제가 할게요.”

샤론의 몸이 갑자기 앞으로 기울더니, 리놀륨 바닥 위에서 구두 굽이 약간 미끄러졌다.

“제가 한다고요!”

샤론은 재빠른 동작으로 나머지 물건들을 주워 담고 다시 일어나서 문 밖으로 나갔지만, 강의실을 나가는 순간 어깨를 홱 돌려 이렇게 말했다.

“저를 출석으로 표시하는 거 잊지 마세요.”

“음… 그건 안 되겠는데.”

“왜 안 되죠?” 샤론은 다시 강의실 안으로 들어왔다. 그녀가 너무 빨리 내 앞으로 와서 서는 바람에 나는 몸을 흠칫 떨었다.

“넌 수업을 하나도 안 들었잖아.”

“아닌데요.”

샤론의 목소리가 달라져 있었다. 날카로운 목소리.

“제 가방이 저기 있었잖아요.”

“하지만 ‘너’는 수업에 없었잖니.”

“있었어요. 선생님이 제 가방을 봤으니까, 저는 여기 있었던 거잖아요. 수업에 출석했다고요.”

"있잖니, 내가 너를 출석으로 표시하느냐 결석으로 표시하느냐는 중요하지 않아. 그건 성적에 반영되지 않거든. 네가 기말고사 대비를 못 했다는 게 중요한 거지."

"하지만 저는 여기에 왔잖아요. 수업에 왔다고요. 출석으로 인정하셔야 해요."

"교실에 오기만 했다고 출석이 되진 않아. 실제로 수업에 참석해야지."

"대체 그게 무슨 뜻이죠?"

"마음이 딴 데 가 있었잖아. 집중을 해야지."

"선생님의 수업에 집중하는 사람이 있다고 생각하세요?" 샤론은 다른 학생들이 저녁 내내 멍한 표정으로 나를 향해 눈을 깜박이며 앉아 있었던 의자들을 가리켰다. "자, 자. 저는 여기에 와야 하는 거였고 실제로 왔잖아요. 지금 선생님 앞에 서 있어요."

"그래, 하지만 '여기에' 있어야지."

"농담하시는 건가요? 지금 빌어먹을 농담이라니!"

그녀의 목소리가 계속 높아졌다.

"저는 지금 여기 있어요. 출석이라고요. 저는…."

샤론은 말을 하다가 멈추고는 가만히 있었다. 나도 아무 말 없이 가만히 있었다. 사방이 고요했다. 그녀가 갑자기 몸을 구부려 내 얼굴 바로 앞으로 얼굴을 들이밀었다. 이제 그녀는 나에게 아주 바짝 다가와서 내 두 눈을 응시했다. 그녀가 입을 열고는 비명을 질렀다.

밤이었다. 9시가 넘었고, 학과 사무실들은 닫혀 있었고, 복도는 텅 비어 있었고, 청소부들은 아직 근무를 시작하지 않았다. 샤론의 비명이 복도에 울려 퍼졌다. 그녀의 숨소리는 나에게 너무 가까웠고, 그녀의 열기와 고동치는 피와 얼굴의 정맥들도 나에게 너무 가깝게 느껴졌다. 내 피도 고동치고, 감각은 예민해지고, 강의실 안이 밝아졌다. 나는 귀를 쫑긋 세우고 복도에서, 건물 밖에서, 앞마당에서 나는 소리를 들어보려 했지만 아무것도, 누구의 소리도 들리지 않았다.

"이제 나는 간다, 샤론."

나는 이렇게 말하고 밖으로 나갔다. 그러자 샤론이 나를 따라오며 소리를 질러댔다.

"지금 장난하자는 거예요? 제가 여기 있잖아요, 교수님. 여기 있다고요."

나는 건물 밖으로 나갔다. 텅 빈 앞마당은 캄캄했다. 비가 내리고 있었지만 빗줄기는 약했다.

"빌어먹을." 샤론이 소리쳤다.

지하철역까지는 네 블록을 걸어야 했다. 잠시 후 세 블록이 되고, 다시 두 블록으로 줄었다.

"빌어먹을!" 샤론은 내 옆에서 나란히 걸었다. "빌어먹을 난쟁이."

거리의 사람들이 발걸음을 멈추고 우리를 응시했다. 한 남자가 모퉁이 맥도널드에서 달려 나와 "저기요, 진정하세요"라고 말하며 두 손을 올려 샤론을 제지했다.

집에 도착하자마자 캔자스주에 사는 케이트에게 전화를 걸었다.

"잠깐, 그 여자애가 너한테 뭐라고 말했다고?"

케이트가 전화로 물었다. 나는 그 이야기를 다시 들려줬다.

"오, '조.'"

케이트가 탄식했다. '조'는 나의 어린 시절 별명이었다. 어릴 때 엄마도 나를 조라고 불렀다.

"그래서 너는 어떻게 했는데?"

"아무것도 안 했어. 그냥 지하철을 탔지."

"화가 많이 났니?"

"아니."

내 입에서 나오는 단어는 틀린 대답처럼 들렸지만 그건 진실이었다. 나에게는 그저 무감각하고 얼떨떨한 느낌만 있었다.

나를 만난 사람들은 이따금 이렇게 물었다. "당신에게 무슨 일이 있었던 건가요?" 사람들은 내가 어떤 사고나 질병의 희생자가 아니라 처음부터 장애를 가지고 태어났다고 상상하기가 더 어려웠던 모양이다. 그게 그들이 들어본 이야기였다. 어떤 사람이 그냥 자기 삶을 살고 있었는데 재앙이 닥쳤다는 이야기. 장애에 관한 대부분의 서사들은 이런 줄거리를 따라간다. 주인공에게는 그가 정상적이었던 '이전'이 있고 그가 정상적이지 않게 된 '이후'가 있다. 하지만 나는 항상 이 몸만 가지고 있었다. 나에게는 이게 정상적인 몸이다. 나의 자아상은 '다른 사람들'의 이전과 이후를 자각하는 데서 형성됐다. 나는 다른 사람들이 편안함을 느끼기 '이전'에서 그들이 나를 받아들인 '이후'로 전환하기를 기다렸다. 어떤 사람들은 금방 전환해서 나를 받아들였고 어떤 사람들은 끝까지 전환하지 못했지만, 나는 항상 그 전환을 찾으려고 했다.

내가 화를 내면 전환이 더 오래 걸렸다. 내가 조용히 있으면서 소극적으로 기다리면 사람들은 위협당한다고 느끼지 않고 나에게 빨리 익숙해졌고, 그러고 나면 우리는 소통을 시작할 수 있었다. 작가 랜돌프 본은《도움이 필요한 사람들The Handicapped》이라는 책에서 장애에 관한 그 자신의 경험을 다음과 같이 묘사했다. "기형인 사람의 문은 항상 잠겨 있고, 열쇠는 바깥에 있다." "그는 내면에 보물 같은 매력을 지니고 있을 수도 있지만, 바깥에 있는 사람이 그와 힘을 합쳐 잠긴 문을 열지 않는 한 그 보물은 절대로 발견되지 않는다. 평범한 사람들과 달리 그 사람에게 친구는 자기 자신의 성격을 발견하는 데 없어서는 안 되는 수단이다. 말하자면 그 사람은 친구들과 함께 있어야만 존재한다."

케이트는 콜린과 제이를 만난 날의 일에 관해 이미 알고 있었다. 케이트는 평생 나의 절친한 친구였고, 우리는 매일같이 이야기를 나눴다. 우리는 아주 어릴 때 만났기 때문에 그녀가 나를 받아들이는 데는 '이전'과 '이후'의 전환이 없었다. 우리는 우리가 서로를 알고 지내기 전을 기억하지 못한다. 우리는 항상 함께였다. 세월은 우리를 깎아내 본질만 남겼다. 나에게 그녀는 '케이트적인 존재'였고 그녀에게 나는 그저 '조'였다. 가끔 내가 케이트에게 사람들이 내 장애에 어떻게 반응했는지를 이야기하면, 그녀는 몇 초가 지나서야 내 몸에 반응한다는 게 무슨 뜻인지 기억해 낸다.

케이트에게 우리 우정의 이런 측면을 말로 설명해보라고 부탁하자 그녀는 이렇게 말했다.

"네가 태어난 날이 있었는데 그날 우리가 서로를 알지 못했다는 게 터무니없는 일이라는 생각이 가끔 들어. 내가 기억하는 한 너는 항상 곁에 있었거든. 너를 만나기 전의 삶은 상상할 수 없고 너 이후의 삶이란 어떤 것인지도 상상할 수 없어. 내가 나의 마음속을 이해하려면 네가 있어야 해. 아마 이런 게 가족이겠지."

그다음 주에 샤론은 기말고사 시각에 맞춰서 나타나 맨 앞줄에 앉았다. 그녀가 말없이 시험을 치르고 강의실을 나갔을 때 나는 속으로 이렇게 생각했다. '그래, 이제 끝이구나.' 나는 그녀의 시험지를 맨 먼저 채점했다. 그녀는 우수한 성적을 받았다.

성적이 공개된 다음 날, 메일을 확인했더니 샤론의 이름이 굵은 글씨체로 나를 향해 요란하게 소리치고 있었다. 나는 하루 내내 기다렸다가 그녀의 이메일을 열어봤다.

"교수님, 꼭 만나 뵙고 싶어요! 저를 만나주세요. 중요한 일이에요!"

내 앞 탁자에 교차시켜 놓은 두 팔에 고개를 묻었다. 눈을 뜨고 나와 딱딱한 탁자 상판 사이에 어두운 몇 센티미터 공간을 응시하면서 나의 선택지를 모두 따져봤다.

앤드류가 헛기침을 했다. 나는 그를 쳐다봤다. 그는 팔에 울프강을 안고 말했다.

"우리도 같이 갈게."

나는 샤론에게 모든 부교수들이 함께 사용하는 넓은 사무실에서 만나자고 했다. 사무실에 사람이 많을 것 같은 날짜와 시간을 택했지만, 막상 도착해보니 사무실은 비어 있었다. 학기는 끝났고, 모두 여름을 즐기러 가버렸다. 나는 전등을 모조리 켰다. 앤드류와 울프강은 건물 밖 뜰에서 잡기놀이를 하면서 기다렸다. 창문을 통해 두 사람의 모습을 볼 수 있었다. 나는 혼자가 아닌 것처럼 보이려고 물건들을 주변에 늘어놓았다. 책상 하나에 가방을 놓고, 두 번째 책상 위에 커피잔을 올려놓고, 세 번째 책상 앞에 앉았다. 발소리가 들렸다. 나는 불안한 마음에 사무실 문 쪽으로 걸어가서 문이 열려 있도록 고정시켰다. 발소리가 가까워졌다. 샤론이 팔 아래 뭔가를 끼고 사무실에 도착했다. 샤론은 문의 빗장을 풀고 들어온 후에 문을 닫았다.

"교수님, 안녕하세요."

"안녕."

"이거 교수님 아이를 위한 선물이에요."

그녀가 포장지에 싼 상자를 건네며 말했다.

"나한테 아들이 있다고 말했던가?"

"수업 시간에 항상 아들 이야기를 하시잖아요."

"내가 그랬어?"

"울프강이요."

"아, 맞아."

나는 이렇게 대답하고 상자를 바닥에 내려놓았다.

"교수님." 샤론은 나를 불러놓고 한참 동안 말이 없었다. 그녀는 나를 똑바로 보지 못했고, 나도 그녀를 똑바로 보지 못했다. 나는 그녀의 뒤편 유리창에 시선을 고정시켰다. 창밖에서 어떤 소리가 들릴 것을 상상했고, 유리창이 너무 두꺼워 나에게 닿지 않을 소리를 동경했다. 창밖 잔디밭에서 행복한 웃음을 흘리며 자유롭게 뛰어다니는 내 아들의 소리를 듣고 싶었다. 내 안의 갈망은 나에게 직접적으로 타격을 가했다.

샤론이 말했다. "저는 요즘 우리 아이들과 대화를 나누는데, 아이들이 저한테 화가 잔뜩 나 있어요."

그녀는 잠시 말을 멈췄다. 내가 말하기를 원한다면 말할 시간을 주려는 것 같았다.

"제가 일전에 교수님께 했던 말이요. 그거 있잖아요."

"알았어, 샤론."

"정말 죄송합니다, 교수님." 그녀의 두 손이 무릎에 올라왔다.

"그래, 괜찮아, 샤론."

"저를 미워하시죠?"

"아니, 당연히 아니지." 나는 이렇게 대답했다. 나는 샤론에게 어떻게, 얼마나 솔직하게 이야기해야 할지 몰랐다. 그녀는 이제 내 학생이 아니었다. 나는 그녀의 학기말 성적을 제출했고 그녀는 내 수업을 통과했다. 그래서 이제 우리의 관계는 불확실했다.

샤론은 마치 내 생각을 정확히 읽어낸 것처럼 나를 응시했다. 어쩌면 내 목소리와 자세에서 긴장된 중립성을 감지했을 것이다. 그녀는 마치 우리 사이의 어색한 분위기를 없애려는 것처럼 고개를 좌우로 흔들었다.

"교수님. 저는 해명을 하고 싶어요." 샤론이 조심스럽게 말했다.

"그럴 필요 없는데?"

"저한테 어떤 일이 생겨서 제가 제정신이 아니었거든요. 원래는 수업에도 안 가려고 했어요."

"이제 그건 중요하지 않아."

"제가 교수님을 그렇게 불러서 죄송해요."

그때의 기억이 다시 돌아왔다. 내 머릿속 생각으로 돌아온 게 아니라 눈 뒤쪽에서 열기가 퍼지고 내 목구멍이 뻣뻣해지는 감각으로 돌아왔다.

"네가 했던 말 있잖아. 그게 왜 공격적인 말인지 알아?"

"아뇨." 샤론이 대답했다.

나는 그녀에게 가르쳐줄 의무가 있을까 고민했다.

"찾아보렴."

"죄송해요. 정말 죄송해요."

"고마워, 샤론. 학기는 끝났으니 이제 됐어."

나는 다시 창밖을 내다봤다. 나는 상처를 입었고, 아주 피곤했으므로, 이 대화가 필요한 것 이상으로 길어지지 않기를 바랐다. 나에게는 샤론의 앞에서 직업정신을 보여줄 의무는 있겠지만 그녀를 동정해줄 의무는 없었다. 나는 그녀가 하는 말에 넘어가지 않기로 하고 뒤로 물러났다.

"제가 해명을 좀 해도 될까요?"

"부탁인데, 안 하면 좋겠다."

"전 진짜로 힘든 한 해를 보냈어요, 교수님."

"안됐구나. 나이지리아에서 이곳으로 온 지 얼마 안 됐다고 했지?"

"가나요."

"오, 네가 쓴 글에서는 나이지리아라고 했던 것 같은데."

"다 똑같게 느껴지시죠?"

"그게 아니라…." 나는 방어적으로 대답하려고 했다.

"괜찮아요." 샤론이 말했다.

"미안. 내가 실수했구나. 가나."

"네."

"아이 셋을 데리고 미국으로 건너왔다고?"

"네, 남편과 같이 왔지만, 남편은 저와 함께하는 걸 원하지 않았어요."

"힘들었겠네."

"복잡하긴 한데, 그게 최선이었어요. 남편은 아주 불행해했거든요. 술을 진탕 마시고 며칠 동안 사라지곤 했어요. 가족이 정해놓은 기대를 벗어나 진짜 자아를 찾기 위해서는 우리를 떠나야만 했어요. 우리 모두 지금이 훨씬 행복해요. 그 사람은 아이들에게 더 좋은 아빠가 됐어요. 제가 그날 상처를 받았던 이유, 교수님께 무례한 말을 했던 이유는 그게 아니었어요. 저는 진심으로 교수님이 안됐다고 생각하고요, 교수님 같은 분에게 못되게 굴고 싶지 않아요."

"내가 안됐다고 생각한다고?"

"어려움을 겪으시니까요."

"나는 네 상황이 안됐다고 생각하는데."

"저한테 남편이 없어서요?"

"아니, 그건 아냐."

"그럼 왜요?"

"정확히는 모르겠어. 그냥 네 이야기를 듣고 있으면 참 힘들겠다 싶어."

"제발요!" 샤론은 싫은 감정을 내비치며 말했다. "제가 안됐다고 생각하지 마세요. 저는 잘 살아요."

"그렇구나. 나도 잘 살아."

"네, 좋아요, 교수님. 우리 둘 다 잘 살아요. 알았어요."

바깥의 빛이 바뀌었다. 나는 샤론의 뒤쪽에 있는 큰 창을 통해 들어오는 빛이 푸른색에서 금색으로, 금색에서 초록색으로 변화하는 것을 봤다. 하늘에서는 에메랄드색 구름들이 흔들리며 마치 공작새 깃털처럼 부채꼴로 펼쳐졌다. 여름 태풍이 다가오고 있었다. 나는 어느 차양 아래에 서 있을 앤드류와 울프강을 생각했다. 그다음 순간에는 어느 누구도 생각하지 않았다. 나는 중립의 방으로 깊숙이 들어갔다. 내가 이 만남의 나머지 부분을 표면만 스치면서 무사히 통과할 수 있다는 자신감이 들 때까지 나의 내면을 무디게 만들었다. 그건 옳은 일이었다. 나는 그렇게 해야만 했다. 현재 순간의 강렬함을 피해 물러나는 일은 주체성의 한 형태일 수 있는데도 종종 수동성으로 오해받는다. 나는 불쾌했다. 오른쪽 엉덩이가 욱신거리고, 허리가 뻣뻣해지고, 샤론이 나를 모욕했던 기억이 다시금 떠올랐다. 나 자신의 눈물이 나를 위협하고, 과거가 나를 위협했다. 과거가, 그녀 이전에 다른 사람들이 나에게 던졌던 온갖 잔인한 말들이, 샤론과 있었던 일을 더 강력한 충격으로 만들었다. 그래서 나는 경직된 경계 상태가 됐다. 내 상처를 샤론에게 전가하지 않기 위해 거리를 뒀다.

샤론은 인내심 있게 나를 쳐다보고 내 얼굴을 살폈다. 나는 그녀의 시선을 피하지 않았다. 그녀는 아무 말도 하지 않았다. 잠시 후에야 나는 그게 무슨 상황인지 알아차렸다. 샤론은 내가 그녀와 마음을 터놓고 대화를 나누지 않으려 한다는 사실을 알아차렸고, 그래서 내 곁에 앉아서 나에게 충분한 시간을 주면서 혹시 내가 그 거절을 철회하고 대화에 참여할지를 알아보려고 했다. 시간이 흐르자 우리 사이에 조용한 어떤 감정이 자라났지만, 샤론은 그 순간을 서둘러 통과하려 하지 않왔다. 나는 그걸 진정한 호의가 담긴 행동으로 받아들였다.

"교수님. 그날 무슨 일이 있었는지 말씀드려도 될까요?"

"그래."

"그때 제가 화가 났던 건 얼마 전에 비욘세를 보고 왔기 때문이었어요."

"뭐라고?"

"이상하죠?" 샤론은 조그맣게 키득거렸다.

"비욘세?"

"맞아요."

"계속해봐."

"제가 비욘세 콘서트에 갔거든요. 자, 보세요."

샤론은 휴대전화를 꺼내 초점이 잘 맞지 않은 사진을 내게 보여줬다. 사진 속에서 미소 짓고 서 있는 그녀는 태양처럼 밝게 빛났다. 그녀의 머리카락에는 굵은 컬이 잡혀 있었다. 평소 수업에 입고 오는 폴리에스테르 바지 정장은 보이지 않았다. 사진 속의 그녀는 몸에 딱 붙는 검정색 원피스와 굽 높은 구두, 그리고 반짝이는 황금색 벨트를 착용하고 있었다. 그녀와 똑같이 번쩍거리는 옷을 입은 여자 세 명이 그녀와 함께 서 있었다. 그들은 모두 빛을 발하고 있었고, 아름다웠다. 샤론의 말에 따르면 그들은 지하철을 두 번, 버스를 한 번 타고 뉴저지의 메트라이프 경기장까지 갔다. 그녀는 자신이 좌석을 찾기 위해 그 굽 높은 구두를 신고 경기장의 계단을 얼마나 많이 올랐는지를 이야기했다. 그녀가 실눈을 뜨고 무대를 보니 비욘세가 있었다.

"기분이 얼마나 좋았는지 몰라요. 계속 소리를 지르게 되더라고요!"

샤론과 친구들은 서로에게 꼭 붙어서 모든 노래의 가사를 소리쳐 불렀다.

"비욘세는 꼭 보세요. 비욘세를 '직접 봐야' 해요. 그건 하나의 경험이에요. 그거야말로 하나밖에 없는 경험이에요. '비욘세 경험'."

나는 다시 자리에 앉았다.

"이해하시나요? 아니, 아니, 당연히 못 하실 거예요." 샤론은 두 손으로 허공을 휘저으며 내 말을 막았다. "아주 가까이서 보기 전에는 절대 이해 못 해요. 저는 아무런 장벽 없이 그녀를 볼 수 있어서 진짜 행운이라고 생각했어요."

샤론이 내 쪽으로 몸을 기울였다. 그녀의 얼굴 표정에 약간 창피한 감정이 드러났다.

"교수님. 혹시 신의 계시 같은 걸 믿으세요?" 그녀가 겸연쩍어하며 말했다.

"어떻게 믿는다는 거지?"

"신의 목소리를 들으신 적 있어요?"

"아니."

나는 그 대답이 진실이라고 생각했지만 어쩌면 아닐 수도 있었다. 어쩌면 나는 신의 계시와 신의 목소리를 믿고 있었는지도 모른다. 우리 이모 조지안느와 결혼했던 존 이모부가 언젠가 나에게 집에서 변기를 수리했던 이야기를 들려줬다. 이모부는 변기를 수리하다가 큰 실수를 해서 배관을 다 망가뜨렸다. 이모부는 물이 고이기 시작하는 욕실 바닥에 앉아서 눈물을 줄줄 흘렸다. 이모부는 목 놓아 울고 있는 자신의 모습에 충격을 받았다. 그 순간 과거와 현재는 무너지고 그가 실패했던 모든 일이 마치 방금 일어난 일처럼 머릿속에 하나하나 떠올랐다. 이모부는 그 예상치 못한 절망의 파도에 계속 부딪치면서 어찌할 바를 모르고 있었는데, 그 순간 어떤 목소리가 들렸다. 이모부는 아주 현실적이고 과학적인 사람이라서 종교적 감정이나 신비를 느끼는 법이 거의 없었다. 따라서 고장 난 변기 옆 욕실 바닥에서 울다가 어떤 목소리를 들은 것이 그분에게는 특별한 의미가 있는 일로 다가왔다.

그 목소리는 조용하면서도 확고하게 말했다.

"그래서 이제부터 무엇을 하려고 하느냐?"

이모부는 몸을 일으키고 생각을 가다듬었다.

'나는 이 변기를 고칠 것이다.'

그러고 나서 이모부는 다시 일을 시작했다.

샤론이 말했다.

"제가 공연장에서 비욘세를 보고 있던 중에, 제 안의 어떤 목소리가 '집중해'라고 말하는 거예요. 그래서 정신을 집중했더니 자기가 있을 곳을 정확히 아는 한 여성이 보였어요. 그 무대가 그녀가 있을 곳이었어요. 확실히 그랬죠. 원래 저는 자기가 있을 곳이 어디고 자기 자리가 어딘지를 그 정도로 확신한다는 걸 상상하지 못했는데, 그 순간에는 그걸 상상할 수가 있었어요. 그날 비욘세가 그게 어떤 모습인지를 저에게 보여줬거든요."

샤론은 코를 훌쩍였다. 내가 티슈를 건네주자 그녀는 코를 풀었다. 나는 여전히 딱딱한 미소를 짓고 있었다. 어떤 이유에선지 나는 그녀가 진짜로 하고 싶어 하는 이야기를 듣지 못하고 있었다.

"그날 저녁, 저는 교수님의 수업에 가고 싶지 않았어요. 교수님께 화가 났던 게 아니었는데, 교수님이 그 화를 끄집어내신 거죠. 출석으로 인정되는 조건을 두고 교수님께 대든 건 바보 같은 행동이었어요. 그럴 게 아니라 제 자신에게 질문해야 했죠. '내가 있을 곳은 어디인가? 나는 무엇을 하고 있어야 하는가? 지금 이 순간에 확신을 가지려면 무엇이 필요한가?'"

나는 대꾸할 말이 생각나지 않아 그냥 고개만 끄덕였다.

"비욘세 콘서트에 다녀오고 나서 월요일에요. 저는 가창 수업을 신청했어요. 그리고 학교를 그만둘 수도 있으니까 이게 내가 끝까지 앉아 있는 마지막 수업일 거라는 생각도 했어요. 그런데 그때 제 휴대전화가 울렸어요. 딸아이가 저희 집 승합차를 완전히 망가뜨렸다는 거예요. 아이는 팔이 부러졌고요. 다행히도 아이는 괜찮아요. 병원비가 엄청나게 많이 나올 거예요. 어쨌든 가창 수업은 못 받게 됐죠. 그 순간 저는 새로운 선택의 기회를 놓칠 것 같아서 겁이 났어요. 그건 사실이 아니었지만 그때는 그게 사실인 것만 같았어요. 저는 상처를 받았어요. 그런 상황에서 교수님께 소리를 질렀던 거예요."

지하철을 타고 집에 돌아가는 길에, 나는 샤론이 준 상자를 울프강에게 전달했다. 울프강이 상자를 열자 장난감 트럭이 나왔다. 우리는 잠시 침묵을 지켰다. 셋 다 그게 미지의 문명에서 발견된 물건이라도 되는 것처럼 그 트럭을 응시했다. 잠시 후 나는 내가 비욘세 콘서트에 절대로 가고 싶지 않은 온갖 이유를 지나치게 큰 소리로 늘어놓기 시작했다. 앤드류는 나를 유심히 살피며 내 이야기를 들었다. 내가 그게 너무 비싸서 우리 형편에 맞지 않는다고 하자 앤드류는 고개를 저었다. "아냐." 그리고 앤드류는 최근에 내가 학교에서 승진을 했으므로 이제는, 성인이 되고 나서 처음으로, 겁먹을 필요 없이 콘서트 표 하나 값 정도는 쓸 수 있다는 사실을 나에게 부드럽게 상기

시켰다.

“음, 그래도 내가 대중가수의 콘서트에서 신의 목소리를 들을 것 같진 않아.” 내가 비웃듯이 말했다.

“들을 수도 있고 아닐 수도 있지.”

“나도 비욘세 뮤직비디오를 봤거든. ‘최고의 경험’의 핵심은 나도 안다고.”

“당신도 그렇게 잘난 체를 할 때가 있군. 처음 알았네.”

“뭘 처음 알았다는 거야?”

“당신이 정말 가고 싶어 한다는 걸.”

“내 말을 듣고 있는 거야?” 내가 소리쳤다.

“아주 잘 듣고 있지.” 그가 대답했다.

하지만 나는 비욘세 콘서트에 가고 싶지 않았다. 아니면 두려움을 취향으로 착각하고 있었던 것도 같다. 샤론이 자기 경험을 설명할 때 나는 그 말을 듣고 있긴 했지만 진짜로 귀를 기울이지는 않았다. 그때 나는 우리의 대화에서 분리된 느낌이었다. 마치 사무실 밖의 복도에서 관찰하고 있는 것처럼. 나는 샤론이 경기장까지 가는 과정을 상상하다가 다른 생각으로 빠졌다. 그녀는 “지하철 두 번에 버스 한 번”이라고 말했다. 그러고 나서 걷고, 서 있고, 계단을 오르고, 몇 시간 동안 다리를 뻗을 수도 없는 딱딱한 플라스틱 의자에 앉아 있었다고 했다.

그 모든 게 내 몸에는 너무 큰 부담일 것 같았다.

"꼭 가셔야 해요. 비욘세는 꼭 봐야 해요. 그건 최고의 경험이에요."

하지만 나는 갈 수 없었다. 신의 계시가 있다는 장소가 나에게는 접근 불가능한 곳이었다.

나에게 익숙한 방어 기제는 '탈취take over'였다. 즉 그 경험을 추상화해서 이론으로 만들며 우월감을 느끼는 것이었다. 취향으로 보나 지적인 면으로 보나 대중가요 콘서트는 내 수준에 맞지 않는 경험이라고 나 자신을 설득했다. 다수 대중에게 매력적인 그런 경험은 틀림없이 뭔가를 결여하고 있을 것이라고. 그냥 손쉬운 쾌락이거나, 영국의 철학자 버나드 보샌켓Bernard Bosanquet이 말한 '쉬운 아름다움easy beauty'일 거라고.

쉬운 아름다움은 눈에 잘 띄고 편안하다. 단순한 곡조, 단순한 공간적 리듬… 장미, 젊은이의 얼굴, 전성기를 맞이한 사람의 육체. 이 모든 것은 단조롭고 직설적인 기쁨을 준다.

반대로 '어려운 아름다움difficult beauty'은 '시간과 인내와 더 많은 집중을 요구한다'는 것이 보샌켓의 주장이다. 어려운 아름다움을 감상하는 능력은 우리가 받은 교육, 우리의 안목, 인내, 그리고 주의를 기울이는 능력에 달려 있다. 어려운 아름다움 속에서 우리는 '복잡함'과 '긴장', 그리고 '폭넓음'을 만난다. 미학적으로 어려운 대상은 복잡하기 때문에, 만약 우리가 그 대상의 복잡한 요소들을 분해하고 분류하지 못한다면 우리의 내면에서 혐오와 증오를 불러일으키기도 한다. 또 어려운 아름다움은 우리에게 '감정이 팽팽하게 긴장된' 상태에 머물기를 요구한다. 우리가 어려운 아름다움의 도전 앞에서 위축되는 원인은 우리 자신의 나약함이다. 보샌켓은 아리스토텔레스의 표현을 빌려와서 그것을 '구경꾼의 나약함'이라고 부른다. '팽팽하게 긴장된 감정을 인내하고 즐기는 능력은 보기 드문 편이다.'

대중이 따라 부르기 좋도록 딱딱 끊어지는 가락과 모호하지 않은 가사, 약간의 반짝이 장식과 조명과 화려한 볼거리들, 그것이 내가 생각했던 '비욘세 경험'이었다. 둔탁하고 거만하고 쉬운 아름다움. 물론 그건 즐거운 경험이겠지만, 내가 그곳에서 신의 목소리를 들을 것 같지는 않았다! 그럼에도 나는 비욘세의 투어 날짜를 계속 확인하고, 그 공연들 중 어디에도 관심이 없다고 이따금씩 소리 내어 말하며 집안 여기저기를 돌아다녔다.

6월의 내 생일 아침, 자리에서 일어나 보니 앤드류와 울프강은 없었다. 나는 혼자 집안을 걸어 다녔다. 두 가지 상반된 감정이 내 안에서 경쟁했다. 그때, 내가 두 가지 감정에 이름을 붙이려던 순간, 현관문이 열렸다. 앤드류와 울프강이 커피와 페이스트리를 내밀었다.

"생일 축하해. 선물 받고 싶어?"

"나한테 주는 선물?"

앤드류는 자기 휴대전화 화면에 있는 뭔가를 나에게 보여주었다.

"그게 뭐야?"

"이건 표야."

"무슨 표?"

"비욘세 콘서트 표."

나는 어리둥절했다. 비욘세의 투어는 이미 시작됐고, 그녀는 뉴욕을 떠났기 때문이었다. 앤드류는 자기 휴대전화에 있는 영수증을 보여주었다. 콘서트는 밀라노에서 열린다고 적혀 있었다. 그는 우리의 신용카드 마일리지를 현금으로 바꿔서 내 비행기표를 산 것이다. 앤드류는 내가 혼자 뭔가를 발견하려면 가족이 지켜보지 않는 곳으로 잠시 떠나야 한다고 생각했다.

보샌켓이 제시한 세 번째 조건인 '폭넓음'은 더욱 추상적이다. 보샌켓에 따르면 어려운 아름다움은 우리가 생각하고 행동하고 존재하는 습관적인 방식들을 흔들어놓음으로써 우리를 어지럽히고 헷갈리게 한다. 우리의 습관은 오만이라는 작은 집을 짓는데, 어려운 아름다움은 이 집이 물에 잠기게 만들어, 구경꾼에게도 '전통적인 세계의 해체를 견디도록' 강제한다. 이런 해체의 과정에서 기쁨을 찾기 위해서는 특별한 힘이 필요하다. 왜냐하면 우리의 오만이라는 집이 더 크고 더 중요한 것들,

즉 거의 모든 것들과 비교하면 얼마나 작고 얼마나 어리석은지를 보는 것은 항상 즐거운 일은 아니기 때문이다. 어려운 아름다움은 바로 이런 종류의 적나라한 풍경을 보여준다. 보샌켓에 따르면 이를 직시하고 아름다움으로 인식하기 위해서는, 설령 우리의 습관적인 시각과 우리가 알던 세계가 붕괴되는 한이 있어도 '그 속에서 해방을 느끼는 법'을 배워야 한다. '그것은 산속에서 보내거나 바다를 항해하는 휴가와 비슷한 면이 있다. 모든 것을 측정하는 기존의 척도가 바뀌고, 자기 자신은 아마도 하찮은 곤충이나 도덕적인 척만 하는 사람의 모습으로 보일 것'이다.

내 주위 사람들이 산시로 경기장의 구불구불한 통로를 따라 잽싸게 이동했다. 무대 장비를 잔뜩 실은 운반차가 지나갔다. 판매대에 조명이 켜지고, 판매원들이 카운터를 닦았다. 나는 경기장 안에서 최대한 안정적인 자세로 걸어갔다. 누가 봐도 관리자처럼 보이는 사람들이 내 앞에 모여 있었다. 그들은 무전기를 차고 배지를 달고 있었다. 경기장의 개방된 중앙 공간으로 통하는 아치는 그들의 몸에 가로막혀 있었다. 아치 옆에 생수 상자들이 쌓여 있었다. 나는 그쪽으로 걸어가서 생수 한 병을 꺼내 마셨다. 아무도 나를 제지하지 않았다.

"실례합니다."

내가 말하자 사람들은 나를 내려다보더니 빈틈을 만들어 내가 아치를 통과하도록 해줬다. 경기장 안쪽의 보안요원 한 명이 손을 흔들면서 이탈리아어로 나에게 뭐라고 물었다.

"영어 하세요?" 내가 물었다.

그는 '그럭저럭'이라는 뜻으로 손을 배배 꼬았다. 그는 몸짓으로 말했다.

"여기는 VIP만 출입할 수 있는 구역이라서 손목에 팔찌가 있는지 확인해야 합니다."

나는 열심히 고개를 끄덕였다.

그가 자기 손목을 감싸며 물었다.

"괜찮아요." 나는 이렇게 말하고, 마치 내가 알아들을 수 있는 질문에만 반응하는 것처럼 고개를 끄덕였다.

그가 고개를 갸웃거렸다. 나는 다시 고개를 끄덕였다. 그러고 나서는 둘 다 가만히 있었다. 우리는 교착 상태에 빠졌다. 그는 자기 손목을 감싸는 동작을 다시 보여주고, 아무것도 없는 내 손목을 가리키며 물었다. "어디?"

나는 천천히 손가방을 들어 올리고, 천천히 가방의 지퍼를 열고, 가방 입구를 벌리고, 마치 깊은 우물 속을 들여다보듯이 가방 속을 들여다봤다. 나의 연기가 시작되는 순간이었다. 나는 느린 동작으로 종잇조각, 기차표, 쪽지, 영수증 따위를 하나씩 살폈다. 노트를 한 장 한 장 넘겼다. 동전, 실오라기, 울프강이 집어넣은 장난감 자동차를 꺼냈다. 나는 보안요원을 올려다보며 필요 이상으로 길게 미소를 지었다. 근처에 서 있던 다른 사람들이 우리를 쳐다보고 이 상황에 주목해줘야 한다. 그렇지 않으면 이 사기는 통하지 않을 테니까. 내가 미소를 짓고 또 짓고 눈을 마주치자, 보안요원은 더 이상 못 참고 불안한 표정으로 내 뒤에 있는 다른 사람들을 쳐다보기 시작했다. 그러자 다른 사람들이 뭔가를 알아차리고 가까이 다가오기 시작했다. 나를 어떻게 처리해야 할지 아무도 몰랐다. 아무도 내가 누군지 몰랐다. 나는 그들의 불편함이 오래 지속되어 참을 수 없는 지경이 되기를 바랐다. 사람들이 나를 대할 때 느끼는 긴장은 금방 혐오로 바뀔 수도 있었다. 내 몸은 '구경꾼의 나약함'을 드러낼 수 있는 물체였다. 그리고 내가 그걸 안다면, 그걸 받아들인다면, 나는 그 나약함을 이용할 수도 있었다.

"팔찌." 내 뒤쪽에서 누군가가 말했다.

"팔찌." 내가 따라 말했다.

"팔찌." 보안요원이 말했다.

"팔찌." 내가 말했다. "저는 몰라요. 몰라요, 몰라요, 몰라요."

공공장소에서 장애인이 되어보면 하나의 교훈을 확인하고 또 확인하게 된다. 사람들은 일이 정당하게 보이는 방식으로 처리되기를 원한다. 내가 원하는 것을 얻기 위해 나는 그저 어수룩한 불구 역할만 하면 된다. 나를 다그친다면 그건 정당하게 보이지 않을 터였다. 보안요원은 운집해 있는 사람들을 힐끔거렸다. 그의 눈은 말없이 지침을 요청하고 있었다. 그건 나에게 유리한 실수였다. 이제 내 뜻대로 됐다.

"괜찮아요." 보안요원이 허리를 구부려 나와 눈높이를 맞췄다. 그는 기분이 별로였지만, 그게 나에게는 가장 좋은 도구였다. 내 뒤에서 누군가가 심호흡을 하는 소리가 들렸다. 모두가 아주 예민해져 있었다! 나는 웃음이 터져 나오지 않게 하려고 볼 안쪽을 깨물었다. "잃어버리셨다고요. 괜찮아요." 보안요원은 이렇게 말하고는 내 손목에 새 팔찌를 채워주고 나를 통과시켰다.

어린 시절, 나의 장애가 다른 사람들에게 무엇을 뜻하는지를 처음 알았을 때 나는 이런 생각을 했다. '걸스카우트 물건을 슬쩍해야겠다.'

우리 조 담당 선생님은 우리가 다른 조들보다 걸스카우트 쿠키를 더 많이 팔기를 무척 중요하게 생각했다. 선생님은 우리를 집으로 돌려보내기 전에 회의를 열어 행사 일정이 표시된 달력을 복사해서 나눠주곤 했다. 고등학교 축구 시합, 콘서트, 연주회, 일요일의 교회 예배, 화요일의 알코올중독 치유 모임들. 그녀는 각각의 행사명 밑에 걸스카우트 단원들의 이름을 쓰고 쿠키 판매 임무를 할당했다. 달력을 보니 내 이름은 아예 빠져 있었다. 내가 조장 선생님에게 그 이야기를 했더니 그녀는 나를 껴안으며 그냥 이웃이나 가족들에게 판매하려고 노력만 해도 괜찮다고 말했다.

우리는 발주서를 제출하고, 그 다음 주에 구매자들에게 전달할 쿠키를 받았다. 나에게 할당된 쿠키를 받으러 갔을 때, 나는 실수가 있다는 사실을 금방 알 수 있었다. 내가 판매한 것보다 더 많은 쿠키 상자가 나에게 주어졌다. 내가 조장 선생님에게 그 이야기를 하자 선생님은 엷은 미소를 지으며 나는 한두 상자를 더 받아야 한다고 말했다. "혹시 모르니까." 다른 여자아이들에게도 "혹시 모르니까" 여분의 쿠키를 받았는지 물어봤더니 그 아이들은 아니라고 했다.

내가 주문받은 쿠키를 모두 전달하고 나서, 나는 추가로 받은 쿠키 상자들을 옷장 안에 숨겨두었다. 옷장 문을 닫고 그 안에 앉아서 여분의 쿠키를 먹었다. 내 원피스의 옷단이 이마를 스쳤다.

선생님은 나에게 쿠키 전달은 어떻게 됐는지, 혹시 도움이 필요한지를 물었다. 나는 도움이 필요 없다고 말했지만 선생님은 동의하지 않는 듯했다. 그녀는 "혹시 모르니까"라며 나에게 쿠키 몇 상자를 더 주었고, 나는 그 쿠키 상자들을 내 방 옷장 안의 다른 상자들 옆에 단정하게 쌓아놓았다. 이듬해에 다시 쿠키를 판매할 시기가 찾아오자, 조장 선생님은 여분의 쿠키를 보관하는 장소를 나에게 알려주면서 필요할 때 와서 가져가라고 말했다. 그녀는 나에게 손을 내밀어 나를 가까이 끌어당기고는, 불편하게도 나를 자기 가슴에 대고 눌렀다.

"하느님이 너에게 많은 고통을 주셨지만, 하느님은 네가 가는 길을 도와주라고 나를 보내셨단다."

그녀는 나를 놓아주었다. 그녀의 얼굴에 눈물 자국이 있었다.

"내 딸과 나는 항상 너를 걱정하고 있어. 하지만 정말이야. 너는 우리 모두에게 영감을 준단다."

그녀는 마치 내가 온 동네의 불운의 저장소인 것처럼, 그리고 내가 불운을 떠안았기 때문에 동네 사람들 모두가 해방되고 그녀의 딸도 해방된 것처럼 나를 포옹했다. 어떤 사람들은 세상의 모든 불운은 자기 자리를 찾아가는데 그 불운이 나를 선택했기 때문에 자신들은 괜찮을 거라고 믿는다. 그런 사람들은 각자의 방식으로 나에게 감사 인사를 했다. 나를 통해 그들 자신의 삶이 얼마나 자유로운지를 깨달았다나. 나는 어둠 속의 비와 같은 존재였다. 비가 그치고 나면 밝고 깨끗한 아침이 온다.

'장애'라는 단어는 내가 나 자신을 이해하는 데는 도움이 안 됐지만, 이상하고 혼란스러운 순간들을 해독하는 도구가 되어주긴 했다. 낯선 사람들이 나를 바라보면서 내가 어떤 사람이며 무엇을 할 수 있는지를 결정하는 순간들. 사람들은 그들 자신의 몸과 내 몸을 대비시켰다. 그들은 내 몸에서 없는 것과 부족한 것을 발견했다. 하지만 나는 태어날 때부터 내 몸 안에서 살았으므로 뭔가 부족하다는 느낌을 받지는 않았다. 계단을 오르는 일은 계단을 오르는 일처럼 느껴진다. 걷는 일은 걷는 일처럼 느껴진다. 나를 지켜보는 사람들의 눈에는 내 움직임이 이상해 보이고 열등해 보이는 모양이다. 그러나 나에게는 열등감을 느낄 이유가 없었다. 그런 걸 느끼려면 누가 가르쳐줘야만 했는데, 나에게 기꺼이 그걸 가르쳐주려는 사람들은 차고 넘쳤다.

사람들은 내가 들어갈 수 없는 장소들을 만들어서 내가 얼마나 많이 망각되고 '실생활'로부터 얼마나 많이 배제당하는지를 나에게 가르쳐준다. 나는 시선을 많이 받았지만 관찰당하지는 않았다. 나는 세상 안에 있는 동시에 세상 위에 있었고, 안전한 구석에서 내 자의식이 형성되는 것을 거리를 두고 관찰했다.

배제를 당할 때는 나도 수치심을 느꼈다. 나 혼자만 특이한 형벌을 받고 있는데, 내가 무슨 잘못을 했기에 그런 형벌을 받아야 하는지를 모르는 기분이랄까. 하지만 나의 수치심에는 독선적인 미움이라는 감정이 쌍둥이처럼 따라다녔다. 나를 진짜 사람으로 보지 않고, 보려고 노력하지도 않고, 나를 실생활과 조금 떨어진 곳에 두는 것을 편안해하는 비장애인들이 미웠다. 플라톤은 《공화국》에서 사람들을 여러 계급으로 나누는데, 그중 가장 높은 계급은 철학자 계급이다. 철학자들이 고귀한 존재인 이유는 그들이 경험과 진리의 차이를 밝혀내는 것과 같은 쓸모없는 일에 몰두하기 때문이다. 플라톤의 렌즈를 통해 보면 나는 내가 다른 사람들과 분리되는 것을 영광의 표지로 재인식할 수 있었다. 나는 플라톤의 이론을 비틀어서 방패 모양으로 변형했다. 세상에 섞이지 않는다는 것이야말로 나를 더 훌륭하고 더 현명한 철학자로 만들어주고, 내 영혼은 금으로, 다른 사람들의 영혼은 철로 만드는 것이었다. 그런 이론들은 우월의식을 내포하고 있었고, 내가 그 우월의식을 받아들이고 나니 나는 더 이상 아래로 추락하지 않고 높이 떠 있을 수 있었다. 삐딱한 태도는 절망에 대한 강력한 해독제가 됐다. 나는 이렇게 생각했다. '어차피 세상과 거리를 두고 존재해야 한다면 위에서 내려다보는 쪽이 낫겠지.'

나는 추가로 받은 걸스카우트 쿠키를 팔기 시작했다. 그렇게 번 돈은 내가 챙겼다. 얼마 후에는 쿠키박스를 통째로 팔지 않고 샌드위치 봉지에 세 가지 쿠키를 하나씩 담아 한 세트를 만들어 팔면 돈을 더 벌 수 있겠다는 생각을 해냈다. 나는 그걸 '쿠키 종합세트'라고 이름 붙여 점심시간에 반 아이들에게 팔았다.

3학년이 되고 나서부터는 나는 발주서에 구매자 이름을 가짜로 적어 넣었다. 구매자가 늘어날수록 조장 선생님은 조바심을 내면서 내가 채우지 못할 할당량을 맞추기 위해 쿠키를 더 많이 주문했다. 내 쿠키 종합세트는 우리 학교 시장의 틈새를 메우는 중요한 역할을 했다. 우리 학교 학생들은 점심값을 가지고 다녔는데, 그중 쿠키를 간절히 원하는 아이들이 있었다. 나는 쿠키를 사고 싶어 하는 아이들의 수요를 다 따라가지도 못했다. 나에게는 경쟁자가 없었다. 다른 여자아이들은 같은 반 아이들에게 뭘 판매할 생각을 못했거나, 아마도 그런 행동이 학교 교칙에 위배된다는 사실을 알고 있었을 것이다. 하지만 나는 달랐다. 나는 공공연하게 그런 행동을 할 수 있었다. 선생님들은 나를 못 본 척 하려고 애썼다. 나는 가격을 올렸다.

내가 번 돈은 잘 안 신는 신발의 앞코 안쪽에 쑤셔 넣었다. 그건 괜찮은 방법이었는데, 어느 날 엄마가 봄맞이 옷장 대청소를 했다. 엄마는 돈으로 채워진 신발들을 식탁 위에 늘어놓았다. 엄마는 말이 없었다. 나는 상황을 알아차리고 고개를 끄덕였다. 엄마는 돈과 남은 쿠키 상자들을 챙겨 나를 밖으로 데리고 나갔다. 우리는 엄마의 트럭에 올라타고 조장 선생님의 집으로 갔다. 선생님은 문을 열고 엄마에게 안으로 들어오라고 권했지만, 엄마는 고개를 흔들어 거절하고 나의 약탈품을 반환했다. 선생님과 엄마가 현관에 서서 이야기를 나누는 시간이 나에게는 정말 길게 느껴졌다. 이야기 내용을 들을 수는 없었지만 엄마의 얼굴을 볼 수는 있었다. 다시 차에 올라탄 엄마는 나에게 내가 그 조에서 영구 제명당했다고 통보했다.

나는 엄마에게 화가 났느냐고 물었다. 엄마는 눈에 보이지도 않을 만큼 가볍게 고개를 저었다. "아니." 그러고 나서는 침묵이 흘렀다. 우리는 트럭을 몰고 캔자스주의 소도시의 거리들을 통과했고, 여름이 오면 내가 다이빙대 앞에 줄을 서 있다 남자아이들이 나와 내 앞뒤에 선 여자아이들의 몸매를 비교하는 소리를 듣게 될 동네 수영장을 지나쳤다. 우리는 내가 도피처로 삼곤 했던 작은 도서관을 지나고, 나중에 내가 고독에서 위안을 얻는 법을 배우게 될 중학교를 지나, 우리 농가 앞의 자갈길에 들어섰다. 마침내 엄마가 입을 열었다.

"어떤 사람들은 네 몸을 보고 뭔가가 잘못됐다고 생각할 거야. 그게 그 사람들이 너에 관해 처음 하는 생각이고 유일한 생각일 거야. '뭔가 잘못됐다'는 생각. 사람들은 다시 생각해보려고 하지 않을 거야."

보섄켓은 어려운 아름다움을 분석하기 어려운 이유 중 하나는 우리의 정신이 '집중이라는 엄청난 노력'을 싫어하기 때문이라고 주장했다. 엄마는 내가 다른 사람들에게 그런 노력을 기대하지 않기를 바랐다. 그리고 보섄켓은 그런 노력에 대해 다음과 같이 설명했다.

'그건 정확히 말하면 지적인 노력이라고 하기는 어렵다. 그건 단순히 지적인 노력이 아니라 상상하려는 노력이다.'

다른 사람들의 상상력을 믿지 않았던 엄마가 말했다. "잘 들으렴. 그냥 네 카드를 가지고 게임을 하고, 그런 사람들에게서 필요한 걸 얻어내고, 자리에서 일어나는 거야."

이제야, 나에게 아들이 생긴 지금에서야, 그게 엄마에게 얼마나 고통스러운 일이었을지 알 것 같다. 엄마는 나를 무장시키고 나를 강하게 만들어주려던 것이었지만, 그러자면 유대감은 포기해야 했다. 나는 항상 경계 태세로 살았고, 항상 어떤 사람이 불친절해지기를 기다렸다. 엄마와 콜린은 둘 다 나의 장애를 내 손에 쥔 '카드'에 비유했다. 콜린은 장애란 나쁜 카드인데 내가 그걸 합리화한다고 생각했다. 하지만 엄마는 항상 장애를 나에게 유리하게, 또는 적어도 나를 보호하기 위해 사용할 수 있는 도구로 바라봤다.

나는 손목에 팔찌를 차고, 무대 바로 왼쪽의 바리케이드가 쳐진 좁은 구역에 있는 VIP들의 무리에 합류했다. 바리케이드에 기대서서 인부들이 장비를 운반하는 광경을 봤다. 이제 아무것도 시야를 가로막지 않았다. 일반 관객용 입구가 열리자 나머지 관중들이 우르르 들어왔지만, 나는 VIP 구역에 있었으므로 그들에게 치일 염려가 없었다. 여름 햇볕이 여전히 따가웠다. 또 땀이 났다. 운동장 쪽을 내려다보니 아까 담배를 태우던 이탈리아 사람이 아름다운 옷을 입은 친구들과 춤추고 있었다. 내 친구 케이트가 보고 싶었다. 케이트가 나와 함께 그 자리에 있으면 좋겠다고 생각했다. 엄마도 보고 싶었다. 그들과 함께 있으면 내 마음이 둘로 쪼개지는 기분은 안 들 것 같았다.

공연 시작이 늦어지고 있었다. 내 허리는 뻣뻣하게 굳어지고 엉덩이는 마비됐다. 개막 공연이 잠깐 진행되다가 끝났다. 내가 있는 바리케이드 안에도 사람들이 들어와서 나를 짓눌렀다. 공간을 조금 확보하기 위해 나도 그들을 밀어냈다. 척추를 쭉 폈다가 몸을 반으로 접었다. DJ가 나타났다. 큰 감명을 받는 사람은 없었다. 우리는 그냥 기다리고 있었다. 다시 한 번, 나는 바리케이트 윗부분을 꽉 잡고 몸을 반으로 접었다. 척추와 뼈마디 하나하나에서 뚝뚝 소리가 나고, 일시적인 위안이 내 몸을 채웠다. 뒤꿈치가 욱신거리고 아킬레스건은 칼로 베이는 것처럼 아팠다. 통증이 사방으로 번졌다. 체중을 내 몸의 반대쪽으로 옮겼다. 나는 앉을 수가 없었고, 나갔다가 돌아올 방법도 없었다. 옆자리의 여자가 의심스러운 눈으로 나를 살펴보는 게 느껴졌다.

"투토 베네(괜찮아요)?" 여자가 물었다. 나는 괜찮다는 뜻으로 고개를 끄덕였다. 그녀는 자신의 의심을 확인하기 위해 내가 얼굴을 찡그리기를 기다렸다.

바리케이드 너머로 내 앞에 펼쳐진 무대를 바라보고 있자니 감사한 마음이 들면서 동시에 불행했고, 나 자신에게 짜증이 났다. 경기장 밖에 줄을 서 있었을 때는 나에게 달리 선택권이 없다고 생각했다. 사람들이 나를 어린아이 취급하는 경향을 나에게 유리하게 이용하거나, 뭔가를 경험하기 위해 먼 길을 와놓고 그 경험으로부터 완전히 소외되거나 둘 중 하나였다. 그동안 나는 내가 원하는 것을 얻기 위해 사람들의 환원주의적인reductive 가정들에 기꺼이 맞장구를 쳤다. 내가 그런 행동을 하는 모습을 울프강에게는 절대로 보여줄 수 없었다. 두 번 다시 그런 행동은 할 수 없었다. 나는 나 자신의 가치에 맞는 삶을 살고 있었을지는 몰라도 내 아들의 가치에 맞는 삶을 살고 있진 않았다.

나에게는 새로운 방식이 필요했다.

콜린과 함께 술집에 있었던 날, 나는 장애가 나에게 긍정적인 영향을 미쳤다는 점을 설명하려고 노력했다. 그건 사실이었지만 나의 설명은 설득력이 없었다. 나의 장애와 나의 관계를 설명할 수 있는 언어가 나에게 없었기 때문이다. 나는 내 장애에 관해 이야기하지 않았다. 내 장애에 관해 글을 쓰지도 않고, 그걸 인정하지도 않고, 연구하지도 않았다. 나는 내 장애를 사진 속에 감춰뒀다. 나는 늘 사람들이 내 장애에 편안함을 느끼는 지점에 도달해서 그걸 잊어버리고 '나'를 볼 수 있게 되기를 기다리며 살았다. 당연하게도 그게 성공하려면 나 자신의 일부를 지워야 했다. 샤론과 대화할 때도 똑같은 감정이 나를 지배했다. 나는 그녀와의 기회, 그녀에게서 배우고 그녀와 연결될 기회를 놓쳤다. 그녀는 나와 진실한 대화를 나누려고 했지만, 나는 진짜 내 이야기를 할 수가 없었다.

나에게서 끔찍한 소리가 나왔다. 흐느끼는 소리, 끙끙거리는 소리, 쌕쌕거리는 소리가 나도 모르게 흘러나왔다. 옆자리에서 의심스러워하던 여자가 고개를 홱 돌리자 내가, 이 경기장에서 키가 가장 작은 여자가, 새빨개진 얼굴로, 땀에 흠뻑 젖은 채, 눈물을 줄줄 흘리고 있었다. 몸은 구부러져 있고, 등에서는 뚝뚝 소리가 났다.

"투토 베네?" 옆자리 여자가 소리쳤다.

"아니에요, 아니에요. 괜찮아요." 나는 이제 거의 웃고 있었다. "투토 베네."

옆자리 여자는 나를 향해 구부렸던 몸을 곧게 펴고, 눈을 동그랗게 뜨고, 보안요원을 불렀다. 보안요원이 나타나자 그녀는 나를 손으로 가리키며 그에게 빠른 이탈리아어로 뭐라고 말한다.

"아뇨. 투토 베네." 내가 말한다.

여자는 여전히 의심스러운 눈길로 나를 바라보면서 나의 속임수를 밝혀내려고 했다.

"이분을 내보내야 해요, 밖으로."

그녀가 나를 가리키며 말했다. 안전요원은 나를 유심히 쳐다봤다.

"저는 괜찮아요. 제가 괜찮다고 말해주세요."

하지만 그녀는 동의하지 않는 것 같았다.

주변에 있는 사람들이 우리를 빤히 쳐다봤다.

보안요원이 다른 보안요원에게 신호를 보냈다. 두 사람이 나에게 다가왔다. 내 얼굴이 붉어지고, 분노의 눈물이 고이려고 했다.

"잠깐만요. 정말 괜찮아요. 잠깐만요." 나는 내 겨드랑이 밑으로 고리를 만들어 내 몸을 붙잡기 시작한 그들의 손을 찰싹 때렸다. 뒤를 돌아봤더니 사람들이 지켜보고 있었다. 어떤 사람들은 히죽히죽 웃고, 눈을 크게 뜨고, 곧 벌어질 재미있는 소동을 예상하며 유쾌한 표정을 짓고 있었다. 두 남자는 나를 밖으로 끌어낼 준비가 됐다. 그들의 손가락이 내 팔을 따라 내려와 팔꿈치 주위의 부드러운 살갗에 자리를 잡았다. 그들은 나를 일으켜 세우려 했지만 내 허리가 금속 바리케이드 너머로 구부러져 꽉 끼고 말았다. 두 남자는 나를 잡아당겼지만, 공간이 생겨서 기뻐하는 VIP들이 얼른 앞으로 달려나오는 통에 내 두 다리가 붙잡혔다. 두 남자는 나의 움직이지 않는 몸을 향해 이탈리아어로 욕설을 내뱉었다.

"구급대, 구급대." 보안요원 하나가 무전기에 대고 되풀이했다. "구급대, 구급대."

"저는 괜찮아요!" 나는 이 말을 몇 번이고 되풀이했지만, 아무도 내 말을 듣지 않았다.

마침내 보안요원들이 군중들로부터 나를 떼어냈다. 나는 갑자기 위로 붕 떠서 울타리를 넘어갔다. 들것을 든 남자 둘이 나에게 달려온다. 경기장 안의 모든 사람이 나를 쳐다보고 있었던 걸까? 구급대원 중 한 명이 다가왔다.

"영어 하세요?" 그가 물었다.

"네." 내가 대답했다.

"진료실로 데려다 드릴게요." 그가 말한다.

"저는 안 가요!" 내가 말했다. "저 사람들이 저를 관중 속에서 끌어냈어요. 제가 거부했는데도요."

"하지만 손님의 안전을 위해서였을 겁니다."

구급대원이 대답했다. 그는 울타리 너머를 응시했다. 사람들이 달려와서 원래 내가 있었던 자리를 메웠다. 나를 도로 들여보낼 공간은 없었다. 구급대원은 나에게 생수 한 병을 건넸다. 그는 두 보안요원과 동료 구급대원을 향해 몸을 돌렸다. 그들은 둥글게 선 채로 이야기를 나누고 번갈아 가며 어깨를 추켜올렸다.

“여기서 관람하시면 어떨까요?”

구급대원이 무대 가장자리에 손을 올리며 물었다.

“어디요?”

“여기, 무대 위에서요.”

“처음부터 끝까지 무대 위에서 공연을 본다고요?”

뜻하지 않게 내 목소리가 높아져서 날카롭게 들렸다.

“맞아요. 그러면 더 편하시겠어요?”

“무대에 앉아 있는 게 더 편하냐고요?”

“손님에게요.”

“네. 그게 더 편하죠. 저한테는요.”

조명이 꺼졌다. 관중이 함성을 질렀다. 그녀가 나왔다. 그녀는 순식간에 우리 모두를 현재로 보냈다. 그녀는 무대 위에 가만히 서 있었다. 그녀의 모습이 우리를 가득 채웠다. 그녀가 고개를 끄덕였다. 이제 공연이 시작된다.

맥박 소리가 나를 뒤흔들었다. 나의 집중력은 곧바로 내 머리를 빠져나와 팔다리로 번져가고, 내 몸은 앞으로 당겨졌다. 관중들의 소리, 그들의 격렬한 흥분, 그들의 커다란 즐거움이 사방에서 나를 눌렀다. 조금 전에 내가 느꼈던 통증은 사라졌다. 통증이 음향에 밀려나 내 손가락을 통과해서 나가는 게 느껴졌다. 통증은 나중에 돌아올 것이다. 내일 나는 욕조 안에서 두 남자가 내 몸에 남긴 푸른 멍 자국을 뚫어져라 쳐다볼 것이다. 하지만 그 불쾌함의 효과는 일시적이기 때문에 그 기억도 거의 사라져 있을 것이다.

비욘세의 다양한 힘들이 펼쳐졌다. 하지만 나는 그녀가 지금 이 순간 안에, 온전히 현재에 존재하는 능력이 가장 인상적이었다. 그런 건 한 번도 본 적이 없었다.

마치 그녀의 몸의 분자 하나하나가 모두 그 순간의 우리에게 맞춰져 우리와 함께 있는 것만 같았다. 그녀는 오직 우리에게만 자기 자신을 내줬고, 우리도 우리 자신을 그녀에게 내줬다. 그녀가 노래할 때 우리는 한 목소리로 노래를 따라 불렀다. 그녀가 움직이면 우리도 따라 움직였다. 우리는 하나의 유기체였다. 우리는 사람들의 바다였다. 그녀가 오른쪽으로 가면 우리도 오른쪽으로 갔다. 그녀가 왼쪽으로 가면 우리도 왼쪽으로 갔다. 그녀를 볼 수 없을 때면 우리는 실망의 한숨을 쉬었다. 그녀가 무대 가장자리로 나와 우리와 가까워지면, 우리는 그녀를 향해 두 팔을 들어 올리고, 그녀에게 가까이 가기 위해 몸을 앞으로 뻗었다. 우리가 손을 흔들면 그녀도 답례로 손을 흔들었다. 모든 사람이 발뒤꿈치를 들고 서서, 두 팔을 뻗고, 손을 펴고, 그녀에게 더 가까워지기를 갈망했다. 그리고 8만 명의 사람들 가운데 내가 그녀와 가장 가까이 있었다. 다음 두 시간 동안 그녀는 자기의 모든 것을 정말로 아낌없이 보여주었다. 그녀는 현재의 절대성이란 어떤 것인지를 보여주었을 뿐 아니라, 우리가 '지금 여기에 있는' 상태에 진입하게 만들었다. 우리는 잠깐이지만 그녀처럼, 순간의 위에서 내려다보는 것이 아니라 순간의 안에 존재했다.

나는 무대 위에서 사람들의 바다를 바라봤다. 사람들은 모두 하나가 되어 직설적이고 자신만만한 아름다움을 경험하고 있었다. 내가 이 경험을 하지 않는 것을 합리화하며 나 자신을 거의 설득했던 온갖 방법이 생각났다. 그동안 나는 여러 겹의 우월의식, 이론, 핑계를 사용해서 자존심이라는 작은 집을 짓고 그 안에만 안전하게 머물렀다. 구경꾼이었던 나 자신의 나약함이 부끄러웠다. 열린 공간에 나가 앉아, 냉혹한 사실들과 복잡성과 긴장된 감정들을 직면하지 않으려 했던 나 자신이 부끄러웠다. 방어적인 태도 때문에 내가 잃어버린 게 또 뭐가 있을까?

보샌켓의 말에 따르면 어려운 아름다움은 '한 순간에 복합적인 것들을 보여준'다. '우리가 그걸 전부 받아들이기만 한다면 얼마든지 그 아름다움을 즐길 수 있다.' 진정으로 복잡한 아름다움을 인식하고 감상하려면 그것을 천천히, 조금씩 소화하려는 의지가 있어야 한다. 그 아름다움이 한꺼번에 자기 자신을 뚜렷하게 드러내기를 요구해서는 안 된다.

나는 울프강을 생각하고, 아이가 태어났을 때 내가 느꼈던 모든 감정을 생각했다. 그날은 확실한 행복을 느끼기에는 너무 복합적이었고, 한꺼번에 모두 소화하기에는 너무나 섬세했다. 나는 울프강의 몸이 내 가슴을 누르는 걸 느꼈다. 내 팔로 울프강을 안을 때의 정확한 무게를 느꼈다. 울프강과 앤드류가 바닥에 앉아 블록 놀이를 하고 있을 때 내가 문간에 서 있었던 그날 저녁이, 우리 사이의 틈이 기억났다. 앤드류와 울프강은 현재에 있었고 나는 나의 과거에 있었다. 이제 달라질 수 있다는 생각이 들었다. 그저 방법을 모를 뿐. 나에게 그럴 능력이 없는 건 아니었다.

무대를 바라보며 현재성이란 어떤 모습이고, 어떤 느낌이고, 그게 다른 사람들에게 어떤 효과를 가지는지 알게 됐다. 그날 밤, 나의 어떤 부분도 쪼개지지 않았고, 나의 모든 부분이 함성을 지르는 그 모든이와 그녀가 만드는 파도 속에 갇힌 그 모든 사람과 함께 그 자리에 있었다. 내가 과거에 살았던 세상의 한 모퉁이가 파도에 허물어지기 시작했고, 새로운 미래를 위한 본보기가 저 멀리서 아른거렸다. 나는 그걸 받아들이려고 애썼다. 조금씩 조금씩.

2부

모든 것이 변화하는 순간

피터 딘클리지 파티

하루하루가 지나갔다. 매일 똑같이.

8월의 습기와 더위 속에서 쓰레기통 안 쓰레기가 김을 내뿜었다. 가지에서 떨어진 꽃의 꽃잎들이 썩어가고, 바람이 불면 꽃잎들은 마치 딱정벌레처럼 거리를 따라 미끄러졌다. 9월이 되자 날이 쌀쌀해지면서 나무잎사귀들이 떨어졌다. 캐나다 산불 연기 때문에 10월의 평온한 하늘은 주황색으로 변했다. 마지막 남은 잎사귀들이 줄기 위에서 말라 죽었다. 뉴욕은 원래 시끄러운 곳이지만 여전히 시끄러웠다. 우리가 사는 아파트 아래층에 술집이 새로 문을 열어서, 술 취한 사람들의 대화가 우리 집 창문으로 들어와 나의 꿈들을 침해하고 왜곡했다.

주중에는 학교에서 시간을 보냈다. 수업은 잘 진행되고 있었다. 교실에서 학생들과 함께 있을 때는 기분이 좋고 집중도 잘 되었지만, 수업이 끝나고 연구실에 혼자 앉아 시험지를 채점할 때는 집중이 다 달아났다. 마음이 너무 초조했다. 글을 한 줄 읽으려고 할 때마다 아주 조금씩 초점이 흐려졌다. 온전히 깨어 있지 않은 느낌이었다. 귓가에서 윙윙 소리가 났다. 나는 내 몸 바깥에 있었다. 나의 지각은 투광 조명처럼 작동했다. 현실에서 아주 작은 원을 골라내 그곳만 비췄다. 11월 초의 어느 날, 연구실 창문을 열고 할렘을 내려다봤다. 인도에 비둘기 한 마리가 앉아 있었고, 습한 공기가 마치 젖은 걸레처럼 나를 덮쳤다. 트럭 바퀴들이 비명을 질러댔다. 나는 창문을 닫았다. 연구실 바닥에 머리카락 몇 가닥이 뭉쳐져 있었다. '내 머리카락이 빠지고 있나?' 내 마음은 창밖으로 흘러 나가다가, 누군가 문을 두드리는 소리에 다시 나에게 돌아왔다. 학과장이었다. 이제 나는 잔소리를 들어야 했다. 내가 시간 가는 줄 모르고 있다가 교수 회의를 놓쳤기 때문이었다.

밤에 침대에 누워서는, 키스할 수도 있을 만큼 가까이 휴대전화를 놓고 멀리 떨어진 장소들의 사진을 찾았다. 산악지대, 폭포, 도시를 관통하는 철도, 시내, 해변. 화면을 통해 세상이 나에게 손을 내밀었다. 잠을 이룰 수가 없었다. 나는 큰 희망을 품고 이탈리아를 떠나왔지만, 브루클린에 돌아오니 여전히 나는 나였다. 내가 변화해야 한다는 걸 안다고 해서 저절로 변화가 일어나지는 않았다. 내가 느꼈던 행복을 집으로 가져오려고 했지만, 그 행복을 붙잡아둘 수가 없었다. 천장을 뚫어져라 쳐다보고 있자면 빙글빙글 도는 검정 속으로 내가 사라졌다.

해가 떠올랐다. 다시 아침이었다. 울프강이 아침을 먹다가 그릇 바닥을 숟가락으로 긁어대자, 삽으로 드럼 헤드를 때리는 것 같은 소리가 났다. 요거트 냄새, 시큼한 침 냄새. 건물 때문에 무뎌지고 너덜너덜해진 빛. 둥근 톱들이 윙윙대는 소리, 거리에서 들려오는 비명 소리. 금속 문과 콘크리트에 쿵쿵 부딪치는 발소리. 다른 어딘가에서는 열고 닫기를 반복했던 문의 경첩이 마모됐다. 앤드류가 기침을 하고, 곧이어 재채기를 했다. 이 모든 것이 폭발하면서 나를 놀래고 나를 방해했다. 글을 읽을 수도 없고 쓸 수도 없었다. 휴식할 자리를 찾을 수가 없었다. 날이 웅웅거렸다.

나는 평범한 일상을 재개했다. 요리를 하고, 강의를 하고, 때맞춰 이메일에 답장했다. 아이를 안아주고, 잠자리에서 아이에게 책을 읽어주고, 남편에게 키스하고, 친구들을 만나고, 식당에서 밥을 먹고, 강독 모임에 나가고, 미술관에 가면서 나의 아주 좋은 생활을 그럭저럭 잘 해나갔다. 하지만 어둠 속에서, 가족들이 잠자고 있을 때, 나는 사원, 정글, 사막, 호수와 강 이미지를 클릭했다. 죄다 최대한 멀리 떨어진 곳들이었다. 또 나는 테니스 경기를 많이 보게 됐다. 테니스는 쉬지 않는 종목이다. 밤이고 낮이고 언제나 중계가 있다. 테니스 경기 소리는 리드미컬하고 단조로웠다. 랠리가 길게 이어지는 경기를 보고 있으면 나도 모르게 정신이 몽롱해졌다. 공이 라켓의 줄에 맞아 튕겨 나가는 소리, 그 만족스러운 '스으으읍' 소리를 듣고 또 들었다.

캘리포니아에서 친구 바비가 전화로 자기 아내가 자신을 떠났다 말했다. 나는 바비에게 짐을 싸라고 말했다. 2주 뒤 그는 상자 몇 개를 들고 브루클린에 도착해, 내 연구실이었던 곳을 자기 방으로 삼았다.

바비는 소파에 앉아 울프강과 앤드류와 함께 시리얼을 먹었다. 세 사람은 가족 같았다.

문화 잡지의 편집자로 일하는 친구가 나에게 한나 아렌트 다큐멘터리를 보고 리뷰를 써보겠느냐고 물었다. 나는 내가 한나 아렌트를 읽었다는 것 외에 나에게 별다른 자격이 없다고 말했지만, 친구는 그것만으로도 충분히 자격이 된다고 했다. 나는 그리니치 빌리지에서 열린 영화포럼에서 친구가 이야기한 다큐멘터리를 본 뒤, 근처 카페에서 냅킨에 열정적으로 글을 썼다. 이탈리아에 다녀온 이후 처음으로 내 정신이 예리하고 유능하다는 느낌이 들었다. 다음 날에는 다큐멘터리 감독을 만났다. 그녀는 똑똑하고 진지하고 집중력이 좋았다. 그녀는 어떤 장소에서 자신의 자리를 잘 파악하고, 미안해하지 않으면서 그 자리를 점유했다. 그녀는 자신의 생각과 의도에 관해 모호하지 않게 이야기했다. 나는 그녀에게 감탄했다.

그녀의 다큐멘터리에 대한 나의 리뷰는 빛과 같은 속도로 인터넷 공간에 들어갔다가 증발해버렸지만, 나의 편집자 친구와 문화 부문 담당인 그의 상사가 나를 격려해주었다. 그들은 1월에 선댄스 영화제가 열린다면서 내가 잡지에 실릴 글을 써주면 어떻겠느냐고 물었다. 원고료를 많이 주지 않아도 되는 사람이 필요한 모양이었다.

"유타 주에 숙소를 제공해줄 친구가 있지 않아?"

편집자 친구는 취재 과정에서 발생하는 모든 비용은 내가 부담해야 한다는 설명 대신 나에게 이렇게 물었다. 실제로 나에게는 솔트레이크시티에 사는 친구들이 있었다. 아이리스와 그녀의 남편 저드. 아이리스는 첫 아이를 임신한 지 5개월째였다.

편집자 친구는 내가 선댄스 영화제 취재를 맡게 됐다고 말해주지 않았다. 잡지사에서는 나에게 취재를 부탁한 다음에도 나대신 보낼 사람을 찾아봤지만, 그들은 모두 적정한 보수를 받기를 원했다. 나는 아마추어 언론인이고 경험도 없으니 원고료를 협상할 여지가 없었는데, 결국에는 그런 점이 나에게 유리하게 작용했다. 잡지사는 패배를 인정하고 나에게 정식으로 일을 맡기며 기자증을 만들어줬다.

편집자 친구는 나에게 열흘 동안 매일 오전 10시까지 하루에 기사 두 편씩을 보내라고 했다. 기자증을 활용해서 하루에 네 편 내지 다섯 편씩 영화를 최대한 많이 보라고도 알려줬다.

"그러면 기사는 언제 쓰지?"

"질문이 틀렸어. 너 자신에게 이렇게 질문해봐. 나는 언제 메일을 쓰지?"

편집자 친구가 말했다. 친구는 영화제 출장이 이메일의 연속일 거라고 알려줬다.

"이 여행을 생각하면 머릿속에 떠오르는 게 있어?"

"응."

"그걸 이메일로 바꿔. 홍보 담당자, 대리인, 영화제 진행자들, 나, 그리고 문화 데스크에 있는 다른 편집자들. 논의를 미루고, 승인을 받고, 협상을 하고, 일정을 잡고… 그러다 누군가가 일정을 취소하면 다시 이메일 시작이야. 숨 쉬듯이 계속 이메일을 주고받아야 해."

기자 자격증이 승인된 날, 마치 나를 향해 행진하는 군인들처럼 이메일들이 공격적으로 많이 오기 시작했다. 메일의 제목들은 하나같이 "**기자단 알림**!"이라고 외치고 있었다.

정확한 암호를 입력해야 시청할 수 있는 영화의 비공개 홍보 영상 링크들이 나를 조롱했다. 나는 암호를 정확하게 입력하지 못했다. P&I 상영회와 월드프리미어, 기자회견에는 좌석이 한정되어 있을 거라는 경고가 날아왔다. 영화제 개막식에 관한 요청도 있었고, 어느 날 몇 시까지는 보도하지 말라는 위협도 있었다. 내가 그 의미를 해독하지 못하는데도 이메일이 계속 날아왔다.

그날 저녁에는 브루클린의 디트마스 파크에 가서, 낮에는 꽃집이고 밤에는 술집이 되는 시카모어에서 제이를 만났다. 말린 꽃다발들이 천장을 장식하고 있었다. 바싹 마른 꽃잎 하나가 내 술잔에 떨어졌다. 온 사방에서, 모든 창턱과 선반에서, 식물이 말라가고 있었다. 나는 곧바로 이메일에 대해 불평을 늘어놓았다. 제이는 위스키를 홀짝이며 내 이야기를 들어줬다.

내가 헛기침을 하고 이메일 하나를 읽었다. "언니들, 안녕하세에에요. 언니들이 좋아하는 생리대 회사에서 안부 인사를 드려요. 우리 회사는 가부장제와 싸우는 곳이고, 중요한 진홍색 물결을 만들고 있어요."

제이는 어리둥절한 표정이었다.

"무슨 말인지 모르겠어." 그가 말했다.

"진홍색 물결이라는 농담 뒤에 괄호가 있고 그 속에 lol(영어권에서 자주 사용하는 인터넷 속어로, 'laughing out loud'의 줄임말. 여기서는 여성의 월경을 의미하는 '진홍색 물결crimson wave'이라는 표현을 중의적으로 사용해 경박한 농담을 하고 있다-옮긴이)이 들어 있어."

"그건… 영화제에 참여하는… 생리대 회사에서 보낸 광고

메일인 거니?"

"다 말이 안 되는 내용들이야. 그중에서 제일 이상한 게 이거고."

제이는 내 어깨 너머로 몸을 숙이고 나와 메일을 읽었다.

"기자님과 기자님의 독자들은 트럼프의 미국에서 창조적인 페미니스트 AF 기업을 경영하는 법에 관한 심층 분석기사를 기다리고 있을 것입니다. V 익사이팅!!"

"그걸 읽으니까 내 안의 뭐가 빠져나가는 것 같다. 정말 피곤해지네." 제이가 말했다.

"나에게 심층 분석 기사를 주겠대."

"너 박사학위 논문은 쓰고 있니?"

"언젠가 쓸 거야."

나는 첫 번째 박사학위 덕분에 전일제 교수 자리를 얻고 나자, 두 번째 박사학위를 끝낼 동기를 잃어버리긴 했다.

"주제는 여전히 캄보디아 예술에 관한 걸로 생각하니?"

"좋은 질문이야."

"이런 일은 왜 하는데? 선댄스 일을 왜 맡은 거야? 네가 영화제를 즐길 것 같지도 않고 그중에 좋아하는 영화가 있지도 않을 것 같은데 잡지사에서는 너에게 이 모든 일을 해달라고 하잖아."

"맞아."

친절한 제이는 내가 예의에 벗어날 정도로 길게 침묵하면서 생각하도록 두었다. 그는 불편한 기색을 전혀 내비치지 않고 위스키를 마시며 기다렸다. 나는 그에게 한나 아렌트 다큐멘터리에 관해 이야기하고, 내가 다큐를 보고 카페에서 글을 쓰면서 느꼈던 감정에 관해서도 이야기했다. 나는 아빠의 편지와 편지의 마지막에 있었던 질문을 생각했다. '어떻게 하면 현재에서 진짜 삶을 살 수 있을까?' 다큐멘터리 영화에 관해 글을 쓰는 동안, 그리고 나중에 감독과 인터뷰를 하는 동안, 나는 진짜로 현재를 산다고 느꼈다. 그러면 선댄스에는 왜 가느냐고? 나는 그 느낌을 좇고 있었다.

"오해하지 말고 들어. 나는 네가 원하는 걸 썼으면 해. 그런데 네가 장애에 관해 연구하거나 글을 쓰지 않는 이유를 알고 싶은 거야."

"그 이야기는 전에 했잖아." 내가 말했다.

"아니, 전에 내가 이걸 물어봤지. 하지만 넌 대답하지 않았어. 네가 꼭 대답해야 하는 건 아니지만."

"괜찮아. 충분히 할 수 있는 질문이야."

"혹시 넌 어떤 정체성을 선언하는 것 자체를 거부하는 거니? 그 PR 홍보용 이메일처럼 말이야. 그 광고는 정말 별로였어. 그런데 혹시 너는 그 회사가 노골적으로 이름을 '페미니스트 AF'라고 지어서 그게 싫었던 거야?"

"V 익사이팅!" 나는 제이와 맥주잔을 부딪치려고 했다. 제이가 의아한 표정을 지었다.

"그래, V 익사이팅."

"자기가 페미니스트라고 공개적으로 선언하는 건 좋은 일이야. 그런데 순전히 브랜드를 만들기 위해 페미니스트라고 주장하는 건 역겨워." 내가 말했다.

"하지만 회사 같은 공개된 조직에게 그 두 가지 행위의 경계선은 어디일까? 선언하는 행위가 브랜드 구축의 행위로 바뀌는 지점은 어딜까?"

분석철학은 이름을 붙이거나 정의할 수 없는 것에 이름을 붙이고 정의를 내리고, 경계가 불분명한 개념들 사이에 경계선을 긋는 학문이다. 훈련을 받은 데다 훌륭한 자질을 타고난 분석철학자인 제이는 철학과 인지과학이 교차하는 지점을 연구한다. 그의 연구 목표는 인간의 정신에서 '보기'가 '생각하기'로 넘어가는 경계선을 알아내는 것이다.

"사적인 이익을 위해 정체성을 선언하려는 의도를 가지는 순간 경계선을 넘는 거겠지." 내가 말한다.

"좋아. 하지만 너의 행동들은 네 의도 자체에서 동기를 얻는 게 아니라 다른 사람들이 네 의도를 어떻게 바라보느냐에 대한 두려움에서 동기를 얻는 것 같은데."

"잘 들어봐. 모든 사람이 내가 철학 박사과정에 입학하기 위해 나의 장애를 이용했다고 생각해."

"아니, 모든 사람이 그렇게 생각하진 않아."

"내가 장애를 연구하지 않으면 나는 나쁜 장애인이 되지. 내가 장애를 연구하면 사람들은 의심스러운 눈초리를 보내. 약삭빠른 사람이라고 부르기 시작해. 내가 나 자신에게 유리한 방향으로 내 정체성을 이용할 수 있을까? 그럴 수 있대."

"그래." 제이가 말했다.

"그리고 어떤 사람들은 처음부터 그런 가정을 하더라. 탐구하는 것과 이용하는 것을 구별하지 않아. 내가 어떤 정체성을 드러내자마자 사람들은 내가 어떤 사람이고 내 말이 무슨 뜻인지를 나한테 알려주기 시작해. 그들은 나를 작은 상자에 집어넣고 계속 그곳에만 있으라고 해. 나 자신이 어떤 집단에 속한다고 말하는 순간, 나에게 부과되는 이런 제약들은 현실이 되는 거야."

"네가 그 제약들을 강제로 내면화하게 되는 건 아니잖아."

"하지만 그 제약들은 나를 둘러싸고 있는걸. 항상 그걸 느껴. 몸에 입고 다니는 옷처럼."

"그래, 알았어. 하지만 어떤 집단에 속한다고 선언하면 얻는 것도 있지 않아?"

"예를 들면?"

"예를 들면 네가 덜 외로워지는 거?"

내가 유타로 떠나기 전날 밤, 편집자 친구가 나에게 확인 전화를 했다.

"넌 잘 해낼 거야. 요령도 알잖아."

"잘 몰라."

"이런."

그가 체념한 듯이 말했다. 우리 둘 다 계획을 바꾸기는 너무 늦었다.

나는 절벽에서 떨어져 나온 돌멩이처럼 유타에 도착했다. 내가 잘못 굴러 떨어졌다는 사실은 신속하고 확실하게 알 수 있었다. 나는 잘못된 시간에 잘못된 상영관에 갔다. 언론과 영화계 관계자 들만을 위한 P&I 상영회는 좌석이 한정되어 있는데 나는 표를 구하지 못했다. 아이리스와 저드는 계획을 세워서 알려달라고 나에게 부탁했지만, 계획을 세우기란 불가능했다. 하루가 신기루와 같았다. 나타나고, 아른거리다가, 움직이다가, 사라졌다.

아이리스와 저드는 현명하게도 부모가 되기 전 몇 달을 흥청망청 놀면서 보내고 있었다. 그들은 앤드류와 바비에게도 솔트레이크시티로 놀러오라고 권했다. 그들은 다 같이 놀러 다니면서 영화를 한두 편 관람하고, 내가 일하는 동안 환상적인 저녁식사를 할 예정이었다. 앤드류는 울프강을 캔자스주로 데려가서 우리 엄마에게 맡겨놓고, 내가 도착한 지 며칠 후에 솔트레이크시티로 왔다. 일주일 동안의 자유를 얻은 앤드류는 친구들의 아파트에 발을 들여놓자마자 바닥에 드러누워 잠들어버렸다. 깨어 있지 않을 때조차 앤드류의 존재는 나에게 약간의 행운을 가져다준다. 나는 그해 영화제에서 가장 좋은 평을 받게 될 것 같은 영화감독 및 주연배우 둘과 인터뷰할 기회를 얻었다. 대화는 특별할 것이 없었고, 나의 따분한 질문들에 기계적인 답변들이 돌아왔지만, 인터뷰가 끝날 무렵 주연배우 중 한 사람이 나를 오랫동안 응시했다. 그는 마치 호텔 가구처럼 보편적이고 실용적으로 잘생긴 배우였다. 그는 미소를 짓고 두 눈을 가늘게 떠서 반짝거리는 주름을 만들면서, 나에게 혹시 피터 딘클리지 파티에 가느냐고 물었다.

나에게 파티에 가자고 제안한 배우의 홍보 담당자가 소파 팔걸이에 걸터앉아 있었다. 그녀는 길고 검은 머리카락을 자기 손목에 둘둘 감고, 다른 손에는 불을 붙이지 않은 담배를 쥐고 있었다. 그녀는 담배를 쳐다보면서 그걸 엄지와 가운뎃손가락 사이에 살짝 끼웠다. 그 배우는 나에게 어느 영화 데이터베이스 사이트에서 피터 딘클리지가 그해 인터넷에서 가장 많이 검색된 남자배우로 선정되어 상을 받을 예정이라고 말했다. 그 배우는 그게 진짜가 아닐 거라고 생각했다. 하긴 영화 데이터베이스 사이트에서 내가 본 바로는 그 배우의 키가 188센티미터라고 했지만, 막상 눈앞에서 보니 그건 10센티쯤 부풀려진 수치였다.

"하나만 물어볼게요." 그는 이렇게 말하고 나에게 익숙한 표정을 지었다. '이건 안 좋은 질문으로 들릴 수도 있지만 무슨 뜻인지 아실 거예요'라는 표정. "솔직히 말해서 사람들이 누구를 더 많이 검색했을 것 같아요? 저와 그 사람 중에?"

"기자님이 뭐라고 대답하실지 알면서…." 홍보 담당자가 말끝을 흐렸다.

배우의 푸른 눈이 동그래졌다. 그는 많은 영화에 출연했는데, 나의 대답을 기다리는 동안 자신이 출연한 영화들 제목들을 하나씩 읊었다. "누구일 것 같아요? 만약 당신이 나와 딘클리지 중에 하나를 선택한다면?" 그는 가슴을 탕탕 두드리면서 말했다. 그의 홍보 담당자는 눈앞의 흰 벽만 쳐다봤다.

"피터 딘클리지요." 내가 대답했다.

배우는 밖으로 나가버렸다. 나는 내 물건을 챙겼다. '철벅' 소리가 나서 고개를 들어보니 그가 유리창을 통해 나를 들여다보고 있었다. 그는 셔츠를 들어올려 자기 젖꼭지를 유리에 대고 눌렀다. 그는 입 맞추는 소리를 내고, 혀를 내밀어 허공을 핥고, 손을 흔들어 작별 인사를 했다.

유타의 도어맨들은 사과를 많이 한다. 그들은 눈이 와서,

언덕이 많아서, 길이 얼어 있어서, 내가 물웅덩이를 밟아서 너무나 미안해했다. 내가 거리에 1분만 서 있어도, 자기 자리를 비워두고 나온 덩치 큰 백인 도어맨이 고뇌에 찬 미소를 띠고 내 옆으로 와서 팔꿈치를 내민다. 그들은 나를 보면 마음이 아프다고 말했다. 그들은 내가 힘들게 길을 걷고, 눈을 몰고 오는 바람과 싸우는 모습을 보면 마음이 아프다고 했다. 도어맨들은 문을 닫아놓는 것이 직업이지만 나를 위해서는 열린 문을 잡아주었다.

친구들과 앤드류에게 나를 빼고 저녁식사를 하러 가라고 말하고, 나는 피터 딘클리지 파티 장소로 향했다. 15분 일찍 파티장 앞에 도착하고 보니 사실은 1시간 15분 일찍이었다. 그건 나의 실수였고, 아까 그 배우가 시각을 잘못 알려줬기 때문이었고, 내가 초대받은 손님이 아니었기 때문인데도 도어맨은 사과를 했다. "죄송합니다, 정말 죄송합니다." 아직은 파티장에 들어갈 수 없지만, 입장 시각이 되면 나를 맨 먼저 들여보내주겠다고 했다. 그러면서도 정말, 정말 죄송하다고 했다.

"친절하시네요." 나는 파티의 보안요원에게 말했다. 그의 이름을 물어봤다. 팀이라고 했다. 나는 그에게 내가 그보다 얼마나 작은가를 보여주기 위해 가까이 다가섰다. "팀, 저는 매번 시간을 착각해요." 그리고 나는 불쌍해 보이도록 몸을 덜덜 떨었다. "모든 걸 기억하기는 정말 어렵거든요. 그렇지 않아요,

팀?" 팀은 그렇다고 대답했다. 그는 '누구라도' 모든 걸 정확하게 기억하기는 어려울 거라고 말해줬다.

나는 다음 한 시간을 잘 활용했다. 나는 팀의 시선이 닿는 곳에 머물렀다. 모자를 쓰지 않은 내 머리에 눈이 쌓이게 내버려뒀더니 팀이 움찔했다. 나는 조금 빠르게 걸으면서 두 다리를 흔들어 내가 피곤하고 아프고 춥다는 것을 표현했다. 팀의 인격이나 나 자신의 인격에 관해서는 거의 생각하지 않고 팀을 조종했다. 몇 시간 후에 내가 잠을 자려고 했지만 실패했을 때, 나는 밀라노에서 나 자신에게 했던 약속, 다른 사람들이 나를 어린애 취급하는 것을 부추기지 않겠다는 나와의 약속을 떠올릴 것이다.

'약속을 정말 빨리도 잊어버렸구나. 내가 발전하고 있다고 생각했는데 아니었구나.'

타인의 환원주의적인 시각을 나에게 유리하게 이용하는 행동은 너무나 자동적으로 튀어나왔고, 내 안에 너무나 깊이 박혀 있었다. 내가 문제를 더 잘 인식하게 됐다고 해서 문제가 저절로 사라지지는 않았다. 그러나 바깥의 눈 속에 서서 피터 딘클리지 파티가 시작되기를 기다리는 동안에는 내가 어떤 행동을 하는지를 의식하지도 못했다. 시간이 흘러갔다. 팀이 나에게 손짓을 하자 나는 너무 빨리 그에게 다가갔다. 팀은 나의 운명을 예측했다. 걱정스럽게 아래쪽을 향한 그의 입에서 "조심하세요"라는 말이 튀어나왔다. 팀에게 충분히 가까워졌을 때 나는 얼어붙은 인도에서 그를 향해 미끄러졌고, 그는 나를 붙잡았다. 팀은 나를 데리고 걸어가, 쪽지에 적힌 이름들을 확인하는 사람 곁을 그냥 통과해서, 가장 가까운 빈 의자에 나를 앉혔다.

"고마워요, 팀." 내가 인사했다. "정말 고마워요."

그날 낮에 내 친구 아이리스는 자기가 임신한 티가 나느냐고 나에게 물었다. 우리는 바깥에 나와 있었다. 헐렁한 외투를 입고 단추를 채우고 있었던 아이리스는 그냥 추위에 대비해 옷을 많이 껴입은 사람처럼 보였다. 그래서 나는 티가 나지 않는다고 대답했다.

"잘 됐다." 아이리스가 말했다.

헐렁한 외투가 없으면 그녀의 불룩한 배는 눈에 잘 띄었고 그럴 때 사람들은 그녀의 몸을 뚫어져라 쳐다보며 간접적인 질문을 던지기 시작한다고 했다.

아이리스가 말했다. "너를 조금 더 잘 이해하게 된 기분이야. 사람들이 너를 보고는, 장애인이라는 이유로 네가 실제의 너보다 착한 사람일 거라고 가정하잖아. 이제 나도 그런 걸 느껴. 사람들은 내 배만 보고 나를 함부로 만져도 된다고 생각한다니까."

사람들은 허락 없이 아이리스의 배를 쓰다듬는 걸 좋아했다. 사람들은 아이리스에게 시간을 어떻게 보내야 하며 어떤 에너지나 의지를 가져야 하는지를 가르쳐줬다. 사람들은 여러 가지를 가정했다. 아이리스가 '엄마'라는 이름표를 부착한 다음부터 사람들은 아이리스의 마음이 투명하게 다 들여다보이고, 그녀의 의지는 일정하고, 몸은 중성적으로 바뀐다고 생각했다. 6년 전, 내가 지금의 아이리스처럼 배가 불렀을 때의 일이다. 커다랗고 빽빽한 신간을 사려고 단골 서점에 들어갔는데 점원이 나를 힐끗 보고는 이렇게 말했다. "임신·출산 서적은 왼쪽이에요."

바로 그 무렵, 어느 지인이 나를 SNS 예비엄마 모임에 초대했다. 나는 내 이야기를 들어주는 모든 사람에게 내가 그 초대를 받고 질겁했다는 이야기를 늘어놓았다. 나와 공통분모라고는 엄마라는 것밖에 없는 낯선 사람들에게서 격려를 받는다는 발상 자체가 싫었다. 어쨌든 나는 그들의 대화방에 끼어 있었으므로, 그들이 나누는 대화를 읽기만 하고 참여하지는 않았다.

나는 가까운 친구들 사이에서 처음으로 부모가 된 사람이었다. 그런데도 나는 나에게 필요한 모든 도움은 친구들에게서 얻을 수 있으리라고 확신했고, 그건 우리 모두를 실패로 몰고 가는 길이었다. 아이리스와 저드가 솔트레이크시티로 이사하기 전의 일이었다. 그때 우리는 모두 같은 도시에 살았고, 친구들은 나를 헌신적으로 도와주었다. 요리를 해주고, 볼일도 대신 봐주고, 내 배가 많이 불러서 더 이상 운전대 앞에 앉지 못하게 되자 저드가 나를 차에 태우고 여기저기 데려다주었다. 앤드류가 일하는 날인 화요일이면 늘 저드가 학교로 와서 나를 태워 집까지 데려갔다.

당시 앤드류와 나는 허물어져가는 계단 하나만 올라가면 되는 아파트에 살고 있었다. 계단의 나무판자에는 구멍이 숭숭 뚫려 있었고 난간은 없었다. 우리 집 계단을 올라갈 때 나는 속도가 느려졌지만 혼자서도 올라갈 수 있었다. 나는 하루에도 몇 번씩 그 계단을 오르내렸다. 조심스럽게 균형을 잡고 내 몸을 천천히 들어올렸다. 엉덩이 통증이 너무 커질 때면 아기들처럼 엉덩이를 계단에 대고 올라가거나 내려갔다. 내 신발끈을 직접 묶지 못하던 시기에 이 작은 행위를 스스로 해내는 것은 나에게 중요한 일이었다.

저드는 내가 우리 집 계단을 혼자 올라가는 걸 그냥 보지 못했다. 그는 내가 팔을 마구 흔들어대는 것이 균형 잡기에 필요한 메커니즘이라는 사실을 이해하지 못하고, 내 손목과 팔꿈치를 붙잡아서 나를 지탱해주려고 했다. 그는 그 썩어가는 계단을 다 올라갈 때까지 나를 부축했다. 집안에 들어가서도 나를 자리에 앉히고 내 외투를 걸어주고 베개와 물을 가져다주겠다고 고집했다. 우리 집에 저녁거리가 없으면 그는 나가서 음식을 사왔다. 우리 집 설거지를 하고 쓰레기도 내다버렸다. 내가 괜찮다는 말을 몇 번이나 하고 나서야 그는 돌아갔다. 그가 그 모든 일을 해준 건 나를 사랑하고 앤드류를 사랑하고 아직 태어나지 않은 우리 아기를 사랑하기 때문이었다. 저드는 자잘하고 구체적인 보살핌의 행위를 통해 사랑을 표시하는 것을 가장 편안해하는 남자였다. 나는 그에게 깊은 감사를 느끼는 동시에 내가 스스로 하기를 갈망했던 소소한 일들을 앗아간 그를 원망했다. 나는 그에게 나를 그냥 두고, 되도록이면 뒤도 돌아보지 말고 얼른 차를 몰고 가라고 부탁하곤 했다. 그러면 그는 너털웃음을 터뜨리고는 내 부탁을 완전히 무시했다.

나의 임신한 몸은 눈길을 많이 끌었다. 내가 걸을 때면 몸이 양 옆으로 두 배나 더 기울어졌다. 항상 통증에 시달렸고 이동은 현저히 불편해졌다. 엉덩이가 제대로 움직이지 않았으므로 일어서기와 걷기가 어려웠다. 내 몸통은 작은 편이어서 아기가 내 폐를 세게 눌렀으므로 내가 숨을 쉬기도 쉽지 않았다. 때때로 사람들은 내가 걷는 모습을 보면서, 거센 바람에 내 몸이 둘로 쪼개지는 끔찍한 장면을 예상했다. 때때로 사람들은 내가 다가오는 모습을 보고 안쓰러워하거나 불안해했다. 그리고 어떤 사람들은 진짜로 충격을 받았다. 다들 궁금해했다. "어쩌다 그렇게 됐어요?" "임신해도 되는 거예요?" "어떤 아이를 낳게 되는데요?"

나는 SNS 예비엄마 모임에 올라오는 글들을 계속 읽었다. 아기와 잠을 같이 자는 것에 관한 토론이 있었는데, 아기와 같이 자주지 않으면 아기를 반사회적 인격장애로 만들게 되고 아기와 같이 자는 쪽을 선택하면 특정한 사망의 원인이 된다고 했다. 나는 아기침대, 매트리스, 속싸개 브랜드에 관해 많은 걸 배웠다. 그 모든 물건은 아기를 죽일 수도 있었다. 분유는 아이들을 죽이지만 모유수유를 너무 길게 하면 성숙한 사랑을 할 줄 모르는 아이를 키우게 된다고 했다. 모임의 여성들은 부지런했다. 그들은 여러 주제에 관한 글을 찾아 읽었다. 그들은 자기 아이의 칼과 방패였다. 세상이 그들에게 엄마와 보호자라는 이름을 붙였으므로 그들은 그 이름에 걸맞은 힘과 목표의식을 가지게 됐다. 그들은 하나의 범주에 들어갔기 때문에 더욱 강력해졌다. 그들은 자기 아이에게 가장 안전한 장소였다. 하지만 나는 우리 아이에게 위험 요소였다. 나는 타인의 눈동자 속에서 그 위험을 발견했다. 때로는 그 눈동자 속에 혐오가 있었다. 사람들이 나를 바라보는 시선에서, 나를 따라다니는 두려움 속에서, 나는 내가 '엄마'라기보다는 다른 어떤 이름으로 불릴 거라는 사실을 알았다.

산부인과 의사는 임신 후기에 이르러 내 엉덩이가 분리될지도 모른다고 생각했다. 나의 잘못 배열된 절구관절이 떨어져

나갈 수도 있다고 했다. 그는 내가 움직이지 못하고 침대에 누워 있어야 할 것이고, 내 척추에 영구적 손상이 있을 거라고 이야기했다. 하지만 그는 내 아이가 영구적 손상을 입고 불완전하게 태어날 수도 있다는 말을 가장 많이 했다. 의사는 내게 이렇게 말했다.

"이게 도덕적으로 맞는지 고민해보셨나요?"

울프강이 태어나기 6년 전, 마크 퀸Marc Quinn의 〈완전한 대리석The Complete Marbles〉이라는 연작의 일부인 조각 작품 하나가 트라팔가 광장의 네 번째 좌대에 세워졌다. 연작의 제목은 5세기 그리스 조각 파편으로 1800년대에 파르테논 신전에서 약탈되어(어떤 사람들은 구조라고 주장한다) 대영박물관에 소장된 그 유명한 〈파르테논 마블스〉에서 따온 것이다. 현재 파르테논 마블스는 일부분만 남아 있다. 원래의 대리석은 전쟁과 관리 소홀로 대부분 소실되었다. 하지만 파르테논 마블스가 부서져 있었다고 해서 그 대리석의 가치나 아름다움에 대한 공식적인 평가라든가 대중의 인식이 낮아지는 일은 없다. 마크 퀸은 대영박물관에 갔다가 그 부서진 대리석 조각상들을 둘러싸고 있는 경이와 존경을 목격했다. 퀸은 이렇게 말했다. "만약 저것과 똑같은 모양의 몸을 가진 어떤 사람이 전시실에 들어온다면, 파르테논 대리석에 감탄하던 관객들의 대부분은 정반대 반응을 보였을 거라는 생각이 문득 떠올랐다. 나는 예술에서는 용납되지만 실생활에서는 용납되지 않는 것이 무엇인지 알아보는 게 흥미로웠다."

퀸의 〈완전한 대리석〉 연작은 장애인의 신체를 의도적으로 파르테논 마블스와 비슷하게 조각한 작품이다. 하지만 퀸의 조각 작품들은 부서진 것이 아니라 완전한 형태, 완전한 사람들, 온전한 신체였다. 트라팔가 광장에 설치된 퀸의 작품은 양팔이 없고 짧은 두 다리만 가지고 태어난 앨리슨 래퍼Alison Lapper라는 여성의 몸을 조각한 것이다. 래퍼의 조각상은 높이가 3.6미터에 달하고 무게 13톤의 카라라 대리석으로 만들어졌으며, 나체고 임신 8개월인 몸을 표현했다.

《브리티시 아트 저널British Art Journal》의 편집자는 〈임신한 앨리슨 래퍼〉를 "거부감을 주는 인공물"이라고 평했다. 《가디언》의 브렌던 오닐은 자신이 "그 조각상을 혐오하게 됐다"면서 작품이 눈에 잘 띄는 곳에 계속 전시되어 있다는 것은 사회가 "영웅보다 희생자에 호의적이라는 징표"라고 주장했다. 《타임스》의 재니스 터너는 임신한 장애인, 즉 앨리슨 래퍼의 형체, 나의 형체는 본질상 전복적이고, 장난스럽고, "가장 접근하기 어려운 여성의 신체"라고 표현했다. 터너는 다음과 같이 덧붙였다. "그녀가 임신하게 된 과정을 구체적으로 상상하면 정신이 아찔해진다."

인터넷에 올라온 래퍼 조각상의 사진들을 들여다봤다. 임신한 장애 여성이 예술 작품에 등장한 것은 처음 봤다. 나는 컴퓨터 화면을 통해 '이해에서 비롯되는 동질감'을 경험했다. 내가 늘 찾아 헤맸지만 내 친구들이나 다른 초보 엄마들에게서는 찾지 못했던 바로 그 동질감. 하지만 앨리슨 래퍼와의 동질감은 너무 제약이 많았고, 너무 불완전했고, 그래서 더 큰 고독으로 이어졌으므로 나에게 도움이 되기보다는 상처가 됐다. 래퍼와의 동질감은 내가 내 주위의 모든 사람들과 유지했던 거리에 환한 빛을 비췄는데, 나는 굳이 그 거리를 바라보고 싶지 않았다.

트라팔가 광장에 세워진 앨리슨 래퍼의 조각상은 확실히 사회가 확장되거나 좁아지거나 성장하고 있거나 부패하고 있다는 표시였다. 그 작품은 사람들에게 충격을 안기고, 사람들을 고양시키고, 자극하고, 혐오감을 유발했다. 평론가들은 앨리슨 래퍼에게 호기심을 느꼈다. 하지만 평론가들은 조각상을 만든 작가가 아니라 조각의 대상이 된 여성을 "교활하다"고 평가했다. 사적인 공격은 작가가 아니라 그녀를 향했다. 어떤 평론가는 그녀가 "두 팔이 없다는 사실을 상품화한다"고 비난했다. 오닐은 정체성을 정치적으로 이용하는 건 주체성을 포기하고 "자신의 운명을 받아들이는 행위다"라고 주장했다. 자기 신체를 내보인 것만으로도 불순한 의도를 가진 정치적 조작의 증거로 취급하거나 동정심을 이용해서 돈을 벌려고 한다는 증거로 받아들여졌다. "래퍼가 4번 좌대를 차지한 주된 요인은 우연히 그렇게 태어났기 때문이다." 오닐에 따르면 다른 조각상들은 "스스로 개척한 운명" 때문에 가치 있는 것이었다. 오닐은 다른 조각상들이 "고귀한 목표를 달성한다는 명분 아래 스스로를 변화시킨 인물들"을 기념하는 반면 래퍼 조각상은 단지 "한 여성의 왜곡된 신체를 찬양한다"고 썼다.

산부인과 의사는 나에게 사고실험을 해보라고 했다. "당신의 아이가 도로로 뛰쳐나가는데 당신이 달려가서 아이를 붙잡아줄 수 없다고 상상해보세요. 아니. 그 아이가 아예 뛰지 못한다면 어떻겠어요? 당신과 똑같은 아이가 태어난다면요?" 그는 유전이 아닌 나의 장애가 어떻게 우리 아이에게 이어질 수 있는지 정확히 설명한 적은 없다. 그냥 내 몸이 생산하는 건 불완전할 것이라고 당연하게 생각했다. 지금도 나는 왜 의사들이 내가 임신이 불가능하다고 생각했는지 알지 못한다. 그들은 의학적 이유를 제시한 적이 없었다. 그냥 나는 내가 임신을 못 할 거라는 말을 평생 듣고 살았다. '그녀가 임신하게 된 과정을 구체적으로 상상하려고 하면 정신이 아찔해진다….' 그리고 나는 의사들의 말을 그냥 믿었다. 그들의 공포를 사실로 착각했다. 외부로 표출된 그 공포, 그 가짜 제약. 나는 그런 걸 너무 일찍부터 배워서 나 자신의 내면의 소리와 구별할 수가 없었다.

임신 기간 중에 나는 한 번도 좋은 기분이나 어떤 좋은 것의 일부가 된 기분을 느껴본 적이 없었다. 단 한 순간도. 내 머릿속에서는 항상 산부인과 의사가 질문을 던졌다. '이게 도덕적으로 맞나요? 당신과 똑같은 아이가 태어나면 어떻겠어요?' 나는 화가 났고, 내 친구들과 사랑하는 앤드류에게 둘러싸여 있었는데도 지독하게 외로웠다. 주체성의 너무 많은 부분을 빼앗긴 느낌이었다. 하지만 계단에서는 그렇지 않았다. 그 누구의 도움도 받지 않고 우리 집 계단을 올라갈 권리만은 포기하고 싶지 않았다.

어느 날 오후, 나는 저드의 차가 우리 블록에 진입하기 한참 전부터 그에게서 달아날 준비에 돌입했다. 나는 이렇게 선언했다. "오늘 몸 상태가 좋아. 내가 계단은 잘 올라가거든. 그러니까 혼자 들어갈게." 저드는 미소 띤 얼굴로 고개를 끄덕이고는 상냥하게 말했다. "그냥 계단 올라가는 것만 도와줄게." 나는 차가 완전히 멈추기도 전에 차문을 열었다. "내가 할게. 열어줄게." 저드는 이렇게 말하며 나에게 달려왔다. 나는 가방을 들어주겠다고 하는 저드의 두 손을 뿌리치고 우리 집을 향해 내달렸다. 그러나 저드는 내 말을 듣지 않았다. 그는 자신이 나보다 잘 안다고 확신하고 있었다. 어쩌면 그는 내가 자존심이 너무 세서 그런 말을 하는 거라 내 요청을 거절해도 된다고 생각했을 수도 있다.

저드를 이해시키겠다는 나의 결심은 점점 굳어졌다. 일주일 후 저드가 나를 집까지 태워다주었을 때, 나는 차가 멈추자마자 그에게 말했다.

"움직이지 마."

저드는 미소를 지으며 내가 앉아 있는 자리의 문 앞으로 다가왔다.

"내 몸에 손대지 마. 손대지 마. 손대지 말라고."

저드는 흠칫 놀랐지만 다시 웃음을 지었다. 그는 나와 협상을 시작했다. "계단 올라가는 것만, 무거운 가방만 들어줄게." "문으로 들어가는 것만, 적어도 계단까지는 가야지." "네가 혼자 올라가는 건 위험해." "뒤에서 따라가게만 해줘." "네가 넘어질 때를 대비해서 그냥 있을게." "만에 하나 네가 넘어져서 아기가 다치면…."

나는 저드에게 계속 그냥 가라고 소리쳤다. 저드는 결국 입을 다물었다.

나를 돕기 위해 자기 시간을 희생했던 그 남자가 나의 분노의 샘을 건드렸던 것이다. 시간이 확장됐다. 나는 평소와 달리 힘이 세진 느낌이었다. 내가 그 자리에 서서 내 입장을 설명하려고 하면 그가 상처를 받을 것 같았다.

내가 걸어가는 동안 저드가 나를 소리쳐 불렀다.

"시동 걸어. 어서 가."

계단을 올라가는 데 두 배로 오래 걸렸다. 아파트 현관문을 닫았다. 저드가 문자를 보냈다. 나는 휴대전화를 꺼버렸다. 이제 혼자가 될 수 있었다.

나는 유타에 머무르는 내내 그날 저드를 쫓아냈던 일을 생각했다. 저드가 임신한 아이리스의 배를 걱정하고, 불안한 눈으로 그녀의 모든 움직임을 지켜보는 모습이 보였다. 나는 피터 딘클리지가 그의 파티에 도착하기를 기다리는 동안에도 그 생각을 했다. 알고 보니 그 파티는 영화 데이터베이스 웹사이트의 CEO를 위한 개인적인 생일 축하 파티였다. 시상식은 그냥 구실이었고, 파티에 참석한 사람들은 모두 친구 사이였다. 그들은 삼삼오오 뭉쳐서 벽에 붙어 서 있었다.

파티장 한가운데 서서 내가 끼어들 수 있는 벽의 빈틈을 찾아봤다. 내가 숨을 자리는 없었다. 나는 혼자였다. 나는 파티장 한가운데서 서서히 한쪽으로 몸을 돌렸다가 반대쪽으로 돌아섰다. 나에게 시선이 모이는 게 느껴졌다. 사람들이 하나씩 하나씩 차례로 나를 의식하고 있었다. 마치 내가 몸을 돌리면 파도타기가 시작되는 것만 같았다. 사람들의 시선이 한꺼번에 따라왔다. 내가 그들의 시선을 맞받으면 파도는 수그러들고, 내가 다른 곳을 보면 파도는 돌아오고, 잠잠해졌다가, 또 돌아왔다. 마침내 나는 구원을 얻었다. 파티장 뒤쪽에 오픈 바가 있어서 그쪽으로 움직였다. 그러다 키 크고 마른 여자에게 가로막혔다.

"진짜 덥겠어요." 그 여자가 말했다. 그녀의 목소리는 부자연스러울 만큼 높았다. 그녀는 나와 눈높이를 맞추기 위해 몸을 웅크리고 있었다. "외투를 걸어 드리면 좋을 것 같은데요?"

"아뇨." 내가 말한다.

"제가 걸어드리면 좋지 않겠어요?" 그녀가 다시 한 번, 천천히 말한다.

"고맙지만 괜찮아요." 나는 몸을 흔들어 그녀의 손아귀에서 벗어났다.

전채 요리를 손에 든 영웅이 나타났다. 나는 랍스터 샐러드를 크래커 위에 올렸다. 내가 웨이터에게 이런저런 질문을 던지자 그는 눈을 빠르게 깜박였다. 파티장 안을 돌아야 하는데 나에게도 예의바르게 응대해야 해서 괴로운 모양이었다. 그냥 집에 가야겠다 싶었다. 내가 집에 가야 할 이유들이 쌓이고 있었다. 나는 바에서 줄을 서서 기다렸다. 내가 맨 앞이 됐을 때 바텐더는 내 뒤에 선 사람에게 무엇을 주문하겠느냐고 물었다. 내 뒤에 있던 사람은 나를 어색하게 내려다보며 아무런 말도 하지 않았다. 바텐더가 나를 못 봤다는 사실을 굳이 언급해서 나나 바텐더를 창피하게 만들고 싶지 않았을 것이다. 내가 손을 높이 올려 흔들었더니 바텐더의 얼굴에 나타났던 짜증스러운 표정이 당황스러운 표정으로 바뀌었다. 바텐더가 달래듯이 속삭였다. "아차, 제가 미처 못 봤네요, 아가씨."

나는 내가 주문한 칵테일을 마셨다. 친구들과 남편이 보고 싶었다. 당장 그 자리를 뜰 수도 있었다. 내가 원한다면 언제라도. 내 외투를 받아주려고 했던 키 크고 마른 여자가 바로 옆에 서 있었다. 그녀는 술 취한 웃음을 띠고 몸을 구부려 나와 눈을 마주치며 물었다. "피터 딘클리지와 같이 오셨어요?"

처음에 나는 그 질문을 이해하지 못했다. 피터 딘클리지는 아직 도착하지 않았기 때문이다. 그러다가 주변에 있는 다른 무리의 사람들도 똑같은 질문을 담은 눈으로 나를 유심히 보고 있다는 사실을 알아차렸다. "딘클리지의 친척이신가요?" 키 크고 마르고 술 취한 여자가 물었다.

마이크에서 끼익 소리가 났다. 파티장 앞쪽의 연단을 반원 모양의 대열로 만들어 달라는 요청이었다. 나는 반원의 한쪽 끝에 섰다. 피터 딘클리지가 도착해서 반대쪽 끝에 서 있었다. 우리는 서로를 마주보는 위치에 있었다. 그는 머리부터 발끝까지 검정색으로 차려 입었다. 나는 그를 봤고, 그는 나를 봤다. 짧은 시간 동안 서로의 시선을 붙들었다.

한 남자가 마이크를 잡고 이야기를 시작했다. 어떤 사람들은 그 이야기를 들었지만 어떤 사람들은 나와 딘클리지를 쳐다봤다. 그들의 눈은 우리 사이를 왔다 갔다 했다. 마이크를 잡은 남자가 미리 준비된 원고를 읽었다. 그의 말에 따르면 피터 딘클리지는 탁월한 배우고 훌륭한 친구였다.

"피터와 함께 일할 때 우리는 거인의 어깨 위에 서 있다는 것을 압니다." 그 남자가 말했다. 내 옆에 서 있던 키 크고 마르고 술 취한 여자가 코웃음을 치고는 나에게 잘 들릴 만큼 큰 소리로 속삭였다. "흥, '거인'이라니, 단어 선택을 잘못했네."

피터 딘클리지가 앞으로 나와서 어깨를 으쓱하며 상을 받고 나서 말했다. "이곳에 모인 모든 분과 이곳에 계시지 않은 모든 분들께, 음, 저를 많이 검색해주셔서 감사합니다." 군중은 웃음을 터뜨렸다. 이야기는 1분쯤 더 이어졌다. 그는 감사 인사를 하고 인터넷 데이터베이스 CEO에게 진심으로 생일 축하한다는 인사말을 한 다음, 트로피를 번쩍 들어 올려 사진사들에게 촬영 기회를 주었다.

팬들이 다가왔다. 사람들이 그를 빽빽하게 둘러쌌다. 그는 카메라 렌즈를 하나씩 마주한 다음, 방안을 돌아다니며 정중하게 악수를 하고, 필요할 때는 고개를 끄덕이고, 웃어야 할 때는 웃었다. 그는 호기심을 유발하는 그날 저녁의 오락거리였다. 그는 마치 정해진 시간 동안은 그 자리에서 용감하게 버티지만 그 시간이 지나면 사라져버릴 것만 같았다. 속으로 시간을 재고 있다는 것이 얼굴에 너무나 뚜렷이 드러나 있어서, 내가 조금 더 가까이 다가가면 째깍거리는 스톱워치 소리가 들릴 것 같았다.

그가 칵테일을 주문하려고 바 앞으로 갔다. 바텐더는 그가 서 있는 모습을 못 봤다. 누군가가 딘클리지가 여기 있다고 알려주자 좀 전에 나를 둘러싸고 펼쳐졌던 그 어색한 장면이 재현됐다. 다만 이번에는 내가 관찰자 역할이었다. 마치 나 자신을 바라보고 있는 기분이었다. 사실 그건 내가 아니라 세계적으로 유명한 피터 딘클리지였지만. 사람들이 그에게 말을 거는 소리가 들렸다. "그러니까요오오오오." 낯선 사람이 말했다. "눈을 헤치고 걸어오느라 고생이 많으셨겠어요." 나는 무대 바깥에 서서 그 배우가 내 역할을 하는 모습을 봤다. 피터 딘클리지는 태어날 때부터 연골무형성증achondroplasia이 있어서 팔다리가 짧아졌다. 나는 연골무형성증은 아니지만 똑같이 짧은 하체를 가지고 있다. 우리는 그 파티장에서 키가 가장 작은 두 사람이었다. 아마 선댄스 영화제에 온 성인 중에서 키가 가장 작은 둘이었을 것이다.

바텐더가 그에게 장황하게 사과하는 동안 피터 딘클리지는 고개를 돌려 방안을 살폈다. 그는 나를 발견하고 살짝 짜증난다는 미소를 지었다. 그는 나를 알아봤고, 내가 그의 심정을 안다고 생각했다. 내 몸에 전율이 일었다. 플로티노스가 말했던 '동질감'. 어떤 영혼이 다른 영혼에게서 자기 자신을 발견할 때의 짜릿한 느낌. 플로티노스는 그걸 '아름다움'이라 불렀다. '동질감'이라. 나와 피터 딘클리지가? 아니, 안 된다. 마음을 가라앉혀야 한다. 그가 유명인이어서 나에게 실제보다 더 친숙하게 느껴지는 거겠지. 나는 그를 모르고, 그와 이야기를 나눠본 적도 없고, 그의 생각과 감정을 직관적으로 알 수도 없다는 걸 잊지 말자. 우리는 똑같지 않고 우리의 몸은 똑같지 않다. 우리의 정신세계는 다르다. 우리의 병력, 연령, 젠더, 직업, 과세 등급은 다르다. 그는 아주 유명한 사람이고, 유명한 사람이 되면 낯선 사람들의 시선을 받는 느낌이 어떻게 달라지는지 나는 모른다. 그는 오직 그에게만 속하고, 나와 비슷하지 않고, 다르다. 우리는 똑같지 않다. 이 모두가 중요한 진실이다.

하지만 또 하나의 진실이 있을지도 모른다.

그 순간에 내가 그에게 다가가서 "제가 임신했을 때 사람들이 겁을 내더라고요"라고 말했다면, 더 이상의 설명이 없이도 그는 바로 이해했을지도 모른다. 만약 내가 "어떤 남자가 있는데 그는 제가 혼자 계단을 올라가게 놔두질 않았어요"라고 말했다면 그가 고개를 끄덕였을 수도 있다. 어쩌면 나는 그에게 그 상처에 관해 설명했을지도 모른다.

피터는 내가 그를 보고 있다는 것을 알아차렸다. 그는 나에게 다가와서 내 손을 잡았다.

"제 이름은 피터예요."

"제 이름은 클로이예요."

"아름다운 이름이네요." 그가 말했다.

나는 그 주 후반에 열릴 그의 영화의 시사회를 기대하고 있다고 말했다. 우리의 눈은 같은 높이에 있었다. 그를 바라보니 있으니 마치 나에게 익숙한데도 오랫동안 갖지 못했던 어떤 것을 엿보게 된 기분이었다. 그의 목소리가 모국어처럼 들렸다. 서로 맞닿은 우리의 손바닥 사이에서 두 개의 생명줄이 겹치는 것이 느껴졌다. 그의 몸 옆에서는 내 몸이 어색하지 않았고, 내 몸 옆에서는 그의 몸이 어색하지 않았다. 잠깐 동안 내가 정상이라고 느꼈다. 만약 내가 그를 포옹하면 우리의 몸은 마치 원래부터 짝인 것처럼 잘 맞물릴 것이다. 간격을 좁히기 위해 노력할 필요가 없었다. 긴장할 필요도 없었다. 나는 앞으로 한 발짝 나아가다가 멈췄다. 내 얼굴이 빨개졌다. 그는 내가 포옹할 대상이 아니었다. 내가 아무리 간절히 원한다 해도 그는 나의 거울이 아니고, 나의 쌍둥이도 아니었다.

내가 다닌 초등학교에는 장애아가 하나 더 있었다. 그 아이는 자폐가 있는 여자아이였다. 그 아이와, 첼로 신동이고 영재 소리를 들었던 그 아이의 쌍둥이 자매가 둘 다 나와 같은 학년이었다. 그 여자아이와 나는 행사 때마다 나란히 앉았고 조별 과제를 할 때도 짝이 되었다. 우리는 친해지려고 노력했지만 원망이 그걸 방해했다. 그 여자아이는 운동을 잘했고, 내 기억으로는 달리기를 잘했는데, 체육 시간에 내가 수업에 참여하지 못할 때마다 그 아이도 나와 함께 관람석에 앉아 있었다. 그 아이가 어떤 과목을 힘들어하면 당연히 나도 똑같이 힘들어할 것이라고 다들 생각했다. 2학년 때 우리는 함께 문해력 향상 수업에 배정됐다. 나의 문해력은 같은 학년 아이들 누구보다도 좋았고 그 아이의 쌍둥이 영재보다도 우수했는데도.

그 자폐 여자아이와 쌍둥이 영재 여자아이는 수업 시간에 짝이 되는 법이 없었다. 우리를 가르친 교사들의 눈에는 내가 그 여자아이의 진정한 쌍둥이였다. 우리는 둘 다 불행한 특징을 가진 존재로 보였다. 우리가 동류의식을 발견할 수 있었던 지점에서 우리는 공통적인 거부만을 발견했다. 우리는 한 덩어리로 취급되고, 동시에 자격을 박탈당했다. 그리고 나는 자격을 박탈당하고 싶지 않았으므로 그걸 내가 장애인으로 간주되기를 원하지 않는다는 뜻이라고 해석했다. 어릴 때 나는 '장애'라는 단어를 입에 담지도 않았다. '장애'라는 꼬리표는 나라는 개인의 정체성을 축소하기만 한다는 것을 경험으로 알았다. 나는 주체성을 확보하기 위해 나의 정체성에 저항하게 됐고, 그러는 대신 장애인 공동체 안에서 내 자리를 찾아볼 생각은 해보지 못했다. 장애인 공동체가 있었다면 내가 조금 덜 외로웠을지도 모르겠다.

키 크고 마르고 술 취한 여자가 피터 딘클리지 뒤쪽으로 불쑥 나타났다. 그녀는 우리 사이를 비집고 들어와 우리와 눈높이를 맞추기 위해 무릎을 바닥에 대고 앉았다.

"끼어들어서 미안해요. 우리 아이들이 〈왕좌의 게임〉에서 당신을 정말 좋아한다고 꼭 말씀드리고 싶었어요."

"괜찮아요." 피터 딘클리지의 말투는 담담했다. 그녀는 그에게 너무 가까이 갔다. 그녀는 그의 팔꿈치를 붙잡고 혀 꼬부라진 소리를 했다.

그녀가 더 가까이 다가왔다. "그런데 있잖아요. 당신이 〈엘프〉에서 요정으로 나왔을 때 우리 아이들은 진짜로 열광했답니다."

"실례합니다." 그는 이렇게 말하고 그녀의 손아귀에서 빠져나와 몸을 돌려 군중 속으로 사라졌다.

마른 여자가 입을 딱 벌린 채 내 얼굴을 쳐다봤다가, 방금 피터 딘클리지가 비우고 간 자리로 다시 시선을 돌렸다.

"저 사람이 왜 저랑 대화를 거부한 거죠?" 그녀가 묻는다. 알코올 때문에 그녀의 상처는 과장되어 있었다. 나는 어깨를 으쓱하며 물러서다가, 그녀가 진짜로 나에게서 대답을 들으려 한다는 사실을 깨달았다.

"아. 저도 잘 모르겠네요." 내가 말했다.

"우리 아이들은 정말로 〈엘프〉에서 저분을 좋아했거든요. 우리는 해마다 크리스마스에 〈엘프〉를 봐요." 그녀가 말한다.

"피터 딘클리지는 〈엘프〉에서 요정 역할을 하지 않았어요. 〈엘프〉에서 요정은 윌 페렐이죠."

"제가 왜 착각했는지 아시잖아요?" 그녀가 말했다.

"피터 딘클리지를 보고 그가 영화 〈엘프〉에서 꼬마 요정 역할을 했을 게 틀림없다고 단정하신 거잖아요."

"그래요. 제가 '너어어무' 개념이 없었네요."

집에 가고 싶었다. 나는 피곤했다. 집에 가서 자고 싶은 마음이 간절했다. 그 여자가 내 어깨에 한 손을 올렸다.

"저한테 설명 좀 해주세요. 꼬마 요정이 꼬마 요정 역할을 하는 게 뭐가 문젠데요?"

"꼬마 요정이요?"

"난쟁이가 꼬마 요정 역할을 하는 거요. 그 사람을 난쟁이라고 해도 되는 건가요?"

이제 그녀의 말투는 아까보다 부드러워졌다. 그녀는 정말로 답을 알고 싶어 하고, 내가 도움을 줄 수 있다고 확신하고 있었다.

"저 사람은 자기가 크리스마스 요정 역할을 하면 사람들에게 큰 기쁨을 줄 수 있는데 왜 그 역할을 안 맡겠다는 거예요?"

그 여자에게서 고개를 돌려보니 다른 사람들 몇몇도 우리의 대화에 귀를 기울이고 있었다.

"제가 어떻게 그분을 대신해 질문에 답하겠어요?"

"좋아요. 그냥 당신 입장에서 얘기해보세요. 당신이 착한 요정 역할을 해서 사람들을 행복하게 만들 수 있다면 그 역할을 안 할 건가요?" 그녀가 말했다.

며칠 후, 나는 피터 딘클리지 영화의 시사회에 갔고, 어떤 부부가 나를 향해 "피터가 연기하는 극중 인물이 운전을 하는 게 어떻게 가능한가요?"라고 물었다. 그래서 나는 영화 관계자가 아니라고 대답했더니 그 부부는 이렇게 말했다. "알았어요. 그러면 선생님은 어떻게 운전을 하시나요?"

군중 속에서 누군가가 소리쳤다. "저기 작달막한 피터 딘클리지가 나온다." 배우가 무대에 올라온 순간이었다.

그리고 그 다음 날엔, 스키복 차림의 젊은 남자가 눈 쌓인 거리에서 나를 밀치고 지나가면서 내 얼굴 쪽으로 고개를 돌려 소리쳤다. "걷기 연습 좀 하세요!" 다른 남자는 인도에서 나를 불러 세우더니 이렇게 말했다. "저기요, 걸음걸이가 왜 그래요?" 그는 내가 가는 길을 막고 서서 그런 말을 던진 수많은 사람 하나였다.

나는 피터 딘클리지 파티장을 떠났다. 다시 혼자가 된다. 바깥으로 나오니 춥고 눈이 많이 쌓여 있었다. 버스를 탔더니 고맙게도 내 친구들의 집에서 딱 한 블록 떨어진 곳에 나를 내려줬다. 거실에서 새어나오는 불빛이 보인다. 아른거리는 불빛. 벽난로에 불을 지펴놓은 듯했다.

승합차 한 대가 내 옆에 멈춰 섰다. 운전자가 소리쳤다.

"타세요. 집까지 태워다 드릴게요."

"아니에요. 감사합니다."

"저는 영화제 관계자예요. 이상한 사람이 아닙니다." 그는 나에게 신빙성 있어 보이는 수송 배지를 보여줬다.

"아니에요. 감사합니다. 집에 거의 다 왔어요." 나는 친구의 아파트를 손으로 가리켰다.

"일단 타세요. 이 길 끝까지 데려다 드릴게요."

"정말 감사한데요, 괜찮아요."

"집까지 걸어가시게 둘 수 없어요. 길이 꽁꽁 얼었거든요."

"조심할게요." 내가 대답했다.

"빙판이 안 보여서 조심할 수도 없어요. 눈이 정말 많이 쌓였어요. 이렇게 쌓인 눈 속을 걷는 건 지금 생각하시는 것보다 힘들어요."

"전 괜찮아요. 감사합니다."

나는 그의 차창에서 몸을 돌려 걷기 시작했다. 그는 승합차로 천천히 나를 따라왔다.

"따라가면서 집까지 안전하게 가시는지 확인만 할게요."

그는 그게 시급한 일인 것처럼 이렇게 말하고 나를 따라왔다. 그의 자동차 바퀴가 뭉쳐진 눈 속에서 천천히 뽀드득거렸기 때문에, 내가 고개를 돌리고 있어도 소리로 그가 거기 있다는 것을 알 수 있었다. 얼굴이 달아올랐다. 내 모든 움직임이 나를 지켜보는 운전자의 눈길 아래 분석되고 있다니. 그의 정밀한 관찰에 나 자신을 투사해봤다. 그에게 나는 낯선 존재였다. 만약 내가 정말로 눈 속에서 미끄러지기라도 하면 그 남자의 껍데기가 쩍 갈라지고 걱정과 동정, 불필요한 의무감으로 만들어진 괴물이 나와서 나를 향해 으르렁거리며 이렇게 말할 것이다. "내가 넘어질 거라고 했잖아."

남자는 승합차를 아주 천천히 몰면서 내가 아파트 안에 완전히 들어갈 때까지 나를 지켜봤다. 집안에는 나를 알고 나를 사랑하는 사람들로 가득 차 있었다. 내 친구들과 남편. 그들은 벽난로 앞에서 와인을 마시고 있었다. 바비가 나에게도 와인 한 잔을 따라줬다. 그들에게 집까지 나를 따라온 남자가 있었다는 이야기를 했더니 아이리스가 대뜸 말했다. "와, 친절한 사람이네. 밖에 눈이 많이 쌓였잖아."

저드는 걱정스러운 표정이었다. "내가 차로 데리러 갔어야 하는데. 내가 너를 태워서 집에 올걸 그랬어."

"네가 임신했을 때 저드가 기사 노릇을 해줬는데 네가 계단은 꼭 혼자 올라가야겠다고 했던 거 기억해?" 아이리스가 물었다. "넌 가끔 고집을 피워." 저드가 웃었다. 앤드류가 고개를 끄덕였다. 바비는 난로에 통나무 하나를 집어넣었다. 그들의 말은 틀리지 않았다. 나는 때때로 고집쟁이가 된다. "그런데 지금은 내가 뭘 할 때마다 저드가 난리를 친다니까. 가끔은 짜증이 나기도 해." 아이리스가 말했다.

"난 그냥 도와주고 싶은 거라고." 저드가 얼굴을 붉혔다.

외투와 장화를 벗고 나는 소파에 앉았다. 친구들이 나에게 자신들의 하루를 들려줬다. 그들은 넓은 공간을 사이에 두고 나에게 이야기를 했다.

유타행 비행기를 타기 직전, 시카모어에서 마지막 밤을 보내고 나서 나는 제이에게 이렇게 말했다. "우리 철학과 사람들은 모두 내가 페미니즘 철학이나 장애 연구를 하기를 기대하지만, 막상 그런 연구를 하는 사람들은 정체성 연구를 이용해 먹는 거고 '진짜 철학'을 하는 게 아니라는 소리를 들어. 게다가 내가 잡지에 글을 쓰면 나는 기고가지 진짜 학자는 아니라는 소리를 들어. 하지만 편집자들에게 나는 학자고 진짜 기자가 아니야. 난 아무것도 아닌 사람이고, 가장 마지막에 찾는 사람이고, 다른 기자들에게 나는 이방인이고, 대리인과 홍보 담당자들에게 나는 바보 멍청이고…"

"그래. 하지만 너는 네 나름의 의도를 가지고 그 일들을 하고 있잖아. 아무도 너에게 영화제 취재를 강요하지 않았어. 네가 계속해서 외부인이 되고 초보자로 남는 길을 받아들이고 있어. 네가 선택하는 거야. 이제 장애에 대한 고정관념을 이야기할 때는 지났잖아. 내가 보기에 너는 누군가가 너를 뭔가로 정의할까 봐 두려운 것 같아. 뭘 피하고 싶은 거야? 누구의 공격을 미리 막으려는 거야?"

시카모어에서 나의 생각은 그릇된 이분법 안에 갇혀 있었다. 나는 내가 어떤 정의 때문에 제약을 받거나 정의의 바깥에 외롭게 남아 있다고 생각했을 뿐, 다른 가능성은 고려해본 적이 없었다. 피터 딘클리지와의 악수는 나에게 다른 가능성을 열어주었다. 그와 악수하는 순간, '나도 이렇게 쉽게 다른 사람의 눈에 보이고 다른 사람에게 이해받을 수 있구나' 하는 느낌이 들었다. 그는 실제 시간과 공간에서 나에게 그 느낌을 주었다. 그러나 그 느낌이 영원할 수는 없었다. 그 느낌을 계속 붙잡아둘 수도 없었다. 결국에는 세상의 나머지 부분이 밀려들어왔다. 세상은 나에게 "넌 부적절한 자리에 있는 이상하고 의심스러운 존재야"라고 끊임없이 이야기했다. 남들과 반대이고, 괴상하고, 금지된 몸. 잊혀진 몸. 의자나 높은 작업대, 싱크대, 계단, 선반 디자인에서 배제당하는 몸. 그러나 모든 게 그런 식이었으므로 나는 거기에 익숙해질 수 있었고, 심지어는 변화를 요구하지 말자고 나 자신을 설득할 수도 있었다. 무감각해지면 된다. 그러면 나는 나 자신으로부터도 사라질 수 있었다.

나는 벽난로 불빛 앞에서 남편의 품에 안긴 채 앉아 있었다. 나 자신과 친구들의 거리가 이보다 멀었던 적은 없었다. 나는 그들에게 알려지지 않은 존재가 되고 혼자가 된 기분이었다. 그 어떤 것도 이 기분을 바꿔주지 못했다. 그들에게 내 이야기를 들려줄 수는 있지만 내 경험을 전달할 수는 없었다. 피터 딘클리지와 악수하기 전에는 그런 느낌을 무시하기 어렵지 않았다. 하지만 그가 나를 이해하고 내가 그에게 이해받는 느낌이 나의 일상생활을 더 힘들게 만든다면 과연 그게 좋은 걸까? 그동안 나는 무감각해진 덕분에 비장애인들 사이에서 살아갈 수 있었다. 동질감이란 잠깐 동안만 나를 지탱하다가 높은 곳에서 나를 뚝 떨어뜨렸으므로, 나는 갑자기 모든 아픔에 더 민감해졌고, 모든 상처가 다시 열렸다. 나는 내 손바닥을 만져보고, 앤드류의 품에서 벗어나 내 두 팔로 내 몸을 감쌌다. 항상 통역을 해야 한다는 부담만 느껴졌다. 남편은 나를 사랑할 수는 있지만 나를 알 수는 없다. 나는 누구의 공격을 미리 막으려고 하는 걸까? 나는 무엇을 피하고 있는 걸까?

정지된 것들

집에 돌아온 지 2주 만에 또 다른 목적지의 비행기표를 예약했다. 학과장에게는 박사학위 논문 자료조사가 필요하니 몇 주만 온라인으로 강의를 하게 해달라고 부탁했다. 나와 학과장의 관계는 살얼음처럼 위태로웠다. "그럼 교수 회의를 또 빠지게 되네요." 학과장이 말한다. 그녀는 사람들을 나무라는 걸 좋아하고, 교수 회의야말로 그녀가 우리를 나무라기에 안성맞춤인 무대였다. 나는 삐딱한 태도로 고통을 과장하면서 그 회의들을 참아냈다. 교수 회의를 한 번 더 빠질 생각을 하니 미소가 절로 떠올랐다. 학과장의 눈동자가 커졌다. "학과 일은 업무에서 중요한 부분이에요." 그녀가 잔소리를 했다. 그녀는 나에게 인가 서류를 더 많이, 더 빨리 검토하라고 했다. 나는 도저히 그 요구를 받아들일 수가 없었다. 그녀는 나를 향해 입을 앙다물었지만 휴가 신청을 받아줬다.

우리 가족의 안정적인 삶을 떠받쳐주는 이 직장을 잃을 수도 있다는 게 생각만큼 두렵지 않았다. 그때 나는 너무나 불행했다. 그 어느 때보다도 불행했다.

내가 앤드류에게 여행 목적지를 말했더니 앤드류는 눈썹을 살짝 치켜올렸다. "좋아." 우리 사이에는 거리감이 있었지만, 그는 별로 걱정하는 것 같지는 않았다. 그는 나를 잃을까 봐 두려워하지 않았다. 그는 나를 공항까지 태워다주고 작별 키스를 했다. "도착하면 전화해."

캄보디아에 가려면 24시간 동안 비행기를 두 번 타야 했다. 나는 비행기의 비좁은 좌석에 앉아 있었고, 사방에 사람들이 잠을 자고 있었다. 내 앞 좌석에 TV 화면 외에는 전부 어두웠다. 나는 그 작은 정사각형의 세계를 향해 눈을 깜박였다. 눈꺼풀이 무거워졌지만 눈을 계속 감고 있지는 못했다. 비행기가 착륙을 시작했다. 통로 건너편에서 누군가가 창문 덮개를 올리자, 저 아래의 세상이 푸른색 오팔처럼 나에게도 흐릿하게 보였다. 그때 아무런 예고 없이 조명이 켜졌다. 비행기 안에 갇혀 있던 우리는 승무원들의 안내에 따라 아찔하도록 밝고 광활한 대낮 속으로 빠져나왔다.

나는 곧바로 소음, 열기, 맥박에 압도당했다. 내 주위의 모든 것, 모든 동식물은 한껏 부풀어 오른 태양 아래 과도하게 노출되어 있었다. 두 눈을 가리고 적응하려고 애썼다. 남자들 한 무리가 소리친다. "툭툭." 합창은 계속된다. "툭툭, 툭툭, 툭툭." 그들이 원하는 건 내가 아니었다. 누구든 좋았다. 우리 사이의 좁은 길의 끝에는 그들이 급류를 따라가는 어부들처럼 몸을 낮추고 그물처럼 두 팔을 뻗고 우리 중 하나를 잡을 태세로 서 있었다. 내 뒤에서 사람들이 밀려왔으므로 나는 앞으로 나아갈 수밖에 없었다. 곧 나는 사람들에게 둘러싸였다. 그들은 떡 버티고 서서 움직이지 않았다. 남자들이 고함을 치는 통에 나는 강제로 그들의 말을 이해했다. '따라오라는 얘기구나.'

어떤 손 하나가 내 배낭끈을 꽉 잡아 내 어깨에서 떼어냈다. 누군가가 배낭을 가져갔다. 나에게 필요한 모든 것을. 내 옷, 카메라, 지갑, 여권. 그걸 든 남자는 성큼성큼 걸어갔다. 나는 그를 따라갔다. 그는 오토바이 뒤에 고리로 연결된 지붕 달린 수레로 나를 안내했다. "툭툭." 그가 자기 수레를 가리키며 말했다. 그는 배낭을 좌석에 내려놓고 내 팔꿈치를 잡아 나를 질질 끌어 수레에 태우려고 했다. 팔꿈치를 잡은 남자의 손에 힘이 들어갔다. 그러자 나는 멍한 상태에서 깨어났다. 그의 수레에 억지로 타지 않기로 결심했다. 배낭을 집어 들고 다른 데로 걸어갔다. 그는 나를 따라오며 외쳤다. "툭툭!" 그러나 나는 고개를 흔들었다. 그는 돌아섰고, 나에게서 멀어져서, 자기가 낚아챌 다른 관광객이 있는지 찾아봤다.

나를 향해 소리치는 낯선 사람들의 목소리가 계속 들렸다. "호텔? 호텔? 툭툭으로 호텔?" 나는 계속 아니라고 말하면서 앞으로 걸어갔다. 그 인파를 밀치고, 제의를 거절하고, 시선을 맞추지 않았다. 마침내 군중에게서 벗어나 자유로운 혼자가 됐고, 그곳에서 내 실수를 알아차렸다. 나에게는 툭툭이 필요했다. 방금 내가 빠져나온 사람들의 무리를 돌아보면서 그 안으로 다시 들어가는 고통을 상상해봤다.

공항 주차장 맞은편에 한 젊은이가 홀로 서 있었다. 그는 졸린 눈으로 나를 쳐다봤다. 그도 툭툭 운전사지만 다른 운전사들과 떨어져 있었다. 그는 누구의 주의를 끌려고 애쓰지 않았다. 그냥 기다릴 뿐. 나는 뒤를 돌아봤다가 다시 그를 쳐다봤다. 그는 자기 오토바이에 기대서서 꼼짝도 안 했다. 내가 그를 향해 한 걸음 다가가자 그는 손을 내밀었고, 나는 그 손을 잡았다. 그의 이름은 체트라. 내가 수레에 올라탈 때 균형을 유지할 수 있도록 그는 자기 팔과 어깨를 내줬다.

프놈펜 시의 심장으로 달려가는 동안 우리 뒤쪽의 공항은 점점 작아졌다. 공기에서 담배 냄새가 풍겼다. 작은 불길이 활활 타고 있는 곳을 몇 번이나 지나쳤다. 길의 흙먼지가 내 땀과 섞여 피부에 막을 형성했다. 어디에나 오토바이들이 있었다. 오토바이들은 차들과 함께 움직이거나 반대로 움직이고, 때론 차들과 직각으로 움직이며 오직 현재의 법칙을 따랐다. 온 가족이 오토바이 한 대에 타기도 했다. 그들은 마치 공중곡예를 하는 사람들처럼 균형을 잡고 하나밖에 없는 작은 좌석에 올라앉아 있었다. 울프강과 비슷한 나이로 보이는 남자아이 하나는 좌석의 5센티미터 정도만 앉아 있었다. 아이는 배기관에 화상을 입지 않기 위해 다리를 넓게 벌리고 있었다. 잘못해서 어디에 부딪치기라도 하면 이 아이는 손가락으로 탁 튕겨 날아간 벌레처럼 죽을 판이었다. 그 아이를 보니 내 가슴이 답답해졌다. 아이의 아빠는 다른 운전자들을 피해 곡선을 그리며 달리고, 중앙선을 넘어가고, 또 하나의 혼잡한 길을 건넜다. 쿵 소리가 나면서 체트라의 수레가 앞으로 쏠렸다. 혼다 스쿠터 한 대가 우리에게 부딪쳤다. 스쿠터를 모는 사람은 아기를 앞에 앉힌 젊은 여자였고, 아기는 작은 두 손을 엄마의 팔에 올리고 있었다. 젊은 여자는 보건용 마스크로 입을 가리고 있었다. 그녀는 정면을 응시했다. 경적이 울렸다. 흔들리는 스쿠터가 넘어지지 않도록 하려고 그녀는 손잡이를 앞뒤로 비틀며 움직였다.

집에 가고 싶어졌다. 혼자서 왜 이렇게 멀리까지 왔을까? 공기는 덥고 끈끈하다. 나는 땀을 비 오듯 흘렸다. 내가 탄 툭툭이 도로의 커다랗게 움푹 파인 곳에 걸리자 내 몸은 공중에 붕 떴다가 다시 내려올 때 좌석에 쾨당 하고 부딪혔다. 두 팔을 몸 앞으로 엇갈리게 해서 내 몸을 더 작게 만들었다. 모든 게 낯선데 그것만은 익숙했다.

도시에 가까워질수록 넓은 길들이 좁아졌다. 차들의 움직임이 느려졌다. 마침 점심시간이어서 길모퉁이 음식을 파는 수레들에 긴 줄이 서 있었다. 길거리 광고판을 보니 오래된 레오나르도 디카프리오의 홍보용 사진 밑에 춤추는 치아 그림이 있었다. 광고판 아래층에 있는 치과 광고였다. 어느 휴대전화 가게 위쪽에는 1990년대 브래드 피트 사진이 걸려 있었다. 우리는 호텔에 도착했다.

체트라는 나에게 사진이 인쇄된 전단지를 건넸다.

"고르세요." 그가 말했다.

식당 메뉴처럼 두툼한 그 코팅 전단지에는 관광객들이 많이 가는 장소들의 사진이 있었다. 왕궁 사진도, 국립 박물관 사진도 있었다. 나머지 사진들은 죄다 해골이었다. 해골로 이뤄진 기둥, 유리 상자에 보관된 해골, 동굴 바닥에 놓인 해골. 나는 어떤 해골을 보고 싶은가? 나는 그 모든 해골을 보려고 이곳에 왔다.

"하나 고르세요." 체트라가 다음 날 관광 일정을 주문하는 법을 나에게 알려줬다. 나는 시체 하나가 쇠사슬로 침대에 묶여 있는 사진을 가리켰다. 체트라는 나를 향해 엄지손가락을 치켜올리고, 다음 날 아침에 만나서 내가 원하는 곳에 데려다주겠다고 했다.

호텔 컨시어지는 처음에 중국어로 나를 맞이했다가, 내 얼굴을 살피고는 영어로 바꿔 말했다. 캄보디아에는 다른 어느 나라 관광객보다 중국인 관광객이 많았다. 내가 묵은 호텔의 안내판은 모두 중국어로 되어 있고 로비의 점심 뷔페에는 중국 음식밖에 없었다. 컨시어지는 나에게 객실 열쇠가 몇 개나 필요한지 물었다. 나는 손가락 하나를 들어 보였다.

"하나만요?" 그가 확인한다.

"네."

"이곳에 가족이 살아요?"

"아뇨."

그는 나에게 열쇠와 함께 근처의 추천할 만한 레스토랑 목록을 건넸다. 그는 내가 가장 좋아할 곳이라면서 그중 하나에 동그라미를 쳤다.

"여기로 가세요. 고객님께 딱 맞는 곳입니다."

호텔 침대에 앉아 잠들지 않으려고 버텼다. 그곳의 시간대에 몸이 적응하려면 적어도 해질녘까지는 깨어 있어야 했다. 캄보디아의 낮은 뉴욕의 밤이다. 앤드류는 호텔에 도착해 전화하라고 했지만, 막상 전화하려니 그를 깨울 것이 걱정됐다. 문자메시지를 보내도 잠을 깨우기는 마찬가지일 것 같았다. 나는 이메일을 쓰기 시작했다가 중단했다. 그는 아침에 일어나서 맨 먼저 휴대전화를 들여다보고, 남겨져 있을 줄 알았던 나의 문자메시지가 없다고 생각할 것 같았다. 나는 모든 걱정의 무게를 비교해본 다음, 앤드류에게 어떻게 연락할지를 결정하기도 전에 잠들어버렸다. 다음 날 새벽, 아직 캄캄한 시각에 잠에서 깨어났다.

호텔 객실 창문으로는 아무것도 보이지 않았다. 그런데 천천히 불이 켜졌다. 어딘가 그리 멀지 않은 곳에서, 수레바퀴가 삐걱거리고 팬이 쨍그랑거리고 긁히는 소리가 났다. 거리의 행상들이 하루를 준비하는 소리. 연기 냄새. 오토바이 한 대가 지나갔다. 그 오토바이의 전조등이 어둠 속에서 짧은 길을 만들자 길고양이 한 마리가 인도에서 잠을 자다가 놀라서 안전한 골목길로 자리를 옮겼다. 도시의 하루가 시작되고 있었다. 처음에는 단순한 음들이 울렸다. 어딘가에서 경적이 울리고, 엔진이 웅웅거리고, 누군가가 내 객실 창문 아래쪽에서 휘파람을 불었다. 하지만 곧 그 소리들은 몇 배로 커졌다. 차 세 대의 경적이 동시에 울려서 화음을 만들어냈다. 그렇게 소리가 축적되자 각각의 소리들이 지워져서 나중에는 기계, 사람들, 생활 소음이 합쳐진 하나의 거대한 굉음밖에 들리지 않았다.

공식적으로 나는 박사학위 논문을 쓰려고 캄보디아에 왔

는데 논문의 주제는 불분명했다. 나의 구상은 '다크 투어리즘dark tourism(전쟁·학살 등의 잔혹하고 비극적인 일이 벌어졌던 장소를 돌아보는 여행–옮긴이)'이라는 렌즈를 통해 아리스토텔레스가 제시한 '비극의 역설'을 살펴본다는 것이었다. 아리스토텔레스의 역설은 다음과 같은 질문을 던진다. '우리는 실제 생활에서 인간의 고통을 마주하기를 원치 않으면서 왜 예술 작품에서 인간의 고통을 마주할 때는 미학적 즐거움을 얻는가?' 아리스토텔레스는 이렇게 묻는다. "왜 그리스의 극장은 오이디푸스가 눈알을 뽑는 장면을 보려고 안달난 사람들로 가득한가? 그런 쾌감은 어떤 것이며 그런 쾌감에도 효용이 있을까?" 이는 아리스토텔레스의 《시학》에 답이 나온다. 아리스토텔레스는 비극이 카타르시스를 유발하기 위해 연민과 공포를 불러일으킨다고 설명했다. 아리스토텔레스가 모호하게 정의한 '카타르시스'는 종종 일종의 '정화'로 해석된다. 우리의 마음속에서 부정적인 감정들이 솟아나는 것에 대처하기 위한 현상이라는 것이다. 이를 '극장'이라는 안전하고 중립적인 장소에 추방하고, 그곳에서 경험하지 않으면 그 감정들은 우리를 괴롭히거나 우리가 비이성적으로 행동하게 만들 수도 있기 때문이다.

다른 철학자들은 이 비극의 역설을 탐색하기 위해 슬픈 음악, 기괴한 그림, 공포 영화 따위의 오락에 질문을 적용했다. 나는 그런 철학적 전통에 따라 죽음과 재앙을 기념하는 곳을 방문하기 위해 돈과 여가시간을 쓰는 이들에게 그 역설을 적용해보고 싶었다.

1970년대 크메르 루주Khmer Rouge가 자행한 대학살로 인구의 4분의 1이 죽어나갔던 캄보디아는 이른바 '다크 투어리즘'이 성행하는 곳이다. 체트라가 보여준 관광지 목록의 대부분은 비극과 관련된 것들이었다. 감옥, 킬링필드, 고문 동굴들. 내 계획은 그런 장소들을 찾아가서 관광객들이 그곳과 어떻게 상호작용하는지 관찰하는 것이었다. 그러니까 나는 다른 문화를 멍하니 '쳐다보는' 행위를 예상했고, 그래서 그런 곳에 직접 가기 전부터 마음이 불편해졌다. 하지만 그런 곳에서 어떤 유의미한 것을 얻을 수 있을까? 그곳들은 사람들에게 인간의 본성에 관한 진실한 통찰을 주기 때문에 도덕적으로 합리화되고, 바람직하고, 권장할 만한가? 캄보디아에 머무르는 4주 동안 나는 이 질문들에 답을 찾아보고, 그 과정에서 아리스토텔레스의 비극의 역설을 더 깊이 이해하게 되거나, 적어도 그 역설을 더 깊이 이해하게 된 척하는 학술 논문의 초고를 얻기를 바랐다.

물론 그게 전부는 아니었다. 캄보디아 여행은 나 자신을 위한 것이기도 했다. 사람들이 집을 떠나 멀리 떨어진 곳을 여행할 때 으레 그렇듯이, 나 역시 여행을 통해 나 자신을 더 잘 알게 되고 나의 일상생활의 거리감과 가끔 느끼는 원망을 더 잘 이해하게 되리라 순진하게 믿었다. 내가 카타르시스를 통해 변화할 수 있을까?

체트라는 호텔 앞에서 나를 태워 투올슬렝Tuol Sleng 제노사이드 박물관 입구로 데려다줬다. 나는 체트라에게 운임비를 내고 작별인사를 했지만, 그는 고개를 흔들었다.

"아니에요. 기다릴게요."

나는 매표소 앞에 줄을 섰다. 체트라는 감옥 앞에서 승객들을 기다리는 다른 툭툭 운전사들의 무리 가장자리에 수레를 세웠다. 몇몇 운전사들이 모여 앉아 카드놀이를 하고 있었다. 푸드카트 한 대가 다가오자 그 남자들은 자신들이 둥글게 모여 앉은 곳으로 재빨리 음식을 가져와 바깥으로 등을 돌리고 먹었다. 체트라는 그들에게 말을 걸지도 않고 끼어들지도 않았다. 그는 낮잠을 자려는 것처럼 등을 뒤로 기댔지만, 나는 그가 자고 있지 않다는 걸 알았다. 그는 다른 운전사들을 바라보고 있었다.

투올슬렝은 한때 고등학교였던 곳이다. 교실로 채워진 높은 건물들이 초목이 우거진 평화로운 뜰을 정사각형 모양으로 둘러싸고 있었다. 1976년 크메르 루주는 투올슬랭을 21 보안 감호소로 개조했다. 교실이었던 방들은 고문실이 됐다. 5달러를 내면 입장권과 오디오 가이드를 받는다. 녹음된 목소리가 '지금 당신은 살아 있는 기억이 되었습니다'라고 알려주는데,

그게 무슨 뜻인지 아리송했다. 곧이어 그 목소리는 내가 감옥 안에서 보게 될 것들이 너무 끔찍해 감당이 안 될 수도 있으니 안에 들어가지 않고 뜰에 머물러도 된다고 안내했다.

내 앞에는 호주인들이 작은 소리로 이야기를 나누며 감호소 A동으로 들어가려고 대기하고 있었다. 그들은 모두 똑같은 복장을 하고 있었다. 파란색 점프수트에 검정색 선글래스. 그들은 마치 한 사람처럼 침착하게 움직였다. 그리고 섬뜩하게도 그들은 동시에 이야기를 멈추고 헤드폰을 귀에 꼈다. 추측컨대 그 순간 그들의 오디오 가이드가 그들에게도 "당신은 살아 있는 기억입니다"라고 말했을 것이다. 그들은 수감자의 사진이 붙어 있는 판자를 지나치며 냉정하고 엄숙한 태도로 그 이미지들을 감상했다. 내 귓가의 음성이 알려주는 바에 따르면 폴 포트Pol Pot 정권은 도시에 사는 사람들과 지식인들을 순수하지 못하다고 생각했다. 의사와 간호사, 학자와 교사, 연구자와 공학자들이 맨 먼저 S-21로 끌려와 심문과 고문을 당한 다음 도시 외곽의 츠엉에크 대량학살지로 수송됐다. 흔히 '킬링필드The Killing Fields'라 불리는 곳이다.

나는 호주인들의 뒤를 따라가면서 감방을 하나씩 지나쳤지만, 오디오 가이드는 그들보다 내가 조금 빨랐다. 가이드는 사람들이 그 좁은 방에서 어떻게 죽고 다쳤는지 자세히 알려줬다. 나는 이야기를 미리 듣고 기다렸다가 호주인들의 반응을 살폈다. 오디오 가이드가 나열하는 인간의 끔찍한 행위들은 확정적이고 절대적인 기록처럼 느껴졌다. 호주인들은 그 행위들의 목록을 들으며 눈을 깜박였다. 오디오 가이드는 나에게 흰 벽에 남아 있는 갈색 자국들을 보라고 했다. "여기서 사망자들의 핏자국을 보실 수 있습니다." 호주인들이 일제히 벽을 향해 돌아섰다. 벽을 관찰하고, 고개를 끄덕이고, 사진을 찍었다. 그들은 모두 열 명이었고, 15세에서 50세 정도 되어 보였다. 아무도 울지 않았고, 아무도 비명을 지르지 않았고, 나 역시 울거나 비명을 지르지 않았다. 우리는 예의바르게 설명을 들으며 관람했다.

오디오 가이드에서는 관람이 너무 힘들어지면 바깥으로 나가도 된다고 조언했다. "그늘에 있는 편안한 벤치를 찾아보세요." 나는 정말로 편안한 벤치에 앉고 싶어서 밖으로 나갔다. 조용한 뜰로 나가서 키 큰 나무들 아래를 산책했다. 큼지막한 야자수 잎사귀들이 지붕 역할을 해줬다. 잎사귀들은 가혹한 햇볕을 가려주고, 감호소 A에서 감호소 B에서 감호소 C로 가고 다시 감호소 D로 가는 깔끔하게 손질된 길들을 어둡게 만들었다. 잠시 뒤 호주인들도 밖으로 나와 잔디밭에 자리를 잡았다. 그들은 가방에서 간식거리를 꺼내 먹었다. 나는 사각형 뜰 둘레를 걷다가 잠시 걸음을 멈추고, 햇볕이 잘 드는 곳에서 자고 있는 길고양이를 쓰다듬었다. 나무 위에서 새들이 노래했다. 도시의 소음은 감호소 벽에 가로막혀 잘 들리지 않았다. 그 공간의 분리가 놀라웠다. 저 벽 너머에는 흙먼지와 쓰레기와 움직임이 있지만, 이곳에는 밀폐되고 깨끗한 세상이 있고 장미가 자라는 정원이 있었다. 나는 산책을 잠시 멈추고, 나무를 조각해서 만든 아치들의 단순한 아름다움에 감탄했다. 정원까지 이어지는 아치들. 나는 그곳에 붙어 있는 현수막을 읽고 그 아치들이 교수대라는 사실을 알게 됐다.

호주인들에게 다가갔다. 연구를 하는 사람인데 몇 가지 질문을 해도 되겠느냐고 물었더니 그들은 한 목소리로 "물론이에요"라고 대답했다. 그들은 나에게 물을 주고 그늘에 와서 앉으라고 했다. 나는 내가 쓰려는 논문에 관해 설명한 후 그들에게 이곳에는 왜 왔는지, 이곳에서 무엇을 얻고 싶었는지를 물었다.

"그냥 배움을 얻으려고 왔어요. 역사를 더 잘 알기 위해서." 무리에서 가장 연장자로 보이는 남자가 대답했다.

"이곳에 와서 뭘 배우셨어요?"

"과거에 이런 일이 있었다는 사실들이요."

"하지만 그 사실들은 다른 데서 글로 읽을 수도 있잖아요. 직접 이곳까지 오신 이유가 뭘까요?"

"호기심 때문이겠죠."

"선생님 자신에 대한 호기심이요?"

"아뇨." 남자가 나의 이상한 질문에 얼굴을 찌푸리며 대답했다. "이건 나나 선생님하고는 아무런 관련이 없는 일이잖소. 우리가 사람들에게 이런 짓을 할 리 없잖아요."

호텔로 돌아가는 길이었다. 체트라가 갑자기 거리에서 멈춰 섰다.

"뭐 하는 거예요?" 내가 물었다.

"비가 올 것 같아요." 그는 이렇게 말하고 오토바이에서 펄쩍 뛰어내려 수레 쪽으로 다가와 돌돌 말린 플라스틱 덮개를 펼쳐 내가 탄 수레의 열린 창 위에 씌웠다.

하지만 하늘은 푸르고 구름 한 점 없었다. 공기는 달콤하고 깨끗했다. 나는 비가 올 조짐을 전혀 못 느꼈다. 조금 기다려봤지만 아무 일도 일어나지 않았다. 그 순간 해가 뒤로 물러나 마법처럼 나타난 잿빛 구름 덩어리 뒤로 희미하게 빛나기 시작했다. 하늘이 쩍 갈라지더니 굵은 비를 퍼부었다. 체트라는 수레 밖의 오토바이 위에 그대로 있었는데, 불과 몇 초 만에 흠뻑 젖었다. 나는 그를 새로운 눈길로 바라봤다. 이 초능력자가 나의 운전사라니. 하지만 나는 그에게 수레 안에 같이 들어와 앉으라고 말하는 것을 잊었다. 그는 괜찮은 것 같았고, 침착했고, 심지어는 미소를 짓고 있는 듯했으므로 별다른 의심 없이 그는 이렇게 굵은 비에 익숙해서 빗속에 있을 때도 나와 느낌이 다를 거라고 넘겨짚었다.

비가 그치자 우리는 다시 거리로 나와 호텔을 향해 나아갔다. 그런데 이번에는 다른 일로 속도가 느려졌다. 우리는 차들이 꼼짝 않는 도로 한가운데에 갇혀 있었다. 우리 앞에 있던 사람들은 무엇 때문에 길이 정체되는지 알아보기 위해 오토바이에서 내려 앞으로 걸어갔다. 체트라는 나를 돌아보며 사과하듯이 어깨를 치켜올렸다. 바람에서 오존 냄새가 나고 길바닥은 젖어 있었다. 뉴욕의 생활이 다시 나타나 내 앞의 공기에 섞였다가 도로 빠져나가곤 했다. 빗속에서 다른 운전자들에 대해 불평하는 앤드류의 목소리가 들렸다. 그는 내 옆에 있었고, 우리는 프놈펜이 아니라 폭풍우가 몰아치는 브루클린의 다리 위에 갇혀 우리의 위쪽과 아래쪽, 온 사방에서 움직이는 물을 바라보고, 사람들이 담배를 태우려고 차창을 내리는 모습을 바라보고, 한 남자가 할랄 수레를 끌고 원을 그리며 수레가 자기 트럭에 제대로 고정되어 있는지 확인하는 모습을 바라봤다. 뒷좌석에는 울프강이 앉아 있었다. 울프강은 깔깔 웃으며 엄마와 아빠가 짜증 내는 것을 작은 소리로 흉내 내고, 경적을 울리는 차들을 향해 우리가 뭐라고 하는 소리도 그대로 따라했다.

"잘 한다, 잘 해. 그렇게 하면 잘도 정체가 풀리겠다."

프놈펜의 경적 소리를 뚫고 울려 퍼지는 울프강의 목소리가 내 귓가에 들리는 것 같았다. 울프강이 재잘거린다. 어설프게 빈정대는 말투로, 앵무새처럼 내 말을 따라해서 나를 기쁘게 하고 나를 웃기려고, 울프강은 차창 밖으로 소리치고 있었다.

"잘 한다! 경적을 계속 울리세요. 그러면 우리 모두에게 도움이 될 걸요."

나는 앤드류와 함께 차 안에 갇혀 있는 게 싫었던 적은 없었고, 지금 갇혀 있는 것도 싫지 않았다. 나는 체트라의 수레 뒤쪽에 혼자 편안히 앉아 있었고, 창문에는 합성섬유로 만든 천까지 씌워져 있었다. 비에 젖지 않은 작은 유리 상자 안에 들어앉아서 세상이 돌아가는 모습을 바라보는 느낌이랄까.

이상한 게 보였다. 저 멀리 초록색 언덕 위로 옅은 색의 물결이 흘러내리고 있었다. 흰 옷을 입은 사람들이 높은 언덕 위 사원에서 한꺼번에 나와 다 같이 거리로 내려왔다. 그리고 오토바이들 사이의 틈을 메웠다. 마치 커다란 병에 담긴 우유가 몽땅 쏟아진 것처럼 보였다. 그들은 우리를 향해 달려오고 있었다. 1분 전까지만 해도 내 바로 옆에 있었던 체트라는 보이지 않았다. 흰옷을 입은 사람들이 걸음을 멈추고 저 앞쪽의 뭔가를 둘러쌌다. 그들은 모두 자신들이 만든 원 안을 내려다봤다. 바로 그때 체트라가 돌아와 인도 위에 툭툭을 올려놓았다. 우리는 멈춰 선 차들을 지나쳐 가다가 마침내, 정체를 유발했던 게 뭔지 보게 됐다. 길바닥에 한 남자가 쓰러져 있었다. 남자 옆에는 산산이 부서진 푸드카트가 놓여 있었다. 흰옷을 입은 사람들 중 몇몇이 길에서 객사한 그 남자에게 아주 가까이 다가가자, 그들의 흰색 신발 가장자리가 빨간색으로 물들었다.

호텔로 돌아가니 컨시어지가 나를 맞으며 저녁식사 장소로 같은 식당을 또 추천했다.

"아주 가까워요, 고객님의 식당은요, 가까워서 걸어갈 수 있어요!" 그가 말했다.

그의 명랑한 목소리가 거슬리고, 먼지와 흙으로 뒤덮인 내 피부의 촉감도 마음에 들지 않았다. 객실로 올라가 샤워를 하면서, 하루의 모든 것이 녹아 배수구로 흘러가기를 바랐다. 하지만 모든 게 녹아내리지는 않았다. 마음이 불안해졌다. 도시의 소음이 내가 나 자신을 잊게 해주길 바라는 마음으로 다시 시내에 가보기로 했다. 호텔 앞마당 잔디밭에 오토바이를 세워놓은 체트라가 보였다. 그는 수레 안에 대각선으로 매달아놓은 그물침대에 누워 흔들거리고 있었다. 나는 그를 보고 놀랐고, 그를 보고 기뻐하는 내 마음에 또 놀랐다. 그를 소리쳐 부르자 그는 휴대전화를 보다가 고개를 들었다.

"또 어디 가요? 제가 모실게요."

"저녁 먹으러 가는데, 걸어가려고 해요."

"어디로요?"

내가 식당 이름을 말하자 그는 얼굴을 찡그렸다.

"거기 별로예요? 그럼 어디서 식사를 해야 하죠?"

"타세요."

그렇게 나는 다시 수레에 올랐다.

체트라는 메콩강 강둑에 위치한 작은 식당으로 나를 데려갔다. 식당에 있는 사람들은 모두 그가 아는 사람들이었다. 웨이트리스가 우리를 데리고 식당 내부를 가로질러 뒤편의 야외 좌석으로 안내했다. 그곳에서 식사하는 사람은 우리밖에 없었다. 웨이트리스가 체트라에게 뭐라고 말하면서 손가락으로 나를 가리켰다. 체트라는 고개를 저었다.

"뭐라고 하는 거예요?"

"손님이 호주 사람인 줄 알았대요. 이런 데까지 오는 사람들은 호주 사람들밖에 없다고."

"미국인들도 와요."

"때때로 오죠."

그가 크메르어로 웨이트리스를 놀리자 그녀가 얼굴을 붉혔다. 그가 내 쪽으로 고개를 돌려 통역을 해줬다. "제 사촌이에요. 너무 말라깽이라고 제가 놀렸어요."

그녀는 밥과 커리가 수북이 담긴 접시들을 우리에게 가져다줬다.

"쁘로혹Prahok(으깬 생선을 소금에 발효시켜 만든 캄보디아의 젓갈-옮긴이)이에요." 체트라가 말했다. 그는 길가에서 봤던 수많은 흰 생선 무더기를 이야기하고는, 그 생선들을 발효시켜 액체 상태로 만들어 카레에 넣는다고 설명했다. 그걸 먹었더니 내 입과 코에 길쭉한 고추와 강 진흙의 짙은 냄새가 채워졌다. 매캐하고, 흙냄새가 나고, 농익은 맛이 나서 좋았다. 마지막 햇빛이 메콩 강 위에서 녹고 있었다.

"나를 기다리고 있었던 거예요?"

"언제요?"

"호텔 앞에 있었을 때요."

"호텔에서 허락받고 거기서 자거든요."

"호텔에서 방을 준다고요?"

"저는 툭툭 안에 있는 그물침대에서 자요. 호텔 앞마당이 길거리보다 안전하거든요. 그리고 손님이 가고 싶어 하는 곳에 데려가려면 거기 있어야죠."

체트라는 그가 그 일대의 큰 호텔 여러 곳과 그런 식의 계약을 맺고 있어서 시내 곳곳에 잠자리가 있다고 말해줬다. 그는 프레이벵Prey Veng 주의 시골 마을에서 도시로 왔고, 부모님은 시골 마을에 계속 살면서 그의 형이 낳은 아이 네 명을 키우고 계신다고 말했다. 그는 돈을 벌어서 고향의 부모님에게 보낸다고 했다.

"제가 영어를 잘하니까 호텔들이 저를 좋아해요. 그리고 손님들도 기분이 좋고요."

하지만 내가 그의 말투와 눈 속에서 본 것은 '안전해요'라는 단어였다. 정말로 나는 그와 함께 있을 때 더 안전하다는 느낌을 받았다. 나는 심오한 본능에 따라 그를 처음 봤을 때부터 신뢰했다. 아마도 그에게서 나와 비슷한 점을 발견했던 것 같다. 우리는 둘 다 무리의 가장자리에 조용히 머무르고 있었다. 다른 운전사들이 나를 낚아채거나 소리칠 때 그는 참을성 있게 기다렸다. 그러나 프놈펜에서 하루를 보내고 나니, 내가 다른 툭툭 운전사들을 보며 공격적이라고 생각했던 태도가 실은 그저 나에게 익숙하지 않은 하나의 소통 방식이었다는 사실을 이해하게 됐다. 그리고 아마도 내가 체트라를 신뢰했던 것은 익숙한 것을 좋은 것으로 착각한 데서 비롯된 행동이었을 것이다. 그가 영어를 할 줄 알고, 그에게 돈을 지불하는 낯선 사람들의 구미에 맞지 않는 부분은 자기 자신에게서 삭제하고 서양식으로 행동을 전환할 줄 알았기 때문이었을지도 모른다. 이제 그가 자기 사촌이나 그 식당 안의 다른 지인들과 상호작용하는 모습을 보니, 그가 나와 있을 때는 솜씨 좋게 역할극을 해서 내가 그의 나라를 마음 편히 여행할 수 있도록 해줬구나 싶었다.

"영어는 학교에서 배웠어요?"

"조금은요. 그런데 페이스북에서 더 많이 배웠죠."

그는 이렇게 대답하고 휴대전화를 꺼내 그가 팔로우하는

백인들의 얼굴을 보여주었다. 그는 내 이름을 집어넣고 나를 검색했고, 클릭 한 번으로 우리는 친구가 됐다.

체트라는 내가 저녁을 사는 데 동의했지만, 그전에 나와 거래한다는 약속을 받아냈다.

"이제부터 제가 손님의 크메르어 선생이에요."

그는 이렇게 말하고 나서 냅킨에 내가 알아야 할 것 같은 크메르어 문장들을 썼다. "아뇨, 됐어요"와 "필요 없어요"와 "건드리지 마세요"였다.

우리는 그 식당의 차양 아래서 술을 한 잔 하고 가라는 초대를 받았다. 체트라의 사촌이 우리에게 투명하고 센 술을 가져다줬다. 체트라의 친구들도 의자를 끌고 우리 테이블 주변으로 와서는 크메르어로 그와 웃고 떠들었다. 나는 강 쪽으로 시선을 들려 달빛이 강물에 경계선을 그리고 물살을 가르며 나아가는 광경을 바라봤다. 고양이 한 마리가 나타나 내 무릎 위로 올라왔다. 체트라의 사촌이 다시 와서 우리의 잔을 채워주었다.

"그 흰옷 입은 사람들은 누구였어요? 길에서 본 사람들이요."

"어떤 사람들이요?" 체트라가 되물어서 나는 놀랐다.

"흰색 옷만 입은 사람들, 기억 안 나요?"

그 사람들은 마치 꿈처럼 불쑥 나타났다. 그들은 무슨 이

단자나 불길한 저주를 보듯이 나를 쳐다봤지만, 나는 체트라에게 그렇게 말하지는 않았다. "아하." 체트라가 그들을 기억해냈다. 그는 캄보디아 사람들은 누가 죽으면 흰색 옷을 입는다고 말했다. 그러니까 내가 길에서 봤던 사람들은 분명히 장례식을 치르고 나오던 길이었을 텐데 마침 그때 교통사고가 났으니, 그들은 한 사람의 죽음을 목격하고 나오자마자 또 다른 죽음을 목격했다는 이야기가 된다. 체트라의 친구들 중 하나가 우리가 무슨 이야기를 나누는지 알고 싶어서 팔꿈치로 그를 쿡쿡 찔렀다. 체트라는 크메르어와 영어로 그 사고에 관해 설명했다. 음식 수레와 오토바이가 충돌해서 사람 하나가 다치고 하나는 죽었다고.

"그건 흔한 일이에요. 사고는 날마다 나거든요."

체트라가 고개를 끄덕이자 그의 친구들도 고개를 끄덕였다. 그들은 모두 동시에 이야기를 시작했지만, 체트라의 사촌이 무슨 말을 하자 체트라의 기분이 바뀌었다. 나는 내 무릎 위에 올라앉은 고양이의 귀를 긁어주며 기다렸다. 체트라의 사촌이 그의 어깨를 톡톡 치자 그는 약간 움찔하더니 테이블 위의 잔을 향해 몸을 푹 숙여 우리로부터 달아났다. 그가 술을 다 마시자 사촌이 다시 잔을 채웠다. 그녀가 내 쪽으로 몸을 돌려 영어로 뭐라고 이야기했지만 나는 알아듣지 못했다. 나는 그녀에게 다시 한 번 말해 달라고 부탁하는 대신 그냥 미소 띤 얼굴로 고개를 끄덕였고, 나중에 나 자신을 경악하게 만들 행동을 했다. 별 생각 없이 조그맣게 쿡쿡 웃었던 것이다.

모두 조용해졌다. 우리 사이의 분위기가 확 달라졌다. 내가 놓친 게 뭔지 알 수가 없었다. 마침내 체트라의 친구들이 다시 말문을 열었을 때, 체트라는 나에게 통역을 해주지 않았다. 내 무릎은 축축해졌다. 무릎 위의 고양이가 나를 올려다봤다. 고양이는 몸을 뒤집어 나에게 배를 보여줬다. 근처에 갓 태어난 새끼들이 있었다. 그 고양이는 새끼들을 돌보는 중이어서 부풀어오른 젖꼭지에서 젖을 뚝뚝 떨어뜨리고 있었다. 내가 고양이의 배를 톡톡 두드리자 고양이는 가르릉거렸다. 나는 내 접시에 있던 밥을 고양이에게 먹여줬다.

"이 고양이는 어떻게 될까요?" 내가 물었다.

모두가 나를 쳐다봤다. 체트라의 사촌은 식당 안으로 도로 들어갔다.

"그건 길고양이예요. 언젠가는 죽게 되겠죠."

우리 아빠는 지금의 나와 비슷한 나이였을 때 아시아에 있었다. 아빠가 집 앞 뜰에서 발견했던 개가 생각났다. 꼭 필요한 상황이라면 지금 내 무릎 위에 있는 이 고양이를 내가 익사시킬 수 있을까? 나는 못 할 것 같았다. 문득 아빠를 향한 동정심이 솟구치고 아빠가 그리웠다. 내 얼굴에 그늘이 드리워졌다. 내가 고양이를 가슴팍으로 끌어당기자 체트라가 그걸 보고 자리에서 일어섰다. 그는 내 무릎 위의 고양이를 안아 올려 밖으로 데리고 나갔다. 아무도 나에게 말을 걸지 않았다. 체트라가 돌아왔을 때 그는 땀에 젖어 있었고 화난 얼굴이었다. 내가 어떤 모욕적인 행동을 했는지 정확히 알지는 못했지만, 어쨌든 내가 그들을 모욕한 것만은 확실했다.

"곧 죽을지도 모르는 고양이를 보고는 슬퍼하면서 왜…?" 체트라가 말을 시작했지만, 내가 중간에 끼어들어 사과의 말을 했다. 이번에는 그가 내 말을 가로막았다.

"왜요? 그런 소리는 무엇 하러 해요?"

다음 날 아침, 새벽녘에 체트라를 만났다. 그는 오토바이 좌석에 웅크리고 앉아, 두 발을 엉덩이 밑에 집어넣고, 휴대전화 화면의 뭔가를 스크롤하고 있었다. 나는 그의 비극 전단지에서 해골탑을 가리켰고, 우리는 출발했다. 도시를 벗어나 시골로. 킬링필드 현장을 보기 위해 츠엉에크라는 마을로 간다. 먼 길이라서 중간에 멈춰 기름을 넣어야 했다. 체트라는 근처에 수산시장이 있는데 나중에 돌아오는 길에 구경하겠느냐고 물었다.

"구경하면 좋겠네요. 하지만 나 때문에 그쪽이 기다리는 건 원치 않아요."

"기다릴게요."

"진심이에요?"

"제가 손님을 안 기다리면 다른 사람이 손님 돈을 받아가잖아요."

도로가 흙길로 바뀌었다. 도시는 논밭에 파묻혔다. 하마터면 우리는 툭툭 뒷바퀴로 개 한 마리를 칠 뻔 했다. 어디에나 개와 고양이들이 있다. 체트라는 동물들을 피하기 위해 굳이 방향을 틀지 않고 그냥 어깨만 으쓱 했다. 길 위에 동물들이 너무 많아서 하나쯤 죽이는 건 불가피했다. 아빠가 들려준 이야기 중에 내가 태어난 방콕의 병원 복도에 개와 고양이들이 어슬렁거렸다는 이야기가 생각났다. 그때는 그 이야기가 가짜 같았지만, 이제는 믿을 수 있었다.

츠엉에크 마을 앞의 풍경은 투올슬렝 마을 앞과 똑같았다. 백인 관광객들이 줄을 서서 입장을 기다리고, 툭툭 운전사들은 입구 근처에서 무리 지어 기다렸다. 체트라는 무리 가장자리에 자리를 잡았다. 다른 운전사들 중 하나가 손가락으로 나를 가리키며 크메르어로 체트라에게 뭐라고 말했다. 체트라는 나를 쳐다봤다가 다시 그 운전사를 보면서 뭐라고 말했다. 무슨 이야기가 오가는지 물어보고 싶었지만, 나는 이미 줄을 서서 앞으로 나아가는 중이었다. 입장권을 사서 안으로 들어갔다.

또 헤드폰을 받았다. 새로운 오디오 가이드가 안내를 해줬다. 이곳이 크메르 루주가 100만이 넘는 사람을 학살한 장소라고 했다. 오디오가 오솔길을 따라가라고 해서 가봤더니, 사람의 대퇴골로 가득 찬 유리 상자가 나오고, 여자들이 처형 전에 강간당했던 구덩이가 나오고, 사람들이 줄을 서서 머리에 총알을 맞았던 파빌리온이 나왔다. 나는 조금 거리를 두고 다른 관광객들을 관찰했다. 그들이 구덩이 주위에 무리 지어 있는 모습, 그들이 파빌리온에서 핏자국을 찾는 모습을 지켜봤다. 우리가 이동하는 길은 매끄러웠고 파편은 모두 치워져 있었다. 길 양쪽의 잔디는 3센티미터 높이로 깎아놓았다.

전날 밤 앤드류와 통화하면서, 이번 여행을 시작한 지 며칠밖에 안 됐는데 벌써 박사논문 연구를 포기하고 싶어진다고 이야기했다. 내가 발견한 건 딱 하나였다. 내가 캄보디아에 관한 잘못된 선입견을 가지고 이곳에 왔다는 것.

"다른 아이디어가 생각날 거야." 앤드류가 말했다.

내가 줄곧 발견하게 되리라고 생각했던 건 나타나지 않았다. 카타르시스 경험과 비슷한 것도 목격하지 못했고, 나 자신이 그런 경험을 하지도 않았다. 사람들은 이런 장소에 와서 변화를 일으키는 것 같지 않았다. 그들은 평온하고 예의바른 태도로 입장해서 그들에게 필요한 사진만 찍고 안내판을 읽어본 다음, 평온하고 예의바른 태도로 자리를 떴다. 혹은 나만 그렇게 생각했을 수도 있다. 어쩌면 나의 느낌이 그랬고, 내가 내 느낌과 일치하는 것만 받아들였을지도 모르겠다.

"있잖아. 네가 그런 이야기를 해서 나도 내가 거기 갔다면 어떨지 생각해봤어. 그리고 내가 덤덤할 것 같은 이유도 생각해냈어."

앤드류가 말했다.

"그 이유가 뭔데?"

"그런 답사 장소들은 정신적 갈등을 일으킬 수 있잖아. 우리가 느끼는 그 극심한 고통을 이해해야 하는데, 사실 우리는 우리가 그 정도의 고통을 이해할 수 없다는 걸 알잖아. 나 같으면 정신적으로 차단해버릴 것 같아. 그걸 한꺼번에 받아들일 수가 없으니 무감각해지는 거지."

그런 경험은 인지 부조화를 일으킨다는 게 앤드류의 생각이었다. 그리고 인지 부조화 앞에서 인간의 정신은 마비된다. 나도 그건 잘 안다.

"그런 곳에 있으면 정지된 것들로 만들어진 커다란 물체 속에서 움직이는 기분일 것 같아. 내 마음은 이해를 해보려고 노력하지만, 정지된 것들을 의미로 변화시킬 수는 없잖아. 그래서 차단해버리는 거야."

"도움이 되는 이야기네."

"너에겐 도움이 되지만 너의 논문에는 도움이 안 되겠지."

"내가 떠나서 화났어?"

"네가 떠나야 한다고 생각했던 걸 이해해."

"하지만 당신이 힘들잖아."

"나는 너의 결정을 지지해. '그리고' 그 점 때문에 힘들어. 둘 다인 거지."

앤드류는 항상 나의 보호자처럼 행동하지는 않았다. 그는 내가 다른 사람으로부터 또는 나 자신으로부터 보호받아야 한다고 생각하지 않았다. 그는 내가 옳지 않을 때 옳다고 말해주거나 상황이 괜찮지 않을 때 괜찮다고 말해주지는 않았다. 그는 내 말이나 나의 행동에 항상 동조하지는 않았지만, 섣부른 판단을 하지 않았고 내 관점에서 사물을 바라볼 줄 알았다. 그건 상상하기 힘든 능력이었다. 그는 나와의 모든 대화에 그가 가진 공감 능력을 총동원했다. 그게 가능했던 이유는 그가 다른 사람들에게 최소한으로 헌신했기 때문이다. 그는 비정상적일 만큼 사회적 지위나 다수에게 잘 보이는 일에 무관심했다. 그는 그런 점이 이따금 자신에게 불리하게 작용한다는 것도 알고 있었다. 남들의 눈에 그는 다가가기 어려운 사람으로 보였고, 사교적인 자리에서는 따분해 보이거나 차가워 보였다. 어떤 사람들은 그에게 금방 흥미를 잃었지만, 그는 그걸 거의 알아차리지 못했고 하나도 신경 쓰지 않았다. 그러나 자기 사람들에게는 적당히 하는 법이 없었다. 그는 소수의 사람들, 즉 평생 알고 지낸 친구 몇 명과 가족 몇 명, 나와 울프강만 사랑하기로 마음 먹고 우리에게 완전한 집중과 에너지를 주었다. 그와 내 엄마는 그런 면에서 똑같았고, 그 둘은 서로를 매우 사랑하고 존중했다. 그 둘은 항상 신뢰할 수 있고 의지할 수 있는 사람들이고, 그들의 말은 믿어도 되는 반면 나는 너무 많은 일을 벌이고 너무 많은 걸 원해서 사람들을 실망시켰다.

츠엉에크 마을의 오솔길들을 한 시간쯤 걸었더니 정지된 것들 속에서 움직이는 기분이 들었다. 안내판을 보고 오디오 가이드를 들었다. 깔끔하게 손질된 길을 따라가다가 갈림길에 이르렀다. 한쪽 길은 오디오 가이드의 마지막 지점으로 통했다. 저 앞을 보니 많은 관광객이 이미 그곳에 모여 있었다. 마지막 지점은 관람을 마무리하는 곳이었다. 오디오 가이드의 마지막 부분을 듣는 관광객들의 넋 나간 표정이 멀리서도 보였다.

또 하나의 길은 들판 가장자리에 있는 잡목림 사이로 이어졌다. 나는 나무 그늘 아래에 있기를 기대하며 헤드폰을 끼고 잡목림을 향해 걸어갔다. 내가 선택한 길은 긴 고리 모양이라서 한참 걸어야 했는데, 절반쯤 걸었을 때 내가 실수했다는 사실을 깨달았다. 오른쪽 엉덩이에서 날카로운 통증이 느껴지고 허리는 마비되기 시작하는데 근처에는 쉴 곳이 하나도 없었다. 마음속 중립의 방으로 후퇴해서 그 방에 흰 벽들을 똑바로 세우는 과정에 돌입했다. 그 벽들 안에서 쉴 곳을 찾았다. 심호흡을 한 뒤 수를 세기 시작했다. 머릿속에서 숫자들이 휙휙 스쳐갔다. 나는 오직 수를 세는 데만 정신을 집중했다. 다른 감정들이 내 옆구리로 미끄러져 들어와 그곳에 머물렀다. 다시 심호흡을 하며 수를 셌다. 저 앞에 내가 잠시 기댈 수 있는 철망 울타리가 있다. 딱 여덟 걸음만 가면 된다. 다시 여덟 걸음 더, 그러고 나서 다시 8까지 세고, 또 센다. 계속 수를 센다. 내가 어디에 있는지 잊어버렸다. 그저 방 안에 있을 뿐. 철망 울타리가 보여 그걸 붙잡았다. 다리를 가볍게 움직여 근육을 풀어주고, 허리를 구부리고, 척추와 엉덩이 스트레칭을 했다. 울타리 너머에는 도랑과 들판이 있었다. 도랑 안에 한 남자가 있었다. 그는 누워 있었는데, 죽은 건지 잠든 건지 알 수 없었다. 내 입에서 비명이 절로 나왔다. 남자가 몸을 꿈틀거렸다. 그는 철망 울타리로 다가왔다. 그는 다리가 하나뿐이었다. 그는 나머지 한쪽 다리가 있었을 것 같은 자리를 손으로 가리킨 뒤 내 뒤쪽에 있는 킬링필드 한가운데를 가리켰다. 그가 다시 자기 자신을 가리키고는 두 손을 내민다. 호주머니를 뒤져봤지만 돈이 많지 않았다. 내가 가진 돈을 그에게 줬다.

한 바퀴를 다 돌았다. 마지막 관람 지점에는 관광객이 훨씬 많이 모여 있었다. 헤드폰을 끼고 '재생'을 눌렀다. 오디오 가이드가 커다란 나무 쪽으로 가보라고 지시했다. 기둥 굵기가 사람 세 명 정도 되는 나무를 관광객들이 빙 둘러싸고 있었다. 그들은 몸을 구부려 가만히 오디오를 들었다. 카메라 플래시가 터졌다. 사람들이 더 많이 왔다. 밋밋한 나무 표지판에 다음과 같은 문구가 있었다. '학살의 나무. 학살자들은 아이들을 이 나무에 쳐서 죽였다.' 내 주위의 사람들 모두가 흥미와 호기심을 보였다. 오디오 가이드에 따르면 당시에는 총알이 비쌌으므로 크메르 루주는 비용을 절감하기 위해 아기, 유아, 어린이들의 머리를 이 나무의 둥치에 대고 세게 쳤다. 나무 뿌리 부분을 자세히 보면 핏자국이 보이고 사람의 두개골 뼛조각들도 남아 있다고 했다.

늦은 아침이었다. 한낮의 뜨거운 기운은 아직이었다. 하늘은 구름 한 점 없이 깨끗했다. 반듯한 나무 다리가 나를 거대한 무덤으로 데려다줬다. 추모의 사리탑이 햇빛 아래 금빛으로 반짝였다. 사리탑 안에는 5000개의 두개골이 들어 있었다. 흙으로 덮인 길 양쪽으로 꽃들이 피어났고, 바람은 경사가 완만한 언덕을 타고 올랐는데, 그 언덕들 밑에는 또 수천 명의 시체가 매장되어 있었다. 한 남자가 우산 밑에 서서 아이스크림과 기념품을 판매하고 있었다. 나는 계속해서 다른 사람들이 카타르시스를 경험하고 있는지 살펴봤지만 그들에게는 호기심밖에 안 보였다. 그래서 나의 내면으로 들어가 나 자신을 더 잘 알게 됐는지 돌아봤지만 그곳에는 오직 무기력함만 있었다. 전에는 내가 왜 여기에 왔는지 희미한 생각이라도 있었던 것 같은데, 이젠 그것조차 없어졌다. 전에는 계획이라도 있었던 것 같은데, 이젠 그조차 해체되고 없었다. 저 위에는 새들의 노래가 계속됐다. 나는 소설책 한 권을 들고 고요한 잔디밭에 누워 책을 읽고 싶은 욕구를 억눌렀다. 그곳에서 나는 안전했다. 고통이 잘 전시된 장소들을 이해하게 됐다. 상처를 보호하려는 욕구도 이해하게 됐다. 그 벽들 바깥은 살피는 눈이 많고 움직임이 끊이지 않는 거리였다. 그곳에 있으면 나는 살아 있는 기억이었다. 현재의 순간으로부터 분리되고, 정지된 것들 속에서 나 역시 일시정지 상태가 됐다. 바깥에서는 그 순간이 오고, 오고, 오고, 오고 있었다.

캄보디아로 떠나기 전 주에 뉴욕에서 철학과 친구들 몇 명을 만났다. 누군가의 생일이었다. 제이는 처음에는 그 자리에 있었지만 건전하게도 자정 무렵에 집에 갔다. 남은 사람들이 춤을 추러 가자고 했고, 나도 같이 갔다. 새벽 한두 시쯤, 나는 술에 취한 채 클럽의 구석 칸막이 좌석에서 어느 잘생긴 대학원생을 향해 몸을 기울이고 있었다. 나는 그 대학원생과 수업을 같이 들은 적이 있었다. 그는 명석하지는 않았고 주장이 한 가지밖에 없었는데, 보고서를 낼 때마다 유머도 없이 그 주장을 되풀이했다. 그는 규칙을 철저히 따르는 학생이고 알코올 중독자였다. 학교에서는 항상 굶주리고 목마른 상태로 복도를 걸어 다니며 먹을 것을 찾았다. 한번은 수업 도중의 쉬는 시간에 누가 피자 한 판을 가져왔는데, 그는 정말 폭력적으로 피자를 먹어치웠다. 그에게는 약삭빠른 면이 있었다. 사람들은 그를 두루 좋아했지만 나는 그를 신뢰하지 않았다. 그에게는 마약 같은 붙임성이 있어서 경계선이 흐려지기 일쑤였다. 테이블 밑에서 그가 내 다리를 건드렸다. 우리의 친구들은 어딘가에서 춤을 추고 있었다. 그의 푸른 눈이 나를 응시했다. 나는 말없이 욕망에 젖어들었다. 나는 그를 좋게 평가하지 않았다. 그는 붕 떠 있는 사람이었다. 그에게 신념이란 게 있기는 한지 의문이었다. 그래서 그는 규칙을 아주 잘 지켰다. 권위에 복종하는 걸 즐겨서가 아니라 권위에 반대하고 반항하면 그가 뭔가를 중요하게 생각한다는 뜻으로 받아들여질 것이기 때문이었다. 우리는 서로에게 밀착해서 춤을 췄다. 그러고 나서 나는 클럽 앞에 혼자 서서 주황색 불빛이 맨해튼의 스카이라인을 비추는 광경을 보고 있었다. 택시를 타고 집에 와서는, 침대로 기어 들어가 잠들어 있는 남편과 아들 옆에 누웠다. 두 사람은 무한반복으로 틀어놓은 자연 다큐멘터리를 보다가 곯아떨어진 모양이었다. 화면에서 고래 한 마리가 헤엄치고 있었다. 고래는 광활한 어둠 속을 미끄러져 다녔다. 나는 동물들의 우아한 모습에 질투를 느꼈다. 인간에게서는 찾아보기 어려운 동물들의 우아함은 그들의 동작에서 나오는 게 아니라 학문적 활동으로부터 자유롭기 때문에 나온다. 존 듀이의 글이 떠올랐다. "개는 절대로 유식한 척을 하지 않는다." 듀이는 현학적인 행동은 인간이 과거에서 본보기를 찾기 위해 과거를 현재로부터 격리시키는 습관에서 비롯된다고 주장했다. 반면 동물들에게는 "과거가 현재에 흡수되어 계속 진행되고, 앞으로 나아간다".

잘생긴 대학원생과 춤을 추는 동안 나는 시간이나 인과관계의 바깥에 있는 느낌을 받았다. 그건 나에게 익숙한 느낌이었다. 그리고 다음 날 아침에 찾아온 숙취는 책임과의 흐릿한 관계를 더 흐릿하게 만들었다. 나는 머릿속에서 과거로부터의 분리 또는 과거의 흡수가 현재 속에서 방향을 지시한다는 듀이의 주장을 뒤집어봤다. 울프강의 아침식사를 준비하고, 설거지를 하고, 조리대를 정리했다. 시간은 엎질러진 우유처럼 사방으로 퍼져갔다. 전날 밤에는 시간이 좁은 길을 따라가며 a에서 b로, 나에게서 그 대학원생에게로 질주했다. 우리는 밤의 장막 속에서 쾌락을 추구했다. 그건 재미있는 일이었다. 그리고 집에서의 생활은 달랐다. 시리얼, 비누 거품, 햇빛이었다. 나는 데이트 앱을 내려받아 별 생각 없이 화면을 훑어보며 희미한 자극을 느꼈다. 한 시간 후에 그 앱을 삭제했다. 나는 그런 행동이나, 밤에 다른 남자와 바짝 붙어서 춤을 춘 것이 남편에 대한 배신이라고 생각하지 않았고, 그런 행동들이 울프강에게 어떤 영향을 미칠지도 생각해보지 않았다. 왜냐하면 내가 하는 행동이 누군가에게 영향을 줄 거라는 생각 자체가 없었기 때문이다. 나는 평생 내가 다른 사람들처럼 진짜가 아니라는 소리를 듣고 살았다.

입구의 반대편에서 체트라를 만났다. 그가 손을 흔들었다. 그는 고작 스물일곱 살이어서 제노사이드 시기에는 태어나지도 않았지만, 다른 툭툭 운전사들은 나이가 훨씬 많았다. 수백만 명이 도시에서 쫓겨나 츠엉에크라는 시골 마을로 수송되어 삽과 나뭇가지를 건네받은 다음 강제로 자신들의 무덤을 팠던 그때, 그 운전사들은 아이였고, 청소년이었고, 젊은 성인이었다. 나는 체트라가 그들의 무리 가장자리에만 머문다는 것을 알아차렸고, 그게 그의 선택이고, 그게 우리가 비슷한 부류라는 증거라고, 그도 나처럼 사람들과 단절되어 있다는 느낌을 받는 거라고 생각했다. 그런데 이제 보니 그들이 체트라에게 선택의 여지를 주지 않았다. 그들은 마치 잠긴 쇠사슬처럼 몸을 다닥다닥 붙이고, 거꾸로 된 상자 위에서 카드놀이를 하면서 그 상자를 빈틈없이 둘러싸고 있었다. 그들이 바깥을 향해 돌린 등들은 안쪽의 공간을 보호하는 장벽 역할을 했으므로 오직 그들만 이 안쪽 공간에 접근할 수 있었다.

내가 체트라에게 말했다.

"아까 저 사람들이 나에 대해 뭐라고 했어요?"

"언제요?"

"아까 우리가 도착했을 때, 저 사람들이 나를 가리키면서 당신에게 뭐라고 했잖아요."

"손님이 제 아내냐고 물어보던데요. 저 사람들은 손님이 우리나라 사람인 줄 알았는데 손님이 안으로 들어가는 걸 보고 그게 아니라는 걸 알았죠."

툭툭을 타고 프놈펜으로 돌아가는 길에 개 한 마리가 갓 태어난 새끼에게 젖을 먹이는 광경을 봤다. 새끼는 아직 눈도 뜨지 못할 정도로 어렸다. 툭툭이 그들을 향해 시끄럽게 달려갔고, 나는 다른 개들처럼 그들이 펄쩍 뛰어 안전한 곳으로 가기를 기다렸다. 어미 개는 탈출에 성공했지만 새끼는 성공하지 못했다. 체트라의 오토바이 타이어가 새끼의 목 위로 지나갔다. 새끼는 고통스러워서 낑낑댔지만 그것도 한 순간이었다. 그러고는 조용해졌다. "죽었어요." 체트라가 말했다.

체트라는 사거리에 멈추고 오토바이의 방향을 돌려 나를 마주했다. 관광지 메뉴판을 흔들어대던 그가 캄보디아 국립박물관 사진을 가리켰다.

"여기 가보고 싶어요?"

"네. 하지만 오늘은 말고요."

"여기 다시 갈까요?" 그가 두개골을 가리키며 물었다.

"아니요. 거기 갔던 걸 후회하고 있어요."

"후회된다고요?"

"거기 데려가 달라고 해서 미안해요."

"저는 그걸로 돈을 버는데요, 뭐."

체트라의 얼굴에 살짝 언짢은 기색이 스쳐갔다. 그는 고개를 돌렸다.

"알아요."

나는 이렇게 말하고, 다시 사과하려다가 그만뒀다.

"어디 가고 싶으세요?" 그는 내 얼굴을 보지 않고 물었다. 그는 다른 어딘가에, 그 순간의 반대편에 있었다. 그가 있는 곳은 내가 있지 않은 곳, 이 대화가 끝나는 곳이었다. "어디 가고 싶으신지만 알려주세요."

그런데 나는 어디에 가고 싶은지 몰랐기 때문에 그에게 알려줄 수가 없었다. 그래서 우리는 잠시 침묵하며 주위의 들판 위로 낮이 스스로를 정리하는 풍경을 바라봤다.

"혼자서 왜 여기까지 오셨나요? 무엇을 보려고 왔어요?"

체트라가 물었다. 나는 체트라에게 이제는 포기 상태인 내 계획을 말했다.

"예전에 오셨으면 뭔가를 알아냈을 것 같은데요."

"예전이 언제죠?"

"일본 회사들이 츠엉에크 마을의 들판을 임대해서 조경을 하고 출입문을 설치해 그걸 놀이공원처럼 만들기 전에요. 투올슬렝도 똑같아요. 같은 회사 소유거든요."

"아!" 내가 사전에 조사도 해보지 않고 그 장소가 캄보디아인들에게 의미 있을 거라고 가정했던 게 놀랍기도 하고 부끄럽기도 했다. 아마도 그 장소들이 외국인 소유가 되고 슬픔을 전시하는 관광지가 되고 나서는 캄보디아 사람들에게 의미가 없거나, 전과 같은 의미를 지니지는 않을 것이다. 갑자기 그건 쉽게 알 수 있는 이야기였다는 생각이 들었다. 투올슬렝에서는 캄보디아인 수천 명의 이야기들보다 캄보디아 영해로 표류해 왔다가 체포되어 S-21에서 살해당한 미국의 잘생긴 백인 선원 이야기에 더 많은 공간이 할애되어 강조되고 있었다. 캄보디아인들의 이야기는 모두 하나로 묶여 제시됐는데, 그들의 수많은 얼굴들은 내 기억 속에서 아주 흐릿해져서 얼굴이 없는 것이나 마찬가지였다. 그러나 미국인 남자의 얼굴은 떠올릴 수 있었다. 그는 박물관에 자신만을 위한 추모의 공간을 할당받았다. 그런데 나는 그 박물관에 갔을 때 그런 사실을 의식하지도 못했다. 모든 게 백인들의 시선에 맞춰지는 것에 너무도 익숙했기 때문이다. 내가 친구라고 부르고 싶었던 체트라조차도 나와 같은 사람들을 편안하게 해주려고 서구식 행동을 모방하는 법을 알았다.

"전에는 어떤 모습이었어요? 킬링필드 말이에요."

"그냥 들판이었어요. 특별한 이름이 붙지도 않았고 주변과 분리되지도 않았어요."

체트라의 얼굴 표정에 담긴 관광지들에 대한 거부감은 내가 불과 몇 분 전에 했던 생각들을 허물어뜨렸다. 새로운 생각들이 주도권을 잡았다. 하지만 그 순간 나는 체트라가 아주 젊다는 사실을 떠올렸고, 그래서 그곳들을 바라보는 관점이 우리가 출입문 밖에서 만났던 나이 든 남자들과는 다른 종류의 경험에서 비롯됐을 거라는 생각이 들었다. 그 남자들을 떠올리자 내 생각은 또다시 달라졌다. 나는 계속해서 너무 넓은 견해를 받아들이려고 했는데, 내가 본 것을 이해했다고 생각할 때마다 새로운 정보가 내 생각의 지형을 불안정하게 했고 내가 딛고 선 땅이 사라졌다. 나는 내가 이곳에 와서는 중립적인 관찰자가 될 수 있을 거라고 생각했다. 아마도 대부분의 사람은 이곳에 올 때나 다른 어딘가에 갈 때 그렇게 생각할 것이다. 아니, 그렇지 않을 수도 있다. 나만 빼고는 다들 똑똑할 수도 있다. 바보가 되어 길을 잃은 기분이었다. 체트라가 내 어깨를 마구 흔들었다. 그의 눈썹이 치켜 올려져 있었다. 어떤 아이디어가 떠오른 모양이었다.

"왜요?" 내가 물었다.

"우리가 어디에 가면 좋을지 알아요." 그가 말했다.

"어딘데요?"

"비밀이에요." 그는 이렇게 말하더니 결심한 듯이 수레를 탁 쳤다. 우리는 다시 길을 떠났다.

체트라는 수레를 몰고 진흙투성이 메콩 강변으로 갔다. 나는 피부에 달라붙는 진흙을 손톱으로 긁어 선을 하나 만들었다. 우리는 유람선 선착장에서 멈췄다. 체트라가 몇몇 남자들의 도움을 받아 오토바이와 수레를 끌어 작은 보트에 안전하게 실은 다음, 그 작은 보트를 타고 메콩 강을 건너 어느 섬으로 갔다.

체트라가 말했다. "비단섬이에요."

우리는 음식 수레에 들러 그릴에 구운 고기와 탄산음료를 사서는, 뽕나무 숲 근처 잔디밭에 앉아 먹었다. 다 먹고 난 뒤 뽕나무 가지 아래를 산책했다. 체트라는 마치 이끼로 덮인 흰색 열매들처럼 잎사귀 여기저기에 자리잡은 누에고치를 손가락으로 가리켰다. 우리는 어느 마을을 지나 구불구불 이어지는 시골길을 한참 달렸다. 어느 자그마한 판잣집 문앞에 백인 남자 하나가 서 있었다. 우리가 툭툭을 타고 지나갈 때 그 남자는 나를 뚫어져라 봤다. 체트라가 그걸 알아차리고는, 백인 남자들이 오면 '여자들'을 경험하게 해달라고 자신에게 돈을 많이 준다고 설명했다.

어느 언덕의 꼭대기에 올라가자 메콩 강 상류로 이어지는 모래밭이 나왔다. 우리는 평평한 모래밭을 가로질러 강가로 갔다. 물가에 있는 나무판자들로 물 위에 떠 있는 작은 오두막으로 이동할 수 있었다.

“비밀의 강변이에요.” 체트라가 과장된 찬양을 하고 나서 웃음을 터뜨렸다. 그는 자기 사촌을 놀리듯이 나를 놀리고 있었다. 그곳은 ‘비밀’의 강변이 아니라 또 하나의 관광지가 분명했다. 하지만 그곳은 캄보디아의 아름다움을 팔고 있었다. 한 여자가 다가왔고, 나는 그녀에게 입장료를 지불했다. 아이들이 모여들어서는 자신들이 파는 물건들을 나에게 보여줬다. 실을 꼬아 만든 팔찌였다.

강을 가로질러 뻗어 있는 좁은 나무판자가 흔들렸다. 나 혼자 판자 위에서 균형을 잡기는 불가능했다. 나는 강을 건너갈 수가 없었다. 체트라가 먼저 뛰어갔다가, 내가 강가에서 오도 가도 못하는 것을 보고 도로 건너왔다.

“어떤 방법이 가장 좋아요?” 체트라가 물었다. 그는 내 몸을 붙잡지 않았다. 그게 도움이 된다고 생각해서 내 두 팔을 꽉 잡아 고정시키지도 않았다. 그는 자기 팔꿈치를 가리켰다가 자기 어깨를 가리키고, 다음으로는 손을 내미는 동작으로 나에게 선택권을 주었다. “어떻게 건너가고 싶어요?”

나는 체트라의 어깨에 손을 올렸다. 그렇게 해서 우리는 나무 판자길을 따라 조금씩 조금씩, 오두막을 향해 나아갔다. 나의 자율성을 존중하는 그런 제스처나 내가 필요로 하는 게 뭔지 물어보는 그런 태도는 정말로 드문 것이었다. 체트라가 나에게 친절을 베풀었을 때 내가 맨 먼저 했던 생각은 내 중립의 방 벽에 붙여놓은 목록을 들여다보고 싶다는 것이었다. 사람들이 나에게 친절한 배려를 해주지 않았던 사건들의 목록이었다. 하지만 그때 또 하나의 생각이 떠올랐다. 메콩 강의 나무 판자 위를 걷고 있으니 주의를 집중해야 한다는 생각. 내 안의 저항감이 사그라지면서 몸이 조금 더 가벼워지고 발을 더 확실하게 디디고 있는 기분이 들었다. 나는 체트라의 도움을 받아 강을 건넜다.

오두막은 대나무로 지어졌고 지붕은 말린 야자 잎사귀들을 엮어 만든 것이었다. 그 오두막은 물 위 30센티미터 정도 높이에 있었다. 나는 수평선을 바라보다가 햇볕에 눈이 따가워지자 바닥에 드러누워 잎사귀들의 무늬를 관찰했다. 두 눈을 감고 앤드류와 울프강을 생각했다. 눈을 감은 채 울프강의 모습을 그려보고 있는데, 어떤 아이의 목소리가 들리더니 곧이어 비명 같은 소리와 물 튀기는 소리가 들렸다. 나는 일어나 앉아 강물 쪽을 살폈다. 알록달록한 천 같은 것이 눈앞을 스쳐가는 바람에 내 시선이 저절로 하늘로 올라갔다. 남자아이 셋이 있었는데 하나는 강물에서 수영을 하고 있었고, 나머지 둘은 보트에서 연날리기를 하고 있었다. 그 아이들은 강 하류로 천천히 떠내려갔고, 기분 좋은 산들바람이 불었다. 얼마 후 아이들은 보트에서 강물로 뛰어들었고, 우리 쪽으로 헤엄쳐 와서는 우리에게 망고를 팔았다. 내 것 하나, 체트라의 것 하나를 사서 같이 먹었다. 긴 시간이 흘러갔다.

"그런데 왜 나를 여기로 데려왔어요?" 내가 물었다.

"거리가 멀어서 요금을 많이 받잖아요." 체트라의 반짝이는 두 눈에는 선의가 담겨 있었다. "사실은 손님이 여기를 좋아하실 거라고 생각했어요." 그가 덧붙였다. 나는 진짜로 그곳이 좋았다.

남자아이 둘이 오두막 가장자리까지 헤엄쳐 와서 체트라에게 말을 걸었다. 아이들은 체트라에게 같이 수영을 하자고 권했지만, 체트라는 사양했다. 아이들은 다시 졸라대면서 오두막으로 올라와, 체트라의 두 다리를 끌어당겨 물속으로 집어넣으려고 했다. 그가 아이들을 옆으로 밀치자 아이들은 깔깔거리며 다시 물속으로 들어갔다. 아이들은 우리에게 물을 튀기며 수영을 계속했다.

"저는 물을 좋아하지 않아요." 체트라의 말투가 너무 갑작스럽게 바뀌어서 나는 그를 쳐다보려고 고개를 홱 돌리다 균형을 잃었다. 그는 겁을 집어먹은 모습이었다. "물속에는 유령이 살아요. 제가 뭘 보여드릴까요?" 내가 고개를 끄덕이자 체트라는 자기 휴대전화에서 페이스북을 열어 조카 네 명의 사진을 나에게 보여줬다.

"형은 지금 어디 살아요?" 내가 물었다.

"기억 안 나요?" 그가 말했다.

"기억?"

"형은 죽었어요."

"안됐네요." 내가 말했다.

"오토바이 사고였어요. 2년 전에."

"정말 안됐네요." 내가 말했다.

"그때 식당에서 제 사촌이 손님에게 말해줬잖아요. 길에서 죽은 남자를 봤던 날에요."

잠시 기억을 더듬다가 속이 철렁했다. 그 사촌이 뭐라고 말했는데 내가 못 알아들었던 일이 기억났다. 그리고 내가 다시 한번 말해달라고 부탁하는 대신 그냥 웃어버렸던 기억도 났다. 체트라의 상처받은 얼굴과 식당에서 내 무릎에 올라온 어미고양이를 그가 낚아챘던 일이며 그가 돌아왔을 때 얼굴에 땀이 줄줄 흘러내리던 모습도 기억났다.

"이런, 그때 나는 그런 뜻인 줄 몰랐…." 내가 해명을 하려 했지만, 체트라는 그만하라는 표시로 손을 들어 올렸다. 나는 "미안해요, 정말 미안해요"라는 말 외에 그에게 뭐라고 해야 할지 알 수 없었다.

"저는 여기에 와서 형을 떠올리면서 왜 형이 죽어야만 했는지 생각해봐요. 시간이 흘러도 형이 덜 보고 싶진 않더라고요."

급격히 피곤해지는 느낌이 들었다. 그날 하루의 기운이

고갈됐다. 우리 사이에 오해가 있었는데 내가 그 오해를 자초했다고 생각하니 마음이 정말 불편했다. 또 체트라를 이해하고 그렇게 내밀한 이야기를 듣는 데 기운을 써서 피로해진 것도 있었다. 첫째로 언어라는 장벽이 있었고, 둘째로는 관점, 셋째로는 경험이라는 장벽이 있었다. 그러나 진짜 문제는 다른 데 있었다. 진짜 문제는 내가 우리 사이의 간극을 메우려고 노력하는 동시에 나 자신을 그에게서 분리하고 있었다는 것이다. 내 안의 그 두 가지 상충하는 욕구들은 나를 정말 피곤하게 했고, 굳이 노력하지 말라고 부추겼다. 원래 나는 잠, 에어컨, 목욕, 내 노트북 컴퓨터로 시청할 수 있는 자극적인 텔레비전 프로그램, 룸서비스를 꿈꾸며 이곳에 왔다. 강가의 오두막에 앉아 다른 사람의 아픔에 관한 이야기를 듣고 싶었던 게 아니었다. 순간적으로 내가 사실은 체트라의 사촌이 하는 말을 알아들었으면서 그 내용에 선택적으로 마음을 닫아버린 건 아닌가 싶기도 했다. 혹시 나는 그의 고통을 나눠 갖기가 싫었던 게 아닐까.

장애 때문에 항상 삶의 주변부에 머무른다는 느낌은 고통스러웠지만 한편으로는 그런 망상이 도움이 되는 측면도 있었다. 만약 내가 현실 세계의 경계선 바깥에 있다면 나는 그 세계에 영향을 미치지도 못하고 누구에게 해를 입힐 수도 없다는 얘기였으니까. 그러나 나는 현실 세계 안에 있었고, 내가 나만 열외인 것처럼 행동한다면 나도 다른 사람들과 똑같이 누군가에게 해를 입힐 수 있었다. 아니, 남들보다 더 큰 해를 입힐 수도 있었다.

강물에 반사된 빛이 체트라의 얼굴에 여러 가지 모양을 만들었다. 나는 물결이 하나씩 지나가고 빛이 변화할 때마다 달라지고 새롭게 보이는 그 얼굴을 쳐다봤다. 우리는 강변 쪽으로 고개를 돌렸다. 체트라는 그의 어깨에 올려진 내 손을 잡고, 내가 그 폭이 좁은 나무 판자길을 지나 다시 안전한 강가에 이르도록 해줬다.

유람선을 타러 가는 길에 보니 판잣집 입구에 아까 그 백인 남자가 서 있었다. 그 남자는 나를 빤히 쳐다봤다. 그의 눈동자는 푸른색이다. 그는 자기만을 위한 경험을 하러 왔고, 나 역시 그랬다. 그가 손을 들어 머리에 갖다 댔다. 경례였다.

버스로 프놈펜을 떠나 시엠립으로 이동했다. 시엠립에서는 질릴 때까지 사원들을 실컷 구경했다. 바탐방Battambang에 가서는 동굴에서 수천 마리의 박쥐가 날아오르는 광경을 봤다. 그러고 나서 프놈펜으로 돌아왔다. 체트라가 나에게 페이스북 메시지를 보내 언제 돌아오느냐고 물었다. 내가 날짜와 시간을 알려주자 그는 버스 정류장에서 기다리다가 나를 호텔로 다시 데려다주겠다고 했다. 나는 프놈펜에 며칠 더 머무르다가 비행기를 타고 집으로 돌아갈 예정이었다. 정류장에서 기다리는 툭툭 운전사들의 무리 속에서 체트라의 얼굴을 찾았지만, 그는 그곳에 없었다. 나는 무리의 가장자리를 서성이면서 그가 기다리고 있을 법한 장소를 찾아봤지만, 그는 그곳에 없었다. 다른 운전사가 내 가방을 가져갔고, 나는 순순히 그에게 가방을 맡겼다.

캄보디아에서 마지막으로 온전한 하루를 보낸 날, 누군가 내 호텔 방문을 두드렸다. 나는 다음 날 아침 일찍 공항으로 떠나야 했다. 문 앞에 어떤 여자가 서 있었다. 그녀가 크메르어로 뭐라고 말했지만, 나는 무슨 말인지 알아듣지 못하고 무슨 용건이냐고 물었다. 그녀는 딱 한 문장을 되풀이했는데 나는 여전히 이해할 수 없었다. 그러자 그녀는 나를 지나쳐 방안으로 들어와서는, 호텔 전화기를 집어 들고 누군가에게 전화를 걸더니 나에게 전화기를 넘겨줬다. 전화선 너머에서 컨시어지가 내 객실 요금에 무료 마사지가 포함되어 있다고 알려줬다. 그녀는 나에게 마사지를 해주러 온 것이었다. 나는 전화를 끊고 그 여자를 쳐다봤다. 그녀는 침대를 손으로 가리켰다. 나는 고개를 저으며 "됐어요, 마사지는 필요 없어요"라고 말했다. 하지만 그녀는 내 팔을 꽉 잡아 나를 침대로 데려갔다. 그녀는 내 앞의 허공에 대고 손을 휘저었다. 마치 그 동작만으로 내 몸이 지워지고 우리의 오해도 함께 지워지는 것처럼. 나는 그녀에게 옷을 벗으라는 뜻이냐고 물었다. 캄보디아 여성이 고객에게 마사지를 꼭 하겠다고 고집할 때면 다들 옷을 벗는 건지 어떤지, 나는 몰랐다. 내가 옷을 벗고 침대에 엎드리자 그녀는 내 등을 손으로 두드렸다. 마사지는 얼마 동안 계속됐다. 그러다가 그녀의 손이 멈췄다.

그녀는 객실 어딘가에 서 있었다. 내 얼굴은 베개에 눌려 있었다. 고개를 돌려 슬쩍 보니 그녀는 침대 끄트머리에서 나를 내려다보고 있었다.

내가 그녀에게 물었다. "돌아누워야 하나요?"

그녀는 퉁명스러운 대답으로 내 말을 막았다.

다시 베개에 얼굴을 파묻었다. 감히 다시 고개를 들지는 못했다. 사방이 고요했다. 나는 가만히 기다렸다. 잠시 후 그녀의 목소리가 들렸다. 그녀는 방안 구석에서 뭔가를 속삭이고 있었다. 속삭이는 소리는 계속 들렸다. 나는 그녀가 나에게 말을 거는 게 아니라는 정도만 알아차렸다. 잠시 후 변기 물 내리는 소리가 들렸다. 그녀는 욕실에서 속삭이고 있었다. 몇 분이 지나고, 다시 몇 분이 더 지나고, 또 몇 분이 지났다. 나는 혼란스러웠고, 다음으로는 겁이 덜컥 났다.

아무도 내가 있는 곳을 몰랐다. 그때 내가 있는 곳을 아는 사람은 세상 어디에도 없었다. 앤드류에게는 내가 캄보디아에 간다고만 이야기했다. 어느 호텔에 묵고 있는지는 고사하고 어느 도시에 머물고 있는지도 알려주지 않았다. 그냥 비행기에 올라서 혼자 세상으로 미끄러져 들어왔다. 나는 사라지고 싶었다. 혹시 이 여자말로 내가 사라지는 걸 도와주거나 강제로 내가 사라지게 만들기 위해 찾아온 사람이 아닐까? 어쩌면 그녀는 누군가를 이 방으로 불러 나를 사라지게 하려는 건 아닐까? 어쩌면 그게 내가 원했던 것일 수도 있었다. 그렇기도 하고 아니기도 했다. 나는 나 자신을 얼마나 형편없고, 외롭고, 고독한 존재로 만들었던가. 나는 모든 사람을 멀리 떨어뜨려 놓았다. 나는 상처받고 고독한 존재였다.

그런데 바로 그때 그 여자가 욕실에서 나오더니 세면대 앞에 서서 한참 동안 손을 씻고, 따뜻한 물로 손을 덥힌 다음 내 옆으로 와서 내 몸을 살살 만져주었다. 나는 일어나 앉았고, 그녀는 담요로 내 몸을 덮어주고 침대로 올라와서 헤드보드에 등을 기대고 내 뒤에 자리를 잡고는 나에게 자기 무릎을 베고 누우라고 손짓했다. 내가 시키는 대로 하자 그녀는 내 관자놀이와 두피를 주무르고 손가락으로 머리카락을 쓸면서 머리 마사지를 해줬다. 그러는 동안 나는 눈물을 흘렸다. 그녀의 손길 아래서 통증이 녹아내렸다. 하지만 나는 나의 통증을 사랑했고, 그 통증을 보호했고, 내 상처를 깨끗하게 관리했다. 나는 통증이 없다는 것이 슬펐다. 그동안 내 머릿속에서 쓸데없이 쿵

쿵 울리는 소리를 가라앉히기 위해 그 통증에 의존했던 것이다.

나는 고정된 것들, 그러니까 죽은 철학자들과 그들의 이론에 관여하는 데서 너무나 큰 위안을 얻었다. 죽은 철학자들과 그들의 이론. 벽에 걸린 그림. 돌로 만든 조각. 이런 관계에서는 내가 역동적인 쪽이었으니까. 나는 고정된 대상에 이름을 붙이고, 그 대상을 분석하고, 평가하고, 그 대상을 기준으로 움직였다. 나는 중립의 방 안에서 진단을 내리고 경계선을 그었다. 그런데 이제 그 중립이 방이 그렇게 중립적이지 않았다는 게 보이기 시작했다. 그건 아주 명백했다. 내가 자의식이라는 작은 고치를 만드느라 그렇게 바쁘지 않았다면 훨씬 전에 그걸 알았을 것이다.

나는 앤드류, 울프강, 그리고 다른 모든 사람과 일정한 거리를 유지하면서 삶을 쉽게 살아갈 수도 있다. 지금까지 내가 할 수 있었던 선택이 그것이었다.

우리 아빠는 자기 자신을 위대한 주인공으로 바라봤다. 그래서 세상에 일어난 모든 일은 아빠에게 일어난 일이었다. 나의 사고방식은 그렇게 거창하지는 않았지만 해롭기는 마찬가지였다. 나는 줄곧 내가 이야기의 바깥에만 있으므로 어떤 행동을 해도 대가가 따르지 않을 거라고 생각했고, 나에게도 다른 사람들에게 상처를 입힐 힘이 있다는 것을 의식하지 않고 지냈다. 나와 아빠는 야누스였다. 머리는 하나인데 각기 다른 방향을 보고 있었다.

오후에는 밖으로 나갔다. 체트라가 밖에 있기를 바랐지만 그는 없었다. 호텔 카운터 직원에게 체트라가 어디 있는지 아느냐고 물어봤지만 그는 어깨를 으쓱 했다.

"제가 권해드린 식당은 어떠셨나요? 정말 좋았죠?"

그 식당에 못 갔다고 말했더니 그는 실망한 표정이다.

"오늘 저녁에, 꼭 가세요. 손님에게 딱 맞아요! 손님한테 최고예요."

나는 다시 밖으로 나갔다. 골목 끝까지 갔을 때 뒤에서 익숙한 목소리가 들렸다.

"어디로 가세요? 제가 모실게요."

뒤를 돌아보니 체트라가 있었다. 그를, 내 친구를 만나니 너무나 반가웠다. 그를 만난 덕분에 어두운 장소에서, 내가 다시는 돌아가지 않으려고 하는 장소에서 벗어났다.

컨시어지가 추천한 식당에 가려고 한다고 체트라에게 다시 말했더니 그는 눈을 또르륵 굴렸다.

"그 사람 여동생이 하는 식당이에요." 그가 이렇게 말하며 웃음을 터뜨렸다.

나도 깔깔 웃었다. 그러자 떨리는 숨결이 내 몸을 빠져나갔다. 아까는 체트라를 다시 못 보고 작별인사를 나눌 기회도 없이 캄보디아를 떠날 생각에 아주 슬펐다.

"알았어요. 저도 같이 갈게요."

"혼자 갈 수 있어요."

"혼자서는 안 돼요. 걸어가는 것도 안 되고요. 길을 건널 줄도 모르잖아요." 그가 옳았다. 그 동네에는 횡단보도도 신호등도 없었는데 나는 오토바이들의 행렬을 잠시 중지시키고 한 지점에서 다른 지점으로 이동하는 방법을 전혀 몰랐다. 체트라와 나는 골목길을 나란히 걷고, 블록 하나를 지나고, 북적이는 도로에 닿았다. 체트라는 두 팔을 흔들며 무조건 도로로 들어섰다. 오토바이 한 대가 속도를 줄이더니 빙 돌아 그를 피해갔고, 그 뒤에서 따라오던 다른 오토바이들도 똑같이 했다. 체트라의 몸은 조류가 돌아가게 하는 바위와 같았다. 나는 그의 뒤에 붙어 서서 졸졸 따라다닌 덕분에 안전했다. 우리는 그렇게 길을 건너갔다.

컨시어지가 추천한 식당은 미국인 소유였는데 중국 음식을 판매했다. 식당 안에는 호주인들밖에 없었다. 너무 작위적인 분위기여서 체트라를 그곳에 데려간 게 민망하기도 했지만 나는 만두가 먹고 싶었다. 우리는 주문을 했다. 내가 방금 얼굴의 땀을 닦는 데 사용한 냅킨을 내려다보니 냅킨은 흙이 묻어 갈색이 되어 있었다. 깔깔 웃으며 체트라에게 그걸 보여줬다. 내 피부를 덮은 흙먼지, 새카매진 손톱, 치아 사이에 모래가 낀 느낌. 그런 것들이 워낙 익숙해져서 더 이상 의식하지도 못했다. 체트라는 자기 냅킨에 생긴 불그스름한 얼룩을 나에게 보여줬다. 도심으로 들어갔다가 깨끗한 상태로 나올 방법은 없었다.

체트라는 나에게 가르쳐준 크메르어를 기억하는지 물었다. 내가 테스트를 통과하자 그는 흡족해하면서 몇 가지를 더 가르쳐줬다. 그는 접시에 있던 돼지고기 만두의 젤리 같은 만두피를 쿡쿡 찌르며 말했다. "이건 음식 같지가 않아요." 그는 만두피를 한 번 더 찔렀고, 나는 깔깔 웃었다. 그는 포크로 만두를 쪼갠 다음 안쪽을 들여다보고 나서 과장된 동작으로 돌아앉았다.

"이건 음식이 아닌데요." 그는 한 입 먹고 나서 미소를 지었다. "정말 맛있어요."

맛은 정말 좋았다. 컨시어지의 말이 맞았다. 그곳은 나에게 딱 맞는 식당이었다.

저녁식사를 마친 뒤 체트라가 내게 물었다. "이제 어디로 가시나요?"

"그쪽은 어디 가고 싶어요? 그냥 관광객들을 데려가는 장소 말고, 진짜 장소요."

"이분은 진짜 캄보디아를 보러 오셨네!" 그는 나를 향해 깔깔 웃었다. "진짜를 보여달라고 하다니!"

"진짜 캄보디아로 데려다줘요."

내가 그렇게 말하자 그는 다시 깔깔 웃었다.

“좋아요. 어디로 가야 할지 알겠어요.”

그가 오토바이 시동을 걸었다. 우리는 서늘한 저녁 바람 속으로 들어가서 도심을 가로지르고 다리를 건넜다. 그러자 빙빙 도는 밝은 빛이 보였다.

“환상의 세계입니다.” 체트라가 말했다. 나는 그게 우리가 있는 장소의 이름인지 다른 뭔가의 이름인지 알 수 없었다.

놀이공원의 바닥에는 사람들이 가득했다. 가족들이 길게 줄을 서 있었고, 아이들은 부모의 어깨에 올라타 있었다. 자전거를 탄 아이들이 우리 곁을 씽 지나갔다. 그 아이들의 자전거 손잡이에 달린 스피커에서 경쟁하듯 커다란 노래가 흘러나왔다. 체트라는 감자튀김을 사오고, 나는 콜라 두 잔을 사왔다. 체트라가 놀이기구 하나를 가리키고는 다시 다른 놀이기구를 가리켰다. 놀이기구가 정말 많았고, 놀이기구들 사이의 간격이 워낙 좁아서 내가 위를 쳐다보니 지붕들이 이리저리 움직이고, 기계로 만든 생명체의 팔다리들이 위아래로 움직이며 빙글빙글 도는 모습이 보였다. 사방에 열기와 고함 소리, 벌레가 파먹은 나뭇잎들, 동물의 배설물, 즐거움, 사라져가는 날이 있었다. 해가 저물면서 하늘에 남아 있던 색깔들을 뿌리째 뽑아버렸고, 하늘의 구릿빛 폭동을 진정시키는 임무는 달에게 맡겨졌다. 우리는 먼저 롤러코스터를 타고, 다음에는 대관람차를 탔다.

경계선 위에서

캄보디아에서 브루클린으로 돌아가는 비행편에는 타이페이에서 열 시간 경유 하는 일정이 포함돼 있었다. 나는 공항 벤치 밑에서 잠을 자다가 울프강이 나오는 꿈을 꾸었다. 마침내 내가 뉴욕에 도착했을 때 울프강은 내 품으로 뛰어왔다. 내 아이, 내 작은 그림자를 만나니 행복했다.

나는 학부모 상담에 참석하지 못했는데, 앤드류의 말에 따르면 그 자리에서 울프강의 선생님은 울프강이 과거에 집착하는 것을 우려했다고 한다.

선생님은 수업시간에 자꾸 울프강의 표정이 바뀐다고 했다. 울프강은 말이 없어지고 두 눈은 두 점의 짙은 구름처럼 희미하게 반짝이면서 자아는 어딘가로 달아나버려 선생님의 존재는 차단된다고 했다. 억지로 말을 시켜도 울프강은 그저 "지나가버린 것들이 또 슬퍼요"라고만 말한다고 했다.

울프강은 쉬는 시간에 노는 데도 흥미를 잃었고, 그냥 실내에 있다가 자기 이야기를 들어주는 모든 어른과 이야기를 나눴다. 교사든, 청소부든, 행정실 직원이든, 어른들이 점심식사를 하는 동안 울프강은 그들과 이야기를 나눴다. 그들이 "기분이 어떠니?"라고 물으면 울프강은 "과거가 지나가버려서 겁이 나요"라고 대답했다. 그런 행동이 나타난 지는 꽤 오래됐다고 했다.

며칠 후 울프강과 내가 브루클린을 산책 할 때, 울프강은 나를 올려다보며 이렇게 말했다.

"소세가 우리에게 왔던 날이 내 인생 최고의 날이었어."

소세는 우리가 키우는 고양이였다.

"그것 참 좋은 말이구나."

"그런데 그날은 나에게 다시는 안 올 거야."

울프강은 이렇게 말하고 울음을 터뜨렸다.

울프강의 슬픔은 또 하나의 걱정과 연결되어 있었다. 아니면 그 걱정과 함께 자라고 있었거나.

그해 가을이면 여섯 살이 되는 울프강은 모든 것이 살아 있고 그 모든 것을 더 잘 알아줘야 한다고 굳게 믿었다. 살아 있든 아니든 울프강은 모든 것을 친구라고 불렀다. 나뭇가지와

꽃, 눈에 보이는 모든 동물, 자기가 그린 모든 그림, 자기의 낡은 옷들도. 울프강은 작아져서 못 입게 된 옷도, 심지어는 너무 작아진 양말도 버리지 않으려 했다.

"갖고 있으면서 기억하고 싶어." 울프강은 이렇게 말하곤 했다. "그리고 그 애들이 외로워지는 건 싫어."

아이리스 머독은 자신의 에세이에 그녀가 자연 세계와 인공 세계의 모든 존재, 고양이, 버스, 돌멩이에 대해 울프강과 비슷한 강렬한 애니미즘적 시각을 가진다고 썼다.

"나의 친구들아, 나의 친구들아. 나는 찻잔과 숟가락들에게 이렇게 말한다."

울프강은 음식들도 불쌍하다고 생각했다. 뭔가를 씹는 일은 고역이었다. 우리가 음식을 먹으면 음식의 기분이 상한다는 것이다.

"꾹 참고 해내기 위해 나 자신에게 이렇게 말해."

울프강의 이 말은 음식을 먹는 일을 해내기 위해 참는다는 뜻이다.

"나는 음식에게 실망이라는 걸 미리 가르쳐주고 있다고."

울프강의 말에 따르면 일찍부터 실망을 배워야만 나중에 찾아올 더 큰 실망에 대비할 수 있다. 울프강은 그게 자기에게는 괴로운 일일지라도, 음식을 지금 실망시키면 나중에 음식의 회복력이 강해지게 된다고 생각했다.

"흥미로운 이야기로구나. 울프강, 너도 어릴 때부터 실망을 알았니?"

"응. 실망했던 적이 있지. 그런 것 같아."

"예를 들어 볼래?"

"가끔 엄마가 다 같이 생일파티에 가자고 하잖아. 그래서 내가 신이 났는데, 알고 보니 그건 레스토랑에서 어른들끼리 모여서 저녁을 먹는 모임이었어."

"이게 정상인가?" 그날 밤 나는 앤드류에게 물었다.

"울프강의 선생님들은 아주 정상적이진 않다고 생각하시더라."

"그게 무슨 뜻일까? 울프강은 왜 그런 생각을 할까?"

나는 테니스 경기 시청에 모두를 끌어들이려고 애썼다. 바비는 마지못해 동의했고, 우리는 몇 시간 동안 소파에서 건성으로 경기를 보며 대부분의 시간을 바비의 데이트 앱 모험담에 관해 이야기했다. 그의 이혼은 마무리됐다. 그는 전 부인과 함께 키우던 고양이들이 그립다고 했다. 고양이들은 이제 전 부인이 캘리포니아주에서 데리고 살았다. 바비는 이따금 고양이들 사진을 보며 혼자 눈물을 흘렸다. 데이트 앱에서 그는 잘나가고 있었다. 제스라는 화가를 만났는데, 그녀를 사랑할 수 있을 것 같은 느낌이라고 했다.

제이도 우리 집에 놀러와서 여자 테니스 경기를 같이 시청했다. 그가 좋아하는 선수는 최근에 임신한 상태에서도 호주 오픈 우승을 차지한 세레나 윌리엄스였다. 로저 페더러는 바로 그 호주 오픈 대회에서 남자부 우승을 차지했다. 그는 무릎 수술을 받고 회복하느라 몇 달간 투어에서 빠져 있었고, 30대 중반인 지금은 선수 생활 기간을 통틀어 최고의 테니스를 보여주고 있었다. 언론에서는 그걸 신성한 부활이라고 표현했다. 존 맥엔로는 그것을 두고 테니스의 진정한 메시아가 두 번째로 강림한 것과 같다고 표현했다. 그는 '새로운 시대'라는 표현도 썼다. "A.R. 35년에 오신 것을 환영합니다." 다른 언론인은 페더러가 '영원한 기적'이라고 주장했다. 《뉴요커》 기사는 페더러가 플라톤 철학의 이상을 구현하고 있다고 표현했다. "그것은 진실을 추구하는 행위와 비슷하다."

대학 시절 내가 즐겨 찾았던 술집 TV에는 항상 테니스 경기가 틀어져 있었다. 나는 경기를 이해하지 못하면서도 시청하곤 했다. 사람들이 뛰어다니면서 둘 중 하나가 멈추거나 포기하거나 실수를 할 때까지 서로에게 공을 세게 넘기는 모습밖에 볼 수 없었다. 그 이상의 의미가 있었다 해도 나는 해석할 줄 몰랐다. 바텐더가 나에게 규칙을 설명해줬지만, 그의 말을 들으면 우리가 같은 경기를 보고 있는 게 맞나 싶었다. 나는 그가 '롱푸팅wrong-footing(상대 선수가 발을 잘못 내딛게 만드는 것-옮긴이)'과 같은 용어들의 뜻을 해설해주는 것을 들었지만 그 개념을 이해한 게 아니었다. 화면에서 그 사건이 벌어질 때 내가 '볼 수 없었기' 때문이다. 바텐더는 "자, 지금 봐요. 저 선수가 허를 찔렀죠"라고 말하곤 했지만, 나에게는 네트 위로 쌩 하고 넘어가 코트 바깥으로 나간 공밖에 보이지 않았다.

나는 공을 칠 때 포핸드 또는 백핸드라고 불리는 스트로크로 쳐야 한다는 것은 이해했지만, 상대 선수의 포핸드 또는 백핸드'로' 공을 친다는 것은 무슨 뜻인지 이해하지 못했다. 좋은 선수는 상대의 서브를 '읽어낼' 줄 안다는 설명을 들었을 때도 당혹스러웠다. 선수들의 서브는 너무 빨랐고 다 똑같아 보였다. 테니스 경기를 제대로 이해하는 데 필요한 섬세한 안목은 내 능력 밖인 것 같았고, 음성언어와 시각언어 양쪽에서 다 그렇게 많이 뒤처진다고 생각하니 기분이 좋지 않았다.

그러다 어느 날 로저 페더러의 경기를 처음으로 봤는데 이상한 일이 벌어졌다. 일시적으로 나의 지각력이 향상되어 모든 걸 날카롭게 관찰할 수 있었다. 페더러의 백핸드는 아름다웠다. 누가 설명해주지 않아도 그건 알 수 있었다. 그냥 눈에 보였다. 그가 문을 열어 테니스의 세계로 나를 들여보냈다. 그의 경기를 보면 볼수록 나는 더 많은 걸 배웠다. 그는 나의 스승이자 통역사가 됐고, 나는 그의 열렬한 팬이 됐다. 나는 그의 경기를 모두 찾아봤다. 그의 경쟁자들이 미워지기 시작했다. 나는 계속 발전해 나중에는 그가 하는 경기를 세세한 부분까지 파악하게 됐다. 나는 그의 풋워크를 촬영한 영상을 봤다. 사람들이 그의 킥 서브를 분석한 것도 들었다. 킥 서브가 뭔지도 찾아봤다. 나는 그가 있는 곳에 가고 싶다는 절박한 욕구에 휩싸였다. 그것은 부름이었다. 그는 팬들에게서 거의 비이성적인 반응을 이끌어냈다. 나는 카메라가 관중석에 맞춰질 때 관중들의 얼굴에 드러나는 경외심에 매료당했다.

언젠가 《뉴욕타임스》에서 페더러와 그의 오랜 경쟁자인 라파 나달의 호주 오픈 결승전의 입장권이 2만 달러가량에 팔렸다는 기사를 읽었다. "저에게 그 입장권은 무한한 가치가 있습니다." 입장권을 손에 든 사람 하나가 말했다. "이건 병이에요." 다른 팬이 자신의 욕구를 설명하며 이렇게 말했다. 팬들은 화면이 아닌 실제 페더러에게 가까이 가기를 원했다. 어떤 천재에게 가까이 다가가 대체 무엇을 얻는단 말인가? 나는 답을 찾고 싶었다. 그 사람들이 아는 것을 나도 알아내고, 그들이 느끼는 것을 나도 느끼고 싶었다. 나도 그런 광경을 보고 황홀해질 수 있는지 알고 싶었다.

바비와 나는 어느 술집에서 열린 파티에 초대받았다. 그 자리에 내가 아는 사람은 하나도 없었다. 대형화면 TV 하나에 테니스 경기가 나오는 걸 보고 나는 무척 기뻐하며 자리에 앉아 경기를 시청했다. 내 옆에 놓인 간이의자에는 낯선 사람이 앉아서 나와 똑같이 진지하게 경기를 시청하고 있었다. 우리는 최근에 열린 호주 오픈에 관해 이야기를 나누기 시작했다. 내가 로저 페더러에 대한 존경을 말로 표현하자 그 낯선 사람은 나를 놀리면서, 자기는 페더러가 아무나 다 좋아하는 선수라서 따분하다고 생각한다고 말했다. 그는 개성 있는 사람인 나달을 더 좋아했다.

우리는 테니스에 관해 계속 논쟁했다. 그 낯선 사람은 로저 페더러에 관해서는 틀렸지만 재미있고 똑똑했다. 바비와 내가 자리를 뜨기 전에 그는 나에게 명함을 줬다. 명함을 보니 그는《GQ》의 편집자였다. 다음 날 나는 그에게 이메일을 보내 "저에게 테니스에 관한 기사를 맡겨주세요"라고 부탁했고, 그는 답장하지 않았다.

나의 부탁은 계속됐다. 로저 페더러에게 가까이 가고 싶은 간절한 욕구를 느끼던 나는 이《GQ》편집자가 나의 황금 티켓임을 직감했다. 나는 나의 선댄스 영화제 기사들과 한나 아렌트 다큐멘터리 영화에 관한 기사를 그에게 보냈다. 그는 내 기사들이 마음에 들었는지, 내가 테니스 기사를 쓰게 해달라고 다시 부탁했을 때 마침내 "좋아요, 뭐 어때요. 해보죠"라는 식으로 대답했다.

나는 팜스프링스에서 열리는 인디언웰스 마스터 토너먼트

에 참석하기 위해 기자증을 발급받았다. 이 소식이 전해졌을 때 나는 침대에 혼자 누워 있었다. 나의 얕은 지식과 부족한 경험이 갑자기 부담으로 다가왔다. 달리 무엇을 해야 할지 몰라서 구글에서 '테니스'를 입력하고 검색 결과들을 읽기 시작했다. 그러다 멈췄다. 나는 침대에서 미끄러져 내려와, 고개를 푹 숙이고, 카펫을 청소할 때 사용한 화학 세제를 들이마시면서 바닥에 앉아 있었다.

거실로 나가 소식을 전했다. 앤드류와 바비와 울프강은 소파에 몸을 죽 펴고 드러누워 영화를 보면서 깔깔 웃어대고 있었다. 그들에게는 내가 필요하지 않은 것 같았다. 그러니 내가 또다시 멀리 떠나도 괜찮을 거라고 생각했다.

누군가가 내 방 창문 밖에서 구슬픈 노래를 불렀다. 잠에서 설핏 깨어나 그 소리를 들으니 지금 여기가 어딘지 잠시 헷갈렸다. '브루클린의 일요일 아침이고, 사람들이 교회에 가면서 노래하고 있나 봐. 아냐, 오늘은 일요일이 아니잖아. 화요일인가 수요일이고, 난 침대에 혼자 있네. 집에서 멀리 떨어진 곳, 사막에 있어.'

탁상시계를 봤다. 저 멀리 브루클린에서는 등교 시각에 맞춰 울프강을 깨우는 알람이 울리고 있을 터였다. 캘리포니아 주에서 지금 시간은 너무 이른 시각이지만, 나의 수면 리듬은 원래 살던 곳에 맞춰져 있었다. 지금쯤 앤드류가 "울피, 울피, 일어날 시간이야"라고 몇 번이고 외치고 있을 것이다. 나는 탁상시계를 뚫어져라 쳐다봤다. 구슬픈 노래를 부른 사람 때문에 우리 집 풍경에 관한 상상이 끊겼다. 노래에 귀를 기울이며 위쪽의 짙은 회벽 마감 천장을 가로지르는 부드러운 빛줄기를 바라봤다. 노래는 귀에 익은 옛 소울 음악이었다. 이제 그 노래의 멜로디가 나에게 새겨져 종일 내 머릿속을 빙빙 돌 거라는 확신이 들었지만, 나는 다시 잠에 빠져들었고, 다시 깨어나 보니 창밖의 노랫소리는 온데간데없고 멜로디는 내 기억에서 깨끗이 지워져 있었다. 그 노래를 붙잡으려고, 단 하나의 가사나 음이라도 기억해내려고 애쓰면 애쓸수록 노래는 더 멀리 달아나서, 나중에는 한 시간도 채 지나지 않은 기억이 희미한 인상으로만 남았다. 이른 새벽의 서늘함, 이불이 사각거리는 소리, 동 틀 녘의 머뭇머뭇하는 빛, 내 뒤쪽 사막 어딘가에서 울리는 목소리.

인디언 웰스 매스터즈 토너먼트를 나흘째 '취재'하던 날이었지만 나의 전략은 여기저기 숨을 곳을 찾아다니는 것에서 조금도 진화하지 않았다. 나는 화장실에 숨고 관람석 아래로 구불구불하게 이어지는 복도에 숨었다. 경기장의 언론인 지정석에서도 한쪽 구석에 숨고 진짜 기자들이 테니스 선수들에게 질문을 던지는 동안 나는 기자회견장 뒤편에 숨어 있었다. 숨어서 가만히 앉아 관찰하는 것 외에 내가 할 수 있는 일은 많지 않았다. 글을 쓸 수도 있었겠지만, 무슨 글? 생각이 나지 않았다. 관찰한 것도 별로 없었다. 승자와 패자가 있었고, 한 경기 다음에는 또 다른 경기가 이어졌다.

진짜 기자들은 부지런히, 강박적으로 글을 썼다. 그들은 기사를 너무 많이 써서 그들이 기사로 쓰는 경기를 볼 틈이 없었다. 모든 기자의 책상 위에는 무음으로 중계되는 TV 화면들이 빛을 발하면서 기자실 바로 앞에서 펼쳐지는 그 경기를 보여주었다. 창문 쪽으로 고개를 돌리기만 하면 경기를 직접 볼 수 있었다. 기자들은 그것조차 하지 않으면서도 모든 경기의 결과를 알고 있었다. 그게 다가 아니었다. 기자들은 선수들이 어떤 경기를 펼쳤고 그들이 정확히 어떻게 해서 성공하거나 실패했는지도 알고 있었다. 그들은 비밀스러운 용어를 쓰면서 책상 칸막이 너머로 소곤소곤 이야기를 나눴다.

"시간을 벌어가네." 어떤 사람이 말했다. 그러자 다른 사람이 "왕창 벌어갔지"라고 대답했다. 잠시 후에는 "몸통 쪽으로. 꼼짝 못하게." 그러고 나서는 "넓게, 코트를 가로질러서, 하나, 둘. 포인트, 포인트, 포인트, 게임." 나는 내 주변 환경과 그 안에 있는 사람들을 이해하지 못했고, 그래서 이중으로 고립되어 있었다. 첫째로는 무지했기 때문에 고립되었고, 둘째로는 내가 무지하지 않은 것처럼 행세했기 때문에 고립되어 있었다.

아무에게도 말을 걸지 않고 아무것도 배우지 못하고 하루를 끝마치고 나면 나 혼자 차를 몰고 먼 길을 갔다. 캄캄한 사막의 고속도로를 따라, 어두워서 보이지도 않는 산들을 통과해서, 호텔에 도착하면 혼자 잠들고, 일어나고, 다음 날이면 똑같은 일을 하러 갔다.

기자실에서 내 옆의 책상에는 잘생긴 호주 기자가 앉아 있었다. 그 기자는 채소만 먹었다. 온종일 채소를 먹으며 맹렬한 기세로 타자를 쳤는데, 내가 보기에는 한 번에 여섯 개나 일곱 개의 기사를 써내는 것 같았다. 나는 그가 노트북 컴퓨터 화면에서 잠시 눈을 떼고 고개를 들어 TV 화면을 쳐다봤다가 창문 쪽으로 고개를 돌려 실제 경기를 바라보는 모습을 봤다. 기회가 생겼다 싶었으므로, 나는 용기를 내서 어떤 선수가 이기기를 바라느냐고 물었다. 그는 자신이 좋아하는 선수가 지더라도 신경 쓰지 않는다고 대답했다. 대화에 굶주려 있던 나는 그를 빤히 쳐다봤다.

"예전에는 신경을 썼죠." 그는 손톱처럼 얇게 썰어놓은 빨간 파프리카를 먹었다. 그는 채소를 종류별로 각기 다른 플라스틱 용기에 담아서 책상 위에 쌓아놓았다.

"하지만 이건 일이니까요. 대회는 다음에 또 있어요. 저 선수들은 또 시합에 나갈 거고요."

내 유일한 말벗은 주디였다. 주디는 기자실 안내 데스크

담당이었다. 기자들에게 작업공간과 사물함을 배정하는 것이 그녀의 일이었다. 그녀는 매일 아침 내 이름을 부르며 인사를 해줬다.

"커피 잊지 말아요, 클로이." 주디의 말에 내가 대답했다.

"저 커피는 절대 안 잊어버려요, 주디."

주디는 나에게 선수 인터뷰 신청서 양식을 건네주었고, 나는 마치 선수를 인터뷰하는 것이 내가 자리를 잡자마자 꼭 할 일이라는 것처럼 고개를 끄덕였다. 오후가 되자 주디는 우리에게 다음 날의 경기 일정표를 나눠줬다. 사람들은 그 일정표를 OOP라고 불렀다. 'order of play(경기의 순서)'의 줄임말이었다. 주디는 내 책상 앞에서 걸음을 멈추고 이렇게 말했다. "클로이, 오후 커피 마실 때가 다 됐네요?" 그래서 나는 이렇게 말했다. "맞아요, 주디, 지금이 딱 그 시간이네요."

팜스프링스 여성들에게는 특유의 옷차림이 있는데, 주디가 바로 그렇게 하고 다녔다. 금발로 염색한 머리카락, 커다란 다이아몬드 반지, 완벽하게 손질된 손톱, 완벽한 화장. 주디는 나이가 나보다 30년은 위일 것 같은데도 나보다 주름살이 적었다. 주디는 순전히 "집안에서 썩어가지 않으려고" 매년 대회 자원봉사를 한다고 나에게 말했다. "하, 하!"

매일 아침 나는 주디와 인사를 나누고, 커피를 한 잔 따라 마시고, 기자실에 줄지어 늘어선 책상들을 지나치며 누군가와 눈을 마주치기를 갈망했다. 그 누군가가 전날의 기억으로 나를 알아보고 고개를 까딱하며 인사해주기를 바랐다. 책상들을 지나칠 때마다 나는 일에 집중하는 진짜 기자들의 얼굴을 유심히 봤다. 그들이 잠깐만 눈을 들면 나는 기꺼이 고개를 까딱하며 인사할 마음이 있었다. 그들의 머리 위에서는 TV 화면들이 빛을 발했다. 모든 사람이 굉장히 바빴다. 스포츠 뉴스룸에서는 만약 내가 "제가 심장마비를 일으킨 것 같아요. 도와주세요"라고 말해도 "조용히 좀 해주세요. 마감 시간이라서요"라는 대답이 돌아올 것만 같았다.

내 책상에 도착하니 TV 화면이 깜깜했는데 전원을 켤 수가 없었다. 그건 새로운 문제였다. TV 모니터의 차갑고 매끄러운 가장자리를 손으로 더듬었다. 버튼은 없었다. 기자실을 한 바퀴 돌아보던 주디가 내 책상을 지나가다가 곤경에 처한 나를 발견했다. 그녀는 내 어깨를 톡톡 두드리며 말했다. "이거 봐요, 클로이." 그녀는 화면 한가운데를 손으로 건드렸다. 화면은 즉시 켜졌고, 전자의 광채 속에 주디의 얼굴이 반사됐다. 정말 감사하다고 인사했더니 그녀는 "천만에요, 클로이"라고 대답하고 "좋은 하루 보내요, 클로이"라는 인사말까지 해줬다. 나는 무릎을 꿇고 주디를 찬미하고 싶었다.

하루가 끝나갈 무렵, 잘생긴 호주 기자가 통로 건너 옆자리에 앉은 멋쟁이 프랑스 기자에게 저녁식사를 같이 하자고 말하는 걸 들었다. 내 배 속에서 꼬르륵 소리가 났다. 호주 기자가 프랑스 기자에게 속삭였다. "저 진짜 괴로워요. 아침에 몰래 빵을 먹고 점심에도 빵을 먹었다니까요." 그들이 책상을 정리하는 동안 나도 내 책상을 정리했다. 어디에서 저녁을 먹을지 의논하느라 두 사람의 속도가 느려졌다. 그래서 나는 중요한 이메일을 받은 척 하면서 빈 창에다 아무 말이나 입력했다. 마침내 두 기자는 노트북 컴퓨터의 전선을 둘둘 감기 시작했고, 나도 내 전선을 정리했다. 두 기자는 맥북을 겉옷 안에 집어넣었고, 나도 내 노트북 컴퓨터를 배낭에 넣었다. 그리고 두 기자가 출발할 준비가 됐을 때 나도 준비가 됐지만, 그들은 나를 저녁식사에 초대하는 것을 깜박하고 그냥 가버렸다.

차를 몰고 호텔로 돌아가다 차창을 내리고 바깥 공기를 들이마셨다. 공기에서 짙은 향기가 났다. 사막에서 그런 향기를 맡으리라고는 예상하지 못했다. 당연히 후끈하고 건조한 냄새가 날 거라고, 다시 말하면 아무 냄새도 안 날 거라고 생각했다. 치자꽃과 메리골드 향기는 완전히 예상 밖이었다.

밤 사막의 시원한 어둠에 감사를 느꼈다. 나는 호텔을 한 번 지나쳤다가, 되돌아왔다가 다시 호텔을 그냥 지나쳤다. 그저 어두운 차 안에 숨어 있는 느낌, 움직이는 느낌, 실패하지 않고 앞으로 나아가는 느낌을 더 오래 맛보고 싶었다.

기자석에서 환호를 하면 안 된다는 걸 깜박했다. 아뿔싸. 그걸 깜박하다니. 아주 심각하고 아주 바쁜 기자들의 화난 눈초리. 나는 휘파람을 불다가 놀라서 멈췄다. 몇몇 사람은 나에게서 떨어져 앉았다. 나의 경험 부족을 계속해서 드러내고 있으니, 화장실에 숨어서 거울을 들여다보며 머리 모양이나 매만질 수밖에. 기자석으로 돌아갔더니 나와 안면이 있는《타임스》기자가 내 옆으로 와서 앉았다. 그가 자기소개를 하고, 나는 그와 악수를 했다. 그는 나에게 특별히 취재하는 게 있는지 물었고, 나는 대답을 회피하기 위해 휴대전화를 떨어뜨렸다. 다시 몸을 일으키고 보니 관중석의 몇몇 사람이 또다시 나를 쳐다보고 있었다. 시선 몇 개가 이쪽으로 움직였다. 저 아래 코트에서 경기가 중단됐다. 주심이 손가락으로 나를 가리켰다. 메스꺼운 기운이 내 몸을 훑고 지나갔다. 내가 뭔가 잘못을 했기 때문에 이제 모두 힘을 합쳐 나를 내쫓을 기세였다.《타임스》기자가 문제를 발견했다. 그는 내 손을 향해 자기 손을 뻗었다. 내가 더듬거리다가 휴대전화의 플래시를 켰는데 마침 바깥쪽을 향하고 있었던 그 빛이 테니스 코트에 닿아서 경기를 방해했던 것이다. 테니스는 민감한 종목이다. 경기를 방해하는 사소한 요소들도 모두 금기사항이다. 플래시 불빛이 깜박거리다 꺼졌다.《타임스》기자는 펼쳐진 내 손에 휴대전화를 도로 쥐어줬다. 경기가 다시 시작됐다.

나도 채소를 먹는다면 3분짜리 대화를 나눴던 젊은 호주인과 몇 마디 더 해볼 수 있을 것 같았다.

“아주 신선하네요.” 내가 마치 은쟁반에 올려진 사람의 머리처럼 샐러드를 내 앞에 펼쳐 들고 엄숙하게 지나가는 순간 그가 나를 향해 웃으며 말했다. 나는 “네, 신선해요”라고 대답한 다음 힘없는 미소를 지어 보이고 나서 말했다. “양상추가 좋더라고요.” 나는 어깨를 으쓱해 보였다. 그는 나를, 나의 땅딸막하고 두툼하고 좌우로 흔들리는 몸을 쳐다보고 나서 말했다. “걱정 말아요. 아무도 안 볼 때는 저도 저 모퉁이를 돌아가서 도넛을 입에 쑤셔 넣는다니까요.” 그래서 나는 이렇게 말했다. “당신이 채소를 통에 담아오는 걸 보고 저도 샐러드를 샀어요.” 그러자 그는 “제가 좋은 일을 했네요”라고 말하며 윙크를 했다. 이제 나에게도 친구가 생겼다. 다음 날 사무실에 나갔을 때 나는 그의 어깨를 톡 건드리며 “좋은 아침이에요”라고 인사했고, 그는 ‘어디서 봤더라’ 하는 얼굴로 나를 쳐다봤다.

나는 작가 조프 다이어의 여행 에세이 모음집을 가져와서, 매일 밤 호텔에서 그 책을 읽으며 내가 다이어인 척을 했다. 로리 리의 글을 읽으며 그를 흉내 내기도 했다. 나는 그 작가들을 좋아했고, 그들과 비슷한 다른 작가들도 좋아했다. 세계를 방황하는 고독한 남자들. 자기들의 눈과 지능과 튼튼한 몸을 가지고 광활한 땅을 안전하게 누빌 수 있다고 믿었던 남자들.

그 독립적인 남자들은 인간이 누리는 자유의 한계치를 추구했다.

다이어의 전문적인 능력이 그의 글의 중심에 놓이는 경우는 거의 없었다. 그의 글은 대부분 이상한 사고, 실수, 실패, 낯선 사람들과의 섹스 모험에 대한 찬양으로 끝났다. 나는 그의 호기심, 그의 용기, 그의 유머감각을 가지려고 노력하고 그걸 망토처럼 둘러서 나를 보호하려 했다. 다음 날 아침 나는 내가 조프 다이어라고 상상하면서 인디언 웰스 테니스 가든에서 산책을 하고 있었다. 나는 그가 어떻게 인사할지 상상해보고 그것과 똑같이 사람들에게 인사했다. 그가 커피를 어떻게 마실지를 상상해서 내 커피를 그것과 똑같이 준비해서는, 내 책상 앞에 앉아 컴퓨터를 켜고 마치 나에게 이곳에 있어야 할 이유, 지금 이 일을 해야 하는 이유가 있는 것처럼 글쓰기를 시작했다. 나는 페더러의 연습 장면을 보러 모여든 관중들에 관한 기사의 초고를 쓰기 시작했다. 곧이어 다른 기사의 초고를 쓰기 시작했고, 다음에는 다른 기사의 초고로 넘어갔다. 나는 나 자신을 믿기로 했다. 나의 관찰력을 믿고, 관찰한 것을 글로 쓰는 나의 능력을 믿기로 했다. 실패라는 개념을 아예 무시해버릴 수도 있겠다는 믿음이 솟아나기 시작했다.

페더러의 첫 번째 기자회견이 열렸다. 나는 조프 다이어의 정신을 빌려왔지만 페더러에게 질문을 던질 용기는 나지 않았다. 진지한 기자들이 잔뜩 있는 이 방에서 손을 들고 큰 소리로 말을 한다는 생각만으로도 나는 묵직한 공포에 젖어들었다. 페더러에게 질문하고 싶은 마음은 굴뚝같았지만, 나와 나의 수많은 실수에 사람들의 시선이 모이지 않게 하고 싶은 마음이 더 컸다. 나는 순전히 상상 속에서 느낀 굴욕감에 푹 빠져 조용히 앉아 있었다.

키 크고 백발인 사람이 내 책상을 지나가는 것을 곁눈질로 봤다. 잠시 동안 나는 그가 조프 다이어이며, 어슬렁거리며 지나가면서 내가 뭘 하나 보고 나의 발전을 칭찬한 거라고 상상했다. 얼마 후에 경기장 맨 꼭대기로 올라가서 경기장 바깥을 돌아다니는 사람들의 무리를 내려다보다가 다이어로 보이는 사람을 발견했다. 그의 흰 머리가 군중 속에서 위로 불쑥 솟았다가 다시 군중 속으로 잠겼고 내 시야에서도 사라졌다. 나는 잠깐 정신을 가다듬고, 내가 왜 그런 착각을 했는지를 생각해 냈다. 조프 다이어의 글을 읽으면서 나는 내 아빠를 떠올렸던 것이다. 두 사람은 외모가 비슷했다. 푸른 눈동자가 똑같았다. 둘 중 하나는 다른 하나가 되고 싶어 했다. 책을 읽을 때, 내 책상에서 글을 쓸 때, 인디언 웰스에서 군중을 내려다보고 있을 때, 아빠는 어디에도 없고 어디에나 있다.

그날 저녁, 차를 몰고 호텔로 돌아가던 중 짧은 모래폭풍을 만났다. 렌트카 앞유리를 통해 보이는 풍경이 흐릿해졌다. 표지판의 의미를 해독하려고 애쓰면서 천천히 차를 몰았다. 도로, 노란색 경계선, 다른 차들의 존재. 나 자신의 안전을 지켜야 했다. 눈을 가늘게 뜨고 초점을 맞추면서 내 눈을 계속 훈련시켰다. 정신과 감각이 날카로워졌다. 그건 진짜로 위험한 순간이었지만 나는 향상된 능력을 경험하는 순간의 짜릿한 기쁨을 맛봤다.

호텔에 도착해서는 닫힌 창문을 통해 안전하게 모래폭풍을 구경했다. 칸트였다면 그 순간에 내가 느낀 감정을 '숭고'의 경험이라고 불렀을 것이다. 그는 《서양의 사상Western Thought》의 유명한 구절에서 숭고의 경험에 관해 다음과 같이 설명한다.

> 툭 튀어나온 험한 바위산, 이를테면 무시무시한 바위산을 상상해보라. 점점 짙어지는 뇌운이 번개와 천둥을 동반해서 여기저기 돌아다니는 하늘, 온 힘을 다해 폭발하는 화산, 지나간 자리마다 모든 걸 망가뜨리는 허리케인, 높이 솟구쳐 오르는 경계 없는 바다, 힘센 강의 높다란 폭포 같은 것들. 이런 것들의 힘과 비교하면 우리가 저항하는 힘은 아주 작고 무의미하다. 그러나 우리가 안전한 장소에 있을 때 그런 것들은 무시무시할수록 더 매력적이 된다. 그리고 우리는 그런 대상들을 일컬어 '숭고하다'고 한다. 그런 것들은 영혼의 용기를 보통 때의

중간 수준보다 높이 끌어올림으로써 우리가 우리 내면에서 평소와 다른 종류의 저항하는 힘을 발견하게 하며, 그 저항하는 힘에서 우리는 저 전능해 보이는 자연과 한번 겨뤄볼 수 있겠다고 생각할 용기를 얻기 때문이다.

나는 그런 용기의 포옹을 받은 것처럼 잠에 빠져들었다.

다음 날 아침, 나는 경기를 보고, 이메일을 확인하고, 기자회견장 뒷줄에 숨어 있었다. 점심을 먹으러 가는 길에, 연습용 코트로 가는 장신의 테니스 선수 옆을 지나쳤다. 나는 그를 알아봤고, 그는 나를 알 리가 없는데도 마치 자기도 나를 알아봤다는 듯이 멈춰 섰다. 그는 어리둥절한 표정으로 나를 빤히 쳐다봤고, 나의 짧은 몸뚱이를 위아래로 훑었다. 내가 그를 향해 걸어가자 그는 나의 뒤뚱거리는 걸음걸이를 흉내 내기 시작했다. 그는 자기 옆에 있던 연습 상대로 보이는 사람을 팔꿈치로 쿡 찌르며 지나치게 큰 소리로 말했다. "저건 뭐야? 저 ○○는 뭐야?" 그는 이렇게 말하며 나를 지나쳐갔다. 나는 '그래, 올 게 왔구나!' 하고 생각했다. 그리고 안도감을 느꼈다.

1년 전 크리스마스 무렵의 일이다. 앤드류와 울프강과 나는 브루클린의 우리 집에서 북쪽으로 다섯 시간 거리에 있는 스캐니텔레스라는 호숫가 마을로 여행을 떠났다. 거의 도착했을 때쯤 눈보라가 쳤다. 하늘에서 눈송이가 진주 박힌 커튼처럼 떨어지자 우리 차 전조등 너머의 세상은 보이지도 않게 됐다. 앤드류는 차 속도를 낮췄다. 울프강은 별로 동요하지 않았다. 녀석은 아무것도 모르고 미소 띤 얼굴로 고개를 까딱거리며 무릎 위에 올려놓은 화면에서 펼쳐지는 다른 풍경에 푹 빠져 있었다.

눈송이들이 바람 속에서 이리저리 돌아다니고, 겨울이 목가적인 풍경 위에 평화롭게 무늬를 새겼다. 저 멀리, 가축의 그림자들로 구멍이 뚫린 듯 보이는 언덕들이 은빛 막을 형성했다. 우리는 1킬로미터 전진하고, 또 1킬로미터를 가고, 또 1킬로미터를 갔다. 그러자 갑자기 눈에 보이지 않는 솔기가 확 찢어져 열리면서 세상이 흰색으로 뒤덮였다. 눈보라는 수의가 되고, 우리를 빙 둘러싼 흰색 천이 됐다.

나는 우리 차의 왼쪽 곡면과, 반대편에서 오는 차들과 우리를 분리하는 도로 중앙선 사이의 공간에 정신을 집중했다. 우리의 안전은 그 노란 선 사이의 공간을 유지하느냐 못하느냐에 달려 있었다. 그 노란 선을 넘어가면 빠르게 달리는 금속 물체들이었으니까. 나는 입을 다물고 그 공간만 뚫어져라 쳐다보며 간격이 유지되기만을 바랐다.

은빛 동전 두 개가 나타나 하얀 배경 위를 이리저리 움직였다. 운전대 위에서 앤드류의 두 손이 하얘졌다. 우리의 위험을 분석하는 동안 '다른 차들'이라는 현실을 잊고 있었다. 우리가 조심할 수는 있지만 다른 차가 우리에게 달려와 쾅 부딪치는 걸 막을 방법은 없었다. 울프강은 음악에 맞춰 노래를 부르고 있었지만 내 귀에는 그게 들리지 않았다. 나의 감정이 중간 수준을 넘어 고조되고, 잠깐 동안 내 안에서 숭고한 용기가 솟구쳤다. 나의 정신으로 우리 차와 우리를 향해 다가오는 차들을 통제할 수 있다는 느낌이 들었다. 나는 상대편 차가 우리와 얼마나 떨어져 있으며 우리가 대비할 시간이 얼마나 있는지를 가늠하려고 했지만, 그 차는 이미 우리 앞에 와 있었고, 전조등을 깜박이며 쌩 하고 다가왔고, 그 끔찍했던 순간 동안 그 차는 다른 무엇보다 가까워졌고, 우리를 향해 기울어졌지만, 그 순간은 지나갔고, 나는 백미러를 통해 그 차가 물러나는 모습을 지켜봤다. 우리 차의 미등 불빛 때문에 그 차는 빨갛게 물들어 있었다.

눈보라는 시작될 때와 마찬가지로 멈출 때도 갑자기 멈췄고, 우리는 무사히 스캐니텔레스에 도착했다. 대부분 그리스 양식과 이탈리아 복고 양식으로 지어지고 화려하게 장식된 철제 대문이 달린 저택들이 모습을 드러냈다. 이 마을은 1800년대에 처음 생긴 이후로 아무런 변화가 없었던 것만 같았다. 우리는 마을 중앙로를 따라 차를 몰았다. 중앙로는 연방주의 시대 양식의 건물에 소매상점들이 빼곡하게 채워진 거리로서 호수 초입까지 뻗어 있었다.

우리가 묵을 펜션이 언덕 위에서 우리를 향해 손짓했다. 경사진 지붕은 깨끗한 눈이 겹겹이 쌓여 만들어진 아주 평평한 얼음층들로 덮여 있었다. 창문에서는 촛불이 반짝거렸다. 나는 친구의 소셜미디어 계정에서 그 호텔을 처음 보고 숙박 예약을 했다. 그 친구는 여름에 가족과 함께 이 호텔에 묵었다. 사진 속에서 친구의 두 아이는 녹음이 우거진 정원 한가운데서 포즈를 취하고 있었다. 사진으로 보건대 아이들은 끊임없는 경이의 삶을 살고 있었다. 그들은 항상 미로 같은 옥수수밭을 헤매고 다니고, 캠프파이어 앞에서 춤을 추고, 바닷가에서 조개껍데기를 가지고 단어를 만들었다. 아이들은 등산과 수영을 했고, 집에서 키우는 개를 사랑했다. 간혹 친구의 잘생긴 남편이 도끼를 들고 장작을 패는 모습이 사진의 배경에 나타나기도 했다. 만약 카탈로그에서 이 가족을 주문할 수 있었다면 나는 기꺼이 주문했을 것이다. 엄마인 내 친구는 열아홉 살 때와 똑같이 날씬하고 근사해 보였다. 그녀의 삶에는 모든 요소가 가지런히 정돈되어 있었다. 그녀의 삶은 편안해 보였다.

호텔의 거친 회벽들은 일부러 고풍스러운 느낌을 주기 위해 햇빛에 바랜 노란색으로 칠해져 있었다. 어떻게 그런 효과를 인위적으로 만들었는지 궁금했다. 페인트가 낡아 보이게 하려고 누군가가 뻣뻣한 철제 솔로 외벽을 문지르는 장면이 머릿속에 떠올랐다. 유리창을 통해 보이는 따뜻한 촛불이 흔들리다가 확 타올랐다가 다시 얌전해졌다. 그건 전기로 켜지고 일정한 시간 간격으로 깜빡거리는 가짜 촛불이었다. 나는 얼굴을 찌푸렸다. 앤드류가 그걸 알아차리고 나를 쿡 찔렀다. 나는 최대한 확신에 찬 미소를 지으며 그에게 "이 좋은 시간을 망치지 않을게. 가족끼리 함께하는 행복한 추억을 만들자"라는 뜻을 전했다.

스캐니텔레스 시내의 상점 정면들은 하나같이 크리스마스 장식으로 덮여 있었다. 울프강은 캔디 상점의 유리 진열창에 코를 대고 눌렀다. 그 진열창에는 사람들의 손가락에서 묻은 얼룩과 기름기가 있었다. 창문의 가장자리에는 가짜 성에가 두껍게 끼어 있었다. 진열창 안에서는 점원이 아이들에게 공짜 간식을 나눠주고 있었다. 점원은 미소를 지으며 울프강에게도 가까이 오라고 손짓했다. 내 손, 몽유병자의 손이 나도 모르는 사이에 앞으로 나가서 아이의 어깨를 잡았다.

"괜찮아. 들어가 봐." 앤드류가 이렇게 말하자 나는 울프강의 어깨를 놓아주며 고개를 끄덕였다.

"당연하지. 아가야, 가보렴." 하지만 울프강은 나를 쳐다보다가 머뭇거리며 내 곁을 떠났다.

점원은 울프강의 손바닥에 뭔가를 올려놓고 그 보물 위로 울프강이 주먹을 쥐도록 해준 뒤 뭐라고 말했다. 그러자 울프강은 살짝 미소를 지었고 점원은 울프강의 머리를 부드럽게 쓰다듬었다. 나는 그게 마음에 들지 않았다. 미리 꾸며진 각본 같아서 의심스러웠다. 울프강은 두 눈을 동그랗게 뜨고 그 남자를 향해 활짝 웃다가, 내가 그곳을 떠나 우리 쪽으로 돌아오라고 손짓하는 것을 보고는, 착하게도 흥분을 가라앉히고 내 곁으로 돌아왔다.

앤드류와 내가 내려다보는 동안 울프강은 손가락을 하나씩 하나씩 펼쳤다. 중요한 것을 공개하는 동작. 손 안에 든 건 작은 젤리 과자였다. 울프강은 그걸 한 입 깨물더니, 악 소리를 지르며 도로 뱉어냈다. 나는 남은 과자를 먹어봤다. 그건 까만 감초였다.

우리는 스캐니텔레스 여기저기를 둘러봤다. 끝없는 고풍스러움에 피식 웃음이 나왔다. 거리 맨 끝은 정자가 있는 공원이었다. 정자는 회색 호수의 가장자리에 있었다. 우리는 공원을 산책하다가 피곤해져서 호텔로 돌아가려던 참이었다. 우리가 차를 세워둔 곳 근처까지 왔으므로 앤드류는 우리를 공원 벤치에 앉혀놓고 차를 가져오기 위해 뛰어갔다.

울프강과 나는 정자 안에서 셀카를 찍는 가족을 바라봤다. 그 가족은 우리 가족을 다른 시간대로 옮겨놓은 것만 같았다. 우리 부부와 나이는 비슷해 보이지만 날씨에 더 잘 맞는 옷을 입었고, 키가 더 크고, 웃고 있는 남녀가 있었다. 그들의 뒤쪽에는 덩치 좋고 시큰둥해 보이는 남자아이가 있었다. 그 가족은 정자에서 내려와 어느 부동산 사무실의 창문에 붙은 크리스마스 장식을 보기 위해 그쪽으로 걸어갔다. 나는 그 가족을 보면서 크리스마스 전날 이 호숫가의 눈 내리는 오후에 그냥 이 예쁜 마을을 즐길 줄 아는 다른 버전의 나를 상상했다. 그러자 굉장히 피곤해졌다. 공원 벤치에 등을 기대고 눈을 감았다. 다시 눈을 뜨고 보니 그 가족이 내 쪽으로 걸어오면서 나의 주의를 끌려고 하고 있었다. 그 엄마는 나를 뚫어져라 보며 우려를 전하고 있었다. 그녀가 입을 열었지만 내게는 그녀의 말이 들리지 않았다. 옆을 보니 울프강이 없었다.

울프강은 나에게서 달아나, 교각을 따라 걸어가서, 얼어붙은 호수 위로 뻗은 부두의 끝에 설치된 크리스마스트리를 향해 달려가고 있었다. 간판에는 교각 위를 걷지 말라고 적혀 있었다. 울프강은 두 팔을 앞으로 뻗고 있었다. 나는 울프강이 교각으로 올라가려고 한다는 것을 알아차렸다.

"울프강!" 내가 소리쳤다.

나는 울프강을 쫓아가려고 했지만 녀석은 빨랐다. 나는 눈 속에서 발을 헛디뎌 넘어졌다.

"당신의 아이가 거리로 뛰어나가는데 당신이 달려가서 그 아이를 보호할 수 없다고 생각해보세요." 산부인과 의사가 나에게 했던 말이다. 울프강은 고무장화를 신은 채 교각을 따라 미끄러지고 있었다. "당신의 몸 때문에 아이의 몸이 위험해질 수도 있어요."

나는 소리를 질렀다. "멈춰, 울프강, 거기 서."

"이 임신은 위험해요. 당신에게도 아이에게도요." 산부인과 의사는 내가 후기 임신중절 수술을 받을 수 있도록 주정부에 신청을 해주겠다고 제안했다. 그는 임신 9개월이 되면 내 엉덩이뼈가 분리되어 내가 걷지 못하게 될 것이고, 영원히 걷지 못할 수도 있다고 생각했다. 그는 내 골격이 태아의 성장을 방해할 거라고 믿었다. "아이가 당신과 똑같이 태어나면 어떻게 하려고요?" 내가 아이를 쫓아가다가 눈속에서 넘어지면 어떻게 하나? 꽁꽁 얼어붙은 호수 위로 뻗어 있는 교각이 곧 부서질 것 같은데 내가 아이를 구하지 못하면 어떻게 하나?

그 가족의 아빠가 울프강을 쫓아갔다. 그는 교각 끝에서 울프강을 붙잡았다. 그리고 엄격한 말투로 뭐라고 말하는 소리가 들리고, 그다음에는 울프강이 울부짖는 소리가 들렸다. 아이는 그저 예쁜 나무를 가까이에서 보고 싶었던 것이었다. 그는 내 아들의 허리를 붙잡아 들어올린 다음 내 곁에 다시 내려놓았다. 내 운동화 안에 눈이 들어가 양말이 흠뻑 젖었다.

"감사합니다." 울프강을 두 팔로 안은 내가 말했다.

"더 신경을 쓰셔야겠어요. 아이가 물에 빠질 수도 있었어요. 다른 어른이 같이 왔나요?" 그는 나를 책망했다. 수치심을

느낀 나는 그에게서 등을 돌렸다. 하지만 한편으로 나는 안도감을 느꼈다. '올 게 왔구나.'

내가 온종일 기다리고 있던 판결이 드디어 나왔다. 누군가가 나를 열등한 존재로 바라보리라는 것을 나는 알고 있었다. 그저 그걸 찾기만 하면 됐다. '올 게 왔구나.'

나는 울프강을 내려다봤다. 울프강은 우리를 도우려고 했던 남자에 대한 나의 거부감을 확실하게 느꼈다. 울프강은 내 손을 잡고 나를 세심하게 관찰했다. 나의 분노가 아이에게 스며들어서, 낯선 사람이 친절한 사람일 수도 있다는 생각을 몰아내는 모습이 보였다. 내가 임신했을 때 사람들이 나에게 했던 이야기는 죄다 내 몸과 관련된 위험에 관한 것뿐이었다. 나의 마음 상태가 그 아이에게 제약을 가할 수 있다는 점에 대해서는 아무도 진지하게 걱정하지 않았다.

스캐니텔레스에서 보낸 마지막 날, 우리는 거리에서 산타를 만났다. 나는 울프강에게 물었다. "산타와 사진 찍고 싶지 않니?" 울프강은 싫다는 표시로 고개를 흔들었다.

산타는 울프강에게 가까이 오라고 소리쳤지만, 울프강은 가려고 하지 않았다. 산타가 다시 손짓을 하자 앤드류와 나는 울프강을 앞으로 보냈다. 울프강은 마지못해 앞으로 나갔고, 산타는 고개를 숙여 아이를 맞이하며 말했다. "안녕, 우리 어린이는 크리스마스에 산타할아버지가 뭘 갖다주면 좋겠어요?"

그러자 울프강은 얼굴을 찡그리고 산타에게 말했다. “그런 건 안 물어보셔도 돼요. 아저씨가 그냥 산타 옷을 입은 사람이라는 걸 저는 알아요.” 산타가 울프강에게 팔을 두르자, 울프강은 그 팔에서 빠져나와 내 옆으로 달려왔다. 나는 아이를 내려다봤다. 나를 아주 세심하게 관찰하고 내 기분을 다 흡수하는 온화하고 민감한 내 아이가, 나를 쳐다보며 진실을 요구하고 있었다. 나는 울프강의 크리스마스 환상을 깨뜨리고 싶지 않았지만 한편으로는 내가 느끼는 모든 감정을 울프강이 알기를 바라는 이기적인 마음도 들었다. 아이가 나와 함께 외딴 곳에서 안전하게 지내기를 바랐다. 이 아이는 내가 낳았어. 이 아이는 내 거야. 이 아이도 나와 함께 화를 내면 좋겠어.

팜스프링스의 호텔에서 앤드류에게 전화를 걸었다.

“울프강은 말이야, 과거가 그립대. 다른 사람들의 마음을 몰랐던 때로 돌아가고 싶대.”

이제 울프강은 정말로 마음이론을 이해하기 시작하는 단계에 이르렀다. 울프강은 다른 사람의 행동이 신비로움, 숨겨진 생각, 감정, 믿음과 연결되어 있다는 것을 추론하기 시작했다. 이제 아이는 무엇을 보든 마음을 읽어냈다. 모든 대상에는 마음이 있었다. 풍선도, 음식도, 풀 한 포기도 모두, 어디에서나, 알 수 없는 생각과 느낌을 가지고 있었다.

나는 그 나이 때의 나 자신을 떠올려보고, 그때 나를 지배했던 불안, 드넓은 중서부의 주차장들을 돌아다니며 내가 느꼈던 두려움을 생각했다. 나는 엄마와 아빠를 관찰하고 있었다. 엄마와 아빠가 각자의 마음속에 무엇을 감추고 있는지 알아내려고 했다. 나는 엄마와 아빠에게 짐이었을까?

울프강은 나를 보며 내가 마음속 깊이 감춰둔 것을 알아내려고 했는데, 아이가 발견한 건 '낯선 사람들의 마음은 항상 잔인하다'는 가정이었다.

그러면 과거에 우리 엄마의 마음속에는 무엇이 있었을까? 나와 함께 있어서 행복하다는 마음. 그리고 앤드류의 모습을 보면서 울프강은 무엇을 발견할까? 공감.

키 큰 테니스 선수가 나를 지나치면서 "저건 뭐야? 저 ○○는 뭐야?"라고 말했을 때, 그가 내 걸음걸이를 흉내 냈을 때, 그가 나를 비웃었을 때, 나는 안도감을 느꼈다. 울프강의 기분을 망치고 있는 건 내가 아니었다. '바깥 세상의' 나쁜 것들이 문제였다. '나는 괜찮아. 나는 괜찮아. 나는 책임을 안 져도 돼. 그렇잖아. 저 남자가 하는 말 못 들었어? 나에겐 화를 낼 권리가 있어. 나에겐 두려워할 권리가 있어.' 그게 내가 삶을 살아온 방식이었다. 그리고 그건 나에게는 그럭저럭 좋은 삶이었지만, 울프강을 위해서는 충분히 좋은 삶이 아닌 것 같았다.

오후 늦게 산책을 나가기로 했다. 연습용 코트 옆에 사람이 엄청나게 많이 모여 있었다. 나는 관중석에 자리를 잡고 그를 봤다. 그가, 로저 페더러가 처음으로 바로 내 앞에 있었다. 그 순간은 마치 못에 걸린 것처럼 팽팽했다. 그는 투어에 참가한 젊은 프랑스 선수 루카스 푸유와 가볍게 그라운드스트로크(공이 바닥에 한번 떨어진 다음에 치는 것-옮긴이)를 하고 있었지만, 불쌍한 푸유는 존재감이 없었다. 모두가 로저를 원했다. 내 주위 사람들 모두가 휴대전화로 사진을 찍는 것 같았다. 가장자리에서는 두 명의 팬이 커다랗고 빨간 표지판을 높이 들어 올리고 있었다. 피켓에는 흰색 스위스 적십자 그림이 있고 "쉿!! 천재가 연습 중입니다"라고 적혀 있었다.

잠시 후 두 여자가 나에게 손짓을 하는 것을 알아차렸다. 그들은 내 기자증을 본 모양이었다. "우리가 독점 인터뷰 기회를 드릴게요." 둘 중 하나가 말했다.

내가 질문을 던지기도 전에 그녀의 친구가 소리쳤다. "저 사람의 경기는 너무나 아름다워요!" 그녀는 그 소식을 나에게만 전해주기 위해 상체를 기울였다. "너무나 아름다워요." 그러고 나서 세 번째로 그 말을 했다. 그녀는 우리 앞에서 연습 중인 페더러를 손가락으로 가리키며 다른 표현을 생각해내려고 했다. 그녀의 입은 벌어져 있었다. 그녀는 손가락으로 계속 페더러를 가리켰다.

"저 사람은 교과서적인 선수예요." 첫 번째 여자가 말했다. 그녀는 자기가 둘 중에 더 유식한 쪽이라는 인상을 주려는 듯했다. "상황이 안 좋아져도 서브를 해서 빠져나와요. 그냥 원하는 동작을 하면 되니까요."

"그는 코트에서 춤을 춰요!" 그 친구가 말했다. "그는 댄서라니까요. 코트에서 미끄러져요. 경기를 할 때는 마냥 아름답죠. 정말 아름다워요. 그의 스트로크를 이렇게 가까이서 보게 되다니. 어찌나 스트로크가 매끄러운지…." 그녀는 말끝을 흐렸다. 페더러가 방금 힘을 하나도 들이지 않고 포핸드로 공을 쳐서 코트 대각선 방향으로 보냈다. 그녀는 일순간 그를 관찰하느라 무아지경에 빠졌다.

우리는 말없이 페더러를 지켜보고 있었다. 마침내 첫 번째 여자가 평정을 되찾고 진지한 목소리로 내게 말했다. "테니스를 칠 줄 아는 사람은 많지만, 그들은 중요한 순간에 공을 놓쳐 버려요. 압박 속에서도 어떻게 움직여야 하는지를 기억해내는 것, 그게 열쇠지요. 사람들은 압박을 받으면 무너지잖아요. 하지만 천재는 그 순간을 기꺼이 맞이하고 그걸 해결해요."

나는 황홀한 심정으로 페더러를 관찰했다. 한낮의 태양이 쏟아내는 열기 때문에 정신이 아찔했다. 인간 육체의 복잡성이 드러나고 있었다. 페더러처럼 공을 치기 위해서는 수없이 많은 작은 동작들이 완벽하게 배열되어야 한다. 그의 움직임은 순수하고 효율적이었다. 그의 몸은 하나의 의도를 가지고 한꺼번에 움직이는 개별 부품들의 집합이었다. 사람들이 그를 바라볼 때면 굉장한 능력이 보였다. 그 사람들이 나를 바라볼 때면 능력의 부재가 보였다.

짜증이 올라왔다. 공을 쳐서 네트 너머로 보낼 줄 아는 한 남자를 숭배하기 위해 우리 모두가 여기 모였다니 얼마나 우스꽝스러운가. 나는 바보가 된 기분이었고, 화가 났다. 대체 왜 저 사람은 깨끗한 라켓으로 빠르게 움직이는 공을 맞추는 것처럼 무의미한 일로 천재 소리를 듣고 칭송을 받는단 말인가?

그런데 그 순간 공이 날아왔다. 페더러는 그 공을 보고 공중으로 몸을 날린 다음 아주 가뿐한 동작으로 몸을 틀었다. 두 팔이 마치 서로 반대 방향으로 움직이는 두 개의 파도처럼 펼쳐졌다. 그는 한쪽 팔로 백핸드를 쳤다. 그가 그 백핸드를 치면서 몸을 펴는 동안 그의 가슴은 활짝 열리고, 두 팔은 서로에게 가까워졌다가 멀어지고, 움직임이 그의 손가락까지 물결치며 내려갔다. 무게가 전혀 실리지 않은 것처럼 너무나 편안해 보이는 손가락들이 산들바람 속에서 아주 잠깐 파닥거렸다. 그건 아름다운 광경이었다. 정말로 아름다웠다.

다시 나의 내면으로 주의를 돌렸더니 짜증은 사라져 있었다. 방금 목격한 아름다운 순간이 나를 나 자신에게서 벗어나게 했다. 나의 자기중심적인 생각들은 이제 뭔가를 탁월하게 잘하는 사람을 바라볼 때의 짜릿한 기쁨으로 바뀌었다. 일찍이 칸트의 가르침에 따르면 천재는 인간성의 가장 바깥쪽 경계선을 보여주는 뭔가를 만들어낼 수 있고, 우리는 그런 천재의 작업을 통해 그 경계선 너머에 뭐가 있을지를 상상하게 된다. 천재는 신이 인간을 만나는 경계의 공간을 열어준다.

그날 로저 페더러는 세계 최고의 남자 테니스 선수였다. 그는 바로 내 눈앞에서 인간 능력의 경계선을 탐험하고 있었다. 그는 지각력의 한계, 동작의 한계, 정신과 육체의 조화로운 상호작용의 한계를 시험하고 있었다. 그는 경계의 공간을 열어젖히고 그 공간의 맨 끝까지 올라가서, 그 경기를 보는 사람들 모두에게 결정적으로 중요한 지식 하나를 선물했다. 나는 그 자리에서 그걸 보면서 종교적 황홀경과 비슷한 감정을 느꼈다. 하지만 내가 황홀함을 느낀 이유는 신을 알기를 갈망해서가 아니라 인간의 존재가 어떤 것인지를 더 잘 알기를 갈망하기 때문이었다.

페더러의 발이 파닥거리다가 다시 땅에 자리를 잡았다. 그가 또 백핸드를 쳤다. 상대 선수가 있는 곳을 살짝 넘어가는 훌륭한 백핸드. 첫 번째 여자가 평가를 하려고 입을 열었지만, 나는 그녀의 이야기를 더 이상 듣고 싶지 않았으므로 옆에 있는 친구를 바라보며 미소를 지었다.

그러자 그 친구가 내게 말했다. "뭐가 됐든 간에 뭔가를 저렇게 잘한다는 걸 상상할 수 있겠어요?"

페더러는 경기를 승리로 마무리한 뒤 두 번째 경기에서 또 이겼다. 그 결과는 페더러 자신이 이미 알고 있고 그가 모든 몸동작을 통해 발산하던 그 어떤 것을 확증했다. 그는 새로운 정상에 올랐다. 언론은 그에게 열광했다. 그는 마치 평생 다음 순간을 두려워한 적이 없는 사람처럼 기자회견장 안을 걸었다.

나는 회견장 안에서 곁눈질을 하다가 백발에 시선이 꽂혔다. 그쪽을 돌아보니 작가 조프 다이어와 아주 비슷하게 생긴 남자가 있었다. 그는 맨 앞줄에 앉아서 나와 똑같이 경탄의 눈길로 페더러를 바라보고 있었다. 나는 계속 그 남자에게 시선이 갔다. 그는 정말로 조프 다이어와 똑같이 생겼다. 기자회견이 끝나자 그 남자는 자리에서 일어섰고, 나는 그를 따라갔다. 그를 따라 복도를 지나 어떤 문을 통과해 다시 복도를 지나 바깥으로 나갔다. 사막의 뜨거운 공기가 나를 감싸자 졸음이 왔다. 갑자기 현실이 희미해지는 것 같았다. 내가 꿈을 꾸는 게 확실했다. 나는 조프 다이어의 여행 에세이를 읽다가 잠들었고, 지금은 호텔로 돌아와서 침대에 있는 게 분명했다. 어쩌면 방금 깨어났는지도 모른다. 의식이 반쯤 돌아온 내 마음이 조프 다이어가 내 바로 앞에서 걷고 있다고 상상하는 것인지도 모른다. 어쩌면 이 토너먼트 대회 자체가 꿈인지도 모른다. 《GQ》는 고사하고 어떤 잡지도 무명인 나에게 그들의 기사를 맡기지 않았다. 갑자기 이 모든 경험이 신기루 같은 모습으로 나타났다. 마음의 속임수에 의해 만들어진 인물들이 등장하고, 환영들은 내 앞에서 춤을 추지만 내가 손을 뻗어도 닿지 않았다. 그 백발 남자는 저 앞에서 둥둥 떠다니다가 기자 사무실로 다시 들어가서, 유리문을 통과하고, 기자석에 혼자 자리를 잡았다. 그는 텅 빈 테니스코트를 내다봤다. 나는 그의 바로 뒤에 서서 잠이 깨기를 기다렸다. 내가 그의 어깨를 톡톡 두드린다면 낯선 얼굴이 나를 마주볼 거라고 확신했다. 그건 내 아빠의 얼굴일 수도 있다. 어쩌면 내 꿈은 아빠와 관련이 있는 것인지도 몰랐다. 나는 문을 뒤로하고 내 책상을 향해 걸어가다가 다시 와서 그 남자 뒤에 섰다. 드디어 내가 조그맣게 "실례합니다"라고 말하는 소리가 들렸고, 그 남자가 나를 향해 고개를 돌렸다. 나는 깨어 있었고, 그 사람은 진짜 조프 다이어였다.

내 입에서 가장 먼저 "이곳에 계시다니 믿기지 않네요"라는 말이 튀어나왔다. 조프 다이어는 고개를 한쪽으로 살짝 기울이고 미소를 지었다. "그러니까, 제가 선생님의 작품을 정말 좋아하거든요."

그는 내 뒤를 보거나 내 옆을 보며 시선을 피하지 않고 예의바르게 감사 인사를 했다. 내가 그에게 누구의 의뢰로 무슨 글을 쓰는지 물었더니, 그는 웃음을 터뜨리고 목에 걸린 기자증을 들어 올렸다. 기자증에는 '조프 다이어-팜스프링스 라이프 매거진'이라고 쓰여 있었다. 그는 어깨를 으쓱해 보였다.

"이 잡지사에 친구가 있어서 같이 왔습니다. 저는 로스앤젤레스에 사는데 마침 테니스 경기를 보고 싶었거든요. 그리고 페더러를 가까이서 보는 것만으로도 좋아서요."

"저도요." 내가 대답했다. 우리는 페더러의 존재감에 관해 잠시 대화를 나눴다. 그가 걸어 다닐 때면 그 주변에 있던 사람들이 자세를 고쳐 조금 더 똑바로 앉는다는 이야기. 다이어는 페더러와 저녁식사를 하고 싶고 그와 친해질 수도 있을 것 같다고 말했다. "우리는 잘 맞을 것 같아요. 그에게는 유머감각이 있잖아요. 그게 그의 매력이기도 하고요."

"저도 그 사람이 저랑 잘 맞을 거라고 생각해요." 내가 이렇게 말하자 다이어는 약간 코웃음을 쳤지만, 그에게 악의는 없어 보였다.

"음, 스타의 매력이란 그런 거죠. 사람들에게 자기도 특별해질 수 있다는 믿음을 주는 거요."

"페더러의 기자회견장에서 선생님을 봤어요. 질문을 하실 건가요?"

"오, 아닙니다. 못 하겠어요." 다이어가 웃었다.

나는 기자회견장 맨 앞줄에 앉았다. 내 뒷자리와 근처에 아무도 없이 나 혼자 있다고 상상했다.

로저 페더러가 들어와 자리를 잡았다. 나는 진행자에게 질문이 있다는 신호를 보냈다. 진행자는 내 순서가 세 번째라고 알려줬다. 첫 번째 기자가 질문을 하는데 내게는 아무것도 안 들렸다. 귓가에 뭐가 스쳐가는 소리만 났다. 내 머릿속에 있는 질문을 속으로 연습해봤다. 자신이 없었고 차분해지지도 않았지만 이쯤은 할 수 있겠다고 생각했다.

페더러가 첫 번째 질문에 대답을 끝내자 두 번째 질문이 던져졌다. 머리가 아찔하고 가슴이 조여들었다. 내가 상황을 실제보다 나쁘게 받아들이고 있다는 건 알지만, 그건 사람으로 존재한다는 것의 뿌리 깊은 특징이다. 나를 방해하는 건 나 자신이다.

두 번째 질문에 대한 페더러의 답변이 끝나자 진행자의 시선이 나에게 움직였다. 내 차례가 왔다. 그리고 진행자의 시선이 나를 향하자 로저의 시선도 나를 향했다. 그는 나만을 똑바로 쳐다보며 내가 질문을 하기를 기다리고 있었다. 그러자 나는 내가 연습하던 질문이 생각나지 않았다. 그뿐 아니라 나의 언어 능력이 전부 사라졌다. 그냥 여기서 나가버리고 이 사람들을 다시보지 않을 수는 없을까도 생각했지만, 나는 자리를 뜨는 대신 입을 열었다.

기자회견이 끝나고 내 자리로 돌아왔더니 프랑스 기자와 호주 기자가 자기 자리에 앉아 있다가 나를 돌아보며 고개를 까딱했다.

"좋은 질문이었어요." 호주 기자가 말했다.

프랑스 기자도 동의했다. 나는 두 사람에게 다 같이 포옹이나 한번 하자고 말하고 싶었지만, 그냥 나도 굉장히 긴장되더라는 이야기만 했다.

"당연하죠. 하지만 익숙해지실 겁니다. 곧 이 모든 게 아주 평범한 일이 될 거예요." 호주 기자가 말했다.

"저는 며칠 전부터 모든 걸 겁내고 있었어요. 두 분께 말을 걸기도 무서웠어요."

"우리요? 무슨 말씀을." 호주 기자가 눈을 또르륵 굴리며 말했다. "그럼 청소부들도 무서웠어요? 음식 행상도요? 후다닥 지나가는 도마뱀은요?"

나중에 기자석에서 조프 다이어를 다시 만났다. 그는 오랜 친구를 만난 것처럼 나를 반겨줬다. 나는 그에게 기자회견 이야기를 들려줬다.

"겁이 났어요?" 그가 물었다.

하마터면 소리를 칠 뻔했다. "네, 어찌나 겁이 나던지 영어를 잊어버렸어요."

"그래요? 모국어가 뭔데요?" 그가 놀란 얼굴로 물었다.

"영어요." 내가 이렇게 대답하자 그는 나를 쳐다보며 악의 없는 웃음을 터뜨렸고, 나도 나를 향해 웃었지만, 그가 할 수 없는 일을 내가 해냈다는 것을 우리 둘 다 알고 있었다.

우리는 다 같이 기자석에 앉아서 챔피언십 경기를 봤다. 그 경기는 로저 페더러의 승리로 돌아갔다.

"페더러는 아주 쉽게 경기를 하는 것처럼 보여요." 호주인 기자가 말했다. 그의 이름은 매트였다.

나는 매트에게, 페더러의 경기가 쉬워 보인다는 게 중요한 거냐고 물었다.

"테니스는 쉬운 운동이 아니에요. 사람을 절망시켜요. 육체적으로 힘든데다 실패를 거듭하거든요. 그리고 인생을 산다는 것도 어렵잖아요." 매트가 대답했다.

우리는 관중석 쪽을 내다봤다. 트로피 수여식의 무대가 만들어지고 있었다.

"그러니까 뭔가가 쉽게 술술 풀리는 걸 보면 기분이 정말 좋지 않아요? 인생의 그 모든 어려움들이… 그냥 술술 풀린다고 생각해보세요. 최고의 경기를 펼치는 선수를 보고 있으면 우리는 잠시나마 인생이 얼마나 힘든지를 거의 잊어버리잖아요? 여기 햇볕 아래 앉아서 조금 더 완벽한, 조금 더 아름다운 뭔가를 본다는 거죠."

칸트 철학에서 '인간'은 무시무시한 바위산, 뇌운… 높이 솟구쳐오르는 경계 없는 바다를 보며 자신의 이성으로 자연의 힘과 겨룰 수 있다는 용기를 얻었다. 칸트는 이성과 개인의 힘을 확고히 신뢰했으므로 인간을 종교, 자연, 사회와 같은 '거대한 동화 시스템'들의 반대편에 세웠다. 이러한 인간관을 토대로 과학이 발전하고 분석철학의 전통이 만들어졌다.

칸트에 비판적인 입장을 지닌 아이리스 머독에 따르면 칸트 철학의 '신적인 인간man god'은 "최고의 도덕 개념을 자유 또는 용기라고 생각한다. 어떤 의미에서는 그것을 자유, 의지, 힘과 동일시한다". 칸트학파의 신적인 인간은 자아의 분리를 선언함으로써 한 걸음 한 걸음씩 위로 올라가는 길 위에 자신을 세워두고, 나중에는 맨 위에 올라가, 완전히 혼자가 되고 소외된다. 머독에 따르면 이 인간은 "자유롭고, 독립적이고, 고독하고, 강력하고, 이성적이고, 책임감 있고, 용감하며, 수많은 소설과 윤리철학 책들의 주인공이다".

칸트의 견해에 따르면 '숭고'한 경험은 전능한 자연 앞에서 자신이 고양되는 경험이다. 그러나 아름다움은 '숭고함'과는 다른 개념이다.

머독의 주장에 따르면 아름다움은 우리에게 '자신에게서 벗어날' 기회를 준다. 그녀의 글을 보자.

> 나는 분하고 초조한 마음으로, 내 주변을 보지도 못하고, 내 특권이 침해당한 일 따위를 생각하며 창밖을 내다보고 있다. 그때 갑자기 머리 위를 맴도는 황조롱이를 발견한다. 한순간에 모든 게 변화한다. 허영심에 상처를 입고 생각에 생각을 거듭하는 자아는 사라졌다. 이제 아무것도 없고 황조롱이 한 마리만 있다. 그리고 내가 아까 그 문제를 다시 떠올릴 무렵에는 그 문제가 덜 중요해 보인다.

연습용 코트로 시선을 돌렸다가 마지막으로 한 번 더 페더러를 발견했다. 나는 완전히 새로운 사람이 되어 이곳을 떠나진 않겠지만, 끝없는 퍼즐의 한 조각이 제자리를 찾았다. 아름다움이란 '자신에게서 벗어나게 하는 힘'을 지니고 있다는 머독의 믿음이 떠올랐다. 아름다움에 주의를 기울일 때 나는 나 자신에게서 벗어날 수 있고, 내 머릿속에서 이기적인 생각을 지워버릴 수 있고, 나의 의식을 변화시켜 사람들과 함께하는 삶을 향하게 만들 수 있다.

나는 맨 앞줄에 자리를 잡았다. 페더러가 공을 공중으로 던져 올리자 그의 몸은 그 공의 높이에 맞추기 위해 공중으로 떠올랐다. 그러자 공이 라켓에 설득당한 것처럼, 서비스석의 위쪽 모퉁이를 스치고 지나가서 푸유가 받아낼 수 없는 지점에 떨어져 튕겨나왔다. 에이스(테니스 경기에서 상대의 실수가 아닌 자신의 샷으로 득점하는 것-옮긴이). 내 옆에는 차양 달린 모자와 작은 검정색 일체형 운동복 차림의 진정한 팜스프링스 여자가 와인에 취해서 페더러를 향해 사랑한다고 외치고 있었다. 그녀는 팔다리를 쭉 뻗다가 가슴팍에 샴페인을 쏟았다. 웨지힐 한 짝이 벗겨지려고 했다. 그녀의 뒷자리에 있던 남편으로 보이는 남자가 플라스틱 잔에 꽉 채워진 샴페인을 건네자 그녀는 그걸 한 모금 들이켰다.

"사랑해요, 로저. 지독하게 사랑해요." 그녀가 소리쳤다. 그녀가 곁에 있는 다른 여자를 쿡 찌르자 그 여자도 "우우우" 하고 길게 함성을 질렀다. "같이 해요!" 두 여자가 주변 사람들에게 이렇게 말하자마자 팜스프링스 여성 전원이 황홀해하며 로저를 향해 달콤한 소리를 해댔다. 페더러와 푸유는 계속해서 한 세트 동안 편안한 연습 경기를 했고, 그러는 동안 공이 푸유의 라켓 끝부분에 맞고 튕겨 나와 관중석으로 들어갔다. 코트 옆을 지나가던 젊은 여자가 그 공을 잡았는데, 그녀는 공을 가져도 되는지 다시 던져줘야 하는지 모르는 듯했다.

"그냥 가져요." 관중석 위쪽에서 일체형 운동복을 입은 여자가 소리쳤다. "당연히 가져야지! 로저 페더러가 만진 공이야. 로저의 공이라고. 당신이 가질 거 아니면 이쪽으로 보내." 젊은 여자는 망설이는 듯했다. 테니스코트에 있던 코치가 그 여자를 향해 손을 뻗었다.

"그냥 놔둬요." 일체형 운동복을 입은 여자가 소리를 질렀다. "그냥 가지라고 해요." 그러고 나서 그녀는 젊은 여자를 향해 으르렁거렸다. "절대로 그 공을 다시 던져주지 마." 여자는 두 손으로 공을 꼭 쥔 채 달아났다.

일체형 운동복을 입은 여자가 일어서서 자기 남편의 시야를 가로막고 춤추기 시작했다. 그녀는 주변의 모든 사람에게 마구 손가락질을 해댔고, 곧 여자들이 다시 합창하듯 "사랑해요"를 외치기 시작했다.

그리고 나는 바로 그 순간, 그 어느 때보다도 행복했다. 진짜로 그랬던 것 같다. 나는 현장의 경이로움을 직접 느끼고 있었다. 나는 페더러에게도 가까웠지만 군중에게 더 가까이 있었다. 나는 군중의 좋은 기분에, 외부를 향한 즐거움을 온전히 수용하는 것에 휩쓸렸다. 그 여성들과 함께 있을 때 나는 자유로웠다. 나는 그저 군중 속의 점 하나가 되어, 집단적으로 아름다움을 감상하는 경험에 푹 빠졌다. 우리는 함께하고 있었다. 우리는 로저가 코트를 떠날 때까지 함께 기다리고 지켜볼 것이다. 우리는 고함 치고 애정을 표현하고 박수를 칠 것이다. 에어컨 바람이 너무 센 기자 사무실에서 몇 시간 동안 덜덜 떨며 앉아 있느라 생긴 통증이 사라졌다. 근육은 따뜻해지고, 이완되고, 시야가 또렷해졌다. 정신이 몽롱하고 행복감에 젖었다. 여성들이 폭소를 터뜨리고, 나도 폭소를 터뜨렸다. 경기와 경기 사이의 쉬는 시간에 페더러가 셔츠를 갈아입으면서 부드러운 맨살을 드러내자 여성들은 고음으로 소리를 지르며 기뻐했다. 나도 함께 소리를 질렀지만 나에게는 내 목소리가 들리지 않았다. 내 목소리는 다른 모든 목소리에 흡수됐다.

마이애미의 해변

엄마는 배가 고프다고 했다.

"뭐든지 먹고 싶은 걸로 시켜요." 내가 말했다.

"나는 그냥 방에 올라가서 내가 가져온 견과를 먹을게." 엄마가 말했다.

"메뉴판 달라고 하세요."

"누구한테 메뉴판을 달라고 하란 말이니?"

나는 티키 바tiki bar(칵테일, 술 등을 판매하는 열대 분위기의 바-옮긴이) 뒤에 서 있는 선글라스 낀 남자들을 가리켰다. 티키 바에는 플라스틱 인조 잔디로 엮인 지붕이 달려 있었다. 일순간 나는 체트라와 함께 메콩 강에 다시 가서, 진흙투성이 강물 위에 지어진 오두막에 등을 대고 누워 있었다. 동네 사내아이들이 헤엄쳐 와 봉지에 담긴 망고를 파는 가상의 소리도 들렸다. 나는 눈을 감았고, 계속 감은 채로 나 자신이 다른 곳에 있는 상상을 했지만, 잠시 후 현실로 돌아왔다. 자세를 바로잡고 눈을 떴다. 울프강이 수영을 하고 있었다.

나는 남은 봄과 여름의 시간을 《GQ》에 실릴 테니스 기사를 쓰는 일에 할애했다. 호주 기자 매트의 말이 옳았다. 나는 투어를 따라다니는 일에 익숙해졌다. 기자회견은 더 이상 공포의 대상이 아니었고, 어차피 내가 무슨 질문을 했는지 기억하는 사람도 없었다. 이제는 모두 일상적인 일이고 이게 내 직업이라고 느껴졌다. 그래서 나는 곧 그 일을 그만두고 뭔가 새로운 것에 관한 글을 쓰는 법을 배울 작정이었다.

이제 가을이고, 울프강의 일곱 번째 생일을 사흘 앞두고 있었다. 우리는 마이애미의 바닷가 호텔에서 생일을 축하하기로 했다. 어쩌다 보니 엄마도 모셔올 수 있었다. 우리에게 최초의 가족 여행인 셈이었다.

"난 그냥 방에 올라가서 내가 가져온 견과나 먹으련다."

엄마가 다시 말했다. 엄마는 우리와 함께 있는 걸 좋아했지만 불만도 없지 않았다. 엄마가 원하는 휴가는 편안히 쉬는 게 아니었다. 엄마는 휴가 때 말을 더 많이 타기를 원했다. 몬태나주나 뉴멕시코주의 위태로운 길에서 힘들게 말을 타는 여행이면 더 좋았을 것이다.

우리는 풀장의 선배드에 뻣뻣한 자세로 앉아 있었다. 내가 메뉴판을 달라고 손짓하자 웨이터가 메뉴판을 들고 왔다가, 엄마의 찌푸린 얼굴을 보고는 머뭇거렸다.

"엄마." 내가 엄마를 쿡쿡 찔렀다. 엄마는 메뉴판을 향해 천천히 손을 뻗었다. 그리고 메뉴판을 뒤집어가며 앞면과 뒷면을 몇 번씩 읽었다.

"그냥 내 여행가방에 들어 있는 견과를 가져올게." 엄마가 말했다.

"그럼 그러든지." 나는 퉁명스럽게 대답했다.

"알았다! 알았어!" 엄마는 이렇게 말하고 코코넛 스무디 한 잔을 주문했다. 엄마는 울프강을 쳐다봤다. 울프강은 얕은 물속에서 팔다리를 부지런히 놀리고 있었다.

엄마의 스무디가 은쟁반에 담겨 도착했다. 스무디 꼭대기에 담긴 깔끔하게 손질된 과일들과 은쟁반을 보고 엄마는 기겁을 했다. 그녀는 종이로 만든 우산 장식을 마치 벌레를 쫓아내듯 옆으로 빼냈다.

"이게 뭐냐?"

"엄마가 시킨 코코넛 스무디."

"엉터리 코코넛 스무디로구나."

"엄마는 가만히 있는 걸 못 참겠죠?"

"응."

"눈앞에 집안일이 안 보이는 거 말이에요."

"네가 나를 놀리는구나." 엄마는 스무디를 한 모금 들이켰다. "내가 촌사람이라 이 고급 호텔에서 못 쉰다는 거지?"

"엄마는 힘들게 노동해서 얻은 것만 즐길 줄 아는 사람이잖아요. 엄마 머릿속에는 절대로 멈추지 않는 바퀴가 있어."

"나는 이제야 채점할 시험지가 어디 있는지 찾아다니지 않게 됐는걸. 은퇴하고 나서도 10년이나 걸렸지만, 어쨌든 지금은 시험지를 찾아 두리번거리지는 않는단다. 이제는 네가 항상 시험지를 채점하고 있지 않니?"

그건 사실이었다. 내 무릎 위에는 시험지 한 무더기가 있었지만, 내 펜이 호텔 라운지 의자의 틈새에 빠져버리고 나서부터는 일을 하지 않고 있었다.

울프강은 하얀 유니콘을 타고 둥둥 떠다녔다. 어떤 아이가 헤엄쳐와서 울프강의 다리를 붙잡아 튜브에서 떨어지게 했다. 예전의 나였다면 화가 부글부글 끓고 우리 일에 끼어든 낯선 사람을 무조건 적대하려고 했을 것이다. 하지만 이제 나는 울프강만 생각했다. 울프강은 무사했지만, 물 위로 불쑥 올라와 좌우를 보며 나를 찾고 있었다.

"사람 살려! 사람 살려!"

"괜찮아! 헤엄쳐. 헤엄을 쳐봐!" 내가 소리쳤다.

울프강은 겁에 질린 나머지 자기가 여전히 얕은 물에 있어

안전하다는 것도 몰랐다. 다리를 쭉 뻗기만 해도 단단한 땅에 발이 닿을 수 있었지만, 울프강은 공포를 이기지 못해 가라앉기 시작했다. 졸고 있던 앤드류가 벌떡 일어나 의자 위로 공중부양했다가 물에 뛰어들었다.

엄마가 말했다. "모든 노래를 리메이크할 필요는 없는데." 그 호텔에는 곳곳에 스피커가 숨겨져 있었는데, 마침 레게식으로 편곡한 〈카르마 폴리스Karma Police〉가 울려 퍼지고 있었다. 엄마는 "나는 잠깐 멀어져야겠다"면서 손짓으로 야자수나무를 가리켰다. "파티에서 말이야." 다음 곡은 레게식으로 편곡한 〈테이크 온 미Take on Me〉였다. 엄마가 말했다.

"이 호텔은 훌륭하긴 한데, 어떤 노래들은 그냥 원래대로 둬야 한다는 걸 모르네."

"엄마?"

"왜?"

"엄마의 집안일은 어때요?"

엄마의 말 지미가 그 전주에 죽었다. 엄마는 이렇게 말했다. "마지막에 지미는 건초를 못 먹었단다. 비트를 으깨서 줬지. 당근을 쪼개서 그 속에다 알약을 집어넣기도 했어. 매일 저녁 특별한 음식을 해서 갖다주고 잠도 재워줬는데, 이제 지미가 가버렸으니 내가 다시는 그 일을 못 하게 됐구나."

"지미 일은 정말 안됐어요, 엄마."

엄마가 대답했다. "지미가 영원히 살지 못할 거라는 건 알고 있었단다. 알고 있었어." 엄마는 깊은 상념에 잠긴 채 나를 쳐다봤다. 엄마의 두 눈은 감겨 있었고 얼굴은 잔뜩 찡그려져 있었다. "진짜 별로다." 엄마는 믿기지 않는다는 듯 고개를 흔들며 말했다. "이 노래를 이렇게 바꿔놓다니." 숨겨진 스피커들에서 〈워킹 애프터 미드나잇Walking After Midnight〉을 레게식으로 편곡한 곡이 나오고 있었다.

우리는 타월로 몸을 감싸고 객실로 돌아와 휴식을 취했다. 나는 TV를 켜고 채널을 이리저리 바꿨다. 앤드류와 울프강은 퀸사이즈 침대 두 개 중 한쪽에 누워서 곯아떨어졌다. 엄마와 나는 다른 침대에 누웠지만 잠들지는 않았다.

"불을 꺼야겠네. 우리도 뭔가를 해야 하지 않을까?" 엄마가 말했다.

"CSI 볼래요?" 내가 엄마에게 물었다.

엄마는 말했다. "난 살인은 싫은데. 우리 울프강을 데리고 공원이라도 가야 하는 거 아니니?"

"울프강은 잠들었어요, 엄마. 〈로&오더〉 볼래요?"

"살인은 별로라니까."

우리는 노래 경연 프로그램으로 합의를 봤다.

"세상에. 이번 무대에는 사람이 너무 많잖아." 엄마가 말했다.

광고가 끝없이 나왔다. 그중 하나는 아들이 대학에 다니다가 집에 돌아와 엄마가 무척 기뻐했지만 아들은 이런저런 약속이 생겨 자꾸만 친구들과 놀러 나가는 바람에 혼자 남은 엄마가 슬퍼한다는 내용이었다. 나는 울프강을 쳐다봤다. 울프강의 베개에는 자면서 흘린 땀자국이 나 있었다. 아이의 입은 크게 벌어져 있고, 아이가 깊은 숨을 내쉴 때마다 입술이 씰룩거렸다. 아이의 한쪽 다리와 한쪽 팔은 잠든 아빠의 몸통 위로 뻗어 있었다. 나는 이상한 소리를 냈다.

"뭐 해?" 엄마가 속삭였다.

"아무것도 안 해요."

"네가 낸 그 소리는 뭔데?"

"크게 한숨 쉰 거겠죠, 뭐."

"그만 해. 왜 그러는데?" 엄마가 나를 쿡 찔렀다.

"지금은 울프강이 세상에서 가장 좋아하는 사람이 나예요. 울프강이 세상에서 가장 좋아하는 사람이 내가 아니게 되는 날이 오는 게 싫어요."

"그건 울프강이 자라지 않기를 바라는 거와 같아."

"울프강은 대학에 가면 분명 나를 따분한 사람으로 여길 거예요."

"오, 맙소사." 엄마가 나를 향해 눈동자를 굴렸다.

"내가 대학에 갔을 때 엄마는 슬펐어요?"

"당연하지."

"엄마는 날 보스턴에 데려다주면서도 그런 말은 한마디도 안 했잖아요. 그냥 나를 기숙사에 내려주고 "담에 보자!"라고만 했을 걸."

"나는 "담에 보자!"라는 식으로 말하진 않았어."

"엄마는 나를 멀리 떨어진 대도시에 남겨두고 가면서도 굉장히 침착했어요."

"아니, 그때는 나도 두려웠단다."

"엄마는 나한테는 그걸 드러내지 않았어요. 엄마가 감춘 거였네요."

"그랬지. '네가' 두려워하길 바라진 않았으니까."

택시가 와서 우리를 저녁식사 장소로 데려갔다. 운전기사는 아이티에서 온 지 얼마 안 됐고 일주일 전까지만 해도 차 안에서 잠을 잤다고 했다. 엄마는 그에게 이런저런 질문을 했다. 차에서 내릴 때 엄마는 그에게 돈을 한 뭉치 건넸다.

"엄마. 택시 요금은 내가 벌써 냈는데." 식당으로 걸어가면서 내가 엄마에게 말했다.

"돈을 조금 더 주면 다들 좋아한단다." 엄마가 말했다.

인도에서 우리를 지나쳐가던 한 남자가 그 말을 듣고 엄마에게 20달러를 잔돈으로 바꿔줄 수 있느냐고 물었다. 엄마는

"어디 봅시다"라고 대답하고는 지갑을 열고 지폐들을 천천히 분류하기 시작했다.

"안 돼요. 20달러를 바꿔줄 돈은 없어요." 나는 그 남자에게 말하고는 엄마를 잡아끌고 식당으로 들어갔다.

"넌 너무 냉소적이야. 난 널 그렇게 안 키웠는데."

웨이터가 우리 테이블에 도착하자 엄마가 말했다. "여기도 로메인을 다 내다 버렸어요? 로메인에서 또 대장균이 나왔다던데요." 웨이터는 고개를 끄덕이며 서글프게 대답했다. "로메인이 불쌍하죠."

"벌써 두 번째예요! 전에도 로메인 때문에 대장균 감염이 발생했는데 이번에는 신뢰를 다 잃었어요. 로메인은 이제 복귀가 불가능할 거예요." 엄마가 말했다.

그러자 웨이터는 웃음을 터뜨렸다. 두 사람은 무려 5분 동안 사랑하는 로메인에 관해 이야기를 나눴다. 나중에 우리가 식사를 끝내자 웨이터는 엄마에게 공짜 디저트를 갖다줬다.

호텔로 돌아가는 길에는 다른 운전기사가 우리에게 또 하나의 슬픈 이야기를 들려줬다. 남편이 떠나버리고 엄마는 병에 걸려서 그녀는 세상에서 최악의 도시로 돌아왔다는 것이었다. 그녀가 생각하는 세계 최악의 도시는 마이애미였다. 그리고 지난 화요일에 그녀의 엄마가 세상을 떠났다고 했다.

엄마는 귀 기울여 듣고 질문도 했다. 헤어지기 전에 엄마는 그녀에게 포장된 공짜 디저트와 돈 한 다발을 줬다.

"이것 좀 봐!" 다음 날 아침 엄마는 이렇게 소리치며, 울프강의 가슴팍에 초콜릿 크루아상 하나를 올려놓으며 그 아이를 깨웠다. 엄마는 몇 시간 전에 벌써 일어나서 마이애미 최고의 빵집을 찾아갔다가 우리 모두를 위한 간식을 사서 돌아왔다.

울프강은 크루아상의 한쪽 가장자리를 들어 올려 미심쩍은 눈으로 쳐다봤다.

"여기 땅콩 들어 있어요?"

"아니, 없어." 엄마가 대답했다.

"땅콩 있으면 우리 아빠는 죽어요."

"그래, 그래, 우리도 알아." 엄마와 내가 말했다.

"저에게는 땅콩을 먹지 않는다는 원칙이 있어요." 울프강이 말했다.

"그래, 그래, 알아." 우리가 말했다.

울프강이 말했다. "제가 물에 빠졌는데 아빠가 구해줬으니까, 저도 아빠를 죽지 않게 할 거예요."

"넌 물에 빠진 게 아니었어. 그냥 머리가 물속에 잠겼던 거란다." 엄마가 말했다.

울프강은 입술을 삐죽 내밀었다.

"계속 투정을 부릴 거니, 아니면 크루아상을 먹을 거니?"

엄마가 울프강 옆에 앉으면서 물었다.

울프강은 크루아상을 손바닥 위에서 뒤집어가며 살펴봤다. 그러고 나서 한 입 베어 물고 씹고 몇 입 더 먹고 나서 이렇게 말했다. “이건 처음 먹어보는데, 이제 알겠어요.” 울프강은 입가에 묻은 초콜릿을 닦아냈다. “지금까지 이렇게 맛있는 음식을 놓치고 살았다는 걸요.”

우리는 어느 카페의 야외 좌석에서 점심을 먹었다. 길거리에 있던 여자 하나가 다가왔다.

“저는 나쁜 사람 아니에요.” 여자가 말했다.

“우린 돈 없어요. 한 푼도 없어요.” 내가 말했다.

“여기요. 우리 음식을 가져가요!” 엄마가 말했다.

“아뇨, 저는 목이 말라요. 너무너무 목이 말라요.” 그 여자가 말했다.

“여기요. 우리 물을 가져가요!” 엄마가 말했다.

“그거 말고 5달러를 주시면 안 될까요?”

엄마는 지갑을 꺼내고 중얼거렸다. “어디 보자….”

나는 팔로 엄마를 가로막았다.

“우린 돈 없어요.” 내가 이렇게 말하자 그 여자는 자리를 떴다.

“그 여자한테 돈 주는 걸 왜 막았어?”

"엄마는 여기 와서 온 세상 사람들에게 주고 주고 또 주고 있잖아요."

"그 여자는 도움이 필요한 사람이었어."

"그 여자는 엄마한테서 돈을 뜯어내려던 거였어요. 엄마는 왜 항상 사람들한테 속아 넘어가요?"

"하지만 혹시 모르잖아? 그 사람들 모두가 다 돈을 뜯어내려는 건 아닐 수도 있잖아! 너는 사람들한테 참 야박할 때가 있어."

앤드류와 울프강은 샌드위치를 먹으며 앤드류의 휴대전화로 동영상을 보고 있었다.

엄마가 말했다. "한번은 내가 정말 급한 일이 있었는데 돈을 한 푼도 가지고 있지 않았단다. 단 한 푼도. 그때 나는 너희 외할아버지가 무슨 검사를 받고 나오시기를 기다리면서 병원 건물 앞에서 정신없이 움직이고 있었어. 자동차로 달려갔는데 마침 바닥에 떨어져 있는 1쿼터짜리 동전을 발견해서, 벌금을 내지 않으려고 그걸 미터기에 넣었지. 그러고 나서 다시 병원으로 뛰어가는데 인도에 어떤 남자가 앉아 있었어. 그 남자는 인도에 앉아서 손을 내밀어 구걸을 하고 있었는데, 나는 너희 외할아버지가 걱정이 되어서 그 남자와 눈도 안 마주치고 병원으로 빠르게 달려갔거든. 그런데 그 남자가 나한테 고함을 치면서 이렇게 말하지 뭐니. "내가 여기 있는데도 본 척도 안 하는군! 내가 이렇게 힘들게 사는데 그쪽은 내가 아무것도 아닌 것처럼, 누군가가 주워갈 쓰레기인 것처럼 취급했어." 그래서 나도 고함을 쳤지. "아저씨야말로 나에 대해서 아무것도 몰라요. 내 삶에 대해 뭘 안다고 그래요? 나는 병원 앞에 있는데 아저씨는 내가 왜 여기 있는지 궁금해하지도 않았잖아요!" 그러자 그 남자가 "미안해요, 당신 말이 맞아요. 당신도 지금 괴로운 처지일 수도 있겠네요"라고 말했고, 나도 미안하다고 했어. 우리는 잠깐 이야기를 나누고 친구가 되어 헤어졌단다."

"그 아저씨는 그냥 할머니에게서 돈을 받아내려고 친절하게 대했던 거예요." 울프강이 동영상에서 눈을 떼지도 않고 이렇게 말했다. 아이에게 안 들리게 이야기를 할 방법은 없었고, 아이가 나를 보지 못하게 숨어버릴 장소도 없었다. 엄마는 나와 울프강을 번갈아 쳐다봤다. 엄마는 울프강을 끌어당겨 그 아이의 이마에 입을 맞췄다.

"난 너를 그렇게 냉소적으로 키우진 않았는데." 엄마가 나에게 말했다.

"아냐, 엄마가 그랬어요! 그냥 내 카드를 가지고 게임을 하고, 사람들한테서 필요한 걸 얻어내고 나서 자리에서 일어나라고 했던 거 기억나요?"

"그건 내 평생을 통틀어 딱 한 번 했던 말인데? 넌 그걸 진심으로 받아들이고 줄곧 그렇게 행동했구나. 균형을 잡아야지. 너는 굉장히 예민하게 군단 말이야."

"당연하죠." 내가 대답했다.

"넌 그게 자랑스러운 것처럼 말하는구나. 하지만 그러면 너 자신에게 짐을 지우고, 그 모든 분노와 원망을 계속 지고 다니게 된단다. 어떻게 해야 네가 그걸 내려놓을지 궁금하구나."

다음 날 아침 나는 동이 트기도 전에 열린 창으로 세차게 들어오는 바람 소리를 듣고 잠에서 깨어났다. 엄마는 옷을 다 갈아입고 방 한쪽 구석의 의자에 조용히 앉아 있었다. 엄마는 이른 새벽의 어둠을 뚫어져라 바라보고 있었다. 아마도 청소할 외양간을 찾고 있었을 것이다. 아들과 남편은 코를 골고 있었다. 나는 옷을 갈아입었다. 엄마와 나는 말없이 방문을 열고 복도를 지나 엘리베이터를 탄 뒤 큼지막한 주전자에 담긴 커피가 기다리는 로비로 내려갔다. 우리는 바깥 산책을 했다. 사방이 고요했다.

"정말 다행이다. '파티' 음악이 꺼져서." 엄마가 말했다.

물에 잠긴 풀장 조명들이 물 표면을 으스스한 형광녹색으로 물들였다. 몇몇 남자들이 풀장 가장자리에 웅크리고 앉아 나뭇잎을 쓸어내고 있었다. 그들은 엄마에게 손을 흔들어 인사했고, 엄마는 그들의 이름을 부르며 인사했다. 우리는 뜰을 가로질러 바다로 걸어갔다.

"이 판자길은 길이가 얼마나 될까?"

"아주 길겠죠."

"큰일이네." 엄마는 걸음을 멈추고 판자길을 이루는 나무 판자들을 내려다보고 있었다. 엄마는 판자 하나에 못이 몇 개나 박혀 있는지 세 봤다. 여덟 개였다.

"불쌍한 사람 같으니."

"누구요?"

"수리공. 판자를 갈아야 할 때가 되면 이 못들을 하나하나 다 빼내서 판자길을 고쳐야 하잖니."

"누구?"

"고장 난 걸 고치는 사람 있잖아. 뭐든지 '고치는' 사람. 세상에는 호텔의 '손님'들만 있는 게 아니란다."

물 위로 구름이 잔뜩 껴 있었다. 태양이 수평으로 선을 그리며 떠오르기 시작했다. 해변은 텅 비어 있어서 모두 우리 차지였다. 파도가 밀려왔다 밀려갔다. 우리는 차가운 모래밭에 앉아 커피를 마셨다. 엄마는 눈에 보이는 파란색이 모두 몇 종류인지 세어봤다.

"얼마 전에 아빠한테서 편지가 왔어요."

"정말?"

"아, 사실은 1년 전이에요. 벌써 1년이 지났네."

"아빠는 잘 지내니?"

"지금 신학대학에 다닌대요."

"어디 다닌다고?"

"신학대학."

"거기서 뭘 하는데?"

"나도 몰라요."

"무슨 일을 하고 산다니?"

"나도 몰라요."

"아빠가 그냥 "안녕, 나는 지금 신학대학에 다닌단다"라고만 했어?"

"아빠한테 남아 있는 행복한 기억은 내가 일곱 살이었을 때 나를 차에 태우고 같이 돌아다녔던 것밖에 없대요."

"그건 그럴 거야. 아빠한테는 차를 몰고 다니면서 너한테 이야기를 들려주고 어린 너의 이상한 생각들에 귀를 기울이는 게 중요한 일이었단다. 아빠는 너랑 이야기하는 걸 아주 좋아했어. 다만 아빠가 할 줄 몰랐던 건…."

"그게 뭔데?"

"그 안에 머무르는 거지. 너와 함께하는 그 순간 안에 머무르는 것. 네 아빠는 항상 뭔가 부족하다고 생각하고 다음 번에, 또 그다음 번에 그걸 찾으려고 했어."

"아빠가 신학대학에서 그걸 찾아낼 수도 있겠네요."

"바로 지금, 네 나이가 아빠가 마지막으로 떠났을 때의 나이와 똑같고, 울프강은 그때 네 나이와 똑같단다. 나는 그런 걸 생각하거든. 넌 그런 생각을 해봤니? 너와 네 아빠는 비슷한 점이 많아."

"어디가 가장 비슷해요?"

"둘 다 남의 말을 인용하기를 좋아하지. 둘 다 추상적인 개념을 좋아하고. 어떤 이상을 가져와서 자기가 하는 일을 정당화하는 재주가 있어."

"하지만 엄마는 안 그러잖아요."

"나도 그래. 누구도 예외가 될 순 없지. 내가 네 아빠와 헤어지지 않았던 이유는 가족이란 본래 함께 살아야 하는 거라고 굳게 믿었기 때문이란다. 나도 구체적인 진실 대신 추상적 개념을 선택했던 거야. 아니면 내가 자신이 없어서 그랬을 수도…."

"뭐가 자신이 없었는데요?"

"나 혼자 너를 키울 수가 없다고 생각했지. 그래서 나는 '이상적인 가정'이라는 개념에 매달렸어. 그건 매달리기에 좋은 개념이었지만, 옳은 선택은 아니었어."

"내가 장애아로 태어나지 않았다면, 내가 아빠가 바라던 그 아이로 태어났다면 아빠는 떠나지 않았겠지요."

"그건 완전히 틀린 말이야. 100퍼센트 틀렸어. 넌 그게 문제라니까. 항상 상처를 잘못 짚어."

"그게 무슨 말이에요?"

"한 가지만 골똘히 생각하는 게 문제라고. 네가 받은 상처는 대부분 너와는 아무런 상관이 없는 것들이야. 네 아빠가 떠난 건 너와 아무런 상관이 없단다. 한계가 있는 사람은 아빠였지, 네가 아니었어. 네 아빠는 겁이 났던 거야."

"그럼 엄마는요?" 한참 있다가 내가 물었다.

"뭐가?"

"엄마도 겁이 났어요? 엄마는 항상 나를 처음 봤을 때 무섭지 않았고 내가 걱정되지도 않았다고 말하잖아요. 난 그게 진짜로 가능한 일인지 잘 모르겠거든요. 그 말을 못 믿겠어요."

"엄마가 진실을 말하지 않았다고 생각하니?"

"일부러 거짓말을 한 건 아니겠지만, 그러니까, 여자들한테는 자기 아이를 사랑해야 한다는 게 가장 큰 이상이잖아요. 여자는 자기 아이를 당연히 원해야 하는 거고. 그러니까 엄마가 그런 이상에 맞춰서 엄마의 진짜 기억을 조금 바꿨을 수도 있잖아요?"

"아니야, 아니야. 의사들이 너를 내 품에 안겨줬을 때 말이야…."

"그때 내 몸은 비비 꼬여 있었고…."

"네가 지어낸 이야기를 가지고 끼어들지는 말아줄래? 그때 엄마가 어땠는지를 듣고 싶다면서 네 머릿속 생각을 끼워

넣으면 안 되지."

"미안."

"들어 봐." 엄마가 다시 말했다.

"엄마, 미안."

"의사가 나한테 너를 넘겨줬을 때 내 눈에 비친 너는 아름답고 건강한 아이였어. 내 아이."

"진짜로 그랬어요?"

"응. 너는 빛나는 아기였단다. 진짜로 빛을 내고 있었어."

"엄마는 하나도 안 무서웠어요?"

"하나도. 나한테 그건 무서운 순간이 아니었는걸. 나는 네 눈을 들여다봤어. 네 얼굴은 진짜… 진짜로 생기가 넘쳤어. 난 빛을 봤고, 의식을 봤고, 너를 봤어. 내 아이가 보였단다. 내가 무섭지 않았던 건 나만의 생각에 빠져 있지 않았고 나 자신만 생각하고 있지 않았기 때문이야. 나는 바로 그곳에, 너와 함께 있었단다. 그게 내가 너한테 들려줄 수 있는 진실이야."

아빠에게는 어린이책을 쓰기 위한 아이디어가 있었다. 내가 어렸을 적에 아빠는 나에게 그 아이디어를 몇 번이나 들려줬다. 그건 아름다움에 관한 이야기였다. 이야기는 어떤 아빠가 딸에게 잘 자라고 인사하는 걸로 시작된다. 딸은 혼자 자는 게 무서워서 아빠에게 가지 말고 새로운 걸 하나 가르쳐달라고 졸라댄다. "뭘 가르쳐주면 좋겠니?" 아빠의 물음에 딸이 대답한다. "아름다움에 대해 가르쳐주세요. 세상에서 가장 아름다운 게 뭐예요?" 바로 그때 창가에 뱀 한 마리가 나타난다.

서양 문화에서 뱀은 나쁜 오명을 뒤집어썼다. 악과 유혹의 상징으로 여겨졌다. 하지만 동양의 전통에서는 뱀은 성장과 환생을 상징한다. 창문을 통해 들어온 뱀은 아빠와 딸에게 세상을 보여줄 테니 따라오라고 말한다. 그러고 나서 그 뱀은 그들을 타지마할에 데려간다. 딸은 이렇게 묻는다. "이게 세상에서 가장 아름다운 거니?" 그러자 뱀은 아니라고 대답하고 그들에게 그랜드캐년을 보여준다. 딸이 묻는다. "이게 세상에서 가장 아름다운 거야?" 그러자 뱀은 아니라고 대답하고 그녀를 에베레스트 산에도 데려가고, 네팔의 재래시장에도 데려가고 일본의 사원들도 보여준다. 그러자 딸이 묻는다. "이 중에 뭐가 세상에서 가장 아름다운 거야?" 그러자 뱀은 이렇게 대답한다. "세상에서 가장 아름다운 건 아직 안 보여줬어. 이제 너를 마지막 장소로 데려다줄게." 뱀은 그 여자아이를 데리고 하늘을 날아 다시 캔자스주의 들판 위로 가고, 익숙한 거리를 따라가고, 익숙한 집의 창문으로 들어간다. 그러고 나서 뱀이 말한다. "눈을 떠봐." 그곳에는 딸에게 이 이야기를 읽어주는 아빠가 있었다.

아빠는 좋은 이야기란 주인공이 처음 출발한 지점으로 돌아오되 새로운 것을 배워서 돌아오는 원형 구조를 가지고 있다는 사실을 알고 있었다. 아빠는 그게 현실이 되기를 바랐다. 또 아빠는 좋은 이야기는 주인공이 세상은 자기가 생각했던 것보다 크고 자기 자신보다 크다는 사실을 깨닫는 것으로 끝난다고 생각했다. 하지만 주인공은 집에 돌아올 때까지 그 사실을 깨닫지 못한다. 그리고 아빠의 삶에는 집으로 돌아오는 역할 모델이 없었고 모험만 있었으므로, 아빠는 끝내 결말에 도달하지 못했고, 그래서 동화를 쓸 수가 없었다.

"가끔은요, 나도 집으로 돌아가는 방법을 모르는 것처럼 느껴져요." 내가 엄마에게 말했다.

엄마는 어깨를 으쓱하고는 뒤쪽의 호텔을 가리켰다. 그 호텔의 벽 안에는 가족들이 잠들어 있었다.

"쓸데없는 소리." 엄마가 말했다. 엄마는 정신이 똑바로 박히지 않은 사람들에게는 인내심이 없다.

"엄마가 처음에 내 눈을 들여다봤을 때랑 내 얼굴을 봤을 때 기분이 어땠는지 들려줬잖아요…. 그런데 울프강이 태어났을 때 나는 그런 걸 못 느꼈어요. 그게 나한테는 무서운 순간이었어요. 울프강을 보니까 진짜로 겁이 났거든요."

우리는 잠시 파도 소리를 들으며 말없이 있었다.

그러다 엄마가 말문을 열었다. "네가 태어난 날, 내가 네 눈을 쳐다봤을 때, 나는 뭔가에 연결된 느낌을 받았단다. 너랑은 당연히 연결되어 있었고, 그게 다가 아니었어. 나는 모성이라는 아주 복잡한 인간 경험에 연결되고, 갑자기 세상이 아주 커졌어. 그 큰 세상에 비하면 나는 아주 작았지. 너나 네 아빠처럼 자기 자신을 어떤 거창한 이야기의 주인공으로 생각하는 사람들한테는 그게 어려울 거야. 너는 지적 능력을 발휘해서 네가 더 커지고 세상은 더 작아지는 느낌을 받기를 원하잖니. 하지만 바로 그게 함정이란다. 너는 그냥 작은 조각이고…." 엄마가 넓은 바다를 향해 두 손을 휘저어 보였다. "네가 어떤 일을 겪었다 해도 너의 이야기는 수많은 이야기 중 하나야. 그걸 생각하렴. 세상이 더 커진다는 느낌에 집중해봐."

그날 오후, 우리는 앤드류가 울프강을 어깨에 태우고 모래톱까지 헤엄쳐가는 모습을 지켜봤다. 앤드류는 울프강을 파도 속으로 집어넣었다가 다시 들어올려 어깨 주위로 휙 돌렸다가 공중으로 던진 다음 파도 밑으로 다시 집어넣었다. 엄마는 우리가 싸온 점심을 갈매기들에게 먹였다. 나중에 작은 우연이 우리에게 유리하게 작용했다. 우리가 다가가자 곧바로 문이 열렸다. 바다를 향해 놓인 테이블들을 우리 마음대로 사용할 수 있었다. 우리는 특별한 대접을 받는 기분이었고, 최대한 오래 그 행운을 붙잡고 있었지만, 그 행운은 우리가 계속 간직할 것은 아니었다.

엄마는 울프강이 좋아하는 책을 소리 내어 읽고 있었다.

나는 학생들의 에세이에 점수를 매기고 있었는데 엄마의 목소리 때문에 집중이 되질 않았다. 비가 내려서, 해변에 나갈 수 없었고, 하늘은 어두컴컴했다.

엄마가 내 쪽을 흘깃 보며 말했다. "론디 이야기 들어볼래?" 그러고 나서 엄마는 스물두 개의 아름다운 치아를 가진 여자아이 이야기를 읽어줬다. 바로 옆 침대에서 울프강이 키득거렸다. 몇 시간 후면 우리는 엄마를 공항에 데려다줘야 했다. 우리는 하루 더 머물렀다 브루클린으로 돌아갈 예정이었다. 곧 엄마가 바빠지는 시기였고, 할 일들이 기다리고 있었으므로, 우리는 한동안 엄마를 못 만날 터였다.

우리가 머무른 호텔 객실은 작은 편이었다. 침대 두 개, 욕실 하나, 발코니, 회칠한 천장. 방은 우리를 빡빡하게 둘러쌌다. 나는 우리가 내는 모든 작은 소리들이 서로 충돌하는 것을 지나치게 의식하고 있었다. 남편에게서는 조용히 섬유와 섬유가 스치는 소리가 났다. 상습적으로 꼼지락거리는 사람이었던 그가 양말을 신은 한쪽 발을 다른 발 위에 대고 계속 문질러댔기 때문이다. 그는 침대 위의 내 옆자리에 앉아서 비디오게임의 빈 곳을 응시하고 있었다. 그가 손가락을 움직이자 버튼이 딸각거렸다. 울프강은 재채기를 하고 깔깔 웃었다. 엄마는 손등으로 코를 긁었다. 어릴 때부터 나는 엄마가 그 이상한 동작을 하는 것을 몇 번이나 봤던가? 수백 번, 아니 수천 번. 그리고 엄마는 소리 내어 책을 읽었다. 나는 이 모든 인간의 동작과 소음을 차단하는 정신적 장벽을 세우려고 애썼지만 그 동작과 소음들은 너무 가까이에서 계속됐다. 신경이 날카로워졌다. 채점을 포기하고 내 휴대전화에 저장된 논문을 들여다봤지만, 엄마의 목소리가 내 머릿속 화면의 표면을 꿰뚫고 단어들을 모조리 흩어버렸다.

엄마는 "고프 선생님 이야기 들어볼래?"라고 묻고는 울프강의 책에 실린 다른 이야기를 읽어주기 시작했다. 뾰족한 혀와 뾰족한 귀를 가진 심술쟁이 선생님 이야기였다. 고프 선생님이 "교실에서 우는 건 금지예요!"라고 소리칠 때 엄마는 목소리를 높여서 날카로운 소리를 냈다.

논문 읽기를 포기하고 앤드류를 향해 돌아누웠다. 나는 그의 손에서 휴대전화를 빼내고 그의 가슴에 얼굴을 묻었다. 그는 두 팔로 나를 감싸 안고 내 이마에 키스하고 내 머리카락에 대고 뭐라고 말했다. 나를 좋은 아내라고 했다.

"그 이야기를 처음부터 다시 들려줘요." 내가 엄마에게 말했다.

엄마는 책을 몇 장 앞으로 넘겨서, 책상 위에서 잠을 자다가 창밖으로 굴러 떨어진 여자아이 이야기를 다시 읽었다. 그 이야기는 나도 기억하고 있었다. 그 책은 원래 내 것이었으니까. 내가 지금의 울프강과 같은 나이였을 때 엄마는 나에게 그

책을 읽어줬다. 울프강을 쳐다보니 우리 엄마에게 편안히 기대 있었다. 나는 그 장면을 기억에 새겨 넣었다.

엄마는 그 이야기를 다 읽고 나서 책을 덮으면서 말했다.

"이제 끝."

"요요, 하나 더요!" 울프강이 소리쳤다.

울프강은 말을 배우던 시기에 할머니를 뜻하는 단어 '롤라lola'를 제대로 발음하지 못해 '요요'라고 불렀다. '요요'는 계속 쓰는 이름이 됐다. 이제는 우리 모두 엄마를 '요요'라고 부른다.

"엄마, 요요한테 이야기 하나만 더 들려달라고 해줘." 울프강이 나에게 말했다.

울프강이 태어나자 내 이름이 바뀌었고 내 엄마의 이름도 바뀌었다. 울프강은 요요의 볼에 입을 맞췄다. 우리의 발코니 문은 열려 있었고, 빗소리가 요란했고, 바다가 밀려왔다 밀려갔다 하면서 공기에 소금물과 철분의 냄새를 입혔다. 엄마는 다른 이야기를 읽어주었다.

"하나 더요." 이야기가 끝나자 우리가 말했다. 나는 베개에 얼굴을 묻었다.

"안 돼. 이제 피곤하다." 엄마가 말했다.

"하나만 더요! 우리는 할머니의 아이들이에요! 우리에게 책을 읽어주세요!" 울프강이 말했다.

나는 얼굴로 베개를 더 꽉 눌렀다. 차마 엄마를 쳐다보지는 못했지만, 엄마가 나를 보는 게 느껴졌다. 엄마의 목소리가 나에게 와닿았다.

"알았다. 이제 마지막이야." 엄마가 말했다. 그리고 뭔가를 한 모금 마시는 소리가 들렸다. (엉터리) 코코넛 스무디였다. 이제 엄마는 코코넛 스무디를 좋아하게 됐다. 엄마는 숨을 깊이 들이마시고 책을 펼치더니, 나에게 너무나 친숙한 목소리로 책을 읽기 시작했다. 엄마의 목소리는 빗소리와 파도 소리와 엮여 하나가 됐고, 잠시 뒤 엄마가 또 하나의 이야기를 다 읽고 난 뒤 숨을 들이마셨을 때, 우리는 이제 끝났다고 생각했지만, 엄마는 다음 이야기로 넘어갔다.

해가 뜨기도 전에 울프강이 팔꿈치로 내 눈을 찔러대는 통에 잠에서 깨어났다. 밤중에 자기 침대를 벗어나 내 옆으로 기어 들어온 모양이었다. 울프강의 다리가 내 엉덩이 위에 올라와 있었고, 울프강의 팔은 내 얼굴 위로 마구 도리질을 했고, 뜨거운 숨결은 내 뺨에 닿았다.

"울프강." 내가 아이를 불렀다. 너무 일찍 잠을 깬 것에 심통이 나 있었다. 울프강의 끈적끈적한 팔다리를 나에게서 떼어냈다. 안개처럼 깊은 잠 속에서 울프강이 웅얼거렸다. "사랑해."

"일어나." 내가 말했다.

울프강은 옷을 갈아입고 졸린 걸음으로 나와 나란히 객실을 빠져나가 복도를 지나고 엘리베이터를 타고 내려가 로비를 가로질러 뜰로 나갔다. 판자길로 나가서 내가 허리를 굽혀 울프강에게 말했다. "너는 고치는 사람이 되는 걸 상상할 수 있겠…." 하지만 울프강은 없어진 지 오래였다. 울프강은 넘실대는 푸른 파도를 맞이하러 달려 나갔다. 갈매기들이 수직으로 낙하했다. 파도들이 파도들과 만나 모래밭을 하얗게 만들고 서로 부딪친다. 태양은 일관성이 없이 아침마다 다르게 떠오른다. 내가 엄마와 함께 이곳에 왔던 날에는 태양이 수평선에 맹렬하게 지문을 찍으며 떠올랐고, 구름을 마구 때려 붉게 만들었다. 오늘의 태양은 리본 구름으로 만들어진 엷고 투명한 커튼 뒤에서 몸을 일으켜, 분홍빛 속삭임과 함께 편안하게 하늘로 올라갔다. 문득 엄마가 그리웠다. 엄마가 내 곁에 있기를 바랐다.

울프강은 해변에서 나를 앞질러 뛰어갔다. 내 아들, 자유롭게 뛰어다니는 내 그림자. 7층 위에서 푹 자고 있는 앤드류가 생각났다. 앤드류는 내가 항상 착하거나 용감하거나 행복하거나 확신에 차 있지 않을 거라는 사실을 알면서도 나를 사랑한다. 그는 내가 자유롭게 나만의 길을 가게 해준다. 그 길이 나를 제자리로 인도하리라고 그는 믿는다. 나에 대한 그의 믿음, 그의 이타적인 사랑. 그는 그걸 쉽게 줬다. 그리고 내 엄마, 냉혹한 사실들의 여왕인 엄마는 쉽고도 완전하게 사랑을 줬다.

엄마는 내가 태어난 날 내 눈을 들여다보고 나를 봤다.

아빠는 우리가 차를 타고 시골길을 달리던 때 느꼈던 행복을 글로 썼다. 단 둘이 우리의 포드 350을 타고, 차창을 내리고, 울퉁불퉁한 도로에서 흙먼지가 일어 눈이 따가웠던 그 때, 아빠와 나는 이야기를 나누고, 깔깔 웃고, 행복해했다. 그 다음에 아빠는 이렇게 썼다.

"하지만 나에게 클로이만으로는 충분하지 않았다. 나는 클로이의 곁에 있어주지 못했다."

나는 그 부분을 읽고도 화가 나지 않았다. 이제는 그걸 이해하니까. 초음파검사를 받고 내 안에서 자라고 있는 생명체를 보고 나는 이렇게 생각했다. '이건 누구의 아이일까?'

나는 우리 아빠의 딸이었다. 내가 엄마의 딸이고 앤드류의 아내가 아니었다면 아빠의 미래가 내 미래가 됐을 수도 있다. 엄마와 앤드류는 내 안에 조금씩 조금씩, 새로운 능력을 심어주었다. 나는 지금, 여기서 행복해질 수 있다.

머리 위의 구름이 어떤 모양을 보여주다가 아무것도 아니게 됐다. 형태가 형태 없음으로 바뀌었다. 울프강은 모래성을 쌓았는데, 그 모래성은 파도의 습격을 받았다. 태양은 더 높이 솟았다. 주위에서는 새로운 하루를 시작하는 소리들이 어지럽게 들렸다. 레이커가 우르릉거리며 깨어나서 바닥을 긁으며 지나갔다. 해돋이를 보러 나온 사람들이 각자 뭐라고 말하는 소리가 들렸다. 다음에는 울프강의 두 발이 모래밭에 닿으면서 내는 철벅 철벅 소리가 들렸다. 울프강은 나에게 달려오면서 모래를 발로 차고 있었다. 각다귀, 조개껍데기, 담배꽁초, 꿈틀거리는 작은 생명체들, 죽은 생명체들, 날개, 깃털, 해초, 쓰레기. 울프강은 넘어져서 무릎을 찧었고, 모래를 파다가 보물을 찾아냈다. 조개껍데기와 조약돌. 우리 뒤편으로는 형편없는 음악이 울려 퍼지고 있었다. 호텔 파티가 다시 시작됐다.

아빠는 편지 말미에 다음과 같이 썼다. "3년 반 전에 술을 끊었단다. 나는 뭐든지 느리게 배우는 사람이야." 아빠도 변화하고 있었다. 아빠가 변할 수 있다면 나도 변할 수 있다. 나는 용서와 비슷하지만 더 넓은 감정에 휩싸였다. 나는 아빠가 자랑스럽고, 내 곁에 없어도 아빠를 사랑한다.

울프강과 나는 해변의 끝까지 걸어갔다. 바닷물이 빠르게 나를 덮쳐 내 발목을 적시고 발밑의 모래를 깎아내어 내가 넘어지는 기분이었지만, 그건 그냥 내 발 밑의 바닥이 파도와 함께 이리저리 흔들리는 것뿐이었다. 우리는 바다 너머를 바라봤다. 나는 아름다움이 내 온몸을 뒤흔들며 관통하면서 뚜렷하게 부정할 수 없게 진실을 창조하고, 너무나 강렬한 광선을 발사해 내 삶 전체를 밝혀주는 단 하나의 순수한 느낌이기를 바랐다. 그러나 나를 찾아온 것은 자욱하게 떠다니는 무더기 같은 것이었고 거기에는 과제가 따라왔다. 뚜렷하게 보이는 것을 내가 볼 수 있을까? 모래로 떡칠된 울프강의 머리카락. 가볍게 떨리는 울프강의 자그마한 어깨. 울프강의 매끈하고 볼록한 선홍색 잇몸. 새로운 치아가 잇몸을 뚫고 나오면서 팽팽한 긴장을 형성하고 있었다. 울프강의 빛나는 두 눈, 회색 눈동자. 내 손 안에 있는 울프강의 손. 우리는 완벽을 선물받지 않았고, 신성함도, 대칭도, 우아한 비례도, 나쁜 패도, 저주도 받지 않았다. 우리는 함께 보낼 한평생만을 선물받았다. 우리의 삶은 쉬운 삶도 아니고 고통 없는 삶도 아니다. 우리는 그저 현실의 삶을 받았다. 무서울 정도로 일상적이면서도 숭고한 삶. 나는 더 이상 다른 삶을 염원하면서 그 삶의 아름다움을 배신하지 않을 것이다.

비틀린 타원들

울프강은 방 한가운데, 내 옆에 서 있었다. 벽에는 작은 그림들이 걸려 있었다. 우리의 머리 위로는 미술관의 톱니 모양 지붕에 뚫린 유리 천창을 통해 빛이 들어왔다. 지붕에는 여기저기 산마루처럼 솟은 부분들이 있어서 마치 푸른 하늘을 움켜쥔 발톱처럼 보였다. 그 건물은 원래 나비스코라는 제과 회사의 제품 상자를 인쇄하기 위해 지어진 공장이었고, 지붕이 그런 식으로 설계된 건 공장 노동자들이 뜨거운 태양의 열은 피하되 빛은 받아들이기 위해서였다.

우리는 다시 뉴욕에 있었다. 브루클린의 우리 집에서 북쪽으로 두 시간 걸리는 곳이었다. 울프강은 일곱 살하고도 1주일이 됐다. 우리는 단둘이 작은 모험을 떠나기로 하고 주말 동안 뉴욕주 북부로 놀러왔다.

내가 잡고 있던 울프강의 손이 따끈했다. 우리가 서 있는 자리에서 미술 작품들은 작고, 조잡하고, 난해해 보였다. 넓게 펼쳐진 공간에서는 온갖 섬세한 장치들이 눈에 들어오지 않았다. 나는 그림 한 점에 가까이 다가갔지만 이제 그림을 더 보기는 힘들겠다는 생각만 들었다. 그림을 계속 보려면 너무 많은 노력을 기울여야 할 것 같았다. 내 앞에 걸린 그림은 복잡하고 모순으로 가득했다. 아니 처음에는 그렇게 생각했는데 가만히 들여다보니 그 그림에 대해 어떤 생각이 떠오를 때까지 제대로 감상하고, 또 다른 생각이 떠오를 때까지 기다리고, 세 번째로 다른 생각이 떠오를 때까지 기다리는 그 노력을 기꺼이 하고 싶어졌다. 그건 새로운 인내심이었다. 색과 선에 숨겨진 메시지들을 조금씩 조금씩 소화하고 있노라면 잠시 후에 하나의 질서가 나타났다.

울프강이 나에게서 떨어지면서 몸을 확 젖히는 통에, 나의 버려진 손은 잠시 허공에 떠 있다가 내 다리 위로 떨어졌다. 울프강은 뛰어가다가 미끄러져 바닥에 무릎을 찧으며 유쾌한 비명을 질러댔다. 아이의 목소리가 벽에 울려 메아리쳤다. 잠시 후 아이는 사라졌다.

울프강의 이름을 불러봤다. 이 끝없는 미술관의 맨 끝, 멀리 떨어진 곳에 있는 문 너머의 다른 전시실에서 울프강의 운동화가 쿵쿵거리는 소리가 들리는 듯했다. 나는 걷고 또 걸었다. 내 몸이 허락하는 최고 속도로 전시실을 가로질렀다.

오른쪽 엉덩이가 아파서 쉬고 싶었다. 오른발을 질질 끌다 넘어지고, 다시 일어났다. 손목이 쑤시고 엉덩이가 욱신거렸다.

미술관은 정말 넓었다. 하나의 넓은 전시실 다음에 또 하나의 넓은 전시실이 나왔다. 텅 비어 있는 광활한 공간에서 나는 방향 감각을 잃었다. 빛이라고는 공장이었던 이 건물의 천장으로 들어오는 빛밖에 없었다. 우리를 안내하고, 하나의 물체에 마치 후광처럼 안정적인 광채를 투영해서, 정말로 중요한 것은 받침대 위에서 빛을 받고 있고 이름표가 붙어 있다는 사실을 상기시키는 설계된 조명의 보이지 않는 손은 없었다. 그리고 기념품 상점의 형광등 불빛 아래서 한꺼번에 밀려와서 이제 집중할 의무는 끝났으니 자유로운 사고로 돌아가도 된다고 허락하는 안도감도 없었다.

다음 전시실에 들어서는 순간 회색 머리의 경비원이 나에게 울프강을 데려다줬다. 경비원은 엄격한 사람이었다. 그는 내가 그의 권위에 복종해야 한다는 확신을 가지고 말했다. “손님, 아이가 뛰어다니면 안 되고….” 그는 갑자기 말을 멈추고 내 걸음걸이를 관찰했다.

울프강이 칭얼거렸다. 심심한 모양이었다. 울프강은 전시실 구석의 벤치로 가서 나에게 등을 돌리고 어깨를 오므린 자세로 앉아 심통이 났다는 것을 표현했다. 나는 울프강에게서 벗어나 홀가분한 마음으로 다른 그림을 감상했다. 그러자 그 홀가분한 마음과 수치심이 동시에 찾아왔다. 혹시 근처에 누가 있어서 나를 나쁘게 생각하지나 않을까 싶어 본능적으로 주위를 둘러봤다.

나는 울프강이 있는 벤치로 가서 잠시 앉았다. 아이의 손을 잡으려고 했지만 아이는 손을 홱 치워버렸다. 이제 아이는 제법 커서, 자신이 사랑을 보류하기만 해도 내가 속상해진다는 것을 안다.

"울피…." 내가 아이를 불렀지만, 아이는 고개를 흔들고 일어서서 뛰어갔다. 또 아이를 놓쳤다.

여러 전시실을 돌아다녔지만 울프강을 찾지는 못했다. 처음에는 짜증이 났고, 나중에는 걱정됐다. 엉덩이의 통증이 내 몸 오른쪽 전체로 고통을 퍼뜨렸다. 울프강은 어디에 있을까?

"혹시 남자아이 하나를 보셨나요?" 우리를 유심히 지켜보던 회색 머리 경비원에게 물었다. 그가 고개를 끄덕이고 계단을 가리켰다. 나는 그의 손가락을 따라 계단을 내려가서 새로운 전시실로 들어갔다. 원래 공장의 화물차 차고였던 곳이지만, 막상 입구에 서서 보니 그 공간이 화물 운송용 컨테이너 외의 어떤 용도로 쓰였던 적이 있다는 것이 믿기지 않았다. 나무, 콘크리트, 유리로 만든 보호막이 중앙의 거대한 조각 작품

네 개를 둘러싸고 있었다.

다른 전시실들은 너무나 활짝 열려 있어서 그 광활함을 한눈에 보여주고 있었지만, 이 전시실은 조각 작품 네 개를 둘러싸고 점점 좁아져 넓은 시야를 허용하지 않았고, 내 눈이 전시실 전체를 보고 싶을 때도 부분만을 드러냈다. 서쪽을 향한 벽의 창유리로 빛이 비스듬히 들어왔다. 바닥은 강가의 조약돌처럼 매끄러운 회색이었다.

조각 작품들은 거대하고 변화무쌍했다. 내가 가까이 다가가자 그 작품들은 내 위로 그림자를 드리웠다. 조각의 실제 형태는 한눈에 파악하기가 불가능했다. 기울어진 원기둥과 비슷한 형상들이 있었는데, 너무나 커서 천장에 닿을 듯 말 듯했다. 나는 조각 작품들의 주위를 빙 돌며 울프강을 찾았다. 아이의 이름을 소리쳐 불렀다. 저 앞에서 울리는 소리가 울프강의 발소리라고 짐작하고 그 소리를 따라갔지만, 아이가 걷는 곳에는 끝내 닿지 못했다.

작품을 제작한 조각가 리처드 세라Richard Serra는 어느 인터뷰에서 작품들을 구상할 때 일본의 산책 정원을 생각했다고 말했다. 일본의 산책 정원에는 숨은 요소들이 있고, 그 요소들은 정원을 산책하는 사람에게만 보인다. 정원에서 무엇이 보이느냐는 어느 위치에 서 있느냐에 따라 달라지고, 한 걸음 앞으로 나아갈 때마다 풍경도 달라진다. 일본식 산책 정원은 한꺼번에 다 구경할 수가 없다. 정원의 실체는 감상하는 사람의 위치에 따라 달라진다. 하지만 관람객이 걸어갈 때 그 실체는 달라진다. 실체란 공간, 시간, 운동에 따라 변화할 수 있는 유동적인 것임이 증명된다.

원래 화물차 차고였던 이 공간에 전시된 세라의 〈회전 타원Torqued Ellipses〉 연작 역시 고정된 관점을 거부하는 작품으로서 즉각적인 해석에 저항한다. 세라는 일본 예술의 '마'라는 개념을 연구했다. '마'란 두 물체, 두 아이디어 사이, 문장과 단어와 호흡 사이의 공간, 틈새, 부재가 그것들 자체와 똑같이 중요하다는 개념이다. 세라의 조각 작품들 안에도 두 번째 형태가 숨어 있고, 관람객들은 독특한 두 형태 사이의 좁은 길을 따라 걸어간다. 따라서 그 작품은 관람객들이 보거나 만질 수 있는 거대한 금속 벽체들이 아니라 그 벽체들 사이의 공간이다. 그 작품은 부재를 표현한 것이고, 눈에 보이는 물체는 세라의 말에 따르면 단지 '허공을 감싼 피부'일 따름이다.

세라의 작품들을 만져봤다. 거칠거칠하고 녹이 슬어 있었다. 내가 작품 주위를 걸어 다니자 작품의 색도 변했다. 처음에는 빨간색이었다가 호박색, 황토색, 해질녘의 주황색으로 변했다. 빛은 창문을 통해 들어오는 것이 전부였으므로 내 눈에 보이는 모든 것에 시간의 도장이 찍혔다. 이 고독한 순간, 이 시간, 이 계절, 이 날씨, 방금 태양을 스쳐간 구름의 도장이 찍혔다. 빛이 이 조각 작품 위에 만드는 패턴이 완전히 똑같이 복제될 일은 앞으로 없을 것이다. 그래서 내가 작품을 볼 때마다 나는 처음이자 마지막으로 그 작품을 보게 되는 것이고, 다음번에는 작품이 또 달라져 있을 것이다. 이 순간을 붙잡아둘 방법은 없다. 나중에 되살릴 방법도 없다. 이 순간은 존재하다가 소멸된다.

울프강의 이름을 소리쳐 불렀더니 스스슥 움직이는 소리가 들렸다. 나는 다시 울프강을 불렀다. 녀석이 가까운 데 있는 게 확실한데 눈에 보이지 않아서, 조각 작품 중 하나의 둘레를 돌다 보니 벌어진 틈새가 나타났다. 그 틈새는 마치 비밀의 문처럼 신비로웠다. 조각 안으로 들어가보니 그 안에 또 하나의 높은 벽이 있었다. 두 개의 벽 사이에는 미로 같은 좁은 길이 있었고, 아마도 나는 두 개의 동심원 사이를 걷는 듯했다. 그래서 내가 계속 걸어가면 어떤 모양이 나타날까를 머릿속으로 그려봤다. 내 미래가 결정되는 것이 눈에 보였는데, 그 미래는 1, 2초가 지날 때마다 다시 정해졌다.

두 개의 벽은 특이하게 엇갈려 있어서 불안정해 보였다. 벽들은 서로를 향해 기울어져 있었는데, 내가 계속 걸어갔더니 벽들이 서로에게서 멀어지는 방향으로 기울어졌다. 두 벽체 사이의 거리는 내가 걸음을 옮길 때마다 달라졌다. 저 앞에서 작은 발들이 쿵쿵거리는 소리가 들려 나는 속으로 생각했다. '아,

울프강이 여기서 놀고 있었구나.' 아마도 울프강은 이 좁은 길을 경주하듯 달렸을 것이다. 나는 걸음을 멈추고 귀를 기울였다. 울프강이 내 앞에 있는 게 확실했는데, 내가 앞으로 가자 이상한 일이 벌어졌다. 두 개의 벽이 나를 향해 휘어지다가 내 머리 위에서 거의 닫히고, 내가 서 있는 곳은 갑자기 몹시 좁아지고 어두워졌는데 울프강은 그곳에 없었고, 어디에도 없었다. 그래서 나는 방향 감각을 잃었다. 모든 게 꿈처럼 흐릿해졌다.

세라의 의도는 조각 작품의 안쪽 벽과 바깥쪽 벽을 모두 비틀어놓고 두 벽이 계속해서 서로 가까워졌다 멀어졌다 하게 하는 데 있었다. 알고 보니 그가 고안한 형태들은 비틀린 각도가 너무 커서 수학적으로 불가능한 것이었다. 그가 두 벽 중 하나를 만들려고 시도할 때마다 금속판이 쪼개졌고, 정확한 비례가 나오지 않아 세라는 작업을 처음부터 다시 시작해야 했다. 세라는 완전히 새로운 것, 그 누구도 본 적 없는 형태를 만들겠다고 결심했다. 관람객이 그 벽체들 사이를 걸을 때 그 벽들의 일부분을 보고 나머지 형태를 자동으로 유추할 수 없는 작품. 관람객이 어떤 추측을 하더라도 발걸음을 한 번 옮길 때마다 그 추측이 틀렸다는 것이 드러나는 작품을.

마침내 세라는 그 불가능한 형태들을 구현할 능력을 지닌 볼티모어의 선박 장인을 찾아냈다. 내가 그 벽체들 사이를 걸어가는 동안, 과거의 지식과 미래에 대한 예상을 통해 순간적으로 형상화한 상상 속의 길은 계속 어긋났다. 빛도 계속 변화했다. 작품을 보는 방법은 고정되어 있지 않았다. 내 눈에 보이는 건 끊임없는 흐름이었다. 내가 우연히 그곳에 서 있었던 바로 그 순간에 해체와 변형이 일어났고, 내가 계속 걸어가고 시간은 계속 흘러가는 동안, 내 눈에 보이는 장면도 계속 바뀌어서, 더 흐릿해졌다가 선명해졌다가 새로운 빛을 받아 더 파랗게 변하기도 했다. 나는 각성 상태가 되어 주의를 더 기울이게 됐다. 나는 조각에 더 가까이 다가가서 더 유심히 관찰하면서 정확히 무엇이 언제 바뀔지를 알아내려고 했다.

조각 안에는 오직 현재만 있었다. 현재는 예측 불가능하게 펼쳐졌으므로, 유일한 기쁨은 내 앞에 무엇이 놓여 있는지를 알지 못하는 데서 나왔다. 그건 어린아이의 기쁨이었다. 오염되지 않은, 두려움 없는, 달콤한 기쁨이었다. 나도 어렸을 적에, 캔자스주에 있는 엄마의 농가주택 뒤편 숲속을 걷다가 길을 잃었을 때 그런 기쁨을 느낀 적이 있었다. 내가 방황했던 숲에는 나무가 많고 빽빽했다. 나무들이 워낙 빽빽하게 심어져 있어서 위치와 거리가 헷갈렸다. 나는 혼란스러운 상태로 숲 속에서 자꾸만 방향을 바꿨는데, 내가 상당히 멀리 갔다고 생각했지만 사실은 같은 자리를 계속 맴돌고 있었다. 나무들, 나뭇잎과 가지들은 빛을 부러뜨리고 휘어지게 해서 나를 속였다. 그래서 나는 갑자기 저녁이 된 줄 알았다. 숲속 공터에 이르자 내가 걷는 길이 밝아졌다. 마치 해가 다시 떠오르고 날이 다시 밝아오는 것만 같았다. 내가 숲에서 나와 집으로 돌아갈 때까지 계속 그런 식으로 시간이 멋대로 변하고 앞뒤로 움직였다.

리처드 세라가 세운 벽들 안에서 나는 행복하게 길을 잃은 내 아이를 생각했다. 속삭이는 소리로 그 아이의 이름을 불렀다. "울프강."

나는 임신 테스트 결과를 장난으로 여겼다. 그때까지 내가 임신할 수 없는 걸로 알고 있었으니까. 앤드류와 나는 타이머를 맞춰놓고 부엌에서 춤을 췄다. 다음 날 나는 모니터 화면으로 내 아이의 얼굴을 봤다. 초음파 기계가 내 몸 안에 있는 아이의 형상을 보여줬다. 내 몸은 하나의 형태, 불가능한 타원을 만들기 위해 불어나 있었고, 그 타원 안에는 또 하나의 몸이 공 모양으로 뭉쳐져 숨을 쉬고 있었다. 그게 내 아이였다. 두 번째 뇌, 두 번째 눈과 코와 입, 그리고 두 번째 척추가 있었지만, 아이의 척추는 내 척추와 달리 곧았다. 내가 다른 생명을 품고 있다니. 아무도 입을 열지 않았다. 의사는 검사 도구를 내 배에 대고 그 순간이 조용히 유지되도록 했다. 그건 친절이었다. 나는 모니터를 뚫어져라 보면서 나 자신이 공포와 경이 사이를 오가는 것을 느꼈고, 고개를 들어 그 감정들을 관찰할 수 있겠다고 생각했다. 그리고 몇 초가 지나는 동안, 나는 두 가지 감정의 벽이 나를 향해 구부러지다가 멀어지고, 다시 나를 향해 휘어지는 것을 느꼈다. 나는 두 감정 사이를 오고 갔지만 그 감정들 너머를 보지는 못했다. 모니터로 내 아이를 보면서 내가 그 이미지에 빠져드는 느낌이었다. 그 이미지의 가운데 부분이 아이의 얼굴이었다. 나에게는 달의 표면만큼이나 낯선 얼굴. 그리고 내가 아이 주위에서 맥박치고 있었고, 내 피가, 내 피부가, 허공을 둘러싸고 있었다.

임신하기 6개월 전, 나는 뉴욕 맨해튼의 어느 술집에서 비틀거리며 나와 한 친구의 품 안으로 뛰어들었다. 그때만 해도 캔자스주에서 뉴욕으로 이사한 직후여서 그 도시가 나에게는 아직 새로웠고, 내 눈에는 그 도시 안에서 나 자신의 에너지와 욕망이 반사된 것만 보였다. 몇 해가 지나자 뉴욕은 나에게 자기 모습을 솔직히 보여줬지만, 그때, 그 순간에 나는 뉴욕을 이해하지도 못한 채 순수한 마음으로 그 도시를 사랑했다. 때는 여름이었다. 9월이 되기 전까지 나는 앤드류를 알지도 못했다. 친구가 한 손을 치켜들자 택시 한 대가 왔고, 갑자기 우리는 윌리엄스버그 다리를 건너 항해하고 있었는데, 열린 차창으로 쏟아져 들어오는 달빛이 내 친구를 비춰주는 순간, 그 친구가 세상에서 가장 아름다운 친구로 보였다. 나는 차창 밖으로 손을 뻗었고, 빠르게 달리는 택시를 타고 여름밤을 가르는 건 정말 즐거운 일이라고 생각했다. 바람이 내 뺨에, 내 얼굴에 닿았고, 내 머리카락에도 닿아서, 땀에 젖은 목까지 슬금슬금 내려갔다. 눈을 감았더니 그 순간이 느려졌다. 나는 내가 택시에서 내렸고, 중력으로부터 자유로워져, 높은 곳에서 후덥지근한 여름 공기 사이를 헤엄치고 있다고 확신했다. 눈을 떠보니 세상이 더 빨리 움직이고, 도시의 스카이라인은 흐릿해지고, 다른 차들의 헤드라이트 불빛이 활활 타오르며 지나가고, 우리 머리 위에는 어지러운 별들밖에 없었다. 내 몸이 앞으로 쏠렸다가 조수석 뒤쪽으로 던져졌고, 입안에서 피 맛이 났다.

택시는 브루클린 어딘가에서 멈췄다. 친구는 나를 잠긴 문 앞으로 데려갔다. 그 문 너머에는 캄캄한 허공, 건물들 사이의 공터가 있었다. 어딘가에서 열쇠가 나타났고, 우리는 그 문 안으로 들어갔다.

"여기 앉아서 기다려." 친구가 나를 어두운 공터 한가운데의 벤치로 데려가서 말했다.

친구는 다시 그 문으로 나갔다. 그가 한참 동안 자리를 비웠지만 나는 무섭지 않았다. 나는 그 순간의 흐름 속에 있었다. 눈을 감고 나 자신 안으로 침잠하자 통증이 하나도 안 느껴진다는 사실을 깨달았다. 내 몸이 쩍 갈라지고 분자들이 흘러나와 공터를 채우는 장면을 상상했다. 친구가 갈색 병을 하나 들고 돌아왔고, 우리는 그 병에 든 술을 마셨다. 그러다 나는 잔뜩 취한 상태로 나의 모든 꿈, 나의 희망, 나의 계획에 관해 진지하게 이야기하기 시작했다. 나는 적게 소유하고, 많은 것을 필요로 하지 않고 자유롭게 지내면서 통찰과 예술로 생계를 유지한다는 꿈을 꾸고 있었다.

친구는 고개를 끄덕였다. 그는 마치 '진짜로? 그걸 다 하려고? 정말로 네가 그걸 다 하려고?'라고 말하는 것처럼 내 등에 한 손을 올렸다. 그는 희미한 불빛 속의 짙은 형체였다. 둘이 이야기를 나누는 동안 천천히 해가 뜨기 시작하면서 다른 형체들도 나타났다. 우리가 공터가 아닌 정원에 앉아 있다는 게 서서히 내게도 보이기 시작했다. 친구가 알려준 바에 따르면 그 정원은 동네 사람들이 공유하는 것이었고, 누구나 정원에 자리를 잡고 자기가 선택한 작물을 키울 수 있었다. 어둠 속에서 묘지처럼 보였던 것들은 단을 높인 텃밭이었다. 우리가 앉아 있던 벤치의 양쪽 옆에는 담쟁이덩굴이 빽빽하게 감긴 격자 구조물들이 있었다.

빛이 강해질수록 그 풍경도 또렷해졌다. 내가 많은 것을 볼수록 분위기도 많이 달라졌다. 그곳은 갑자기 흙냄새로 가득 채워졌고, 내 귀에는 벌레 소리와 새들의 노래가 들렸다.

마치 내가 말을 걸어서 정원이 존재하게 된 것만 같았다. 내가 말을 많이 할수록 정원은 어둠 속에서 자기 모습을 드러냈다. 내가 원하는 미래도 바로 그렇게 찾아올 거라고 믿었다. 내가 씨를 뿌리고, 나의 노력으로 해가 떠오르게 하고, 꽃을 피울 것이다. 나는 모든 나라를 여행하고 모든 언어를 배우고 싶었다. 내 안에 예술가 기질이 있고 내가 쓸 수 있는 책이 있다고 확신했다. 나는 지식인이 되고, 시인이 되고, 모험가가 되고, T.E. 로렌스가 되려고 했다. 내가 상상했던 삶의 곡선 어디에도 아이가 들어갈 자리는 없었다. 그건 불가능했으니까.

나는 그렇게 들었다. 수도 없이. 내 몸은 생명을 키우기에는 적합하지 않다고 했는데. 그럼 이 아이는 누구의 아이란 말인가?

아이가 태어나고 여러 날, 여러 달 동안, 나는 자리에 누워서도 잠들지 못하고 아이가 울음을 터뜨리기를 기다렸다. 아이가 너무 오랫동안 조용히 있으면 나는 아이가 죽은 것이라고 생각했다. 회색빛 속에서 벌떡 일어나 천천히 아기 요람을 향해 걸어갔다. 한 걸음 뗄 때마다, 몇 센티미터 앞으로 나아갈 때마다 그 무게를 느꼈다. 내가 방을 가로질러 아기 요람을 들여다볼 때면 돌이킬 수 없는 진실을 알게 될 거라고 생각했다. 나는 아기의 조그만 가슴에 손을 올리고 그 가슴이 부풀었다 꺼졌다 다시 부풀어 오르는 걸 느끼고는 울음을 터뜨리곤 했다. 아기가 살아 있어서 마음이 놓였기 때문이고, 그래서 내가 그 아기를 돌봐야 한다는 것이 원망스러웠기 때문이고, 내 삶을 망가뜨릴 수도 있을 만큼 강렬한 사랑을 문자 그대로 탄생시킨 나 자신에게 화가 났기 때문이다.

어떤 날 밤에는 잠에서 깨어났는데 새벽인지 저녁인지 확신이 서지 않아 어찌할 바를 몰랐다. 아기 울음을 들어보려고 가만히 기다렸는데도 소리가 나지 않으면 나는 자리에서 일어나 아기 방으로 가서 문고리에 손을 올렸다. 그리고 그 모든 건 긴 꿈이었고 내가 그 문을 열면 아기 방이 아니라 예전에 내 사무실로 쓰던 방이 나올 것이고, 그 방 안에는 내 책과 종이 뭉치들이 손도 대지 않은 상태로 있고, 벽은 페인트칠이 되어 있지 않을 것이라고 확신했다. 그러고 나면 내가 엄마가 된 이상한 꿈의 마지막 장면들을 지워버리려고 눈을 비비곤 했다.

조각 작품 안에서 내 길이 좁아진다. 서로 다른 각도로 휘어진 두 개의 타원이 형태 안에서 하나의 형태를 이루고 변형 안에서 변형된다. 강철판, 따뜻한 녹, 빛, 내 자궁의 붉은색, 울프강의 발그레한 얼굴, 내 품에 안겨 버둥거리는 아이의 축축한 몸, 나를 소리쳐 부르는 아이의 목소리.

조각 작품 안의 막다른 골목에 도달한 것 같았다. 아마도 여기, 가장 멀리 떨어진 지점의 내부에서 울프강이 내가 찾아오기를 기다리고 있을 것 같았다. 그래서 나는 앞으로 나아갔다. 지금, 아니면 한 걸음 더 가면, 또 한 걸음만 더 가면 울프강을 만날 수 있으리라고 확신하면서. 공간이 좁아지고, 벽들은 나에게 다가오고 공간이 너무 좁아져서 거의 움직이지도 못하게 됐지만, 계속 걸어갔더니 벽들은 다시 반대로 휘어져

서로에게서 멀어지고, 빛이 흘러 들어오고, 갑자기 길이 넓어졌다. 그것은 내가 생각했던 막다른 골목이 아니라 길의 연속이었다. 이제는 달라진 길의 연속. 하지만 울프강은 그곳에도 없었다.

내가 꿈을 꾸는 건가? 잠시 의심했다. 어쩌면 곧 잠에서 깨어날지도 몰라.

꿈일 가능성을 생각할수록 금방이라도 나를 흔들어 깨우는 내 친구의 손이 느껴질 것만 같았고, 나는 다시 브루클린의 그 정원에 가 있을 것 같았다. 생명을 키우기에 부적합한 몸 안으로 돌아갈 것 같았고, 동이 터올 것만 같았다. 울프강은 희미해지는 꿈에 등장한 하나의 소품이 될 것이다. 그게 내가 원했던 걸까? 그게 나의 소망일까? 그게 우리 아빠의 소망이었을까? 아니다. 선택이 가능하다면 아빠는 그 흙길로 돌아가서 포드 트럭 옆자리에 나를 태우고 달리는 쪽을 선택할 것이다. 그러면 나는? 나의 소망은 내가 이 길을 따라가면 조금 더 젊은 날의 내가 양성이라고 나온 임신 테스트기를 들고 우리 집 부엌에 홀로 앉아 있었던 때로 돌아가는 것이다. 나는 임신 테스트기를 쳐다보던 과거의 나에게 손을 내밀고, 그녀에게 "자, 그래서 이제 어떻게 할 거니?"라는 말을 건네고 싶었다. 그건 신성한 목소리도 마법 같은 목소리도 아니었고, 하늘의 계시도 아니었고, 나에게 냉정한 사실들을 직시하라고 알려준 나 자신의 목소리였다.

조각 작품의 중앙에는 개방된 원이 있었다. 세라가 남겨 놓은 허공. 중앙은 비어 있었다. 울프강의 웃음소리가 내 주위를 메아리쳤다. 울프강이 가까이 있다는 뜻이었다.

《향연》에서 아리스토파네스는 이렇게 말했다. "사랑은 온전함에 대한 갈망과 추구의 다른 이름이다." 나는 그 가르침을 지나치게 열심히 받아들였다. 만약 사랑이 온전함을 추구하는 일이라면, 온전함을 찾는 일에는 어떤 이름이 붙어야 할까?

나는 눈을 감고 세상이 조금 더 넓어지는 느낌을 만끽했다. 눈을 뜨자 울프강이 있었다. 장난스럽게 깔깔거리며, 내게로 달려오고 있었다.

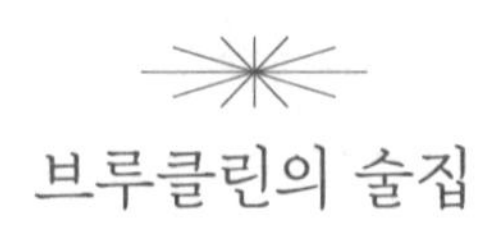

브루클린의 술집

하루하루가 새로운 리듬에 순응했다. 나는 여름 동안 내 학생들이 보고 싶었던 터라, 새로운 기대를 안고 강의실에 나갔다. 공포의 교수회의에 빠짐없이 참석해 학과장의 질책을 흘려들으며 견뎌냈다. 나는 위원회에도 몇 곳 들어갔으므로 무더기로 쌓인 새로운 신청서들을 작성해야 했다. 그건 내 업무 중에 특히 힘든 부분이었지만, 더는 회의에 빠지지 않고 주어진 일을 다 해냈다. 물론 그건 우리 가족에게 필요한 것을 확보하기 위해 내가 치러야 하는 작은 대가였다. 집에서 우리는 행복했다.

어느 날 밤, 앤드류가 나를 흔들어 깨웠다.

"울프강 어디 있어?" 그가 물었다.

나는 손을 뻗어 내 옆의 베개들을 더듬어봤다.

"여긴 없는데. 아이 침대에 없어?"

나는 울프강의 방을 둘러보고 아이의 이름을 불렀다. 앤드류와 나는 온 집안을 돌아다녔다.

"화장실에 있나?"

"없어."

마침내 우리는 울프강을 찾아냈다. 울프강은 거실 소파 위에 베개를 여러 개 쌓아놓고 그 밑에 숨어서 두 눈을 동그랗게 뜨고 있다.

"밤에 여기서 뭐 하니?" 내가 물었다.

"왜 그래?" 앤드류가 물었다.

"무서운 게 보여. 걔네들이 사방에 다 있어."

"오, 또 거미들이야?"

"걔네들 이름을 부르지 마!" 울프강이 칭얼거렸다. 아이가 얼마 전에 본 영화 속에 거미들이 시리얼 그릇에서 기어 나와 숟가락을 타고 올라가서 주인공의 팔 위로 기어 다니는 장면이 있었는데, 그래서 요즘 울프강은 거미를 굉장히 무서워했다. 울프강은 시리얼 먹기처럼 일상적인 행동에서 그렇게 무시무시한 일이 벌어질 수 있다는 것에 놀랐고, 거미가 또 어디에 숨어 있을지 모른다고 생각해서 불안해했다. 울프강은 옷에서, 우리 집 커튼에서, 가스레인지 밑에서 그 무시무시한 게 보인다고 생각했다. 무시무시한 것들은 내가 매일 밤 덮어주는 이불의 틈새에도 살고 있었다.

나는 울프강을 침대로 다시 데려가는 대신 같이 있어 주겠다고 약속했다. 앤드류는 잠을 포기하고 부엌으로 가서 커피를 끓였다.

"무서워." 울프강이 말했다.

"괜찮을 거야. 그건 다 너의 상상이란다." 내가 말했다.

"내 상상은 아주, 아주 무섭단 말이야."

"좋은 걸 상상해봐."

"어떤 거?"

"도넛 같은 거."

울프강은 눈을 감았지만, 곧 몸을 움찔거렸다.

"무시무시한 것들이 도넛 속에서 기어 나와."

나는 침대에 올라가 울프강 옆자리에 누워 아이를 내 턱 밑으로 끌어당겼다. 나는 울프강의 머리카락 한 부분을 응시했다. 아이의 머리를 쳐다보고 아이의 두피에서 나는 냄새를 맡으면서, 아이의 한 조각을 다시 나에게로 끌어당기려고 애쓰며 얼마나 많은 시간을 보냈던가.

"이제 자자."

"잘 수가 없어. 천장을 계속 보고 있어야 해서."

천장을 올려다보니 우리의 머리 위에 형광녹색으로 반짝

이는 야광별 스티커들이 보였다. 울프강과 내가 함께 별자리 모양에 맞게 세심하게 구상해서 붙인 스티커들이었다.

"별이 구멍으로 보여. 무시무시한 것들이 구멍으로 들어갔다가 내 얼굴로 뚝 떨어질 것 같아." 울프강이 말했다.

나는 울프강의 머리카락에 입을 맞추고 졸기 시작했다.

"엄마?" 울프강이 나를 불렀다. "엄마, 깨어 있어? 나를 혼자 두고 잠들지 마."

앤드류는 부엌에 있었다. 그의 커피잔이 조리대 상판에 도로 내려오는 소리가 희미하게 들렸다.

"엄마 깨어 있단다."

"나 무서워."

나는 울프강이 가장 크게 다쳤을 때의 일을 떠올렸다. 세 살 때 울프강이 넘어지면서 울타리에 삐져나와 있던 단단한 금속 조각에 걸렸다. 그 금속은 울프강의 왼쪽 눈 윗부분을 찢어놓았다. 상처가 아주 깊진 않았지만 머리에서 피가 났다. 우리가 울프강을 공원에서 집으로 데려왔을 때쯤 울프강은 피로 뒤덮여 있었다. 피 때문에 상처가 실제보다 더 심각해 보였다. 겁을 먹은 울프강은 엉엉 울면서 같은 말을 반복했다.

"내 머리가 젖어 있어. 내 머리가 젖어 있어. 어떻게 된 거야?"

피가 흘러내려 울프강은 눈을 깜박였다. 그리고 자기 뺨에 흘러내린 피를 만져보고 비명을 질렀다. 피에 흠뻑 젖어서 겉으로 보기에는 아주 끔찍했지만, 사실은 한두 바늘쯤 꿰매면 되는 상처라 괜찮았다. 하지만 나는 울프강을 진정시킬 수가 없었다. 앤드류도 울프강을 진정시킬 수가 없었다. 녀석이 머리가 젖었다고 소리를 계속 질러대는 통에 우리가 상처를 닦아주기도 어려웠다. 아이디어가 하나 떠올랐다.

"좋아, 눈을 감아볼래?" 그러자 울프강은 눈을 감았고, 나는 아이를 옷장 앞으로 데려갔다. 그걸 보고 남편이 "뭘 어떻게 하려는 거야?"라고 물었고 나는 이렇게 말했다. "이제 됐어, 울프강. 거울을 보렴." 눈을 뜬 울프강은 우리 집의 전신 거울 앞에 서 있었다. 나는 다시 말했다. "이게 너한테 일어난 일이야. 지금 네 모습은 이렇단다." 그러자 울프강은 몸을 앞으로 기울여 피와 눈물과 콧물로 범벅된 얼굴을 손으로 더듬었다. 울프강은 상처에서 뚝뚝 떨어지는 피를 보고, 피에 젖은 셔츠를 만져보고 나서 말했다. "지이이인짜 멋있다."

"눈을 감지 마. 천장의 별 구멍을 계속 쳐다보는 거야. 구멍을 똑바로 봐." 내가 말했다.

"하지만 무시무시한 것들이 내 얼굴에 떨어질 텐데."

"그러니까 우리가 보자는 거야. 뭐가 떨어지는지 아닌지 보면 되잖아."

"알았어." 울프강은 이렇게 말했지만 눈꺼풀이 자꾸 내려왔다. 눈을 계속 뜨고 있기에는 너무 피곤한 듯했다.

"엄마가 천장을 보고 있을게. 10초까지 셀 거야. 그러고 나면 네가 천장을 쳐다보는 거야."

"좋아. 딱 10초만. 근데 숫자는 내가 셀래."

울프강은 '하나, 둘, 셋'까지 세고 잠들었다.

해뜨기 전의 하늘은 회색이었다. 얼마 후에는 연보라색, 그러고는 푸른색. 내가 눈을 깜박이자 갑자기 해가 떠오르면서 방안이 밝아졌다. 나는 울프강의 침대에 혼자 누워 있었다. 그때 울프강의 목소리가 들렸다. 울프강이 자기 옷장 안에서 나를 부르고 있었다.

"엄마, 준비됐어?"

"무슨 준비?"

"중대 발표!"

옷들이 사각사각 스치는 소리가 들렸다. 옷걸이들이 달그락거리는 소리도.

"이제 나갑니다." 그러더니 옷장 문이 활짝 열렸다. '죽음의 신' 복장을 하고 손에는 낫을 든 울프강이 앞으로 걸어 나왔다. "과자를 내놓으세요!" 울프강이 으르렁거렸다.

학교 앞 길에는 갖가지 동물, 영화 주인공, 해리포터 등장인물로 분장한 선생님들이 일렬로 서 있었다. 선생님들은 사탕

봉지를 들고 아이들을 맞이했다. 울프강도 그 사탕 봉지를 관심 있게 쳐다봤다. 앤드류가 베개 커버에 할로윈 호박 괴물을 그려줬는데, 울프강은 사탕을 받기 위해 베개 커버를 펼쳤다. 한 아이가 교정을 가로질러 걸어왔다.

"넌 뭐로 분장한 거니?" 그 아이가 울프강에게 물었다.

"죽음의 신." 울프강이 빙그레 웃으며 대답했다.

"그거 마인크래프트에 나오는 거니?"

"아니. 우리가 죽을 때 만나는 신이야."

집으로 걸어오는 길에 앤드류와 나는 늘 지나치는 식료품점을 지나쳤다. 우리가 다니는 약국, 우리가 다니는 철물점, 우리가 다니는 카페와 술집을 지나쳤다. 계단을 올라가 우리 집에 들어가서는 섹스를 하고, TV를 보고, 식기세척기에서 그릇을 꺼냈다. 창밖에서는 귀에 익은 구구 소리와 철퍼덕 소리가 들렸다. 우리 집 에어컨 실외기에 비둘기들이 똥을 눴다. 앤드류는 비둘기가 나오는 노래를 지어서 우리 고양이에게 불러줬다. 저녁에 뭘 먹을지를 정해야 한다. 또 냉동 만두를 먹기로 했다. 앤드류는 차가운 커피가 담긴 잔을 넘어뜨려서 그걸 치웠다. 그가 출근하고 나서 나는 채점을 했다. 나는 좁은 집안을 여기저기 돌아다녔다. 두 사이즈나 작아져서 못 신게 된 울프강의 자그마한 양말 한 켤레를 개서 특별한 상자에 넣은 뒤, 다른 기념품들과 함께 울프강의 서랍 안에 보관했다. 우리 고양이는 낮잠을 잤다.

학교를 마치고 돌아온 울프강은 아이패드로 동영상을 보고, 나는 약국에 전화를 걸고 앉아서 대기했다. 내 휴대전화 스피커에서 쨍그랑거리는 음악이 불규칙하게 울렸다. 그 소리가 우리 집을 채웠다. 울프강은 미소 띤 얼굴로 그 소리에 맞춰 고개를 까딱거렸다. 그 순간 우리는 이 대기 시간의 리듬 속에서, 기계적인 노래의 음들 속에서 하나가 됐다. 울프강은 턱을 흔들어댔다. 마치 그게 어느 낯선 사람의 손가락이 언제, 어딘가에서 피아노 건반을 두드리는 소리가 아니라 자기 턱으로 아르페지오를 연주하는 소리인 것처럼.

친구 링컨이 우리 집에 들어와 같이 산다. 우리 집 소파에서 잠을 자는 링컨은 최근에 여자친구와 헤어진 이야기를 구구절절 늘어놓는다. 그는 집안을 조심스럽게 돌아다니고, 문고리와 서랍 손잡이를 살살 잡고, 발걸음도 가볍게 한다. 마치 조금이라도 힘을 가하면 이 집도 그의 눈앞에서 무너질 것처럼. 그는 울프강과 비디오게임을 하고, 우리에게 저녁으로 지티(파스타의 일종–옮긴이)를 만들어준다. 그는 나와 오랫동안 좋은 친구로 지낸 사람이다.

바비도 여전히 우리와 함께 산다. 바비의 여자친구 제스는 화가인데 우리 집에 자주 와서 자고 간다. 그녀 역시 전 애인과 안 좋게 헤어져서 바비와의 관계에는 신중하다. 그녀는 종종 소극적인 태도로 거리를 유지하며 바비와 너무 빠르게 가까워지지 않으려고 한다. 그녀는 자기가 바비에게 상처를 입히지 않으려면 어떻게 해야 할지를 나에게 묻는다. 그녀가 울프강을 사정없이 간지럽히고 놀려대는 통에 울프강은 크게 벌어진 입에서 아무런 소리도 안 나올 때까지 웃었다.

내 오랜 친구인 베카는 원래 플로리다에 살았다. 좋은 직장이 있었고, 괜찮은 남자와 데이트를 했고, 사랑하는 고양이를 보살피고 있었는데, 고양이가 세상을 떠나자 직장과 남자친구도 시들해져 둘 다 정리하고 플로리다와도 결별한 다음 나에게 전화를 걸었다. 나는 "브루클린으로 이사해"라고 말했고, 그녀는 정말로 브루클린으로 왔다.

어떤 날 저녁에는 우리 모두 거실에 앉아 떠들썩하게 식사를 한다. 그러면 나는 저녁 내내 내가 다른 어딘가에 있어야 한다는 생각을 한 번도 안 하고 좋은 시간을 보낸다.

링컨의 생일날, 우리는 술집에 가서 친구들을 만났다. 앤드류는 울프강과 함께 집에 있었다. 내가 늦게 갔더니 모두 술집 뒤편의 큰 테이블에 벌써 모여 있었다. 다들 술이 몇 잔씩 들어갔는지 얼굴에서 빛이 났다. 몇몇 친구들은 서툰 솜씨로 당구를 쳤다. 그날 파티에 참석한 사람들은 모두 작가거나 편집자이거나 어떤 식으로든 출판에 연관된 사람들이라서, 우리에게 술을 한 잔 사주고 그 대가로 그들이 지금 작업하는 글에 관한 비판을 한 시간 동안 들어줄 사람을 찾아 달려들었다. 그게 우리의 규칙이었다.

열 명쯤 되는 사람들이 둥글게 앉아서, 이 책 또는 저 책 또는 어떤 기사의 장단점을 꼼꼼하게 평가하고 서로 자기가 작가들에 관한 뒷소문을 더 많이 알고 있음을 과시했다. 링컨이 웃고 있어서 나도 기뻤다. 링컨이 최근에 얼마간 인정받은 내 기사 이야기를 꺼내자, 모두가 잠시 내 쪽으로 잔을 기울이며 고개를 끄덕였다. 그런데 카일만은 예외였다. 카일은 나를 위해 그 작은 건배도 해주려 하지 않았다. 카일이 말했다. "나는 지금 치통이 심해요."

카일은 링컨의 친구였고 나와도 아는 사이였다. 나는 카일을 파티나 술집에서만, 또는 문학 행사의 언저리를 살금살금 돌아다닐 때만 만났다. 그는 잘생긴 얼굴에 무척 아름다운 머리카락을 가진 사람이었다. 그의 검은색 곱슬머리는 아주 훌륭했다. 내가 보기에 그는 그의 머리카락 덕분에 삶을 살기가 상당히 유리했을 것이다. 그건 정말 좋은 일이었다. 그뿐 아니라 그는 똑똑하고 책을 많이 읽었으며 내가 듣기로는 글도 잘 쓴다고 했다. 예전에는 잘나가는 문학 출판사에서 일했는데, 내가 모르는 어떤 이유로 해고를 당했다. 지금 그는 내 옆에 앉아서 여전히 치통 이야기를 하고 있었다.

"치과에 가봤어요?"

"치과에 갈 수 있는 사람이 어디 있어요?"

"치과에 갈 수 있는 사람이 어디 있냐고요?"

"이 자리에 있는 사람 중에 건강보험이 되는 사람은 아무도 없을걸요."

"저는 보험 있는데요."

"어떻게요?" 그는 진짜로 놀란 얼굴로 나를 쳐다봤다.

"대학에서 강의를 하거든요."

"흠. 저는 글을 써야 해서요."

대화의 주제는 다른 데로 옮겨갔다. 사람들은 최근에 발표된 문학상 후보 명단을 조목조목 분석했다. 《GQ》에서 내 기사를 담당하는 편집자 케빈도 그 자리에 있었다. 그는 나와 책 이야기를 조금 하고 테니스 이야기도 조금 했지만, 우리의 주된 화제는 나의 다음 번 취재가 기대된다는 것이었다. 나의 다음 번 기사는 야심찬 기획으로서 완전히 새로운 주제를 다룰 예정이었다. 케빈은 나에게 술을 몇 잔 사주고 링컨에게도 술을 대접했다. 카일은 한참 동안 화장실로 사라졌다가 물기 어린 눈으로 돌아와서 혼자 조용히 있었다.

나는 혹시 링컨이 혹시 슬퍼하지는 않는지 살폈다. 그날은 몇 년 만에 처음으로 여자친구 없이 맞이하는 생일이었기 때문이다. 하지만 링컨은 기분이 괜찮아 보였고, 심지어 행복해 보이기도 했다. 그는 사람들에게 지금 나와 같이 살고 있는데, 울프강이 자기 생일케이크를 만들고 싶다고 부탁했다고 이야기했다. 울프강은 크레용으로 링컨의 생일 케이크의 상세한 설계도를 미리 그렸는데, 그건 케이크라고 할 수 없는 음식이었다. 케이크, 쿠키, 브라우니가 빽빽하게 뒤엉켜져 윗면에는 스프링클이 뿌려져 있었다. 링컨은 생일 케이크 이야기를 마친 뒤 울프강의 작품이 들어 있는 비닐봉지를 꺼내 모두를 즐겁게 해줬다. 그건 정확히 울프강이 지시한 대로 우리가 만든 음식이었다. 다들 그걸 먹어보고 맛있다고 말했다.

해마다 브루클린에는 무겁고 습한 공기가 상쾌하고 깨끗한 공기로 드디어 바뀌는 완벽한 가을날 저녁이 찾아오는데, 오늘 저녁이 바로 그랬다. 술집은 붐비지만 꽉 차지는 않았다. 나의 공짜 술은 맛이 좋았다. 내 친구들이 이곳에 있다. 그뿐 아니라 나도 이곳에 있다. 보통 사람이 친구들과 술을 한 잔 하고 있다.

집에 가야 할 시각이 되어 나는 모두와 포옹을 하고 볼에 키스를 주고받았다. 링컨에게는 소파에 잠자리를 준비해놓을 테니 더 놀다 오라고 말해줬다. 가을의 첫날 밤에 혼자 집으로 걸어서 돌아갈 길이 기대됐다. 내가 일어날 시간을 잘 고른 것 같았다. 적당히 흥겹지만 취하지는 않았고, 욕구를 채웠지만 꽉꽉 채우지는 않았다. 그래서 잘 일어나기만 하면 그날 저녁을 마무리하고 나에게 깔끔한 추억을 선물하리라고 생각했다. 그런데 술집에서 나가는 길에 당구대를 지나가다가 손에 당구채를 든 카일이 몸을 숙이고 있는 걸 보았다. 시합에서 지고 있어서 그런지 찡그린 얼굴이었다.

카일은 허리를 펴고 나와 작별 인사를 했다. 그와 포옹을 하고 나서 문 쪽을 향했다. 그런데 그가 내 이름을 부르는 소리가 들렸다. 잠깐만 둘이서 이야기를 하고 싶다고 한다.

"좋아요." 내가 대답했다.

카일은 지옥에 관해 나에게 이야기하고 싶다고 했다. 그의 삶은 지옥이었다. 그는 말로 다할 수 없는 고통을 겪고 있다면서 그 고통에 관해 설명하기 시작했다.

카일의 아내는 내가 알기로는 재능 있고 성실하고 친절한 화가였는데, 그녀의 일이 잘 되어 상승기를 맞이했다. 카일의 말에 따르면 성공하고 나서부터 그녀는 그가 알던 사람이 아닌 다른 사람으로 변했다고 했다. 그러더니 그녀는 그와 이혼했다.

"안됐네요." 내 말은 진심이었다. 그는 정말로 고통스러워하고 있었다. 그의 얼굴만 봐도 알 수 있었다.

카일이 이야기를 계속했다.

"할 말이 더 있어요. 선생님하고도 상관이 있는 건데요."

"저하고요?" 내가 물었다.

그해에 그의 아내, 이제 이혼한 사이가 된 아내가 만성질환 진단을 받았다. 그녀는 자주 아팠고 며칠씩 침대에 누워 있었다.

"파티에서도 일찍 일어나야 했어요. 금방 피곤해졌거든요. 콘서트에도 전처럼 자주 가지 않았죠. 때때로 아내는 택시를 타야 했는데 저는 그녀가 우리의 돈을 그런 식으로 쓰는 게 싫었어요."

그러고는 어떤 사건이 발생해서 치아에 문제가 생겼다고 말했다. 치아 하나는 깨지고 다른 하나는 빠졌다는 것 같았다. 사실 나는 그 남자의 치아에 얽힌 무용담을 다 이해하지 못했으므로 그것도 확실하진 않다. 어쨌든 그가 치아를 심하게 다친 채로 집에 갔더니 지금은 이혼한 아내가 심한 통증으로 침대에 누워 있었다. 그런 그녀를 보면서 그는 그날 저녁에는 자신이 모든 동정과 관심을 받아야 마땅한데도 그걸 충분히 받지 못할 거라고 생각했다. 언제나 아내의 병이 더 심각하기 때문이었다.

그는 여전히 치아가 아프다고 말했다.

"참기가 점점 힘들어졌어요. 내가 집에 가면 아내는 침대에 누워 있어요. 아내는 항상 피곤해했고, 나는 갑자기 그녀를 돌봐야 하는 처지가 된 거죠." 카일이 말했다.

그의 이혼한 아내는 미술계에서 미인으로 소문난 사람이

었다. 그러나 그녀가 아프고 피곤할 때 그녀의 남편에게는 그녀가 충분히 아름답지 않았다. 그녀는 그가 모르는 어떤 사람, 부담이 많이 되는 어떤 사람으로 변했다. 뭔지는 모르겠지만 다른 문제들도 있어서 부부 사이에 균열이 생겼고 이제 그들은 이혼한 상태였다.

카일은 잠시 말을 멈추고 나를 쳐다보며 내 얼굴에서 공감의 흔적을 찾으려 했다. 나는 그가 뭐라고 말할지 벌써 알고 있었지만 그가 직접 말할 때까지 기다렸다.

"그래서 물어보고 싶었어요. 선생님이 도와주시면 안 될까요?" 카일이 입을 뗐다.

"어떻게 도와드려요?"

"선생님의 남편은 선생님의 몸이 부담스러울 때 어떻게 참아내는지 알고 싶은데요?"

어둠 속에서 집까지 걸어갔다. 공기에서 가을의 농익은 냄새가 나서 달콤했다. 시원한 바람이 불어와서 팔에 소름이 돋았다. 카일이 했던 말을 생각하고, 1년 전 브루클린의 다른 술집에서 콜린과 제이를 만났던 날을 생각하지만, 케빈의 요청으로 내가 작성하게 될 다음 기사와 그 기사에 대한 케빈의 기대와 내가 해낼 수 있다는 믿음을 더 많이 생각했다. 다시 카일에 관한 생각이 나기도 전에 집에 거의 다 왔다.

1년 전이었다면 나는 카일의 무례한 질문을 놓지 못하고 그 질문을 나의 내면으로 돌려 나 자신을 해치는 무기로 사용했을 것이다. 하지만 오늘 밤 카일의 이야기를 듣는 동안에는 내 마음속에 분노하는 감정이나 숨으려는 충동을 찾아봤다. 하지만 내 마음은 그저 주의를 기울이고 있었다. 중립의 방은 필요하지 않았다. 그 고통은 그의 것이지 내 것이 아니므로 나는 고통을 붙잡지 않았다. 고통은 그에게 남아 있을 것이다. 그가 이야기하는 모습을 보니 슬퍼보였고, 그 슬픔이 그를 불안정하게 만들고 있었다. 그는 내 눈앞에서 무너지기 시작했다. 그의 목소리는 당구공이 쪼개질 때처럼 쩍 소리를 내면서 격렬하게 부서지고 갈라졌다. 그리고 그는 눈물을 조금 보였다. 떨리는 네온 조명 아래, 달빛 속의 네온 조명 아래, 나는 고통으로 파편된 자아를 목격했다. 나는 후회와 자기혐오와 무지를 봤지만, 한편으로는 진정으로 나에게서 이해를 받고 싶고, 내가 자기를 똑똑히 봐주기를 바라고, 누군가와 가깝다는 느낌을 받고 싶은 진실한 욕구도 발견했다. 내가 그에게 그걸 줄 수는 없었다. 하지만 그가 나에게 던진 그 부적절한 질문만으로 그를 평가하지 않겠다는 나의 믿음을 줄 수는 있었다. 그 힘든 순간에 나는 그를 용서할 수 있었다. 그 순간을 있는 그대로, 모순으로 가득 찬 복잡한 것으로 바라볼 수 있었다.

나의 경우 사람들이 항상 나를 두 번, 세 번 다시 생각해주지는 않았고, 사람들이 항상 나를 온전한 존재로 봐주지도 않았다. 그건 앞으로도 바뀌지 않을 것이다. 카일 같은 사람들은 항상 있을 것이다. 무심한 남자들도 있을 것이고, 또 다른 골목길에 또 다른 낯선 사람들이 있을 것이고, 콜린 같은 사람들은 또 있을 것이다. 하지만 카일을 온전한 인격체로 바라보는 건 나의 선택이다. 그리고 그런 선택을 해서 내가 잃을 건 없다. 반대로 내가 사람들 앞에서 느끼곤 했던 그 모든 분노와 불안, 공포와 혐오는 나에게서 거의 모든 걸 앗아갔다.

카일이 나에게 던진 질문은 나와는 아무런 상관이 없었다. 나는 그에게 그 사실을 알려주고, 그가 잘 되기를 빌어주고, 집으로 돌아왔다.

내가 침대에서 앤드류의 옆자리에 눕자 잠들어 있던 앤드류가 깨어났다.

“그동안 내가 당신한테 부담이었어?”

“아니.” 앤드류는 소리 내어 웃었다.

“내 몸 말고, 나 말이야.”

“아닌데.”

“하지만 난 자꾸만 떠났잖아.”

“그랬지.”

“그래서 힘들었어?”

"당연하지."

"나한테 화가 났어?"

"아니."

"왜 화가 안 났어?"

"당신이 되고 싶은 사람의 모습을 향해 나아가고 있다는 것을 알았거든. 원하는 대로 하게 해주면 당신은 그런 사람이 될 거라고 생각했어."

"하지만 내가 목표를 이루지 못할 수도 있었잖아. 내가 돌아오지 않을까 봐 걱정하진 않았어?"

"아니. 당신의 행동을 내가 통제할 수는 없지."

"내 행동을 통제하려고 할 수는 있잖아. 사람들은 늘 그러는걸."

"1분 이상 생각하고 행동하는 사람들은 안 그래."

"그래서, 당신은 그냥 생각만 했다는 거야?"

"다른 사람한테 어떤 느낌이나 행동을 강요할 수는 없잖아. 특히 당신한테는 그게 안 되지. 내가 당신한테 샤워하고 나서 수건을 걸어놓으라고 해도 그것도 안 되잖아. 어디든 걸어놓기만 하라고 내가 아무리 여러 번 말해도 수건은 늘 침대 옆 바닥에 놓여 있더라."

"그래도 나한테 이래라저래라 하고 싶었을 텐데…."

"그건 비위생적이야. 바닥에 던져놓으면 수건이 제대로 마르지 않아서, 뭐냐, 곰팡이까지는 아니겠지만, 이끼 낀 것 같은 냄새가 난단 말이야."

"알아. 미안."

"나는 당신의 특이한 습관들을 좋아하지만, 그 습관은 안 좋아해."

"미안."

"수건 두는 습관 말이야."

"응."

"그렇지만 내가 당신이 아무 데나 수건을 걸어놓는 걸 고치게 만들 수는 없는 거야. 당신이 그렇게 해준다면 나한테는 정말 기분 좋은 일이겠지만, 내가 그걸 강요할 수는 없다고. 당신이 원해서 해야만 해."

"알았어, 내가 원하니까 이제부터 수건을 잘 걸어놓을게."

"좋아. 앞으로 기대할게."

"이제부터 꼬박꼬박 잘 걸어놓을 거야. 진심이야."

"진심인 거 알아."

"내가 달라질 수 있다고 생각해?"

"그럼." 앤드류는 이렇게 답했다. 앤드류가 옳다는 걸 나도 알았다. 콜린의 말을 들었을 때와 카일의 말을 들었을 때의 기분이 너무나 많이 달랐기 때문이다. 지금의 나는 그때의 나와 같은 사람이 아니다. 나는 새로운 방향으로 나아가고 있었다.

카일의 말들은 나에게 상처를 입히지 않았다. 내가 카일을 무시해서가 아니라, 이제는 내가 나 자신을 무시하지 않기 때문이다.

"우리 둘 다 달라졌어." 앤드류가 말했다. "우리가 처음 만났을 때 내가 어땠는지 기억 나? 나는 커다란 페페로니 피자 한 판을 하루 동안 먹으면서 줄담배를 피워댔고 밤새도록 비디오게임을 했잖아. 당신은 어땠는지 기억 나? 우리는 둘 다 달라졌지만, 우리 둘의 차이는 나는 내가 어떤 사람이 되고 싶었는지 몰랐지만 당신은 그걸 알았다는 거야. 그건 확실하지. 그래서 나는 당신을 막아서지 않고 당신이 되고 싶었던 사람이 되도록 도와줘야겠다고 생각했지. 당신이 되고 싶어 했던 사람이 근본적으로 좋은 사람이라는 걸 알았거든. 당신은 좋은 사람이 되고 싶어 했잖아."

"어떻게 당신은 그걸 알았는데 난 몰랐을 수가 있지?"

"나는 당신을 훤히 들여다보거든."

"그래서 내가 떠났을 때 당신은 아무렇지도 않았어?"

"당신이 행복했으면 했지. 나는 당신의 행복과 사랑에 빠졌어. 나한테는 당신이 뭘 하느냐가 아니라 당신의 마음이 어떤가가 중요해."

우리는 한참 동안 서로를 끌어안고 있었다. 우리의 호흡도 일치했다. 차 한 대가 경적을 울리고, 사이렌 소리가 나고, 사람들이 거리로 난 창문을 닫았다.

"당신은 내가 집에 돌아오게 만들 수도 있었어."

"아니야. 내가 할 수 있는 건 당신이 집에 돌아오고 싶게 만드는 사람이 되려고 노력하는 것밖에 없어."

울프강과 나는 찌뿌둥한 하늘 아래 서 있었다. 학교 수업은 끝났지만 울프강은 내 손에 이끌려 슈퍼마켓에 들렀다 집으로 가기 전에 놀이터에서 친구들과 잠깐 놀고 싶다고 했다. 나는 10분 더 놀라고 말하고 울프강이 정글짐 주변에서 몸을 놀리는 모습을 지켜봤다. 울프강은 다른 아이들과 편안하고 행복하게 어울렸다. 하늘에서는 구름이 만들어지고 있었다. 나는 구름이 만드는 모양들에 억지로 이름표를 붙였다. 돼지, 신발, 모자. 하지만 그 분류는 오래 가지 못했다. 모양들은 흩어지고, 현실은 끊임없는 운동 속에 남아 있었다. 그건 아름다운 풍경이었다. 이렇게 관찰하는 것, 이렇게 꽉 잡았다가 놓는 것, 이처럼 짧지만 생생하게 보이는 빠른 움직임, 그건 아름다움이었다. 그 구름들을 보며 나는 나 자신에게 집중하지 않고 세상을 향해 주의를 돌릴 수 있었다.

우리는 장을 봤다. 울프강은 냉동 피자를 가슴팍에 끌어안고 집으로 걸어갔다.

"넌 저 구름들이 어떤 모양으로 보이니?"

"피카츄 친구들."

저녁을 먹고 나서 우리 셋이 산책을 나갔다. 동네 사람들 모두가 우리를 안다. 약국의 여사님들은 울프강에게 막대사탕을 주셨다. 우리는 슈퍼마켓에서 생수를 한 병 샀고, 울프강은 바닥에 앉아서 자주 만나는 고양이들을 쓰다듬었다. 네일샵, 중식 포장 전문 음식점, 세탁소. 프로스펙트 공원 입구에 이르니 마술 공연이 열린다는 표지판이 보였다.

"저거 보러 가자." 앤드류가 제안했다.

"난 별론데." 울프강이 말했다.

"왜? 궁금하지 않아?"

"뭐가 궁금해? 어떤 사람이 속임수를 쓰고 그게 마술인 척 하는 거?" 울프강이 어깨를 으쓱했다.

"이번에는 진짜 마술일 수도 있잖아. 어쩌면 우리가 지금까지 본 것 중에 최고의 마술 공연일지도 몰라."

울프강은 썩 내키지 않아 하면서도 동의했다. 우리는 잔디밭으로 걸어갔다. 울프강과 비슷한 또래의 아이들이 '그레이트 무디 트루디'라는 마술사를 빙 둘러싸고 앉아 있었다. 나는 울프강의 학교 친구들 몇 명을 발견하고 울프강에게 저 아이들 옆으로 가서 앉으라고 말했지만, 울프강은 됐다면서 뒤쪽에,

구경꾼 무리의 가장자리에, 내 옆에 서 있었다.

그레이트 무디 트루디가 어항 위로 손을 휘저어 보이고, 어항 위에 천을 드리우고, 마법의 주문을 외우고 나서 천을 치우자 어항 속에는 헤엄치는 물고기가 있었다. 아이들은 손뼉을 치며 환호했지만 울프강은 감탄하는 기색이 없었다.

"물고기는 처음부터 어항 밑바닥에 있었겠지." 울프강이 말했다.

그레이트 무디 트루디는 신문지를 이용해서 다른 마술을 시작했다. 그녀는 신문지에 맑은 물을 부었는데, 신문지를 돌돌 말았다 펴자 물은 초록색으로 바뀌어 있었다.

"신문지 잉크가 식용색소였던 거야." 울프강이 말했다.

그레이트 무디 트루디는 신문지를 공처럼 둥글게 뭉쳐서 손에 들고, 환경을 보호하기 위해 쓰레기를 함부로 버리지 말아야 한다는 열정적인 연설을 시작했다. 그녀는 한 손을 둥글게 모아 자기 귀에 갖다 대면서 아이들의 관심을 끌었다.

"여러분, 소리를 들어봅시다. 이 신문지를 이 아름다운 공원의 잔디밭에 던져놓으면 안 되겠죠! 내가 이걸 어디에 넣어야 할까요?" 그녀가 말했다.

그러자 아이들이 일제히 소리쳤다. "쓰레기통이요!"

그러자 울프강이 정말 싫고 믿기지 않는다는 듯이 손으로 얼굴을 가리고 속삭였다. "분리수거함에 넣어야지! 바보들."

그레이트 무디 트루디는 컵에 레모네이드를 따라 홀짝홀짝 마시기 시작했다. 그러다 그녀가 발을 헛디뎌 넘어지는 척을 하자 반짝이 가루가 사방에 흩어졌다.

"저 컵에는 처음부터 레모네이드가 들어 있지 않았어." 울프강이 말했다.

그레이트 무디 트루디는 저글링 마술을 보여줬다. 여러 개의 공 중에 하나가 사라졌다.

"손바닥에 공을 감추는 걸 봤어."

"말해, 울프강! 마술사에게 네가 속지 않았다는 걸 알려줘." 내가 울프강을 부추기자 앤드류가 나에게 눈총을 줬다.

"어떻게 하는 건지 저는 알겠어요." 울프강이 모두에게 들릴 만큼 큰 소리로 말했다.

나는 울프강을 바짝 끌어당겼다. 울프강은 손을 뻗어 내 손을 잡았다. 우리는 하나였고, 안전했고, 단 둘이서 다른 사람 모두에 맞서고 있었고, 함께였다.

마지막 마술에는 여행을 떠나는 헝겊 토끼가 등장했다. 토끼는 행복의 숲에 들어갔다가 비밀 상자의 열쇠를 가져올 것이고, 그 열쇠로 상자를 열면 진짜 토끼가 나올 거라고 했다.

그레이트 무디 트루디가 상자 하나를 들어 받침대 위에 올려놓았다. 그녀는 상자의 서랍을 열어 속이 비어 있다는 것을 보여줬다.

"저 서랍 뒤쪽에 숨은 공간이 있을 거야."

"어디 있을까? 진짜 토끼가 어디 있지? 이 서랍 안에 있나?" 그레이트 무디 트루디가 물었다.

"아뇨!" 아이들 모두가 소리쳤다.

"네, 확실히 거기 있어요." 울프강이 말했다.

"마술사 선생님한테 다 들통났다고 말하렴." 내가 울프강을 팔꿈치로 쿡쿡 찌르며 부추겼다. 우리는 같이 키득거렸다. "네가 속임수를 다 알아냈다고 말이야."

앤드류가 얼굴을 찌푸리며 나를 말렸다. "그만 해."

"약속해요. 여러분, 새끼손가락이 하늘을 향하게 하세요. 내가 이 마술의 비밀을 알려주면 여러분은 아무에게도 말하지 않겠다고 약속해요." 그레이트 무디 트루디가 말했다.

"제가 꼭 약속해야 하는 건 아닌데요." 울프강이 이렇게 말했다. 우리는 손바닥을 마주쳤다.

"클로이. 하지 마." 앤드류가 말했다.

"우리 아들이 똑똑한 거잖아. 얼마나 똑똑한지 안 보여? 속임수를 다 알아냈는걸." 내가 앤드류에게 말했다.

"좋아요. 토끼를 만날 시간이에요." 그녀는 서랍의 가짜 뒷면을 똑똑 두드렸고, 울프강은 코웃음을 치며 말했다. "내가 말한 대로야…." 그런데 그때 가짜 뒷면이 부서지고 상자 전체가 망가졌다. 토끼는 전혀 보이지 않았다. 울프강은 입을 다물고 부서진 상자를 멍하니 응시했다.

그레이트 무디 트루디는 토끼 인형을 들어 올리며 말했다.

"알고 보니 진짜 토끼는 없었네요."

울프강의 얼굴이 일그러졌다. 그레이트 무디 트루디는 토끼 인형을 재킷 속에 다시 집어넣기 시작했고, 과장된 동작으로 재킷을 벗은 다음 마치 망토처럼 공중에서 휘둘러댔다. 우리와 토끼 인형 사이로 재킷이 휙 지나갔다 그녀가 재킷을 다시 휙 당기자 진짜 토끼가 그녀의 두 손 위에 얌전히 앉아 있었다. 구경꾼들은 열광했다. 울프강도 함께 열광했다. 진짜 마법 같은 것을 봤기 때문에 넋을 잃었다.

"어떻게… 나는 모르겠는데… 어디 있었던 거지?" 울프강이 활짝 웃으며 말했다.

"그것 보렴! 이제부터는 너무 똑똑한 척하지 마라, 요 시니컬한 녀석." 앤드류가 말했다.

그레이트 무디 트루디가 아이들에게 손짓을 하면서 토끼를 만져봐도 된다고 말했다. 놀랍게도 울프강은 쏜살같이 달려가서 줄을 서고, 겸연쩍어하는 기색도 없이 감탄하는 얼굴로 그레이트 무디 트루디를 올려다보며 지금까지 만난 마법사 중에 그녀가 최고라고 칭찬했다. 울프강은 토끼를 살살 쓰다듬고 코를 갖다 대고 비벼댔고, 그레이트 무디 트루디는 허리를 굽혀 울프강과 포옹했다.

우리는 공원 가장자리에 서서 울프강이 다른 아이들과 노는 모습을 바라봤다.

앤드류가 내게 물었다. "마술 공연에서 울프강이 우리랑 같이 뒤쪽에 서 있었을 때 내가 무슨 생각을 했는지 알아?"

"무슨 생각을 했는데?"

"그러니까 나는, 옛날에 학교 댄스파티에 가서도 춤을 안 췄거든."

"정말? 나도 춤을 안 췄는데."

우리 둘에게는 어릴 때 어떤 경험들에서 배제당한다고 느껴 그 경험들을 뒤로할 수밖에 없었던 기억이 있었다. 우리는 군중 속에 섞이지 않는 것이 더 고차원적인 사고방식이라고 믿었고 그런 관념에 의거해 우리 자신의 가치를 평가했다. 그건 때로는 고차원적인 사고방식이었고 때로는 비겁한 행동이었다. 지금까지 우리는 그 차이를 잘 모를 때가 많았지만, 이제 앤드류는 많이 발전했고 나도 그걸 알아가고 있다.

"나는 참여하지 않았어. 내 또래 아이들과 어울렸다면 기분이 좋았을지도 모르지. 하지만 나는 그걸 알아낼 기회를 놓쳤어."

"맞아." 내가 맞장구를 쳤다.

"난 우리 울프강이 똑똑하고 친절한 아이라고 생각해. 울프강이 비판적인 생각을 할 줄 알기를 바라지만, 너무 비판적인 나머지 동료들에 대한 애정도 잃어버리는 사람은 아니었으면 해. 울프강은 따뜻한 마음과 지적 능력을 가지고 있으니 충분히 둘 다 할 수 있을 거야. 우리만 잘하면…."

"우리가 뭐?"

"우리가 방해하지만 않는다면."

아이리스 머독은 이렇게 말했다. "우리가 눈을 뜨고 있어도 반드시 우리 앞에 있는 것을 보는 건 아니다."

머독에 따르면 우리는 불안을 느끼고, 우리 자신에게 몰입하고, 우리 자신이 만들어낸 가짜 베일을 통해 사물을 보는데, 그 베일은 세상의 일부를 숨긴다.

우리는 현실에서 도피할 장소들을 찾는다. '너는 어디로 가니?' 아빠가 나에게 던진 질문이다. 우리의 의식은 이따금 달아나려는 경향이 있어 환상과 몽상으로 흐려지고, 머독의 말에 따르면 그러한 현실 도피는 "우리의 에너지, 그리고 뭔가를 선택하고 행동하는 우리의 능력과 심오한 연관을 지닌다".

한편으로 머독은 우리가 더 나은 방향으로 변화할 수도 있으며, 아름다움이 그 변화를 매개한다고 생각했다. 하지만 변화를 매개하는 건 질서, 비례, 이상적 형태, 완벽에 마음이 이끌려서가 아니다. 우리가 아름다움을 통해 우리 바깥의 세계에 주의를 기울이게 되기 때문이다. 우리는 아름다움을 통해 '살찐 고집쟁이 자아'로부터 잠시 벗어나 '자기 자신을 잊을' 수 있고, 그러면 우리의 의식의 질이 향상된다.

> 허영심에 상처를 입고 생각에 생각을 거듭하는 자아는 사라졌다. 이제 아무것도 없고 황조롱이 한 마리만 있다. 그리고 내가 아까 그 문제를 다시 떠올릴 무렵에는 그 문제가 덜 중요해 보인다.

하루가 다른 하루로 번져간다. 저녁이 되면 우리는 산책을 나간다. 몇 주 만에 따뜻한 날이 왔다. 낮게 걸린 해가 모든 것을 황금빛으로 물들인다. 핼러윈이 지났는데도 사람들은 여전히 독특한 복장으로 다닌다. 마블 영화의 주인공인 닥터 스트레인지가 모퉁이에서 담배를 태운다. 울프강의 머리카락은 땀범벅이 되어 관자놀이에 달라붙었다. 나는 울프강의 작은 손을 잡고 거리를 걷는다. 부풀어 오른 조각 두 개가 하루살이 같은 다른 생명체들 사이를 통과한다.

바람이 살랑이고, 빛이 반짝거린다. 아이가 나를 올려다보며 웃는다. 바로 그때 그 순간, 아이는 만족과 안정을 느낀다. 아이는 그냥 가을날에 엄마와 산책을 하고 있다. 나중에는 기억도 못 할 산책이다. 몇 블록만 더 가면, 몇 분만 더 가면 산책은 끝날 것이다. 내 인생에서 가장 지루하고 평범하고 아름다운 몇 분이다. 만약 내가 그 몇 분에 온전히 집중한다면 그 몇 분이 나에게 그림자를 남기고 갈 거라고 생각한다. 그 몇 분이 희미해지는 것을 막고 싶다. 그 몇 분을 화석으로 만들어 내 중립의 방으로 가져가서 분석하고 싶지만, 그냥 그 순간에 집중한 다음 그 순간이 흘러가게 놓아둔다. 그러면 다음 날 아침에 새로운 아름다움을 선물받는다. 아침의 노래, 단순한 가락, 양말을 신은 앤드류가 부엌 여기저기를 리드미컬하게 걸어 다니는 소리, 수도꼭지의 노랫소리, 물이 접시 위로 똑똑똑 흘러내리다가 싱크대의 금속판에 부딪치는 소리, 더러운 커피포트 안에 세제가 들어가서 철벅거리는 소리.

°감사의 글

내 삶을 더 좋게 만들어준 나의 출판 대리인 클라우디아 발라드에게 감사한다. 나에게 어려운 과제를 주고 나를 옹호해 준 편집자 로렌 웨인에게도 감사한다. 이 책은 당신 덕분에 더 좋은 책이 되었고, 저도 당신 덕분에 더 좋은 사람이 되었어요.

비라고 출판사의 전 직원에게, 특히 편집과 지원을 훌륭하게 해준 로즈 토마체프스카에게 감사한다. 나를 이끌어준 카밀 모건에게, 그리고 유쾌하고 똑똑하며 끝까지 나를 믿어준 엘리자베스 워첼에게 감사한다. 표지 디자인을 맡아준 앨리슨 포너와 본문 디자인을 맡아준 폴 디폴리토에게 감사한다. 이 책을 더욱 좋은 책으로 만들어준 린다 사위키의 광고 문구에도 감사한다.

아비드리더 출판사를 만난 것은 나에게 더없는 행운이었다.《이지 뷰티》의 출간을 가능하게 해준 모든 사람에게 감사한다. 모건 하트, 캐롤라인 맥그레거, 질 크루즈, 브리짓 블랙, 앨리샤 브란케이토, 애니 크레이그, 어맨다 멀홀랜드, 엘리자베스 허바드, 라파엘 태베라스.

조피 페라리 애들러, 벤 로에넌, 메레디스 빌라렐로, 조던 로드먼, 그리고 특히 에이미 과이의 노고와 격려에 감사한다.

《이지 뷰티》의 오디오북 제작 과정을 도와준 랜디 돌닉과 돈 호프먼에게 감사한다. 초고를 읽고 피드백을 준 저스틴 반 데어 레언, 레이첼 아비브, 나오미 허프먼, 트래비스 밀러드에게도 감사한다.

이 책의 출발점이 된 원고를 출판해준《더 빌리버》의 편집자들인 제임스 예와 카밀 브롬리,《래킷》지의 편집자인 데이빗 샤프텔과 케이틀린 톰슨에게 감사한다.

이 책은 휘팅 재단과 조지 A.와 엘리자 가드너 하워드 재단의 후원에 힘입어 출간되었다. 애거서 프렌치, 메건 로저스, 존 홀리데이, 아이리스 몰튼, 저드 닐슨, 제이크 킬티 던, 케빈 응우엔, 링커 미셸, E. 알렉스 정, 지리 네이선, 브렌던 클링켄베르그, 아이삭 피츠제럴드, 저스틴 런지, 대니얼 롤프, 로버트 J. 바우먼, 제스 존슨, 레베카 에번호, 코트 스미스와의 대화와 우정에 감사한다. 쿠퍼 가족 모두에게 감사한다. 특히 조지안느

쿠퍼와 존 베이커에게.

그리고 무엇보다, 내 나침반이 되어준 메릴 쿠퍼, 케이트 로렌츠, 앤드류 그로사르트, 그리고 울프강 쿠퍼 그로사르트에게 감사한다.

이지 뷰티

초판 1쇄 인쇄 2023년 10월 11일
초판 1쇄 발행 2023년 10월 27일

지은이 클로이 쿠퍼 존스
옮긴이 안진이
펴낸이 이상훈
편집1팀 김진주 이연재
마케팅 김한성 조재성 박신영 김효진 김애린 오민정
펴낸곳 ㈜한겨레엔 www.hanibook.co.kr
등록 2006년 1월 4일 제313-2006-00003호
주소 서울시 마포구 창전로 70 (신수동) 화수목빌딩 5층
전화 02) 6383-1602~3 | 팩스 02) 6383-1610
대표메일 book@hanien.co.kr

ISBN 979-11-6040-580-4 03100

책값은 뒤표지에 있습니다.
파본은 구입하신 서점에서 바꾸어 드립니다.

이 책의 본문에는 마포구 브랜드 서체 Mapo금빛나루(마기찬 디자인)가 사용되었습니다.